新编21世纪心理学系列教材

SPSS基础与应用

刘红云 编著

SPSS Basics and Application

中国人民大学出版社
·北京·

内容简介

《SPSS基础与应用》一书从心理学等社会科学研究初学者的实际需要出发，以学习及研究工作中的问题解决为目标，结合实例讲解SPSS软件的操作和应用，以帮助相关领域的初学者掌握基本方法、软件操作以及结果报告等。

全书共分10章，主要涵盖以下内容：SPSS的基本操作和功能，在SPSS中如何对数据进行基本管理和描述统计，以及如何在数据分析前进行数据清理工作；均值差异的 t 检验、不同实验设计下的方差分析、变量之间的相关分析和回归分析、计数数据的卡方检验以及非参数检验的相关内容；探索性因素分析和信度分析等常用的问卷结构探索和问卷信效度分析方法。清晰的逻辑结构、真实的研究案例、严谨实用的分析方法能够使读者迅速掌握SPSS的实际操作，灵活地处理统计中遇到的各种问题。

本书可作为心理学、应用心理学、教育学以及其他相关学科本科生教材，也可作为社会科学研究方法的培训用书，同时可供社会科学研究人员参考使用。

作者简介

刘红云　北京师范大学心理学部教授，中国教育学会教育统计与测量学会副理事长、常务理事，中国教育技术协会教育测量与评价专业委员会会长。研究领域主要有心理测量与评价、统计分析方法理论及应用，尤其关注统计与测量方法新进展及应用方面的研究。目前主要从事的应用研究有考试测评理论的发展与应用、多元统计分析技术在心理学研究中的应用。在*Psychological Methods*、*Structural Equation Modeling*、*Behavior Research Method*、*Multivariate Behavioral Research*、*Psychometrika*、《心理学报》等国内外一流学术期刊上发表心理统计与测量领域的学术论文100余篇。出版的主要专著、教材和译著有《追踪数据分析方法及其应用》《高级心理统计》《应用心理统计学》《行为科学统计精要》等。

引言

1. 为什么要学习统计学

统计学是有关数据的科学。从科学研究的角度看，应用统计学包含组织、描述和解释数据，并引出结论、做出整体推断的一系列程序。

在量化研究中，统计分析是专门研究如何运用统计学原理和方法，搜集、整理、分析科学研究中获得的数据资料，并根据这些数据资料传递的信息，进行科学推论，找出社会活动规律的一门学科。在量化研究领域，应用统计学的思想和方法贯穿于研究流程的完整闭环当中，图0-1给出了研究的一般流程，从中可见统计分析在其中所起的作用。尽管在实际中研究并非严格遵守固定的线性流程（Bryman，1988a，1988b），但图0-1描述的主要步骤以及各步骤之间的关系对指导研究流程依然非常有意义。

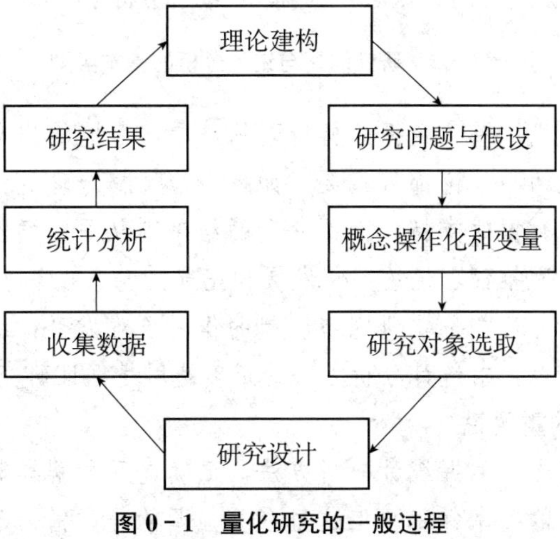

图0-1　量化研究的一般过程

理论是研究的起点，社会科学研究中的理论可以是抽象宽泛的一般观点（如生态理论；Bronfenbrenner，1994，2009），也可以是具体的对特定现象进行解释的理论（如犯罪行为）。一般来讲，理论可以就不同事物（或概念）之间的关系做出一定的假设。例如，Hirschi (1969) 关于青少年犯罪的“控制理论”提出，当孩子与社会联结的纽带被破坏时，犯罪行为更有可能发生。这一理论在很大程度上源于其他理论以及与青少年犯罪有关的研究结果。基于理论建构，研究者提出感兴趣的问题，并提出所关注事物（或概念）间的预期关系的假设。为了得到经验证据，研究者需要将抽象的概念操作化，即对抽象的概念进行测量，将其转换为具体变量。比如，青少年的犯罪行为和社会联结可以分别采用青少年自我报告的“反社会行为问卷”和“人际关系量表”进行测量。除了测量工具的选择，调查对象的选取也非常重要，样本来自的总体，以及样本对总体的代表性决定了研究结论可以被推广的范围。紧接着是研究具体设计环节，一般来讲可以分为实验研究和相关关系研究两大类。研究者根据是否可以控制实验条件决定采用合适的方法。随着研究的具体实施，研究者获得了来自实际的经验证据。

数据的统计分析是本书重点讨论的话题，数据分析的过程是建立经验证据和假设之间关系的重要环节。根据研究的目的，统计分析的基本类型可以概括为图 0-2。

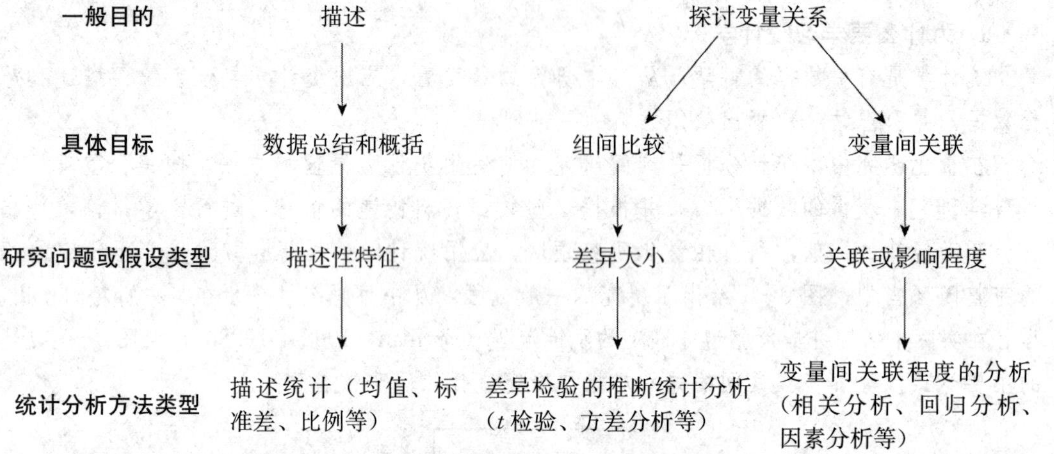

图 0-2 研究问题与统计分析的基本类型

结合先前的理论假设，基于数据分析得到的结果，可能得出与理论一致或不一致两种结论。在实际中，这两种结论都很重要，如果经验证据与理论假设一致，则说明理论假设的变量关系得到了数据的支持；而不一致的结果则从另一角度促使研究者思考可能的理论解释，从另一方面推动理论的不断发展和完善。

通过上述统计分析方法在量化研究中所起的作用不难发现，统计分析的结果为研究者提供了检验假设的手段，对统计分析方法的正确使用是保证研究结论正确的关键步骤。

2. 掌握统计软件的重要性

作为社会科学研究者，掌握统计分析方法，正确选用和解释数据结果非常关键，这将是统计分析结果有效的基本保障。但这里需要强调的是，借助于专业的统计软件可以使很多复杂的统计分析变得高效和简单。对大多数应用统计研究者而言，这无疑会大大降低统计分析的难度。同时，为了掌握统计分析软件，需要在数据分析过程中不断理解和学习，这也可以促使研究者更好地掌握分析方法本身。

当今是计算机快速发展的时代，计算机可以帮助我们高效地完成很多任务。便捷友好的操作界面使很多枯燥的计算变得形象生动，普及的计算机操作技能也促进了统计软件的应用。虽然本书提供了很多统计分析方法的逐步操作过程，甚至提供了一些截图（其目的是让初学者快速入门，减小挫败感），但是我们相信点击界面的操作不是学习统计软件的难点，你完全可以在操作过程中通过自我探索和尝试来了解每个菜单和按钮的功能，了解点击每个按钮能够得到的结果。我们学习的难点依然要回到应用统计分析的本质，正确选用合适的分析方法和正确解释数据分析结果非常重要。因此，本书在介绍软件使用过程的同时还会结合真实的研究问题和实际数据展开讨论。

本书将结合 SPSS 25.0 软件，结合社会科学研究的问题和实例，介绍常用基本方法的使用。对于每部分，都由以下五个环节组成。

- 变量和数据。
- 研究问题和分析方法。
- 软件操作。
- 结果输出与解释。
- 结果报告。

希望读者通过上述几个环节的学习，掌握在实际应用中如何根据研究问题选用分析方法、如何得到分析结果、如何呈现以及解释结果等与数据分析紧密相连的几个关键点。

值得注意的是，虽然本书结合社会科学研究介绍了多种基本的统计分析方法，但就 SPSS 软件包含的功能而言，远远没有穷尽其所有的功能。另外，社会科学研究量化分析方法不断发展，有一些常用的分析方法，尤其是一些复杂的多元分析技术，目前的 SPSS 软件还无法实现，如果研究中用到，还需要借助于其他的统计分析软件。

3. 本书的结构

本书前三章主要介绍 SPSS 的一些基本操作，以及在 SPSS 中如何对数据进行基本的描述统计，还有在进行具体推断统计前的数据清理工作。

第四章到第八章将结合实例介绍一些基本的推断统计方法以及在 SPSS 中的操作。第九章的探索性因素分析部分以及第十章的信度分析部分聚焦于社会科学领域中问卷结构以及问卷有效性的探索。

本书是针对心理学等社会科学研究的初学者编写的教材，其主要特点是结合实例讲解软件操作，以帮助该领域的初学者掌握基本方法、软件操作以及结果报告等内容。①

① 本书每章所使用的数据文件请登录人大出版社官网 www.crup.com.cn，搜索本书书名进行下载。

目录

第一章
SPSS 操作基础

学习目标

本章我们主要了解如何使用 SPSS 软件对收集来的数据进行基本的处理与查看，包括在 SPSS 中打开不同类型的数据文件、对数据中各个变量进行定义、将不同的数据文件按需求进行合并、对变量进行编码与转换等操作。经过这一章的学习，我们应学会如何通过 SPSS 打开我们需要分析的数据并对数据以及各变量的性质进行初步的分析与了解。

在社会科学研究中，调查问卷、心理量表等是常见的收集数据的手段。无论是采用线下纸质版的问卷还是线上电子版的问卷收集数据，在采用 SPSS 软件对数据进行分析之前，都要首先明确问卷中的题目与数据文件中的变量之间的对应关系，明确问卷中不同选项与数据文件中每个变量取值的对应关系，同时也要明确每道题目对应的变量的性质和类型。建立合适的数据文件是正确分析数据的第一步，也是学习 SPSS 软件首先需要解决的问题。

另外，在分析之前或分析过程中，经常需要对原始的数据文件进行一些基本的管理和操作。为此，SPSS 提供了强大的数据管理功能，比如合并不同批次的数据、选择符合某些条件的个案数据、对原始变量的取值进行重新编码和转换、基于几个变量合成新变量、将数据文件拆分管理或者对数据文件进行简单的汇总等。熟练掌握这些数据管理功能将为后面高效地管理数据文件和分析数据提供便利。

本章我们重点介绍 SPSS 数据文件的建立，以及 SPSS 软件中 Data 菜单下最常用到的一些数据文件管理的基本功能。

第一节　SPSS 入门

一、问卷编码与数据录入

这一节我们结合一个具体的调查研究介绍 SPSS 入门的相关操作。中学生的心理特质、学业成绩以及心理幸福感之间究竟是什么样的关系一直是研究者所感兴趣的问题。某研究者编写了一份调查问卷，其中所包含的题目如下：

A. 过去一年里，你在学校经历以下事情的频率如何？请在符合的选项前画圈。

（1）其他同学排挤我

□从没有或几乎没有　□一年几次　□一个月几次　□一周一次或更多

（2）其他同学嘲笑我

□从没有或几乎没有　□一年几次　□一个月几次　□一周一次或更多

（3）其他同学威胁我

□从没有或几乎没有　□一年几次　□一个月几次　□一周一次或更多

（4）其他同学拿或毁坏我的东西

□从没有或几乎没有　□一年几次　□一个月几次　□一周一次或更多

（5）其他同学推搡我

□从没有或几乎没有　□一年几次　□一个月几次　□一周一次或更多

（6）其他同学说我坏话

□从没有或几乎没有　□一年几次　□一个月几次　□一周一次或更多

B. 下面是关于你的各项描述，请在符合的选项前画圈。

（1）我经常担心考试太难

□完全不同意　□不同意　□同意　□完全同意

（2）我经常担心考太低的分数

□完全不同意　□不同意　□同意　□完全同意

（3）即使考前做了充分的准备我也会感到很焦虑

□完全不同意　□不同意　□同意　□完全同意

（4）我在复习备考时会很紧张

□完全不同意　□不同意　□同意　□完全同意

（5）在学校里遇到不会解决的问题时会很紧张

□完全不同意　□不同意　□同意　□完全同意

C. 下面是关于你的各项描述，请在符合的选项前画圈。

（1）对多数或所有课程我都想要最高分数

□完全不同意　□不同意　□同意　□完全同意

（2）我希望在我毕业的时候能有最好的选择机会

□完全不同意　□不同意　□同意　□完全同意

（3）无论我做什么我都希望做得最好

□完全不同意　□不同意　□同意　□完全同意

（4）我认为我是一个有雄心壮志的人

□完全不同意　□不同意　□同意　□完全同意

（5）我希望成为班里最优秀的学生之一

□完全不同意　□不同意　□同意　□完全同意

D. 下面是关于你在学校的各项描述，请在符合的选项前画圈。

(1) 在学校里我觉得自己像个局外人

□完全同意　　□同意　　□不同意　　□完全不同意

(2) 在学校我很容易交到朋友

□完全同意　　□同意　　□不同意　　□完全不同意

(3) 在学校感到有归属感

□完全同意　　□同意　　□不同意　　□完全不同意

(4) 在学校里感觉很糟糕

□完全同意　　□同意　　□不同意　　□完全不同意

(5) 其他同学喜欢我

□完全同意　　□同意　　□不同意　　□完全不同意

(6) 在学校觉得很孤单

□完全同意　　□同意　　□不同意　　□完全不同意

E. 你的性别是：　□女生　　□男生

F. 你预期自己会完成哪个阶段的教育：

□初中　　□中等职业技术教育　　□普通高中

□高中毕业后的职业培训　　□专科　　□本科或研究生

G. 请用 0（完全不满意）到 10（完全满意）描述你对生活的总体满意程度。（　　）

研究者对问卷进行编码，确定每道题目的变量名，录入数字及其与选项的对应关系。对于上述问卷中的题目，编码表如表 1-1 所示。

除了问卷中的问题，每一个学生还有一个编号（ID）用来作为其唯一的身份标志。对于收集到的 494 名学生的问卷数据，按照编码规则进行数据录入。这里录入文件的格式为“.csv”，最后录入数据的文件命名为“stu_data_quest.csv”。

研究者也可以将数据录成其他的格式，例如文本格式，但是录入过程中一定要注意对于相同的题目各列应该对齐。尤其是如果录入数据之间没有空格（或其他字符）分隔的情况下，需要将相同变量的作答结果录入固定的列。

二、数据文件的导入

一位研究者想要研究中学生心理特质与学业成绩以及心理幸福感之间的关系，他通过问卷收集到了一些被调查者（被试）的问卷作答数据，数据文件保存为“stu_data_quest.csv”，这是一个“.csv”格式文件。这位研究者希望使用 SPSS 软件来对这份问卷的数据进行分析。研究者在进行数据分析之前，首先需要将数据读入 SPSS 软件。

幸运的是，SPSS 软件支持直接读入 .csv 类型的文件。除此之外，Excel 文件、Lotus 数据库和 dBase 数据库文件、SAS 软件和 Stata 软件支持的数据文件，以及文本格式（.text）等也都可以使用 SPSS 软件来打开（图 1-1a）。

下面我们结合研究者保存的“stu_data_quest.csv”文件，介绍文件导入的具体方法。

表 1-1　数据录入编码表

维度	变量名	题目描述	录入数据	录入数据含义	宽度
受欺负	ST038Q03NA	其他同学排挤我	1，2，3，4，9	1=从没有或几乎没有 2=一年几次 3=一个月几次 4=一周一次或更多 9=没有回答	1
	ST038Q04NA	其他同学嘲笑我			
	ST038Q05NA	其他同学威胁我			
	ST038Q06NA	其他同学拿或毁坏我的东西			
	ST038Q07NA	其他同学推搡我			
	ST038Q08NA	其他同学说我坏话			
考试焦虑	ST118Q01NA	我经常担心考试太难	1，2，3，4，9	1=完全不同意 2=不同意 3=同意 4=完全同意 9=没有回答	1
	ST118Q02NA	我经常担心考太低的分数			
	ST118Q03NA	即使考前做了充分的准备我也会感到很焦虑			
	ST118Q04NA	我在复习备考时会很紧张			
	ST118Q05NA	在学校里遇到不会解决的问题时会很紧张			
成就动机	ST119Q01NA	对多数或所有课程我都想要最高分数	1，2，3，4，9	1=完全不同意 2=不同意 3=同意 4=完全同意 9=没有回答	1
	ST119Q02NA	我希望在我毕业的时候能有最好的选择机会			
	ST119Q03NA	无论我做什么我都希望做得最好			
	ST119Q04NA	我认为我是一个有雄心壮志的人			
	ST119Q05NA	我希望成为班里最优秀的学生之一			
学校归属感	ST034Q01TA	在学校里我觉得自己像个局外人	1，2，3，4，9	1=完全同意 2=同意 3=不同意 4=完全不同意 9=没有回答	1
	ST034Q02TA	在学校我很容易交到朋友			
	ST034Q03TA	在学校感到有归属感			
	ST034Q04TA	在学校里感觉很糟糕			
	ST034Q05TA	其他同学喜欢我			
	ST034Q06TA	在学校觉得很孤单			
	GENDER	性别	1，2，9	1=女生，2=男生，9=没有回答	1
	EXPEDU	你预期自己会完成哪个阶段的教育	1～6，99	1=初中，2=中等职业技术教育，3=普通高中，4=高中毕业后的职业培训，5=专科，6=本科或研究生，99=没有回答	2
	SAT	总体来说，你对自己最近的生活满意吗？(0-10)	1～10，99	直接录入数据　99=没有回答	2

首先点击“File→Open→Data…”，在“Look in”中选择文件所在的文件夹，在“Files of type”菜单中选择对应的文件类型，.csv 类型文件则选择“Text（＊.txt，＊.dat，＊.csv，＊.tab)”（图 1－1a）。选中要导入 SPSS 的文件后点击“Open”，如图 1－1b 所示。

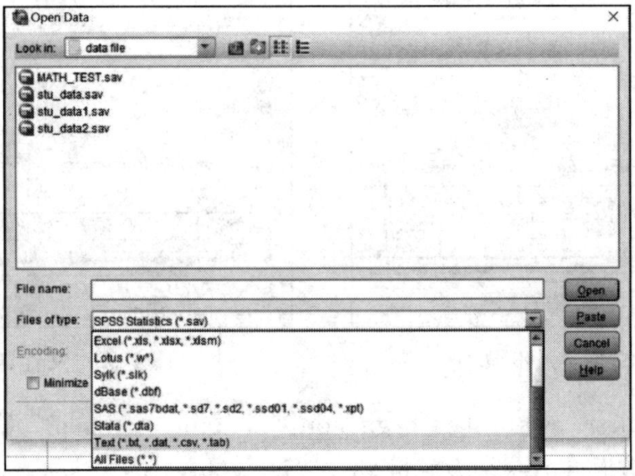

a. 选择导入文件类型

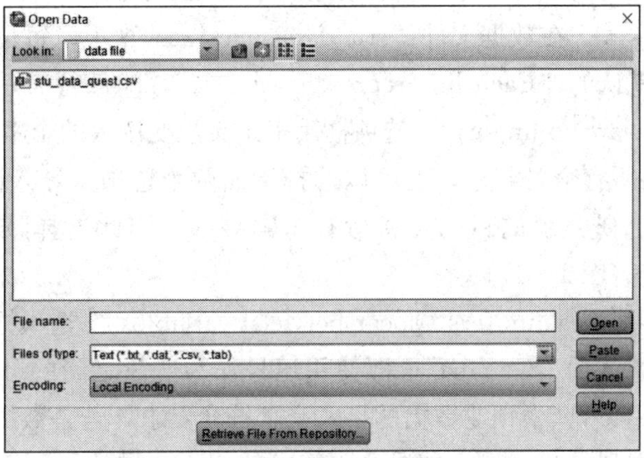

b. 选择要导入的“stu_data_quest.csv”文件

图 1－1　“stu_data_quest.csv”文件导入

接下来导入文本文件，这需要 6 个步骤：

步骤 1：在“Text Import Wizard—Step 1 of 6”对话框中（图 1－2），“Does your text file match a predefined format?”用来定义数据是否与之前已经定义好的格式相匹配，默认为“No”。这里，我们采用默认设置。点击“Next”进入下一步。

步骤 2：在“How are your variables arranged?”对话框中识别不同变量的方式。默认选择为“Delimited”，即将文件中的空格作为变量分隔的标记，变量的顺序不变，长度不变。

在“Are variable names included at the top of your file?”对话框中，若文件本身第一行带有各个变量名，则选择默认的“Yes”，否则选“No”。在“What is the decimal symbol?”对话框中定义小数点的表示符号，选择默认的“Period”，即小数为句点。之后点击“Next”进入下一步（图 1－3）。

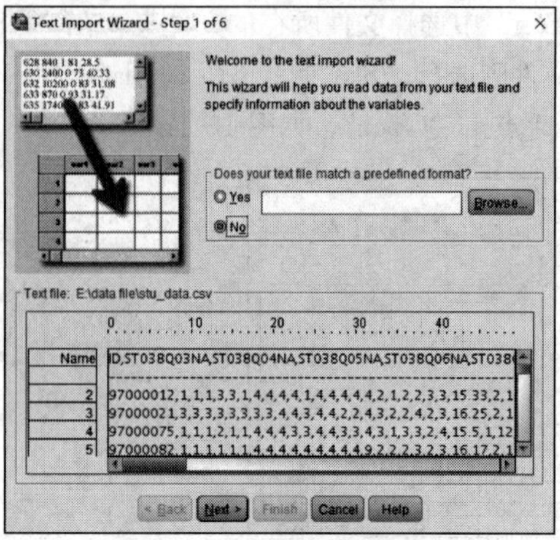

图 1-2　文件导入步骤 1

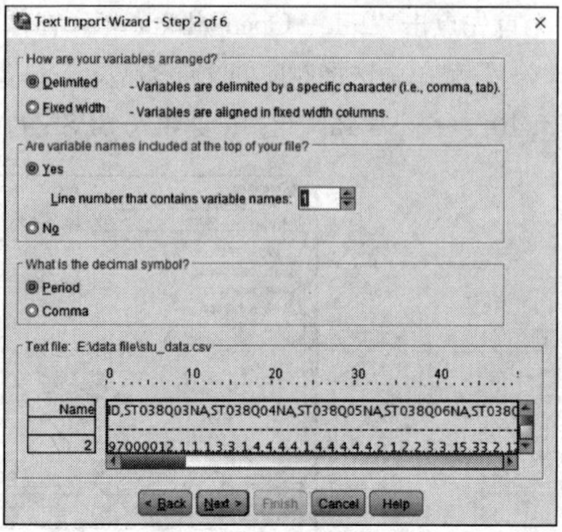

图 1-3　文件导入步骤 2

步骤 3："The first case of data begins on which line number?"默认为 2，即从第二行开始读取第一个数据（第一行为变量名），"How are your cases represented?"对话框用来定义每一个个案。用户可以根据实际数据输入的格式选择每一行表示一个个案，也可以用变量数定义个案。在数据文件"stu_data_quest.csv"中，每位调查者的数据占一行，因此我们选择默认的"Each line represents a case"，即每行表示一个个案。"How many cases do you want to import?"选项框用来定义想要读入的个案数量，默认为"All of the cases"，即将所有个案导入，也可以选择下面两个选项，导入前 *N* 位个案或者随机百分比数的个案。研究者的目的是将所有个案导入，因此选择默认设置。之后点击"Next"进入下一步（图 1-4）。

步骤 4：在"Which delimiters appear between variables?"选项框中定义变量分隔符采用的符号。选择默认的"Comma"，即使用逗号作为变量之间的分隔符。我们可以先在下方的"Data preview"中预览数据的格式是否符合要求，若是数据多出了一列（一般该列名称为 V+数据列号①），则可能是分隔符的使用不当导致了不必要的分隔。出现这种情况的话可以直接在"Data preview"中观察多出来的一列中是哪些个案出现分隔错误，然后根据错误选择合适的分隔符，直到数据符合预先的设定。在"What is the text qualifier?"选项框中定义文本限定符，比如单引号、双引号等，默认为"None"，即没有文本限定符。数据文件"stu_data_quest.csv"中没有文本限定符，所以选择默认的"None"。之后点击"Next"（图 1-5）。

步骤 5："Specifications for variable (s) selected in the data preview"用于预览数据的变量名称与类型，在此处可以改变变量名称。点击下方"Data preview"框中对应的变量名称后，上方对话框"Original name"下会出现对应的变量名称，修改"Variable name"设置新的变量名。之后点击"Next"进入最后一步（图 1-6）。

步骤 6：文件的格式已经设定完成。在"Would you like to save this file format for

① V 为 variable（变量）的缩写，数据列号指的是系统自动命名的变量序号。在 SPSS 中，若导入的文件中某列存在数据但没有变量名，系统会默认赋予该列变量名为 V1、V2 等，以保证后续正常的数据分析。

future use?”选项框中可以选择“Yes”来保存当前文件，默认为“No”。“Would you like to paste the syntax?”意为是否需要保存当前选项的语法以供未来使用，默认为“No”。最后点击“Finish”即可在 SPSS 中打开原来的数据（图 1－7）。

最后点击“File→Save As…”将导入的文件保存在需要的路径中，命名为“stu_data_quest_raw. sav”。

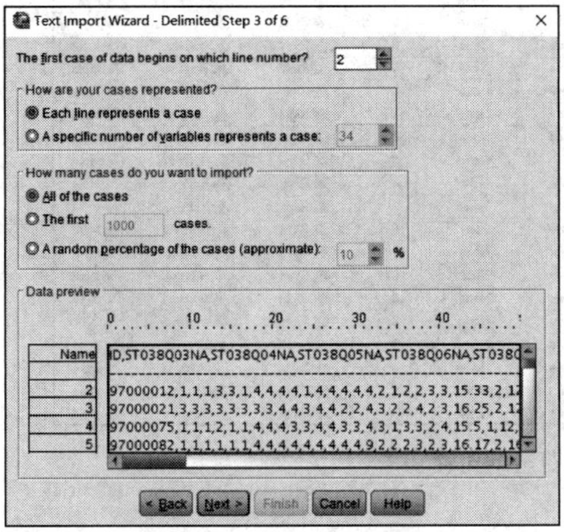

图 1－4　文件导入步骤 3

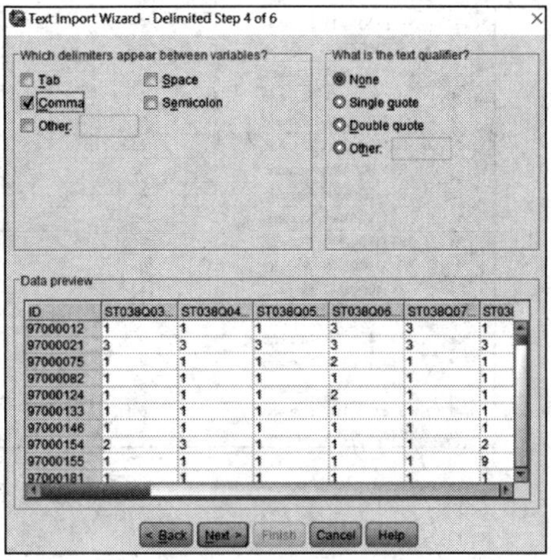

图 1－5　文件导入步骤 4

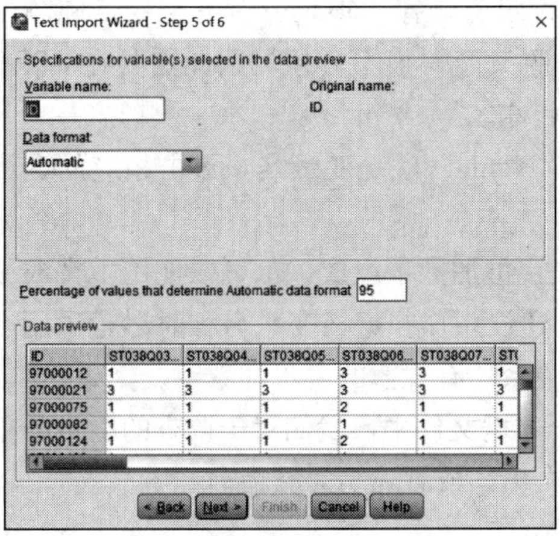

图 1－6　文件导入步骤 5

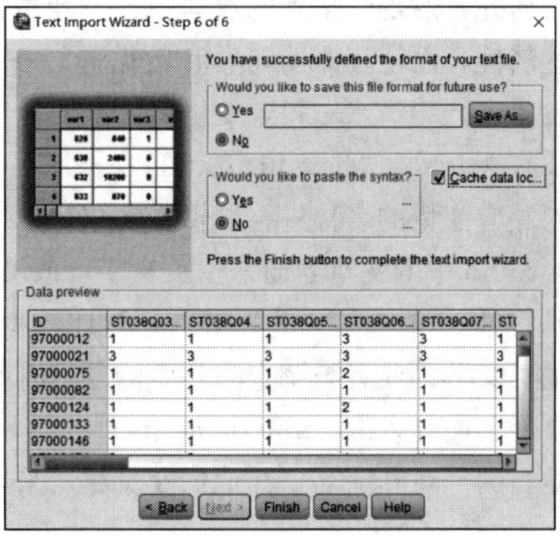

图 1－7　文件导入步骤 6

上述操作的 SPSS 语句请参见“stu_data_quest. sps”文件。需要注意的是，直接通过语句导入其他类型的文件时，要保证要导入的文件的路径和语句文件中“/FILE= …”的路径一致，否则文件数据无法顺利读取。

三、变量的定义

在 SPSS 软件中，有 Data View（数据浏览）和 Variable View（变量浏览）窗口，两个窗口可以点击切换。在 Variable View 中可以对变量的名称、类型、宽度、小数位数、标签、变量值标签、缺失值、对齐格式以及数据类型进行定义。可以点开 SPSS 界面左下角的“Variable View”来查看各个变量的属性（图 1-8）。

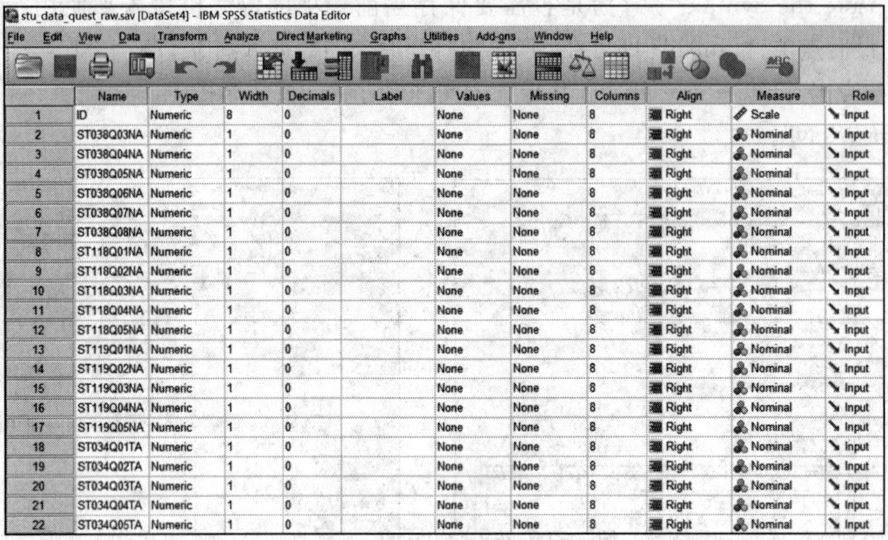

	Name	Type	Width	Decimals	Label	Values	Missing	Columns	Align	Measure	Role
1	ID	Numeric	8	0		None	None	8	Right	Scale	Input
2	ST038Q03NA	Numeric	1	0		None	None	8	Right	Nominal	Input
3	ST038Q04NA	Numeric	1	0		None	None	8	Right	Nominal	Input
4	ST038Q05NA	Numeric	1	0		None	None	8	Right	Nominal	Input
5	ST038Q06NA	Numeric	1	0		None	None	8	Right	Nominal	Input
6	ST038Q07NA	Numeric	1	0		None	None	8	Right	Nominal	Input
7	ST038Q08NA	Numeric	1	0		None	None	8	Right	Nominal	Input
8	ST118Q01NA	Numeric	1	0		None	None	8	Right	Nominal	Input
9	ST118Q02NA	Numeric	1	0		None	None	8	Right	Nominal	Input
10	ST118Q03NA	Numeric	1	0		None	None	8	Right	Nominal	Input
11	ST118Q04NA	Numeric	1	0		None	None	8	Right	Nominal	Input
12	ST118Q05NA	Numeric	1	0		None	None	8	Right	Nominal	Input
13	ST119Q01NA	Numeric	1	0		None	None	8	Right	Nominal	Input
14	ST119Q02NA	Numeric	1	0		None	None	8	Right	Nominal	Input
15	ST119Q03NA	Numeric	1	0		None	None	8	Right	Nominal	Input
16	ST119Q04NA	Numeric	1	0		None	None	8	Right	Nominal	Input
17	ST119Q05NA	Numeric	1	0		None	None	8	Right	Nominal	Input
18	ST034Q01TA	Numeric	1	0		None	None	8	Right	Nominal	Input
19	ST034Q02TA	Numeric	1	0		None	None	8	Right	Nominal	Input
20	ST034Q03TA	Numeric	1	0		None	None	8	Right	Nominal	Input
21	ST034Q04TA	Numeric	1	0		None	None	8	Right	Nominal	Input
22	ST034Q05TA	Numeric	1	0		None	None	8	Right	Nominal	Input

图 1-8 SPSS 变量浏览窗口

（一）定义变量名称

研究者发现收集到的数据中各个变量的名称没有规律，很难分辨各个变量施测的是哪些属性，而使用原始问卷和数据进行一一对照又显得很不方便，因此需要在 SPSS 中对变量进行编辑，对各个变量赋予方便分辨的名称。

在 Variable View 窗口，可以看到第一列“Name”就是变量名，点击相应的变量即可对相应变量的名称进行编辑。

SPSS 中的变量名通常由英文字母或者英文字母加数字组成，也可以使用中文或一些特殊符号，如“@”“&”等，不过比较少见。建议用户在定义变量名称时尽量采用有意义的英文单词或者与调查问卷中的题目有对应关系的有规律的字母加数字。

在上面导入的“stu_data_quest_raw. sav”数据文件中，我们对于调查的题目采用问卷题目编号对其命名，其他的变量尽量采用英文单词或者缩写对其命名。

（二）定义变量类型

第二列“Type”表示该变量的类型，一般为“Numeric”，即数值型变量，数值型变量也方便后续进行数学运算。

若是需要改变变量类型的话，可以点击该变量“Type”框右侧边缘区域，打开“Variable Type”对话框，如图 1-9 所示。可以看到可提供的数据类型包括 Numeric（数值）、Comma（逗号）、Dot（点）、Scientific notation（科学计数法）、Date（日期）、Dollar（美元）、Custom currency（定制货币）、String（字符串）、Restricted Numeric（受限数字），其中数值、日期和字符串是比较常用的数据类型。

与此同时，我们也可以在右侧“Width”处改变字符长度，在“Decimal Places”处改变小数位数。

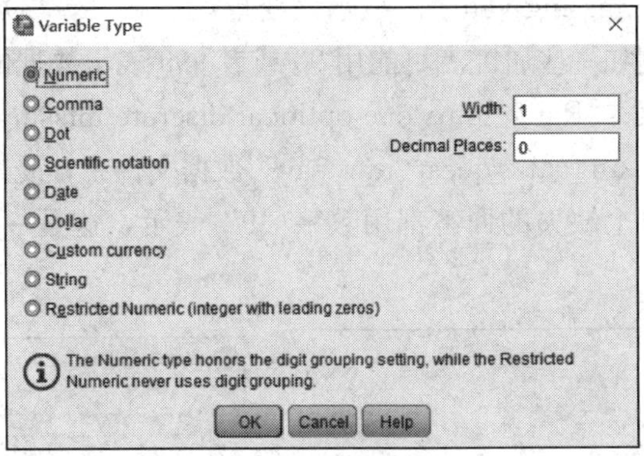

图 1-9　定义变量类型

（三）定义变量标签

如果研究者认为仅仅通过一些字母来对变量来进行描述有时太简略，还需要对变量进行进一步描述，则可以在“Label”栏中输入该变量的具体描述。例如，对于上面的数据文件，我们可以在“Label”一栏中对变量“ST038Q03NA”加标签，在标签中写入这道题目具体测试的内容“其他同学排挤我”；对变量“SAT”加标签“总体来说，你对自己最近的生活满意吗?”说明这个变量的具体含义。总之，在 Variable View 窗口，我们可以依次填入题目内容或者变量的具体含义。

（四）定义变量值的标签

在实际应用中，经常会有一些分类变量，我们为了方便输入数据，会对其进行编码。比如在上面的调查问卷中，对于学生的性别，采用数字“1”表示女生（Female），采用数字“2”表示男生（Male）。在“stu_data_quest_raw. sav”数据文件中，对于性别变量 GENDER，我们可以点击该变量的“Values”框右侧靠近边界区域，打开“Values Labels”对话框，在“Value”旁的空白处填入“1”，在“Label”旁的空白处填入“Female”，再点击“Add”，这样该变量的值“1”就表示“Female”。同理，可以将数值“2”加标签“Male”，对在这个变量上没有回答的缺失数据“9”加标签“No Response”（图 1-10）。

在该数据文件中，对于学生学校归属感的测量采用了 4 点计分，从 1 分的完全同意到 4 分的完全不同意。对此，我们可以点击测量学校归属感的每一道题目变量，将数字“1”到“4”分别添加标签“Strongly agree”“Agree”“Disagree”“Strongly disagree”，对于漏答的数字“9”加标签“No Response”。实际中，对于值标签相同的变量，我们可以采用复制（Copy）的方法对一组变量的值加标签。

（五）定义缺失值

实际中，研究者收集到的数据往往并不都是完整的，即并不是每个被调查者都能对问卷进行完整作答。在编码和数据录入过程中，并不是所有的缺失都用空白来表示，研究者可以使用不同的特定数字来表示不同的缺失。

如图 1-11 所示，点击变量的“Missing”框右侧靠近边界的区域，可以打开“Missing

Values”对话框。“No missing values”表示该变量没有缺失，“Discrete missing values”表示离散的缺失值，例如一些研究者可能用 99 或者 999 表示数据的缺失，则可以在此处填入“99”或者“999”。“Range plus one optional discrete missing value”表示某一范围内的值为缺失值。在“stu_data_quest_raw. sav”数据文件中，受欺负、考试焦虑、成就动机和学校归属感题目上缺失的回答都用数字“9”表示，这是一个离散型的缺失数据，定义如下。

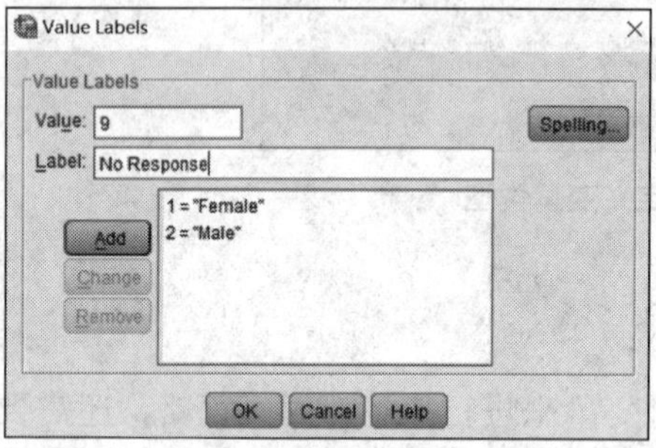

图 1－10　定义变量值标签

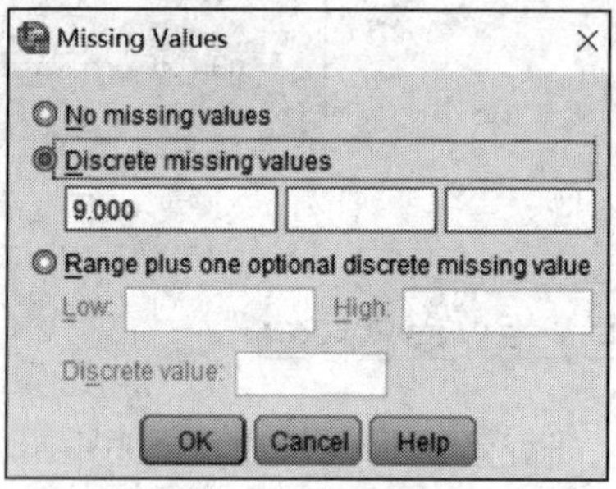

图 1－11　定义缺失值

（六）定义数据类型

“Measure”表示数据的类型。存在三种数据类型，即 Scale、Ordinal 和 Nominal，分别表示连续数据、等级数据以及分类数据。在本例的数据文件中，问卷中采用 4 点李克特测验题目的变量以及 EXPEDU（你预期自己会完成哪个阶段的教育）均为Ordinal（等级）变量，GENDER（性别）是 Nominal（分类）变量，而 SAT（总体来说，你对自己最近的生活满意吗）是 Scale（连续）变量。

定义了变量类型、变量标签、值标签和缺失值的数据文件见“stu_data_quest. sav”。

第二节　数据文件的管理

这一节，我们主要结合数据文件“stu_data. sav”，介绍 SPSS 在数据文件的排序、合并、筛选、编码与转换、计算、拆分、分类汇总等方面的应用。

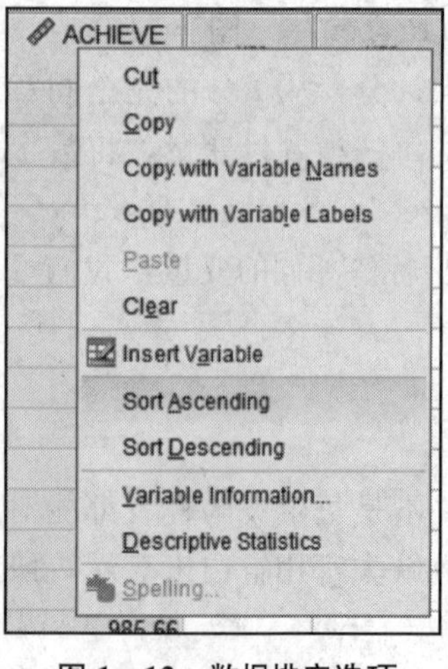

图 1－12　数据排序选项

一、数据排序

打开数据文件“stu_data. sav”，如果老师希望将学生的总成绩按照从低到高或者从高到低进行排序，可以右键点击总学业成绩变量 ACHIEVE，选择“Sort Ascending”或者“Sort Descending”（图 1－12）。其中“Sort Ascending”表示将成绩由低到高进行排列，“Sort Descending”表示将成绩由高到低进行排列。

在 SPSS 中，还可以根据多个变量对数据进行排序，例如按照性别（GENDER）对总学业成绩（ACHIEVE）进行排序。操作过程如下：

打开“Data”菜单中的“Sort Cases…”选项（图 1 - 13），然后选择需要排序的关键变量（图 1 - 14）。对于排序后的文件可以选择“Save file with sorted data”，将其保存为另外的文件。

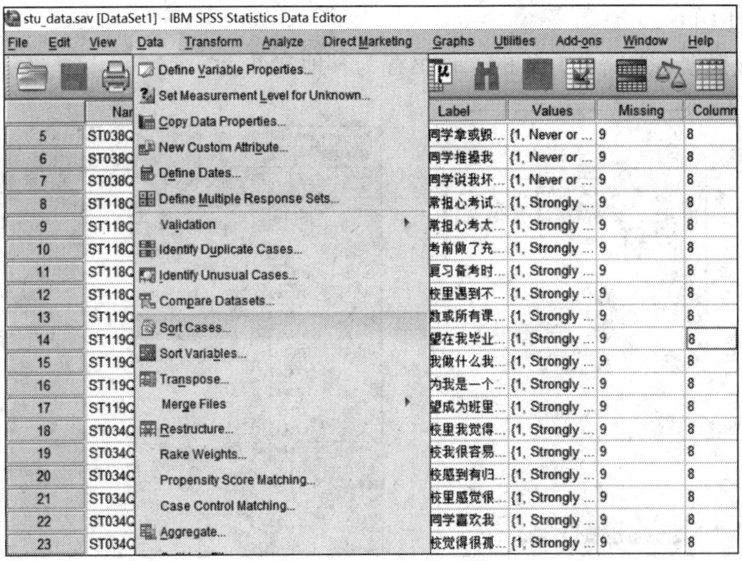

图 1 - 13　个案排序选项

二、数据文件的合并

在研究中由于数据来源的不同或者对被试多次测试，会存在多个数据文件的情况：而有时需要对数据文件进行合并，然后再进行分析。数据文件的合并主要包括合并同一批个案数据中不同的变量（合并变量）和合并相同变量下不同的个案数据（合并个案）两种情况。

（一）合并变量

合并变量指的是将个案群体相同，但是数据文件中变量不同的数据合并。例如，在研究中，研究者通过问卷调查采集到了学生的一些基本信息，如性别、期望受教育程度、整体生活满意度和学习特征等（数据文件：stu_data_quest. sav）。采用学校的家庭信息管理和试卷测试得到学生父母最高受教育程度、家庭社会经济地位和学生学业成绩等相关信息（数据文件：stu_data_achieve. sav）。为了方便后续的数据分析，研究者决定将这两份文件合并。所幸的是，两份数据都包含了学生的 ID，因此我们可以通过 ID 将两份文件合并。值得注意的是，合并变量不同的数据文件时需要有一个标识个案身份的关键匹配变量，在合并前将不同的数据文件首先按照这个匹配进行排序。对于排序后的数据文件合并变量的具体操作如下：

(1) 首先打开两组数据“stu_data_quest. sav”和“stu_data_achieve. sav”。

(2) 我们需要将文件1的数据合并到文件2中，点击“Data→Merge Files→Add Variables…”，如图1-15所示。此时由于已经打开了需要合并的文件，所以选中“An open dataset”下方的选项栏中的文件即可。之后点击“Continue”(图1-16)。

(3) 由于我们是按照ID进行匹配，所以选择默认的“One-to-one merge based on key values”，如图1-17所示。之后点击“OK”。然后我们就可以看到两个文件的数据按照ID进行了组合。

研究者可根据需要将合并后的文件另存为其他文件。

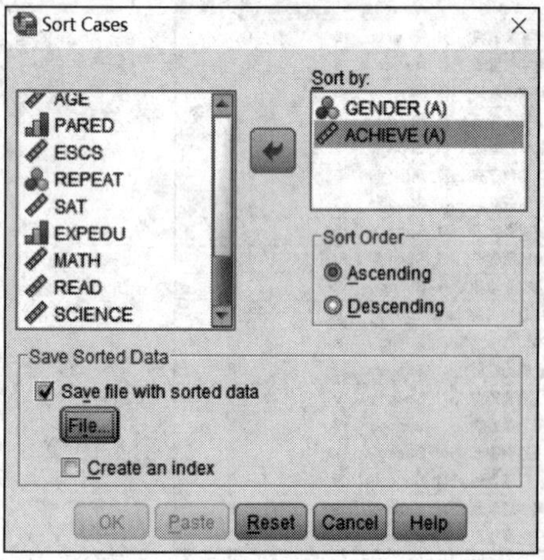

图1-14 选择排序变量

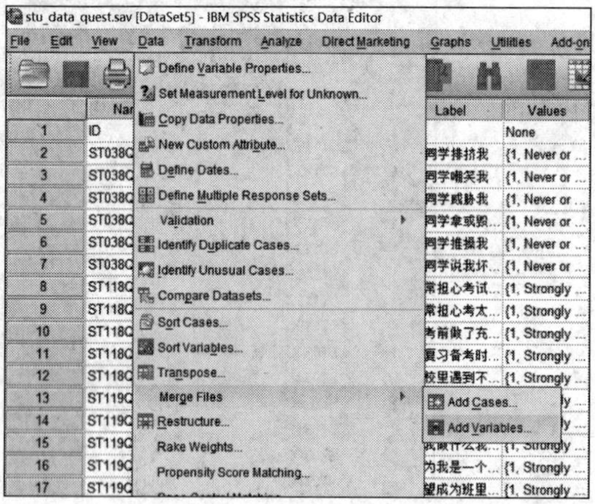

图1-15 合并变量选项

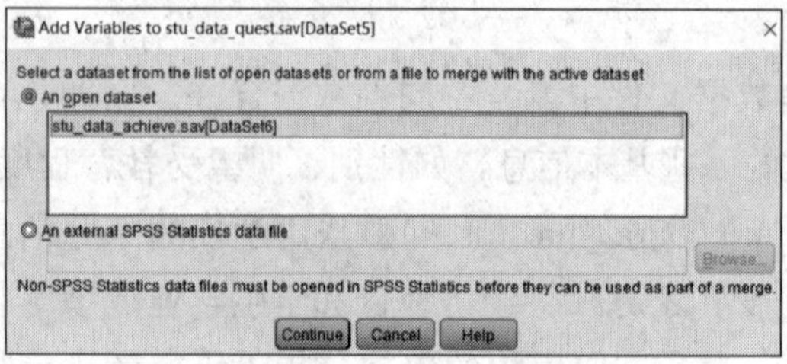

图1-16 选择需要合并的数据文件

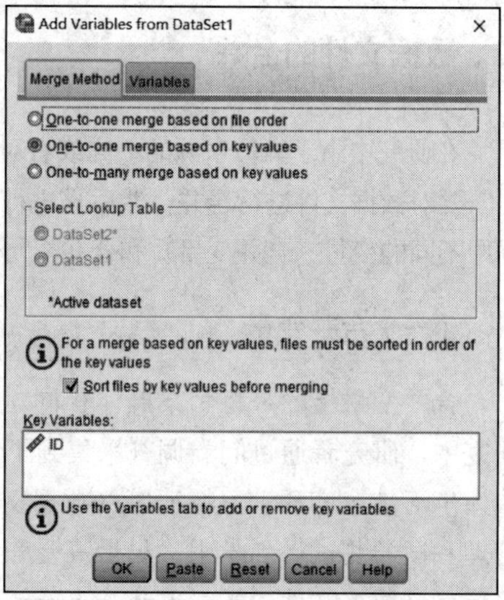

图1-17 按照关键变量ID匹配数据文件

(二) 合并个案

另外还可能出现一种情况，研究者使用同样一份问卷，问卷编码和数据录入格式完全相同，现在有两个数据录入员分别录入了一部分问卷（数据文件：stu_data_cb1. sav 和 stu_data_cb2. sav）。在数据分析之前，需要将两份数据文件进行合并，即个案合并，具体操作如下：

（1）我们首先打开数据文件“stu_data_cb1. sav”和“stu_data_cb2. sav”文件，我们的目标是将“stu_data_cb2. sav”文件中的数据合并至“stu_data_cb1. sav”文件中。

（2）两份文件的变量一模一样，不同的是第一份数据收集的是女生的数据，第二份文件收集的是男生的数据。点击“Data→Merge Files→Add Cases…”。此时由于已经打开了需要合并的文件，所以选中“An open dataset”下方的选项栏中的文件即可。点击“Continue”（图 1－18）。

（3）由于两个文件中的变量完全一致，所以左侧“Unpaired Variables”栏中为空白（图 1－19）。这时我们直接点击“OK”，就可以完成两个文件的合并。若是文件 1 中有某个变量，例如 MATH 变量，而文件 2 中没有该变量，则左侧“Unpaired Variables”栏中就会出现 MATH 变量。此时直接点击“OK”，新的合并的文件中将没有 MATH 变量。若是将左侧“Unpaired Variables”栏中的变量放入右侧“Variables in New Active Dataset”中，则新的文件中也会有该变量。但由于文件 2 中没有该变量，所以新文件中文件 2 的个案在该变量上都为缺失。

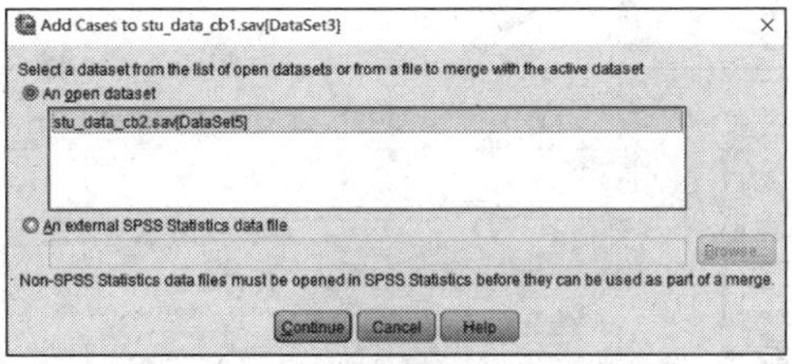

图 1－18　选择需要合并的数据文件

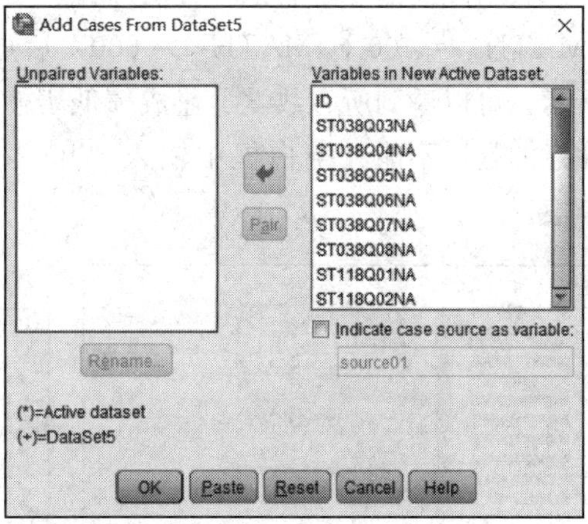

图 1－19　合并个案

三、数据的筛选

现在研究者主要想对女生的各项数据进行统计，因此男生的数据需要被暂时排除在分析范围之外。SPSS 的筛选功能可以对被试进行有针对性的选择，具体的实现过程可以通过以下操作来完成。

我们首先打开“stu_data. sav”文件，在该文件中，不仅包含第一节中问卷调查的数据，还包含学生家庭背景基本信息和学业成绩的数据。性别变量名称为 GENDER，其中 1 代表女生，2 代表男生，9 表示没有回答。

打开“Data”菜单中的“Select Cases…”选项，如图 1－20a 所示。在“Select”选项框中选择“If condition is satisfied”，再点击“If…”，双击左侧菜单的 GENDER 变量，使其出现在右侧空白框内。之后再在下方键盘点击“＝”和“1”，即我们需要选择“GENDER＝1”的变量，如图 1－20b 所示。完成后点击“Continue”。在“Output”选项框中选择默认的“Filter out unselected cases”，即将所有未选中的个案暂时剔除掉。若是选择“Copy selected cases to a new dataset”，则可以将选中的个案在新的数据集中打开。若是选择“Delete unselected cases”，则会将该文件中所有未选中的个案删除。这里我们还是选择默认的“Filter out unselected cases”，点击“OK”。

结果如图 1－21 所示，可以看到在数据最左侧有部分个案被画上了斜杠，代表它们已经被暂时剔除，后续的分析不会用到它们。在数据框最右侧出现了一个变量 filter_ $，我们需要进行后续分析的个案被标记为 1，剔除的个案被标记为 0。

除了性别这种分类变量，对于连续变量，例如数据文件中数学学业成绩变量 MATH，我们依然可以通过以上操作来完成。

假设我们对于数学学业成绩大于等于 400 且小于等于 600 的被试感兴趣。我们同样可以依次点击“Data→Select Cases…→If condition is satisfied→If…”，如图 1－22 所示。数学成绩的变量名是 MATH，在“Select Cases：If”对话框右侧的空白框中输入“MATH＞＝400 & MATH＜＝600”后点击“Continue”，再点击“OK”。如图 1－23 所示，可以看到所有数学学业成绩低于 400 或者高于 600 分的个案都已被剔除。需要注意的是，不能在空白框中输入“400＜＝MATH＜＝600”，这样无法选择需要的个案。

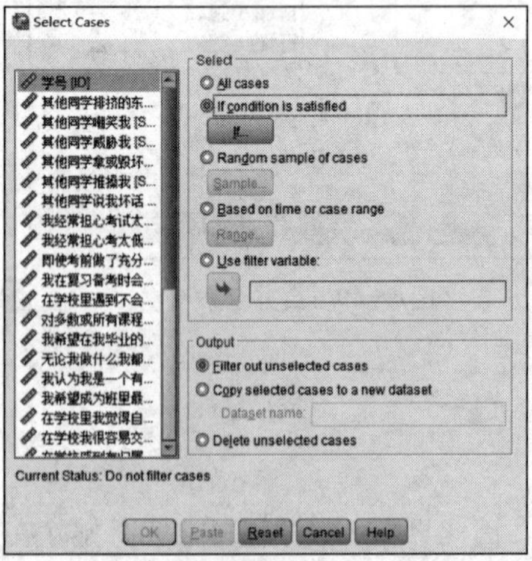

a. 数据选择主窗口

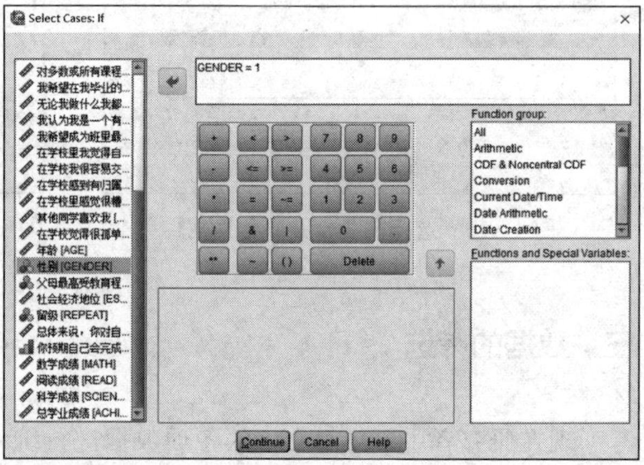

b. 数据筛选条件定义窗口

图 1－20 数据筛选

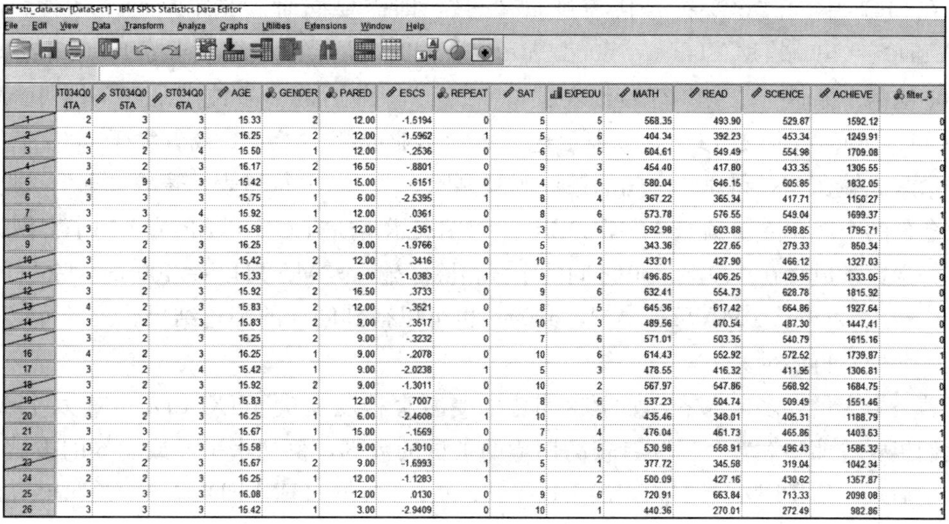

图 1－21　数据筛选结果

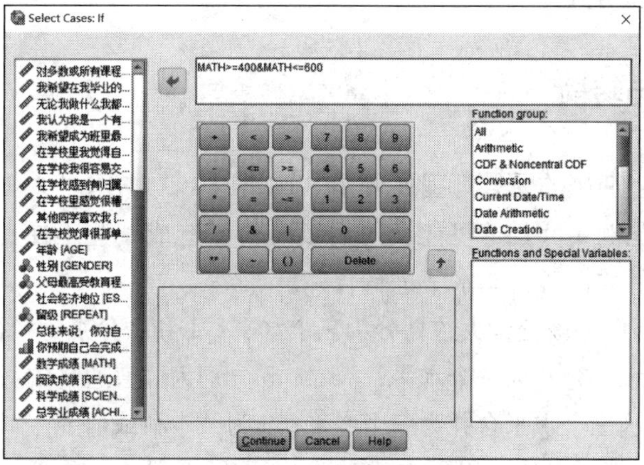

图 1－22　连续变量数学成绩筛选

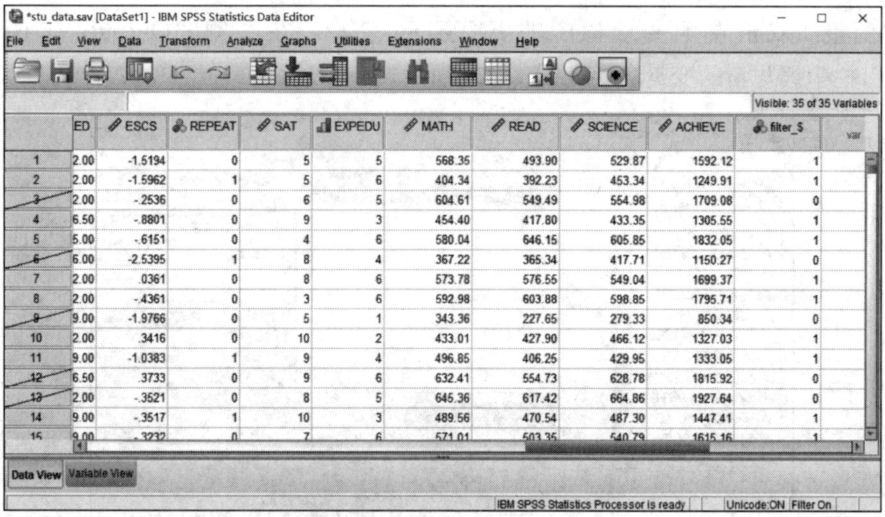

图 1－23　数学成绩筛选结果

在 SPSS 中，"&"符号代表逻辑"与"，即需要同时满足前后两个条件。例如"MATH>=400 & MATH<=600"表示需要同时满足数学成绩大于等于 400 和小于等于 600 这两个条件。"|"符号代表逻辑"或"，即前后两个条件满足其一即可。例如"MATH<400 | MATH>600"表示选择数学学业成绩小于 400 或者大于 600 的被试，这样数学成绩在 400 到 600 之间的被试则被剔除。"~="符号表示逻辑"非"，即将满足该条件的个案剔除。例如"GENDER~=1"表示将所有 GENDER 为 1 的个案剔除。

筛选数学成绩在 400 到 600 之间的个案，除了输入"MATH>=400 & MATH<=600"，输入"range (MATH，400，600)"也可以得到同样的筛选结果。读者可以自行尝试，此处不再演示。

若一个变量有多个水平，如学生期望的受教育程度变量（EXPEDU）有六个水平，但我们想要看那些对教育程度有较高期望的被试的数据，例如水平 5 或者 6 的被试，那么除了输入"EXPEDU=5 | EXPEDU=6"，输入"any（EXPEDU，5，6）"也可以得到同样的结果。其中，"any（）"表示"或"关系，括号内第一个变量为要筛选的变量，剩余的数值为要筛选的值。

四、变量的编码与转换

研究者发现学生期望的受教育程度变量（EXPEDU）的水平太多，有六个水平，选择某些水平的人数比例太低，这可能会对后续的研究造成一些不便。因此，研究者希望能减少该变量的水平数，对一些水平进行合并。

研究者发现，可以将该变量大致划分为三个水平：1 和 2 分别为"初中"和"中等职业技术教育"，这两个水平合并为一个水平；3、4、5 分别为"普通高中""高中毕业后的职业培训"和"专科"，这三个水平合并为一个水平；6 为"本科或研究生"，单独为一个水平。

在 SPSS 中，我们可以通过以下方式对 EXPEDU 变量进行重新编码。

点击"Transform→Recode into Different Variables…"，即将一个变量重新编码为一个新的变量。双击左侧变量栏中的 EXPEDU 变量，在右侧"Output Variable"的"Name"栏中编写新的变量名，如图 1-24 所示。

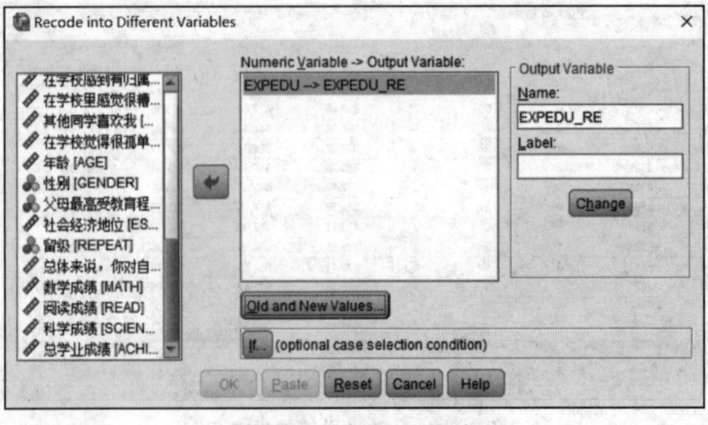

图 1-24 重新命名变量

点击“Change”，然后点击下方的“Old and New Values…”按钮。在左侧“Old Value”中选择“Range”。由于希望将水平 1 和 2 重新编码为 1，在“Range”下方的空白栏中填入“1”，在“through”下方的空白栏中填入“2”，在右侧“New Value”栏的“Value”中填入“1”，点击下方的“Add”。这样，我们就成功将水平 1 和 2 设置为一个新的水平 1。重复该操作，设置水平 3 到 5 为 2。然后选中“Old Value”栏中的“Value”，在下方空白栏填入“6”，在右侧“New Value”栏的“Value”中填入“3”，点击“Add”。再选中左侧“Old Value”栏中的“System-missing”以及右侧“New Value”栏中的“System-missing”，点击“Add”，如图 1-25 所示。

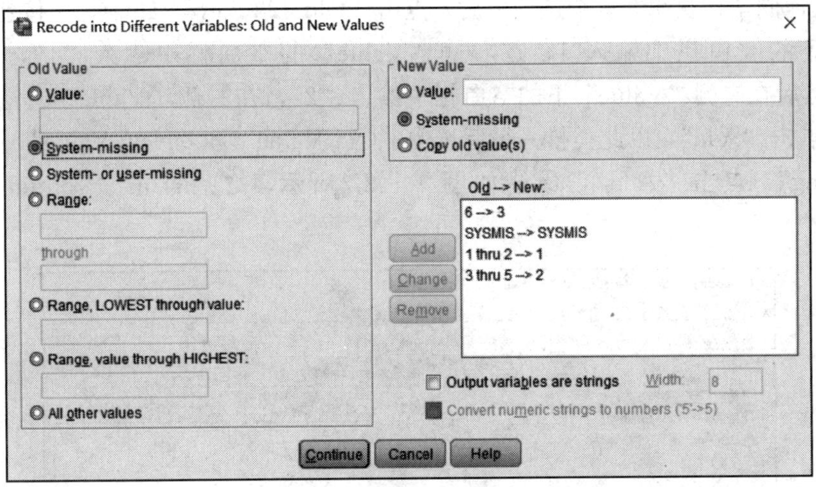

图 1-25　旧值与新值的编码转换

之后点击“Continue”，点击“OK”。最后显示的结果如图 1-26 所示，可以看到数据最后一栏出现了一个新的变量，该变量就是对 EXPEDU 变量重新编码后的变量。

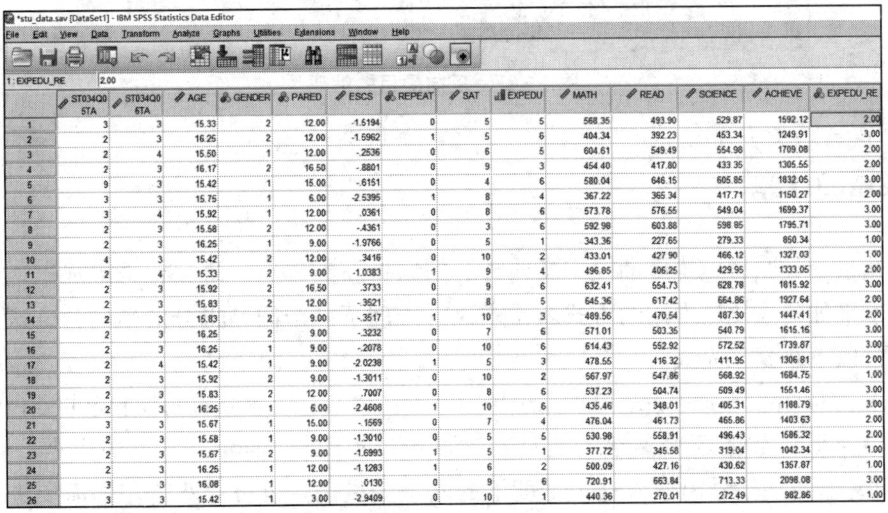
*stu_data.sav [DataSet1] - IBM SPSS Statistics Data Editor

File Edit View Data Transform Analyze Graphs Utilities Extensions Window Help

1 : EXPEDU_RE　2.00

	ST034Q05TA	ST034Q06TA	AGE	GENDER	PARED	ESCS	REPEAT	SAT	EXPEDU	MATH	READ	SCIENCE	ACHIEVE	EXPEDU_RE
1	3	3	15.33	2	12.00	-1.6194	0	5	5	568.35	493.90	529.87	1592.12	2.00
2	2	3	16.25	2	12.00	-1.5962	1	5	6	404.34	392.23	453.34	1249.91	3.00
3	2	4	15.50	1	12.00	-.2536	0	6	5	604.61	549.49	554.98	1709.08	2.00
4	2	3	16.17	2	16.50	-.8801	0	9	3	454.40	417.80	433.35	1305.55	2.00
5	9	3	15.42	1	15.00	-.6151	0	4	6	580.04	646.15	605.85	1832.05	3.00
6	3	3	15.75	1	6.00	-2.5395	1	8	4	367.22	365.34	417.71	1150.27	2.00
7	3	4	15.92	1	12.00	.0361	0	8	6	573.78	576.55	549.04	1699.37	3.00
8	2	3	15.58	2	12.00	-.4361	0	3	6	592.98	603.88	598.85	1795.71	3.00
9	2	3	16.25	1	9.00	-1.9766	0	5	1	343.36	227.65	279.33	850.34	1.00
10	4	3	15.42	2	12.00	.3416	0	10	2	433.01	427.90	466.12	1327.03	1.00
11	2	4	15.33	2	9.00	-1.0383	1	9	4	496.65	406.25	429.95	1333.05	2.00
12	2	3	15.92	2	16.50	.3733	0	9	6	632.41	554.73	628.78	1815.92	3.00
13	2	3	15.83	2	12.00	-.3521	0	8	5	645.36	617.42	664.86	1927.64	2.00
14	2	3	15.83	2	9.00	-.3517	1	10	3	489.56	470.54	487.30	1447.41	2.00
15	2	3	16.25	2	9.00	-.3232	0	7	6	571.01	503.35	540.79	1615.16	3.00
16	2	3	16.25	1	9.00	-.2078	0	10	6	614.43	552.92	572.52	1739.87	3.00
17	2	4	15.42	1	9.00	-2.0238	1	5	3	478.55	416.32	411.95	1306.81	2.00
18	2	3	15.92	2	9.00	-1.3011	0	10	2	567.97	547.86	568.92	1684.75	1.00
19	2	3	15.83	2	12.00	.7007	0	8	6	537.23	504.74	509.49	1551.46	3.00
20	2	3	16.25	1	6.00	-2.4608	1	10	6	435.46	348.01	405.31	1188.79	3.00
21	3	3	15.67	1	15.00	-.1569	0	7	4	476.04	461.73	465.86	1403.63	2.00
22	2	3	15.58	1	9.00	-1.3010	0	5	5	530.98	558.91	496.43	1586.32	2.00
23	2	3	15.67	2	9.00	-1.6993	1	5	1	377.72	345.58	319.04	1042.34	1.00
24	2	3	16.25	1	12.00	-1.1283	1	6	2	500.09	427.16	430.62	1357.87	1.00
25	3	3	16.08	1	12.00	.0130	0	9	6	720.91	663.84	713.33	2098.08	3.00
26	3	3	15.42	1	3.00	-2.9409	0	10	1	440.36	270.01	272.49	982.86	1.00

图 1-26　生成新变量

研究者在设计量表时，通常都会加入反向题目，主要是为了防止被试产生某些作答倾向。例如在“stu_data. sav”数据文件中，对于学生学校归属感的测量使用了 6 道题目，量表采用 4 点计分形式，从 1 分的完全同意到 4 分的完全不同意，分数越低代表学校归属感越低。其中有三道题目采用了反向计分的方式，分别为“在学校我很容易交到朋友”“在学校感到有归属感”“其他同学喜欢我”。在后续分析之前，我们需要对这三道题目的得分进行反向重新编码，即将 1 分重新编码为 4 分，2 分编码为 3 分，以此类推。若是不重新编码，则后续该维度分数的合成会产生错误。

重新编码的方式和前文类似，不过这次我们选择编码相同的变量。点击“Transform→Recode into Same Variables…”，双击“在学校我很容易交到新朋友”“在学校感到有归属感”“其他同学喜欢我”三个选项之后，点击“Old and New Values…”按钮，在左侧“Value”下的空白栏中输入 1，在右侧“Value”的空白栏中输入“4”，点击下方“Add”。然后在左侧“Value”下的空白栏中输入“2”，在右侧“Value”的空白栏中输入“3”，点击“Add”，以此类推，最后选中“Old Value”和“New Value”中的“System-missing”，点击“Add”，最终如图 1－27 所示，之后点击“Continue”，点击“OK”。

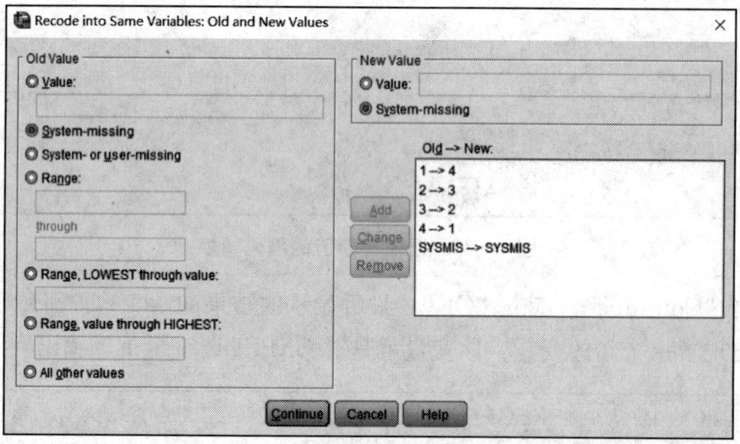

图 1－27 反向题目的编码

五、变量的计算

将测量学校归属感维度的三个反向计分问题重新编码后，研究者希望观察这一维度总体的水平如何，比较常用的方式就是求这一维度下六个问题得分的平均分。这一操作可以通过以下步骤来完成。

点击“Transform→Compute Variable…”，在“Target Variable”下方的空白栏填入需要存储为平均数的新变量名。之后在“Numeric Expression”下方的空白栏内输入“mean ()”，再在括号内输入这一维度下的六个变量名，也可以双击左侧需要进行计算的变量，各个变量以“,”分隔，如图 1－28 所示。需要注意的是，以上标点均为英文标点。

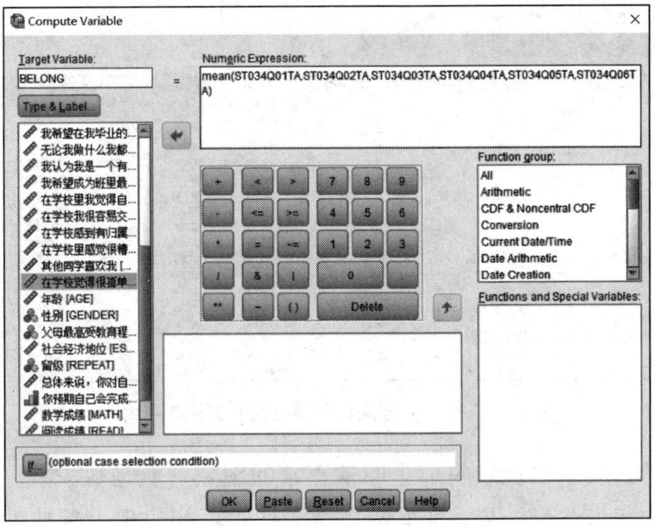

图 1 - 28 用 mean 函数计算均值

之后再点击"OK"，结果可以看到数据最后一列出现了新的变量，该变量即为这 6 个变量的平均数。这种方法会自动忽略被试的缺失作答，例如第五名被试在第 5 道题目上有缺失作答，其他五道题目分数之和为 16，平均值为 3.2（16/5＝3.2），和新变量的结果一致。

除了采用该方法，也可以在"Numeric Expression"下方的空白栏处使用数学公式来求平均数，如图 1 - 29 所示。不过该方法在处理缺失作答上与上述 mean 函数不同：只有在 6 道题目的数据不存在缺失的情况下，才能计算得到该维度的平均分。若是被试在题目上的作答存在缺失，则该方法无法对被试的平均分进行有效计算，得到的维度分数为缺失数据。如图 1 - 30 所示，第五名被试在作答中存在缺失，用该方法得到的维度平均分为系统缺失。

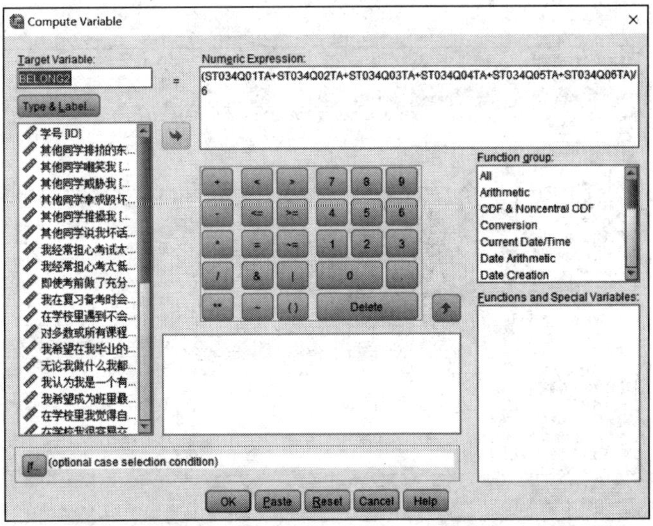

图 1 - 29 用相加求和的方式计算均值

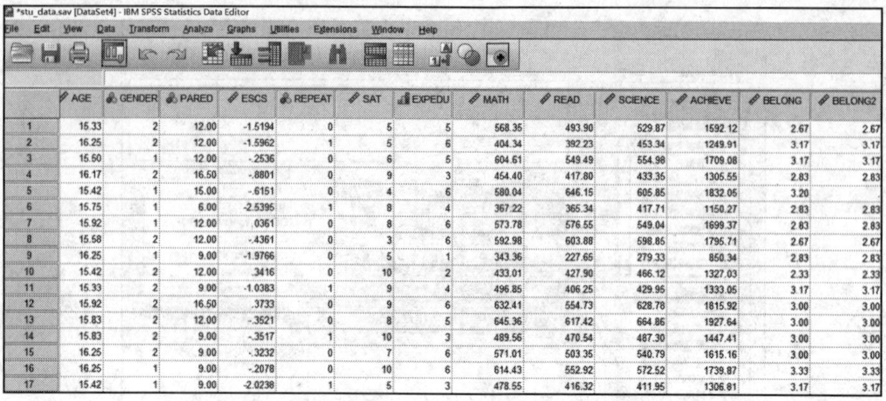

	AGE	GENDER	PARED	ESCS	REPEAT	SAT	EXPEDU	MATH	READ	SCIENCE	ACHIEVE	BELONG	BELONG2
1	15.33	2	12.00	-1.5194	0	5	5	568.35	493.90	529.87	1592.12	2.67	2.67
2	16.25	2	12.00	-1.5962	1	5	6	404.34	392.23	453.34	1249.91	3.17	3.17
3	15.50	1	12.00	-.2536	0	6	5	604.61	549.49	554.98	1709.08	3.17	3.17
4	16.17	2	16.50	-.8801	0	9	3	454.40	417.80	433.35	1305.55	2.83	2.83
5	15.42	1	15.00	-.6151	0	4	6	580.04	646.15	605.85	1832.05	3.20	.
6	15.75	1	6.00	-2.5395	1	8	4	367.22	365.34	417.71	1150.27	2.83	2.83
7	15.92	1	12.00	.0361	0	8	6	573.78	576.55	549.04	1699.37	2.83	2.83
8	15.58	2	12.00	-.4361	0	3	6	592.98	603.88	598.85	1795.71	2.67	2.67
9	16.25	1	9.00	-1.9766	0	5	1	343.36	227.65	279.33	850.34	2.83	2.83
10	15.42	2	12.00	.3416	0	10	2	433.01	427.90	466.12	1327.03	2.33	2.33
11	15.33	2	9.00	-1.0383	1	9	4	496.85	406.25	429.95	1333.05	3.17	3.17
12	15.92	2	16.50	.3733	0	9	6	632.41	554.73	628.78	1815.92	3.00	3.00
13	15.83	2	12.00	-.3521	0	8	5	645.36	617.42	664.86	1927.64	3.00	3.00
14	15.83	2	9.00	-.3517	1	10	3	489.56	470.54	487.30	1447.41	3.00	3.00
15	16.25	2	9.00	-.3232	0	7	6	571.01	503.35	540.79	1615.16	3.00	3.00
16	16.25	1	9.00	-.2078	0	10	6	614.43	552.92	572.52	1739.87	3.33	3.33
17	15.42	1	9.00	-2.0238	1	5	3	478.55	416.32	411.95	1306.81	3.17	3.17

图 1 - 30　两种方法计算得到的均值结果比较

在问卷收集的过程中出现缺失值是非常正常的现象，但是缺失状况又存在差异，有的被试的作答可能仅有少量缺失，而有的被试的作答可能出现大量缺失。在使用“mean()”方法计算被试的平均分时，除非被试的作答全部缺失，否则无论被试有多严重的缺失都可以进行有效计算，这就导致那些存在大量缺失，可能不认真作答的被试的结果也被计算进去。而使用公式计算被试的平均分时，被试只要出现一个缺失就会被忽略，这样很容易导致最后的平均分出现大量缺失。

学校归属感这个维度有 6 道题目，研究者认为，只要被试完成了 5 道及以上题目的作答，我们就应该保留他的平均数结果；对于那些存在 2 个及以上缺失作答的被试，我们希望剔除他的作答。即只要被试在该问卷中存在 5 个及以上的有效作答，我们就对其作答结果求平均数，否则对该被试进行剔除。

在 SPSS 中可以通过以下操作来完成。如图 1 - 31 所示，在“Numeric Expression”下方的空白栏内输入“mean. 5 ()”，然后和之前计算平均值的方式一样将要计算的变量放入括号内，以逗号隔开，再点击“OK”，这样就可以对所有存在 5 个及以上有效作答的被试进行均值的计算。

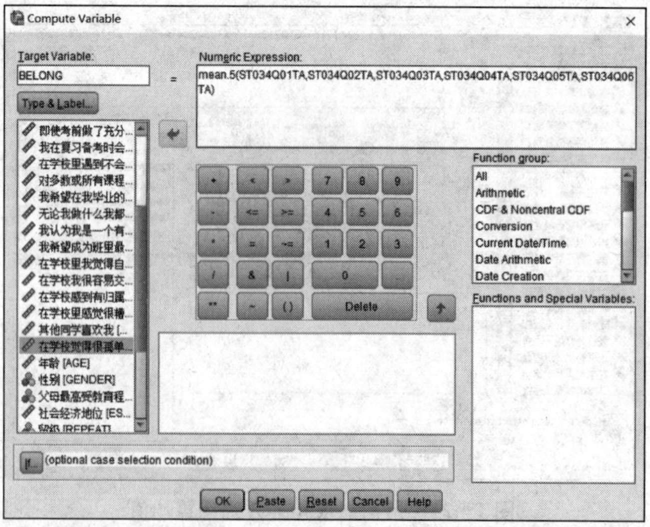

图 1 - 31　对存在 5 个及以上有效作答的被试计算均值

另外，若是变量命名存在一定规律的话，如我们可以观察到学校归属感这一维度的变量名均以“ST034Q0”加数字再加“TA”组成，那么在计算均值时也可以输入“mean. 5（ST034Q01TA to ST034Q06TA）”，得到的结果和之前一样。读者可以自行尝试。这种输入方法对于那些存在大量变量，但命名存在规律的数据来说会更加高效方便。

六、数据文件的拆分

研究者在分析数据时，往往需要将具有某些特征的被试集中在一起进行分类（或分组）分析，以便观察和比较。例如，原始数据中男生和女生是混杂在一个数据文件中的，研究者希望先对女生按照数学学业成绩进行排列，再对男生按照数学学业成绩进行排列，在后面分析时，分别对男女生进行分析。对此，可以采用 SPSS 的文件拆分功能。具体可以通过以下操作完成：

（1）首先打开“stu_data. sav”文件。

（2）点击“Data→Split File…”，可以看到对话框右侧有三个选项：“Analyze all cases，do not create groups”表示分析所有个案，“Compare groups”表示比较组，“Organize output by groups”表示按照组呈现分析结果。这里，我们选择“Compare groups”，然后双击 GENDER 变量，如图 1 - 32 所示。下方我们选择默认的“Sort the file by grouping variables”，表示按照分组对文档排序。之后点击“OK”，就可以看到数据文件按照不同性别进行了排列。同时在屏幕的右下角出现了“Split by GENDER”（图 1 - 33），说明数据文件目前处于拆分状态，在此状态下，后期所有数据分析将分别按照性别进行。

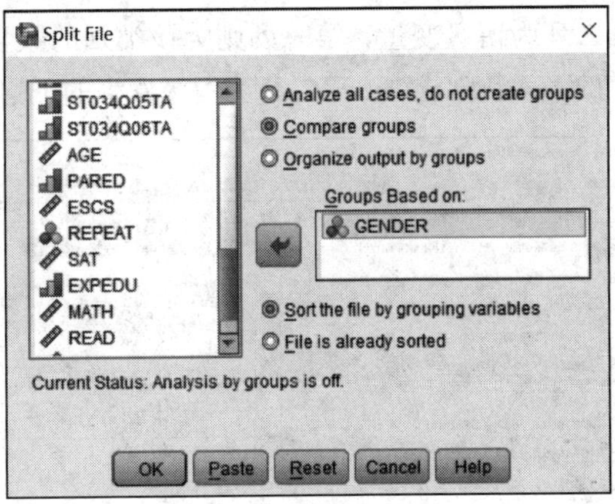

图 1 - 32　数据分组排序

七、数据的分类汇总

有时研究者希望对数据按照不同的类别进行分类汇总，以直观观察不同组别之间的差异。例如，研究者希望将数学成绩按照性别进行分类汇总以观察不同性别以及留过级

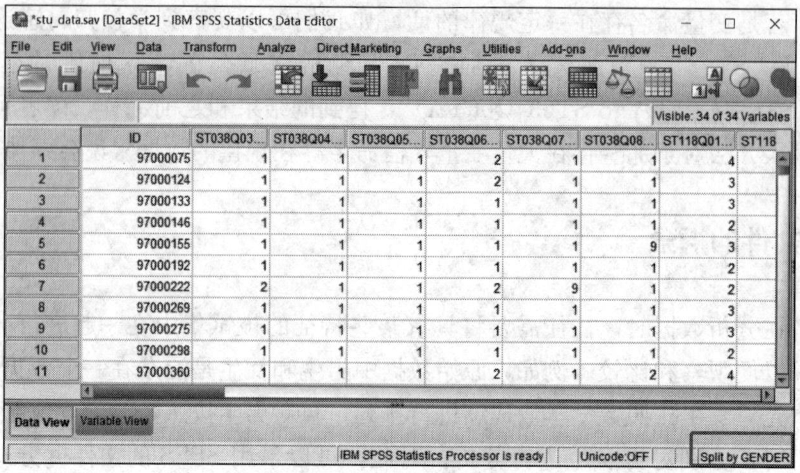

图 1-33 处于拆分状态的数据文件

的学生在数学成绩上的差异。下面我们将简要介绍两种分类汇总的方法。

方法 1：

（1）打开数据文件“stu_data. sav”，点击“Data→Aggregate…”（图 1-34）。

（2）将性别变量 GENDER 以及留级变量 REPEAT 放入“Break Variable（s）”选项框中，然后将数学成绩变量 MATH 放入下方“Summaries of Variable（s）”选项框中（图 1-35），点击下方的“Function…”可以选择要统计的函数，默认为平均值，也可以选择中位数、总和、标准差、最小值等。“Save”栏中选择“Create a new dataset containing only the aggregated variables”，即创建一个只包含汇总数据的数据集，然后在“Dataset name”栏输入新数据集的名称。点击“OK”，即可看到一个新的文件（图 1-36）：第一列为性别变量，第二列为留级变量，第三列则为该类别的数学成绩。例如，数据的第一行表示未留级女生的平均数学成绩，第二行为留级女生的平均数学成绩。

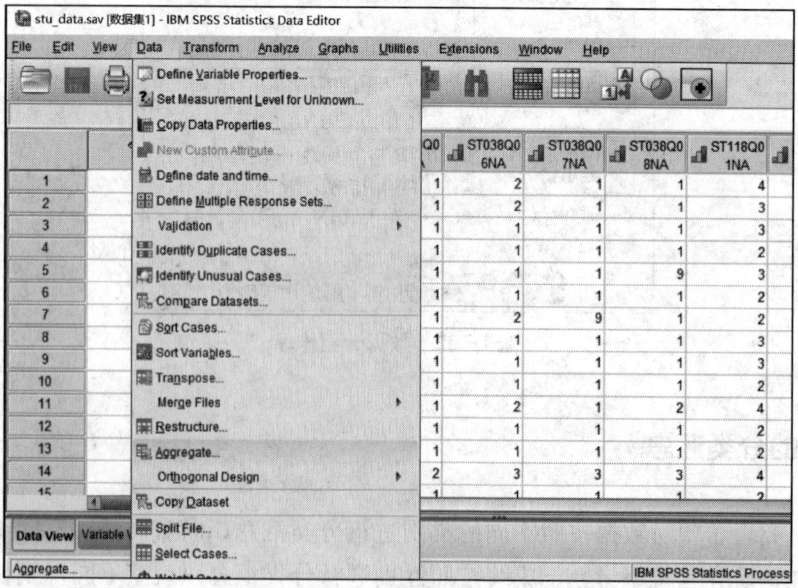

图 1-34 分类汇总选项

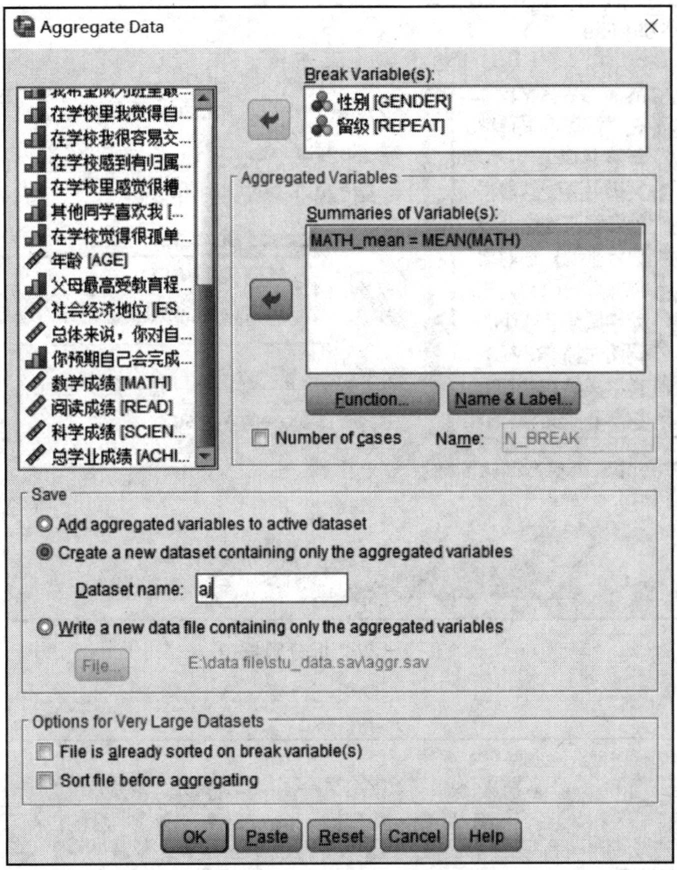

图 1-35　分类汇总设置

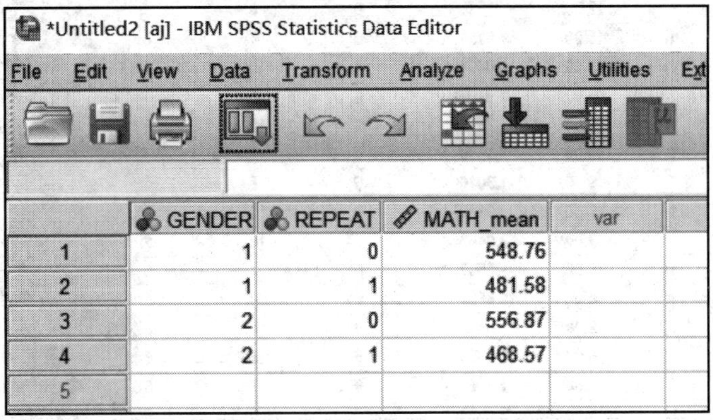

图 1-36　分类汇总结果

方法 2 使用了前一小节数据文件拆分的方法：

(1) 先将数据按照 GENDER 和 REPEAT 进行拆分（图 1-37）。

(2) 右键点击数学成绩变量 MATH，选择 “Descriptive Statistics”（图 1-38）。在 Output 文件中会输出描述统计的结果（表 1-2）。

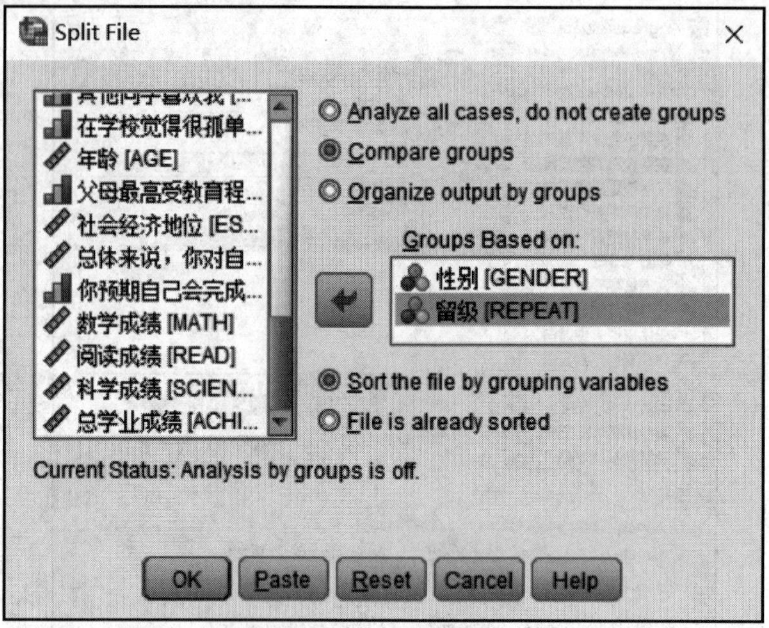

图 1－37　拆分数据

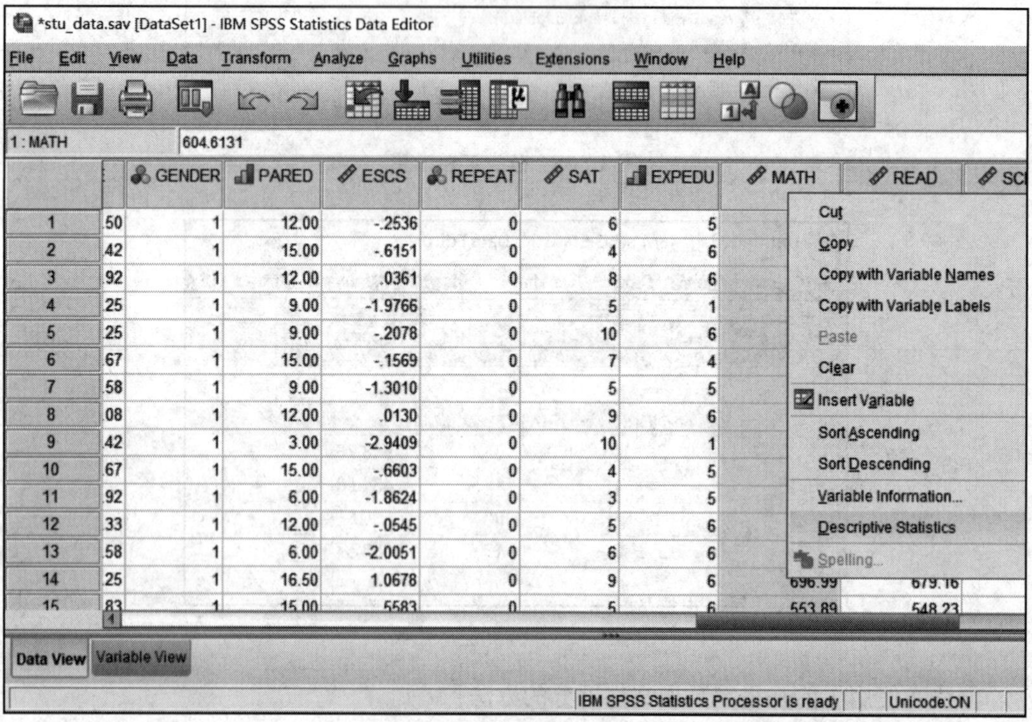

图 1－38　选择数据进行描述统计

表 1-2　数学成绩分类汇总描述统计结果

Statistics
数学成绩

Female	Did not repeat a <grade>	N	Valid	202
			Missing	0
		Mean		548.7636
		Median		553.7156
		Std. Deviation		90.87998
		Range		476.49
		Minimum		277.42
		Maximum		753.91
	Repeated a <grade>	N	Valid	44
			Missing	0
		Mean		481.5811
		Median		480.1632
		Std. Deviation		86.67931
		Range		447.86
		Minimum		268.44
		Maximum		716.30
Male	Did not repeat a <grade>	N	Valid	197
			Missing	0
		Mean		556.8677
		Median		565.2344
		Std. Deviation		94.30102
		Range		424.81
		Minimum		336.96
		Maximum		761.77
	Repeated a <grade>	N	Valid	51
			Missing	0
		Mean		468.5731
		Median		474.1555
		Std. Deviation		86.73519
		Range		378.52
		Minimum		303.04
		Maximum		681.56

表中汇总的类别有样本的有效值、缺失值，数学成绩的平均分、中位数、标准差、最小值、最大值以及全距。

《本章小结》

本章主要介绍了数据文件的管理和基本操作，主要包括：

1. 通过“File→Open→Data…”导入不同类型的数据文件。

2. 在 Variable View（变量浏览）窗口定义变量名称、变量类型、变量标签、变量值标签、缺失值以及数据类型。

3. 通过“Data→Sort Cases…”对变量数据进行排序。

4. 按照需求对数据文件进行合并，包括通过“Data→Merge Files→Add Variables…”合并变量和通过“Data→Merge Files→Add Cases…”合并个案。

5. 通过“Data→Select Cases”选择满足条件的个案。

6. 通过“Transform→Recode into Different Variables…”和“Transform→Recode into Same Variables…”编码与转换变量。

7. 通过“Transform→Compute Variable…”生成和计算新变量。

8. 通过“Data→Split File…”将数据文件按照变量取值进行拆分。

9. 通过“Data→Aggregate…”分类汇总数据。

《自测练习》

数据文件“工作状态.sav”（问卷以及编码说明见附录 A）包含 70 个人对自身工作的看法，请尝试对数据进行以下操作：

1. 根据附录 A 的描述，对数据文件中的变量添加标签与值，标签格式参考“ethnicgp”变量。

2. 将“ethnicgp”变量重新编码为不同的变量（变量名为“White”，包含两个类别：1=White，2=Not White），并对变量添加标签。

3. 对工作满意度的四个变量“satis1”“satis2”“satis3”“satis4”的得分求平均值，并将其作为工作满意度的得分。新的变量名为“Satisfy”。（若缺失的作答数大于等于 2，则该变量的得分记为缺失。）

第二章
描述性分析

学习目标

经过上一章的学习，我们已经学会在SPSS中导入我们需要处理的数据，并对数据文件进行初步的管理。本章将介绍如何对各种类型的数据进行分类汇总和描述性分析，以及对数据进行可视化操作。

在收集数据并将其导入SPSS后，许多学生立即开始进行推断统计（如t检验和方差分析等），这样做是不恰当的。很多时候，数据中存在错误或不满足分析前提假设条件等一系列问题，需要在正式的推断统计分析之前找到这些问题，修正或至少注意到这些问题可能的影响。本章和下一章的内容讨论的是在数据收集之后，进行主要的数据分析之前，需要进行的数据预处理过程，可以根据分析目的将其分为描述性分析和探索性分析。

本章将帮助你从描述性分析的角度理解你的数据，查看数据中是否有错误，并帮助你了解数据的分布特征。描述性分析旨在对大量数据进行整理，以对数据的分布和特征有整体的把握，如了解数据的分布、数据的集中趋势和离散特征（包括最小值、最大值、平均值、标准差和偏度等）。这一分析过程还能帮助研究者检查数据中的编码问题和/或数据输入错误等问题，如根据分析结果考虑以下问题：分类变量的取值是否出现了预设之外的类别？变量的均值和标准差是否接近预期？数据的最小值和最大值是否在合理的范围内？等等。

需要说明的是，本章介绍的描述性分析和下一章的探索性分析并不是截然分开的，分析中使用的统计量（如描述正态分布的峰度和偏度）、统计图（如直方图和箱线图）和SPSS功能可能是重叠的，如本章介绍的Frequencies、Descriptives功能和下一章将要介绍的Explore功能都可以实现数据的简单描述统计。也就是说，达到同一分析目的可以用不同的操作完成，研究者根据自己的分析需求确定所需的统计量和统计图表，并选用恰当的SPSS功能即可。

第一节　频数统计

一、变量和数据

研究者收集了494名初中生的数学、阅读和科学成绩，并对他们的生活满意度和期望的受教育程度进行了调查。收集到的数据的变量说明和取值说明如下：

- ID：学生的学号，分类变量。
- GENDER：性别，分类变量，1代表女生，2代表男生，5～9代表不同类型的缺失，详见数据文件中的值标签。
- EXPEDU：期望的受教育程度，等级变量，由问题“你预期自己会完成哪个阶段的教育”测量，取值1代表初中，2代表中等职业技术教育，3代表普通高中，4代表高中毕业后的职业培训，5代表专科，6代表本科或研究生，95～99代表不同类型的缺失。
- SAT：生活满意度，连续变量，由问题“总体来说，你对自己最近的生活满意吗?”测量，学生需要在0至10之间的整数上进行选择，数值越大代表满意程度越高，95～99代表不同类型的缺失。
- MATH：数学成绩，连续变量，取值为0至100之间的整数。
- READ：阅读成绩，连续变量，取值为0至100之间的整数。
- SCIENCE：科学成绩，连续变量，取值为0至100之间的整数。

数据文件见“descriptive and exploratory analysis. sav”。

二、研究问题和分析方法

当研究人员面对收集到的关于多个变量的大量数据时，他们的首要任务是总结已经获得的信息。如果能够总结大量的数据，就有可能发现原本可能被掩盖的模式和趋势。当我们有10个个案的数据时，检测一个变量的模式是相当容易的。但是一旦数据量超过了20，单凭视觉观察原始数据就很难捕捉到数据的模式和趋势，除非对数据进行某种处理。此外，当我们想要将收集到的数据呈现给读者时，读者也很难理解其中的相关信息。要如何理解本章的示例数据呢？示例数据中有多少个男生、多少个女生？他们的占比各是多少？学生的期望受教育程度是如何分布的？学生学业成绩的分布形态如何？本节将介绍如何通过SPSS进行数据的频数统计以回答这些问题。

在理解数据的过程中，将根据数据中变量的测量尺度生成不同类型的统计图表。因此，确定数据中每个变量是分类变量、等级变量还是连续变量（参见第一章）是必要的。

在汇总与分类变量相关的数据时（如本章示例数据中的GENDER，每种性别构成一个离散的类别)，要考虑的第一步是构建频数分布表。频数分布可以告诉我们每个类别中的个案数量以及有多少种类型的缺失数据。很多时候我们还需要计算百分比，得到每个类别中包含的个案的比例，即相对频数，以了解样本中每个类别的相对优势。分类变量的频数分布也可以由条形图和饼状图形象化地展示。条形图可以用条形的高度展示每个类别的个案数量或百分比。如果你不确定一个变量有多少类别，条形图也很有帮助。你可以数一下图中有多少条形，还可以看到每个类别的个案数。如果想在方差分析等程序中使用某一变量，那么最好使每个水平中有大致相同的被试数量。饼状图以圆形切片的形式显示每个类别中的个案比例。当目标是强调每个类别相对于整个样本的相对大小时，饼状图是一种有用的数据呈现方式。频数分布图的主要优点是易于解释，当数据呈现给可能不熟悉统计数据的人时，这一特性可能特别有用。

对于连续变量，必须先对数据进行分组，然后计算每个分组中的个案数，再将其呈现在频数表中。例如，本章示例数据中初中生的学业成绩，分布范围为 0 到 100 的整数，如果数据不分组，分数的类别对于频数表来说就太多了。首先要考虑连续数据应该分成多少个组别比较合理的问题。研究者建议分组数在 6 到 20 之间，因为组别太少或太多都会扭曲原始变量的分布形状（Bohrnstedt & Knoke，1982）。不过，这也需要视情况而定，当个案数相对较少时，分组数可以较少（可低于 6 组），以便每个组别包含的个案数合理。而太多的组别对读者来说显得过于烦琐，实际中 Bohrnstedt 和 Knocke 提出的 20 个组别的上限似乎有点高。另外，还需要注意所有组别合起来必须能够包含所有的数据，且组别之间相互独立没有包含关系，每个个案只能属于一个组别。连续变量的分布信息可以用直方图有效呈现。直方图类似于条形图，只是直方图中条形之间没有空隙以反映变量的连续性（即分数理论上可以取到连续体上的最低分到最高分），它的优点与条形图的优点相同。

如果需要分析等级变量，则很少需要对类别进行分组。例如本章示例数据中的 EXPEDU变量（期望的受教育程度）只有 6 个类别，不需要再分组。6 个类别中每个类别的个案数量可以简单相加、计算百分比。等级变量的频数分布可以使用频数分布表、条形图和饼状图进行展示。由于变量的类别是有序的，当有序的类别可以被近似看作连续时，也可以使用直方图来显示此类数据。

此外，有时我们还想了解多个变量的联合分布情况，例如：本章示例数据中选择期望受教育程度为“本科或研究生”的男生人数为多少？选择该选项的男生占总人数的比例为多少？SPSS 中的列联表可以帮助我们回答这些问题。

接下来的部分将分别介绍如何利用 SPSS 对示例数据中的分类变量和连续变量进行频数统计。

三、分类数据频数统计的软件操作与分析结果

本小节将介绍如何利用 SPSS 为示例数据中的分类变量“性别”和等级变量“期望受教育程度”构造频数分布表和条形图，以及绘制饼状图。

（一）软件操作

（1）在 SPSS 中选择“Analyze→Descriptive Statistics→Frequencies…”（图 2-1）。

（2）将分类变量 GENDER 和 EXPEDU 选入“Variable（s）”中，选中下方的“Display frequency tables”（要求显示频数分布表）复选框（图 2-2）。

（3）点击“Charts…”，选择“Chat Type”下的“Bar charts”（图 2-3），点击“Continue”回到主对话框。

（4）点击“OK”。

我们在连续变量的频数统计中再介绍 Statistics 选项的功能。

对于分类变量，除了使用 Frequencies 选项中的“Charts…”画条形图和饼状图外，还可以使用 Graphs 菜单画图。下面以 EXPEDU 变量为例用 Graphs 菜单画饼状图。具体操作如下：

（1）在 SPSS 中选择“Graphs→Legacy Dialogs→Pie…”（图 2-4）。

（2）在弹出的对话框中选择“Summaries for groups of cases”（图 2-5），然后点击“Define”。

（3）选择“Slices Represent”下的“N of cases”，将 EXPEDU 选入“Define Slices by”中（图 2-6）。

（4）点击“OK”。

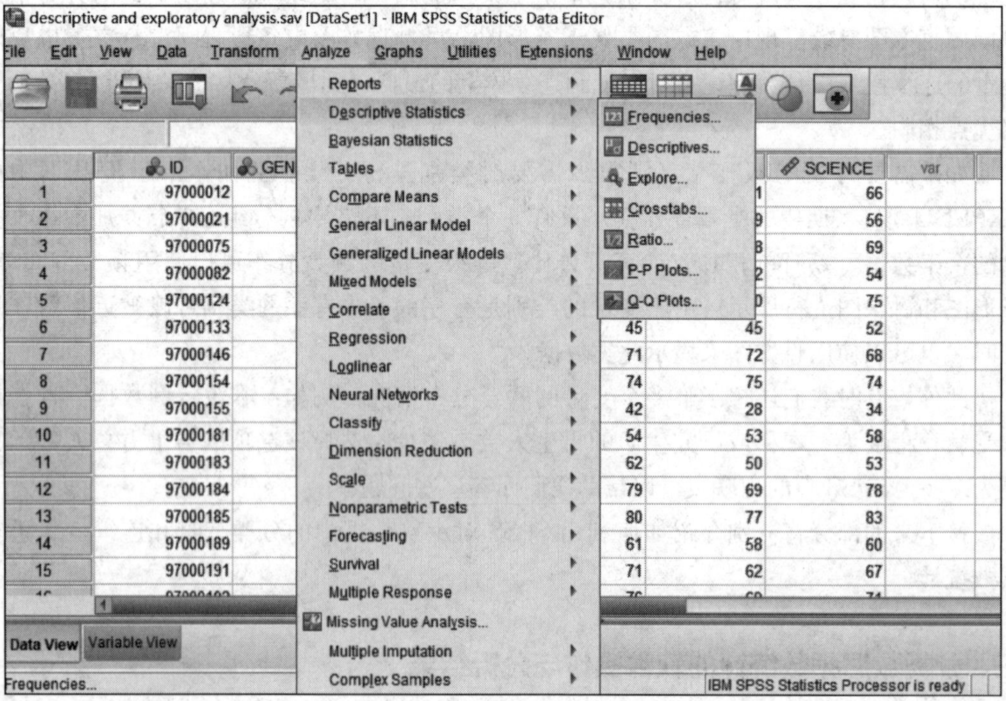

图 2-1　频数分析选项

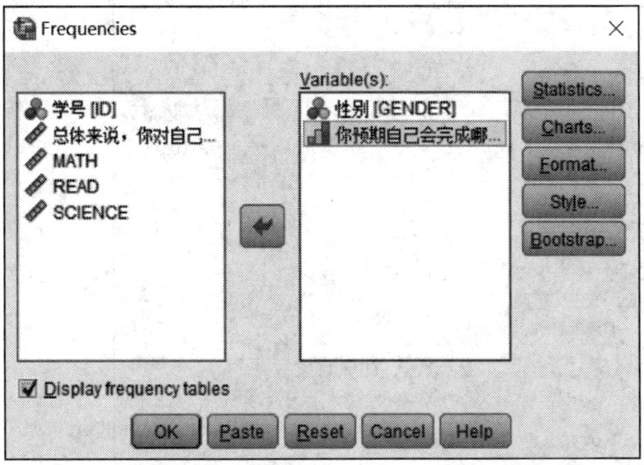

图 2-2　选择要分析的观测变量

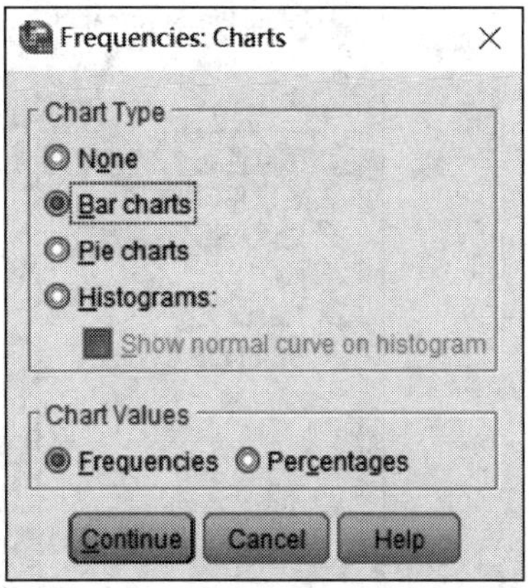

图 2-3　选择统计图类别

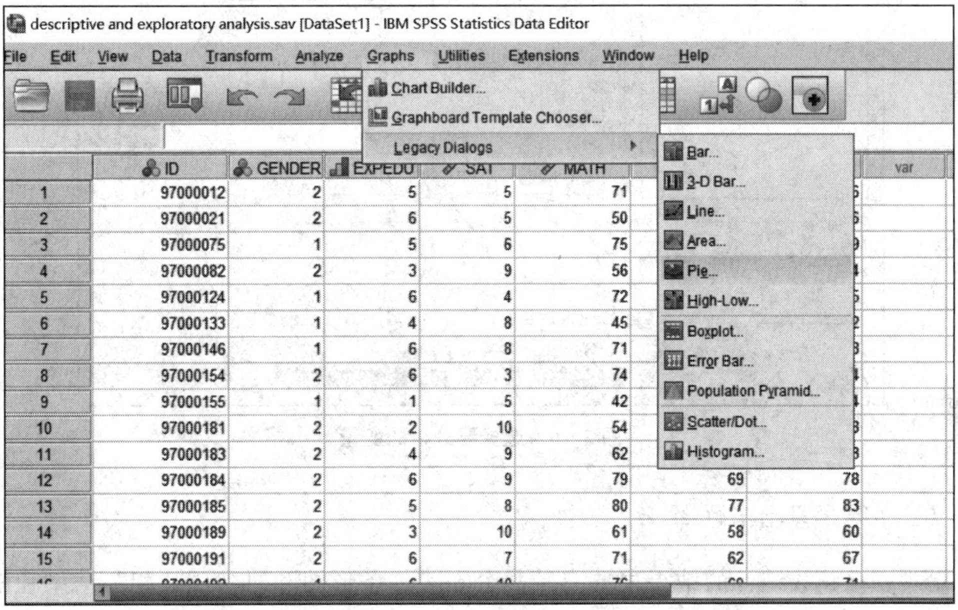

图 2-4　饼状图选项

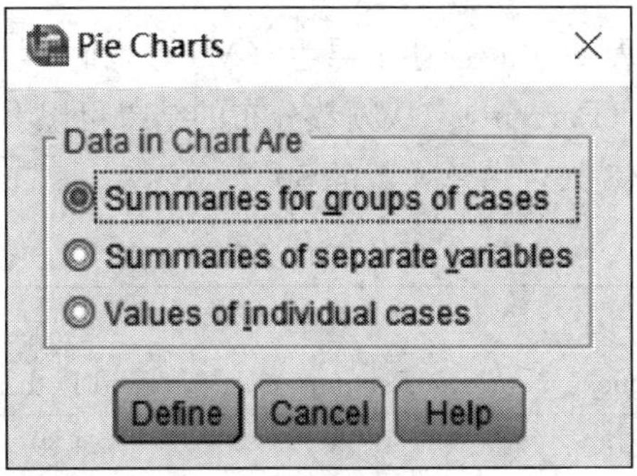

图 2-5　选择饼状图类别

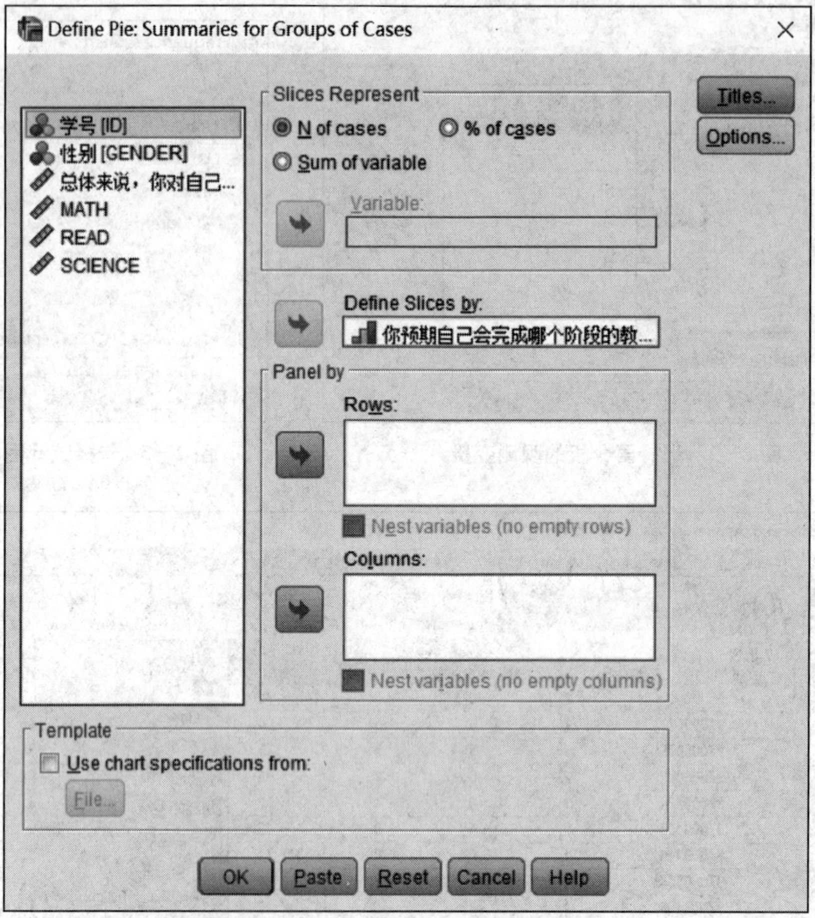

图 2-6　选择要分析的变量

（二）结果输出与解释

分类变量频数统计的结果主要有频数分布表、条形图和饼状图。相关结果和解释如下。

1. 频数分布表

性别的频数分布表（表 2-1）描述了男生（Male）和女生（Female）的人数（Frequency）以及所占的比例（Percent）。从频数分布的结果可以看出，女生有 246 人，占总人数的 49.8%；男生有 248 人，占总人数的 50.2%。

表 2-1　性别的频数分布表

性别					
		Frequency	Percent	Valid Percent	Cumulative Percent
Valid	Female	246	49.8	49.8	49.8
	Male	248	50.2	50.2	100.0
	Total	494	100.0	100.0	

表 2－2 是期望受教育程度的频数分布表，它提供了每个类别的频数（Frequency）和三类百分比。最左列给出了有效值与数据集中出现的缺失类别，由于本数据集中取值有其对应的标签，因此这里显示的是值标签。Frequency 列给出了每个值的个案数量，如本数据集中有 50 人选择了期望受教育程度为“初中”。Percent 列是每个值的频数占所有个案（包括缺失值）的百分比，如选择期望受教育程度为“初中”的学生占总人数的 10.1%。Valid Percent 列显示每个值对应的个案占所有非缺失个案总数的百分比，即有效百分比，如选择期望受教育程度为“初中”的学生占该变量上有效人数的 10.2%，在计算时排除了两个个案。相比于 Percent，大多数研究者更喜欢使用 Valid Percent，因为在计算百分比时包含所有个案可能会导致误导性解释，尤其是当可能存在大量与特定变量相关的缺失个案时。最后，Cumulative Percent（累积百分比）是一个类别的有效百分比加上它以上所列出的所有类别的有效百分比。最后一列对于分类数据不是很有用，但对于具有多个有序类别的等级变量可能非常有用。例如，在期望受教育程度分布中，有 35.8%的学生选择了普通高中及以下。

表 2－2　期望受教育程度的频数分布表

你预期自己会完成哪个阶段的教育

		Frequency	Percent	Valid Percent	Cumulative Percent
Valid	初中	50	10.1	10.2	10.2
	中等职业技术教育	78	15.8	15.9	26.0
	普通高中	48	9.7	9.8	35.8
	高中毕业后的职业培训	35	7.1	7.1	42.9
	专科	78	15.8	15.9	58.7
	本科或研究生	203	41.1	41.3	100.0
	Total	492	99.6	100.0	
Missing	No Response	2	.4		
Total		494	100.0		

频数分布表有助于检查变量的水平，以查看每个类别中是否包含了个案。如果其中一个类别包含的个案数很少，则可能会在后续分析中产生问题。此外，如果你有多种类型的缺失数据，并且你为这些数据分配了不同的数字（例如 98 和 99），那么你将看到第一列中列出的类型。

2. 条形图

图 2－7 和图 2－8 分别是性别和期望受教育程度的频数分布条形图。条形图直观地显示了分类变量中每一类别的频数，每个条形代表变量的一个取值（类别），条形的高度代表该类别含有的个案数。注意，这里条形的顺序是任意的。条形图也可以用来检查数据中的错误。例如，如果你无意中录入了错误的数字（没有类别标签的数字），你将在条形图中看到代表该数字的条形，以该数字作为标签。此外，如果一个类别中没有个案，那么它在条形图中将不会出现。

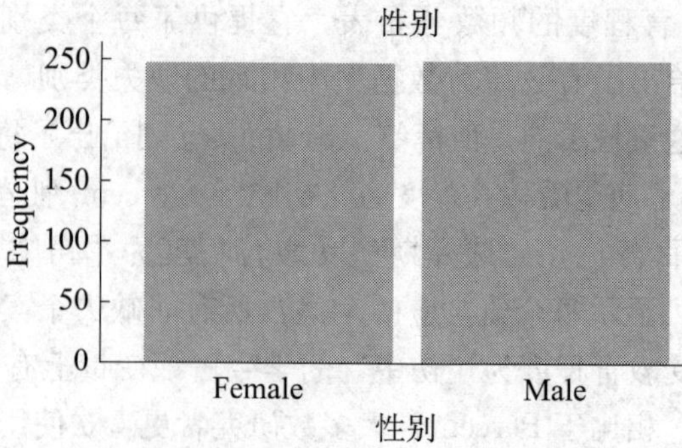

图 2-7　性别的频数分布条形图

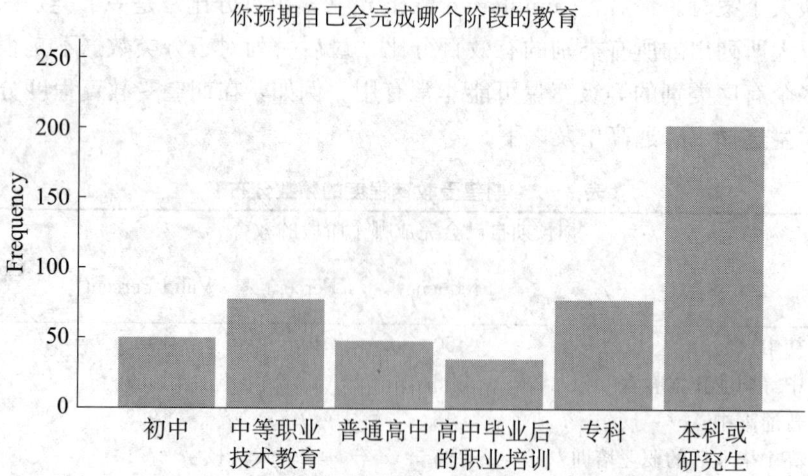

图 2-8　期望受教育程度的频数分布条形图

3. 饼状图

图 2-9 是期望受教育程度的频数分布饼状图，图中每个切片的颜色不同，这样每个切片都是可区分的。① 从图中可以看出，选择期望受教育程度为“本科或研究生”的学生占比最多。在 SPSS 中还可以双击编辑图形，改变图形的颜色、加数值标签等。

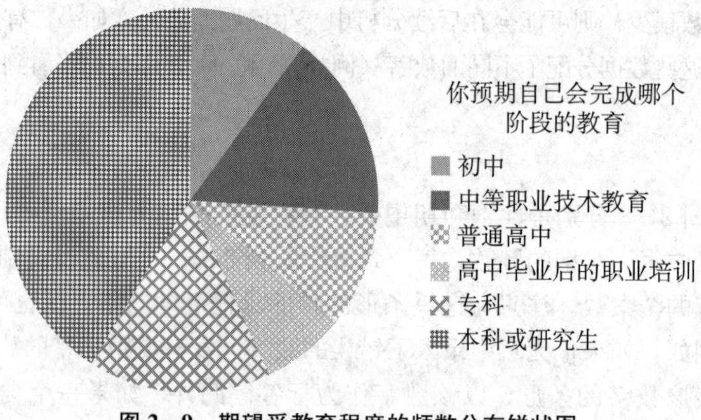

图 2-9　期望受教育程度的频数分布饼状图

① 由于本书为黑白印刷，所以图中用形状来代替颜色，以示区分。

四、列联表的软件操作与分析结果

列联表是指交叉分组的多维频数统计表，可以用来反映多个变量不同取值的数据分布情况、变量间的相互影响和关系等。下面示范如何用 SPSS 做性别与期望受教育程度的列联表。

（一）软件操作

（1）在 SPSS 中选择“Analyze→Descriptive Statistics→Crosstabs…”（图 2－10）。

（2）将变量 EXPEDU 选入“Row（s）”中，将变量 GENDER 选入“Column（s）”中，选中下方的“Display clustered bar charts”（显示分簇条形图）复选框（图 2－11）。

（3）点击“Cells…”，选中“Counts”下的“Observed”复选框以及“Percentages”下的“Column”和“Total”复选框（图 2－12），点击“Continue”回到主对话框。

（4）点击“OK”。

Crosstabs 选项中的“Statistics…”还能设置输出卡方系数和多种列联相关系数，我们在第六章再进行介绍。

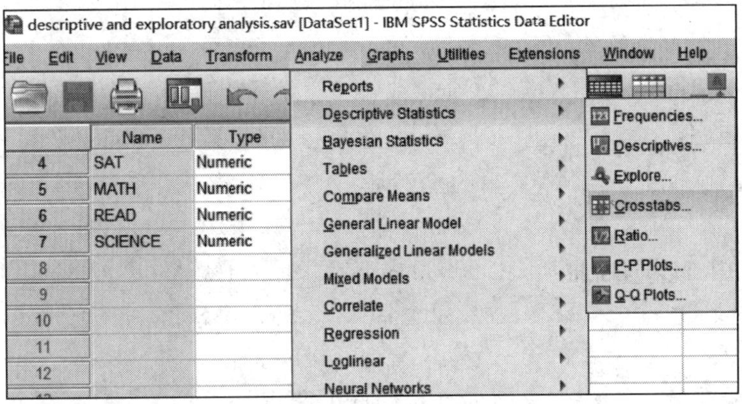

图 2－10　列联表选项

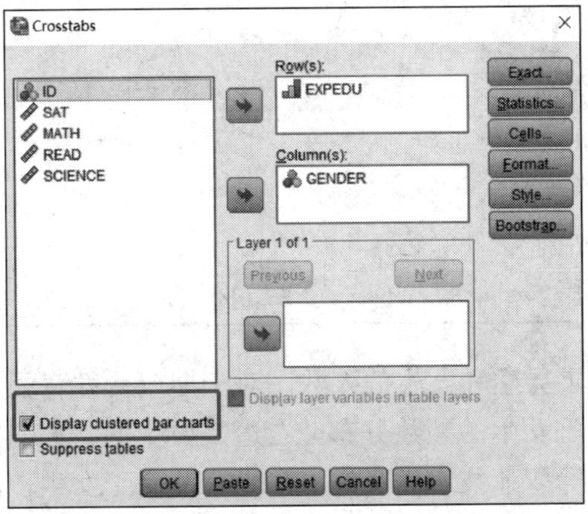

图 2－11　选择要分析的变量和输出图形

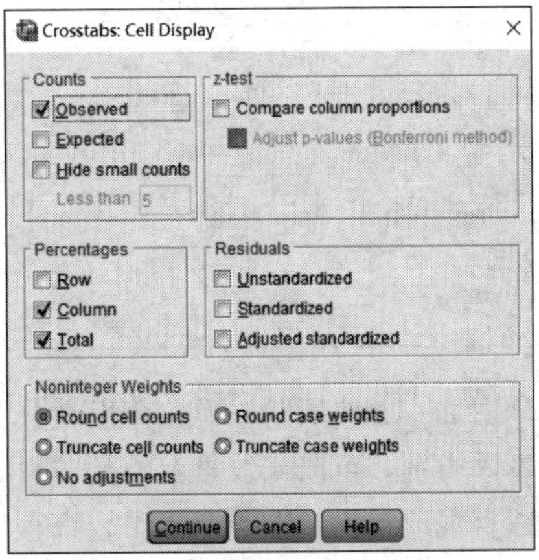

图 2－12　选择要输出的百分比

（二）结果输出与解释

表 2-3 左上角格子中的 26 代表女生中选择期望受教育程度为初中的人数，这一人数占女生总人数的 10.6%，占该数据集总人数的 5.3%。表 2-3 的最后一行和最后一列为边际分布，分别代表性别的频数分布和期望受教育程度的频数分布。例如，最后一列的第一个单元格内，50 代表所有选择期望受教育程度为初中的人数（不分男女），这一人数占总有效人数的 10.2%。在第六章中，我们将进一步介绍如何用列联表判断这两个变量是否相互独立，以及它们之间的相关程度是多少。

表 2-3　性别和期望受教育程度的列联表

你预期自己会完成哪个阶段的教育 * 性别 Crosstabulation

			性别		Total
			Female	Male	
你预期自己会完成哪个阶段的教育	初中	Count	26	24	50
		% within 性别	10.6%	9.8%	10.2%
		% of Total	5.3%	4.9%	10.2%
	中等职业技术教育	Count	32	46	78
		% within 性别	13.0%	18.7%	15.9%
		% of Total	6.5%	9.3%	15.9%
	普通高中	Count	21	27	48
		% within 性别	8.5%	11.0%	9.8%
		% of Total	4.3%	5.5%	9.8%
	高中毕业后的职业培训	Count	15	20	35
		% within 性别	6.1%	8.1%	7.1%
		% of Total	3.0%	4.1%	7.1%
	专科	Count	36	42	78
		% within 性别	14.6%	17.1%	15.9%
		% of Total	7.3%	8.5%	15.9%
	本科或研究生	Count	116	87	203
		% within 性别	47.2%	35.4%	41.3%
		% of Total	23.6%	17.7%	41.3%
Total		Count	246	246	492
		% within 性别	100.0%	100.0%	100.0%
		% of Total	50.0%	50.0%	100.0%

图 2-13 按照期望受教育程度分别呈现了男生和女生的人数。对于期望受教育程度的不同类别，可以比较男女生的差异，左边是女生的频数分布，右边是男生的。从图中可以直观地看出，选择期望受教育程度为中等职业技术教育的男生数量略高于女生，而选择本科或研究生的女生数量高于男生。

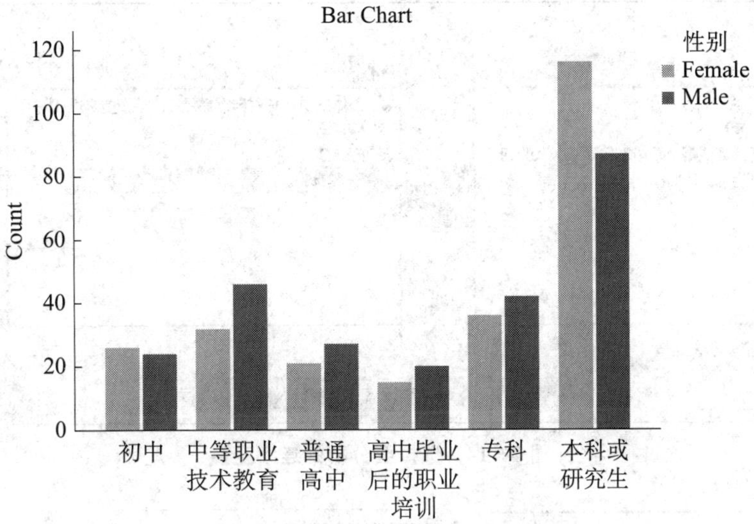

图 2-13 性别和期望受教育程度的分簇条形图

五、连续数据频数统计的软件操作与分析结果

对于连续数据，可以用直方图形象化地展示数据的分布，还可以计算数据的百分位数和四分位数。而若要呈现频数分布表，则首先需要进行分组编码。

（一）软件操作

下面是计算数据百分位数和画直方图的具体操作。

（1）在 SPSS 中选择“Analyze→Descriptive Statistics→Frequencies…”。

（2）将连续变量 SAT、MATH、READ、SCIENCE 选入“Variable（s）”中，不必选下方的“Display frequency tables”复选框（图 2-14）。

（3）点击“Charts…”，在“Chat Type”下选择“Histograms”，选中“Show normal curve on histogram”复选框（图 2-15），点击“Continue”回到主对话框。

（4）点击“Statistics…”，选中“Percentile Values”下的“Quartiles”，选中“Cut points for：equal groups”并在方框中输入“10”，选中“Central Tendency”下的“Mean”（算术平均数）、“Median”（中位数）、“Mode”（众数）、“Sum”（算术和），选中“Dispersion”下的“Std. deviation”（标准差）、“Variance”（方差）、“Minimum”（最小值）和“Maximum”（最大值）（图 2-16），点击“Continue”回到主对话框。

（5）点击“OK”。

上述操作的 SPSS 语句请参见“frequency analysis. sps”文件。

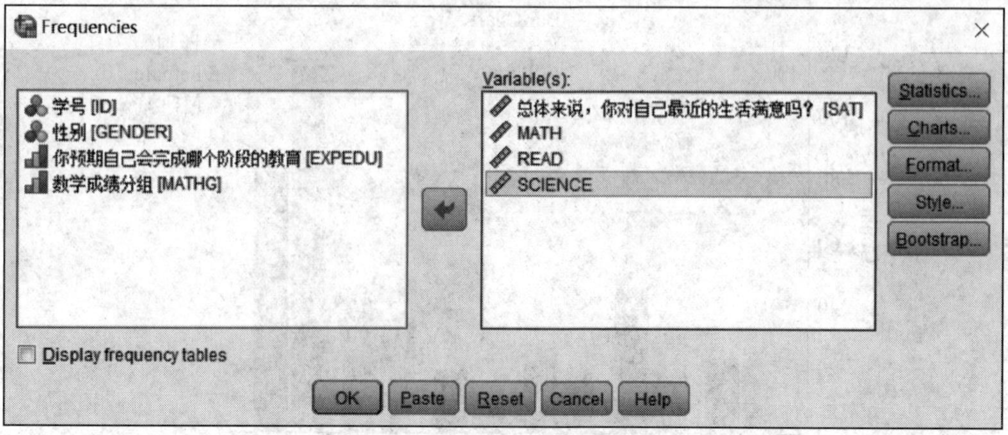

图 2-14　选择要分析的连续变量

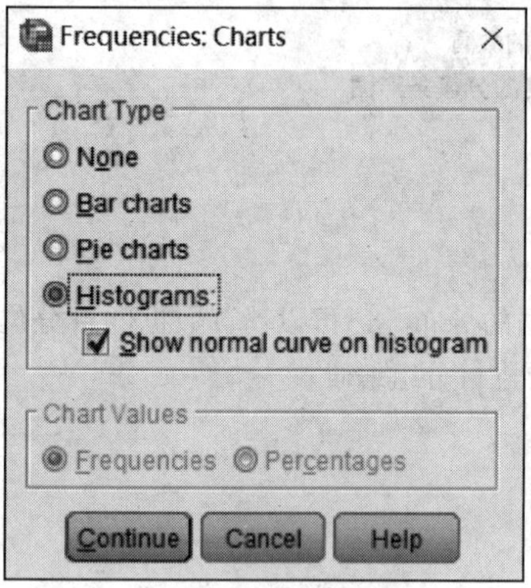

图 2-15　选择统计图类别

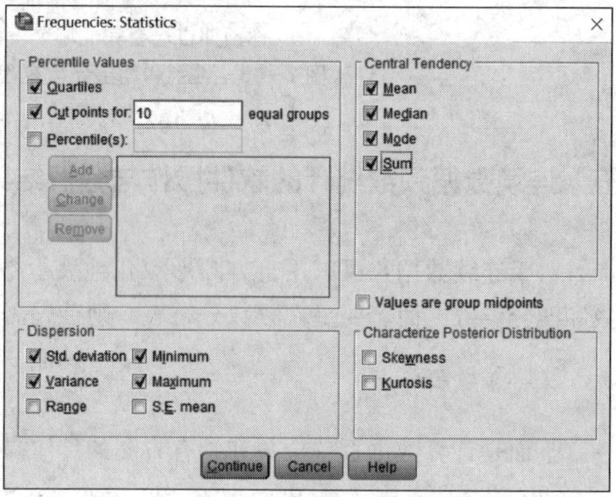

图 2-16　选择描述统计量

（二）结果输出与解释

在表 2-4 中，N 后面的 Valid 和 Missing 分别用来描述有效样本量和缺失个案数。在本例所用数据中，数学成绩、阅读成绩和科学成绩有 494 个有效个案，缺失个数为 0；生活满意度变量有 489 个有效个案，缺失个数为 5。Mean、Median、Mode 和 Sum 分别用来描述算术平均数、中位数、众数和数据的总和，如本例中数学成绩的算术平均数为 66.72，中位数为 67.00，众数为 64，数据总和为 32 961。Std. Deviation 和 Variance 分别用来描述数据的标准差和方差，如数学成绩的标准差为 12.037，方差为 144.878。Minimum 和 Maximum 分别表示数据的最小值和最大值，如数学成绩的最小值为 33，最大值为 95。Percentiles 后给出了不同的百分位对应的值，如在数学成绩列，10 后面的数字 50.00 表示在 10%分位点的值为 50.00，即数学成绩小于 50 分的人数占总人数的 10%；25 和 75 后面的数字分别代表下四分位数、上四分位数，本例中数学成绩的下四分位数为 58.75，上四分位数为 76.00，说明有四分之一的学生数学成绩小于 58.75 分，有四分之三的学生数学成绩小于 76 分。

表 2-4 生活满意度与学业成绩的描述统计表

Statistics

		总体来说，你对自己最近的生活满意吗?	数学成绩	阅读成绩	科学成绩
N	Valid	489	494	494	494
	Missing	5	0	0	0
Mean		6.80	66.72	62.31	64.85
Median		7.00	67.00	64.00	65.50
Mode		8	64	68	71
Std. Deviation		2.261	12.037	12.656	12.138
Variance		5.111	144.878	160.177	147.326
Minimum		0	33	20	30
Maximum		10	95	95	93
Sum		3325	32961	30780	32038
Percentiles	10	4.00	50.00	45.00	47.00
	20	5.00	57.00	52.00	54.00
	25	5.00	58.75	54.00	56.00
	30	5.00	60.00	56.00	59.00
	40	6.00	64.00	60.00	62.00
	50	7.00	67.00	64.00	65.50
	60	8.00	70.00	67.00	69.00
	70	8.00	74.00	70.00	71.50
	75	9.00	76.00	71.00	74.00
	80	9.00	78.00	74.00	76.00
	90	10.00	82.50	78.00	80.00

表 2-4 中的信息可以有效地以直方图的形式呈现。直方图类似于条形图，只是条形相互接触以反映相关变量类别的连续性。图 2-17 至图 2-20 分别展示了 SPSS 为生活满意度、数学成绩、阅读成绩和科学成绩生成的直方图。直方图可以用来粗略地评估正态性。从图 2-17 可以看出，生活满意度的分布有轻微的负偏态，这与表 2-4 中其众数

(8) 略大于均值 (6.80) 的统计特征是吻合的。直接用图像检查正态性可能具有欺骗性，第三章中将会介绍使用统计量检验正态性的方法。

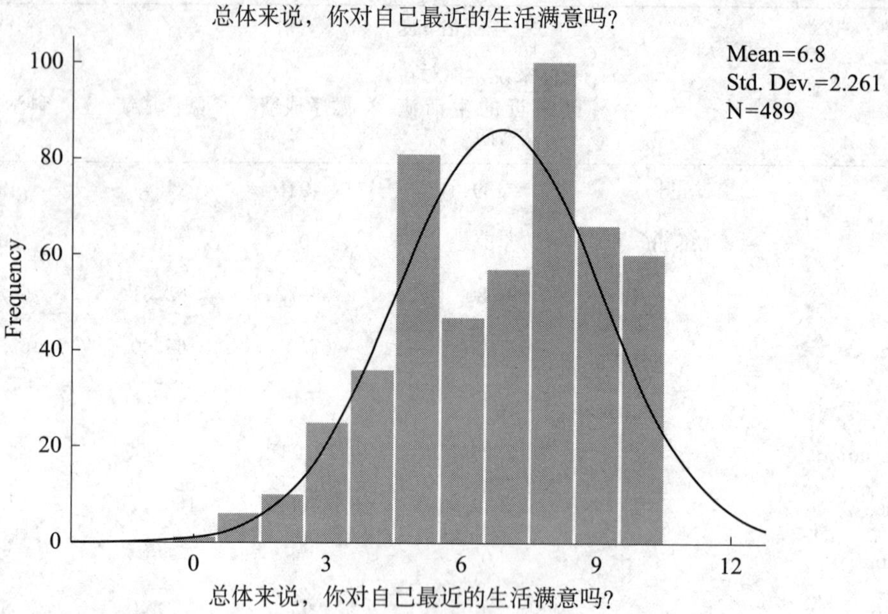

图 2-17　生活满意度直方图

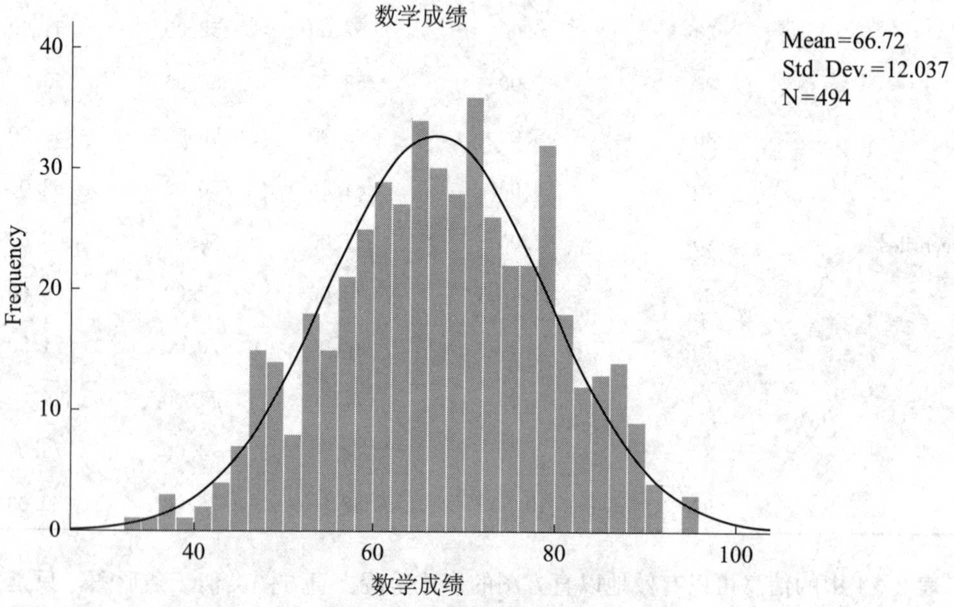

图 2-18　数学成绩直方图

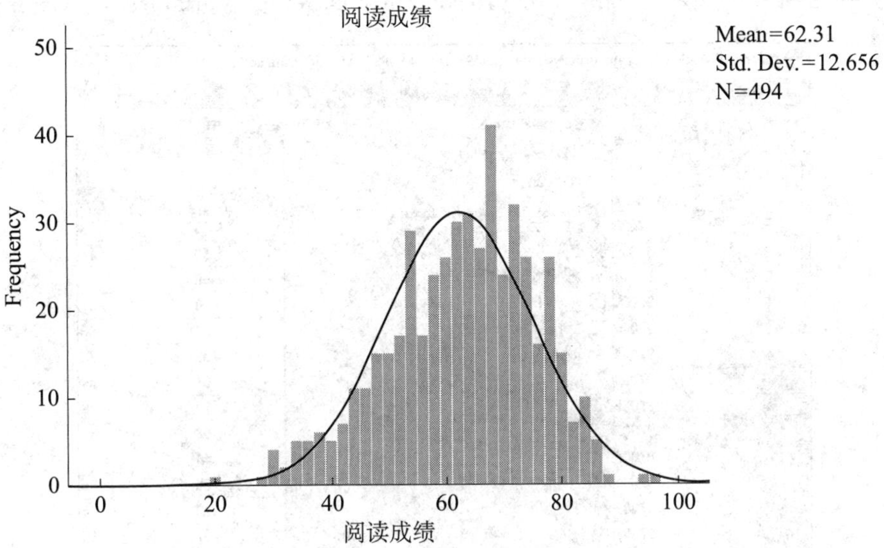

图 2－19　阅读成绩直方图

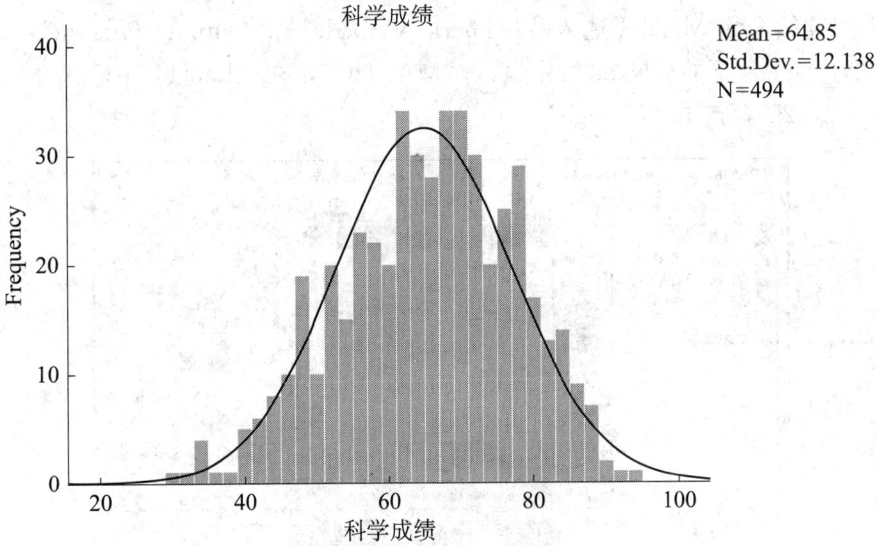

图 2－20　科学成绩直方图

六、连续数据分组频数统计的软件操作与分析结果

（一）软件操作

为了获得连续数据的频数分布表，首先需要对数据进行分组，否则我们将获得样本中每个值的频数和百分比，并为样本中的每个值生成单独的条形，在大样本中，这可能会生成很多条形。下面以数学成绩为例，展示如何对连续数据进行分组。

（1）在 SPSS 中选择“Transform→Recode into Different Variables…”（图 2-21）。

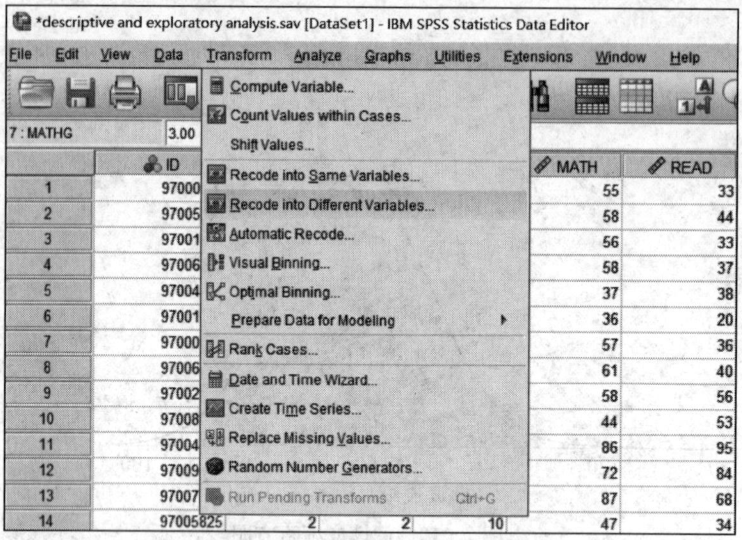

图 2-21　编码为不同变量选项

（2）将连续变量 MATH 选入“Numeric Variable－＞Output Variable”框中，在“Output Variable”下的“Name”中输入“MATHG”，在“Label”中输入“数学成绩分组”（图 2-22），点击“Change”。

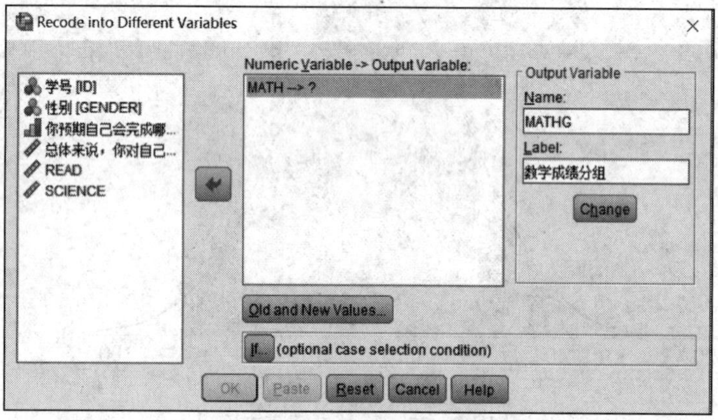

图 2-22　选择要分析的变量

（3）点击“Old and New Values…”，选中“Old Value”下的“Range”，在“through”上方输入“30”，下方输入“39”，选中“New Value”下的“Value”并输入“1”，点击“Add”；在“Old Value→Range”下的“through”上方输入“40”，下方输入“49”，在“New Value”下的“Value”后输入“2”，点击“Add”；在“Old Value→Range”下的“through”上方输入“50”，下方输入“59”，在“New Value”下的“Value”后输入“3”，点击“Add”；以此类推，将 60～69 编码为 4，将 70～79 编码为 5，将 80～89 编码为 6。选中“Old Value”下的“Range：value through HIGHEST”并在下方输入“90”，在“New Value”下的“Value”后输入“7”，点击“Add”（图 2-23），点击“Continue”回到主对话框。

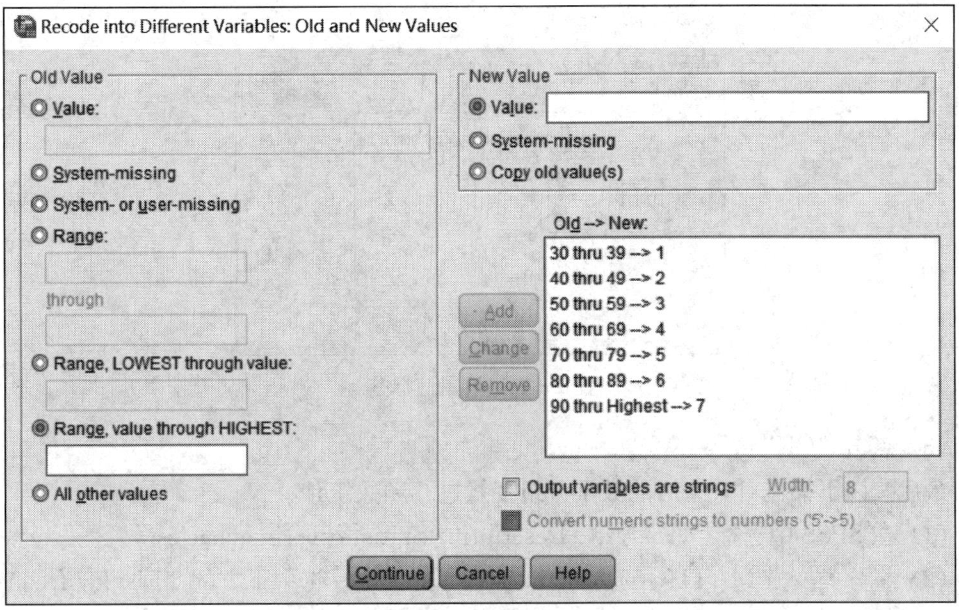

图 2－23　设置旧值与新值

（4）点击“OK”。

数据集中会出现一列新的变量 MATHG，代表分组后的数学成绩。

接下来在 SPSS 的 Variable View 窗口中为 MATHG 设置数值标签：

（1）点击 MATHG 行与 Values 列的交叉单元格，点击单元格内有三个点的按钮（图 2－24）。

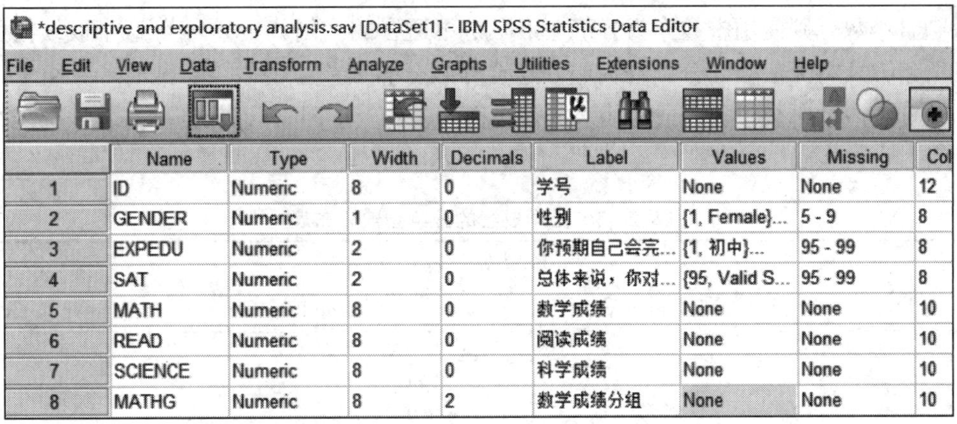

	Name	Type	Width	Decimals	Label	Values	Missing	Col
1	ID	Numeric	8	0	学号	None	None	12
2	GENDER	Numeric	1	0	性别	{1, Female}...	5 - 9	8
3	EXPEDU	Numeric	2	0	你预期自己会完...	{1, 初中}...	95 - 99	8
4	SAT	Numeric	2	0	总体来说，你对...	{95, Valid S...	95 - 99	8
5	MATH	Numeric	8	0	数学成绩	None	None	10
6	READ	Numeric	8	0	阅读成绩	None	None	10
7	SCIENCE	Numeric	8	0	科学成绩	None	None	10
8	MATHG	Numeric	8	2	数学成绩分组	None	None	10

图 2－24　在 Variable View 窗口为变量设置值标签

（2）在弹出的“Value Labels”对话框中，在“Value”后输入“1”，在“Label”后输入“30－39”，点击“Add”；在“Value”后输入“2”，在“Label”后输入“40－49”，点击“Add”；在“Value”后输入“3”，在“Label”后输入“50－59”，点击“Add”；以此类推，直到为所有值设定完标签为止（图 2－25）。

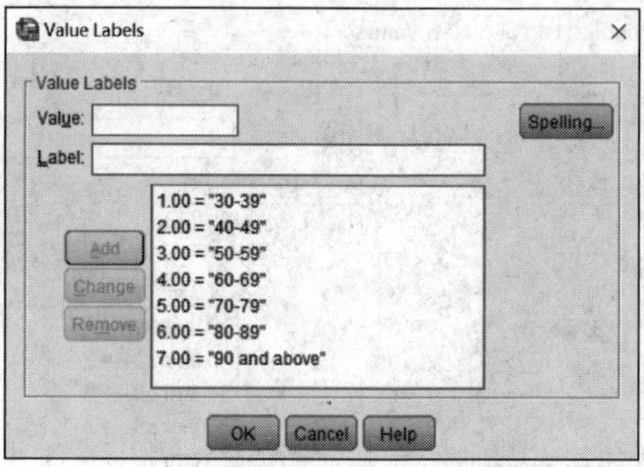

图 2-25　设置值标签

（3）点击"OK"。

最后按以下操作对分组后的数学分组变量进行频数统计：

（1）在 SPSS 中选择"Analyze→Descriptive Statistics→Frequencies…"。

（2）将分类变量 MATHG 选入"Variable（s）"中，选中下方的"Display frequency tables"复选框。

（3）点击"OK"。

（二）结果输出与解释

表 2-5 给出了数学成绩的分组频数分布表，可以看出数学成绩在 60～69 分这一分数段的学生人数中最多，占总人数的 30%。由于本数据集中学业成绩都是整数，这里为了展示方便，在分组时使用了整数作为分界点（如 30 分和 39 分）。需要注意的是，若成绩中包含小数，则使用整数作为分组上下限是不适合的。例如，69.4 分这个成绩按照当前的分组方式将无法被划分到任何组，这会导致分布变量上的缺失。此时，分组上下限也应取到相应的小数位数（或使用多一位小数的精确上下限），以保证所有数据都能被正确划分。

表 2-5　数学成绩的分组频数分布表

数学成绩分组					
		Frequency	Percent	Valid Percent	Cumulative Percent
Valid	30-39	6	1.2	1.2	1.2
	40-49	42	8.5	8.5	9.7
	50-59	87	17.6	17.6	27.3
	60-69	148	30.0	30.0	57.3
	70-79	138	27.9	27.9	85.2
	80-89	66	13.4	13.4	98.6
	90 and above	7	1.4	1.4	100.0
	Total	494	100.0	100.0	

第二节　描述统计

一、变量和数据

本节使用的变量和数据与第一节中相同，数据文件见“descriptive and exploratory analysis. sav”，语法操作文件见“descriptive analysis. sps”。

二、研究问题和分析方法

在了解数据的频数分布后，我们还可以通过统计量进一步了解数据的分布形态和数字特征，如分布的集中趋势和离散趋势。例如，数学成绩的平均分和标准差分别是多少？进一步地，男生数学成绩的平均分和标准差又是多少？

总结变量分布的最重要方法之一是计算其集中趋势——分布中的典型值。例如，分布中的值倾向于集中在哪里？对于许多读者来说，这可能意味着试图找到分布的“平均值”。然而，统计学家在谈论集中趋势时指的是许多不同的衡量标准。教科书中通常会讨论三种集中趋势的统计量：算术平均值、中位数和众数。算术平均值（通常用 $\overline{X}$ 表示，简称均值）是迄今为止最常用的衡量集中趋势的统计量，它由所有数据值相加并除以数据个数而得。本书后面遇到的许多统计检验都直接涉及比较来自不同样本或个案组的均值（例如第四章 t 检验和第五章方差分析）。算术平均值易于理解和解释，它的主要局限是容易受到极端值的影响。当数据量较少时，这种影响尤其突出。类似地，异常值也会对算术平均值产生非常大的影响，尤其是当样本量较小时。中位数（通常用 M_e 表示）是数据分布的中点。它将数据的分布分成两半。中位数强调分布的中间而忽略分布的末端，不受极端值的影响。因此，研究者建议当存在可能扭曲均值的异常值时，应考虑使用中位数，以更好地代表一组数据的集中趋势。但是，中位数在计算时不会使用分布中的所有数据。众数（通常用 M_o 表示）在研究报告中很少使用，但在教科书中经常提到。众数就是分布中出现频率最高的值。众数可以用于任何测量级别的数据；中位数可以用于连续变量和等级变量，但不能用于分类变量；算数平均值只能用于连续变量。虽然众数看起来更灵活，但由于没有使用分布中所有的值，并且当有多个众数时不容易解释，它在实际中并不常用。

除了对数据分布的典型或代表性数值感兴趣之外，研究者通常还对分布的变异量感兴趣，这就是离散趋势的含义——分布有多广泛。离散趋势可以为我们从数据分散程度的角度提供重要信息。最简单直接的离散度量是计算分布中最高值与最低值的差值，即全距（range）。全距虽然易于理解，但它的缺点是容易受到极端值的影响。解决该问题较为直接的方法是消除极值，例如使用四分位差，即将数据按照升序排列，将数据分成四等份，计算分割点的百分位数（即四分位数），由小到大的第一个四分位数（Q_1）通常称为“下四分位数”，第三个四分位数（Q_3）通常称为“上四分位数”，中位数是第二个四分位数。四分位差就是上四分位数与下四分位数之间的距离。四分位差的主要优点是消除了极端值的影响，但它的主要限制是没有使用所有的数据，忽略了分布中 50%的值，从而丢失了大量信息。一种折中方法是使用十分位差，它将一个分布分成十等份，得到十分位数，然后计算第九个十分位数（90%的分位数）与第一个十分位数（10%的分位数）之间的距离。在这种情况下，只有 20%的信息损失。最常用的描述数据离散程度的统计量是标准差和方差，其中方差是标准差的平方。本质上，标准差计算的是距离均值的平均偏差量，衡量的是分布中数据偏离平均值的程度。标准差通常与平均值一起出现，共同描述数据的分布特征。标准差可以直接比较同质性变量的离散程度，如比较数学成绩和阅读成绩的离散程度。另外，它使用了分布中的所有数据，用单个数值总结分布的离散量，当与平均值一起使用时，很容易解释。但是与平均值类似，标准差也容易受到极端值的影响，尤其是样本量较小时。总体来看，由于标准差的可解释性和优良的统计性质，它是研究报告中最常见的衡量数据离散程度的指标。

需要注意的是，对于分类变量，大多数描述统计量是没有意义的，如均值和标准差只适用于连续变量。全距和四分位差可用于描述等级变量，但不常用；对分类变量计算离散趋势没有意义，了解分类变量和等级变量更好的方式是通过条形图、饼状图和频数分布表了解其频数分布。因此，这一节主要针对连续变量进行描述性分析。

三、描述统计的软件操作与分析结果

（一）软件操作

（1）在 SPSS 中选择“Analyze→Descriptive Statistics→Descriptives…”（图 2-26）。

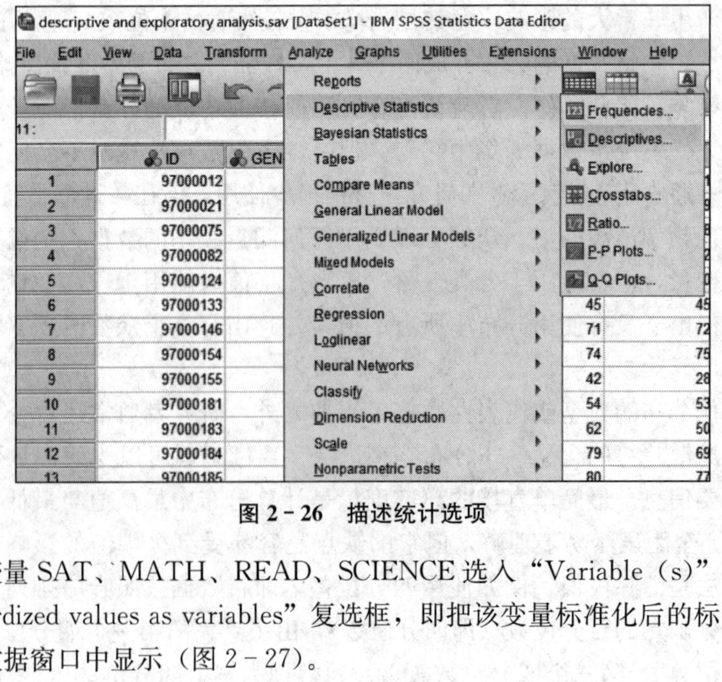

图 2-26 描述统计选项

（2）将变量 SAT、MATH、READ、SCIENCE 选入“Variable（s）”中，选中下方“Save standardized values as variables”复选框，即把该变量标准化后的标准分存为一个变量，并在数据窗口中显示（图 2-27）。

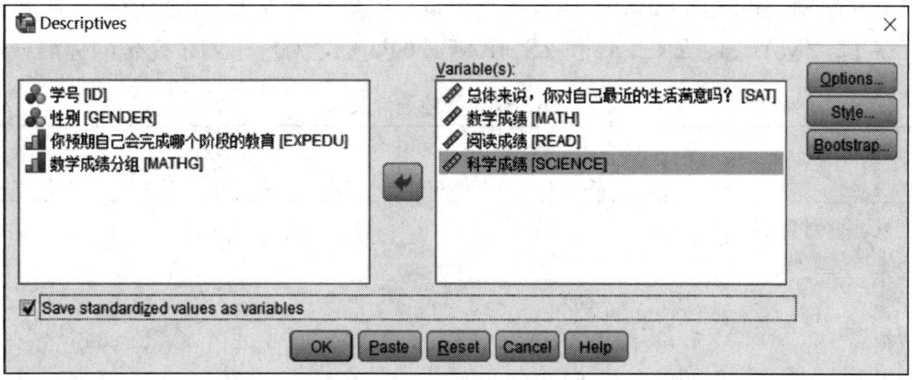

图 2-27 选择要分析的观测变量

（3）点击“Options…”，勾选“Mean”，在“Dispersion”下选择“Std. Deviation”“Minimum”“Maximum” “Variance” “Range”。“Display Order”（显示顺序）下有四个选项：“Variable list”表示变量的显示顺序为数据窗口中的顺序，“Alphabetic”表示按字母顺序显示，“Ascending means”表示按平均数的升序排列，“Descending means”表示按平均数的降序排列。采用默认的“Variable list”即可（图 2-28）。点击“Continue”回到主对话框。

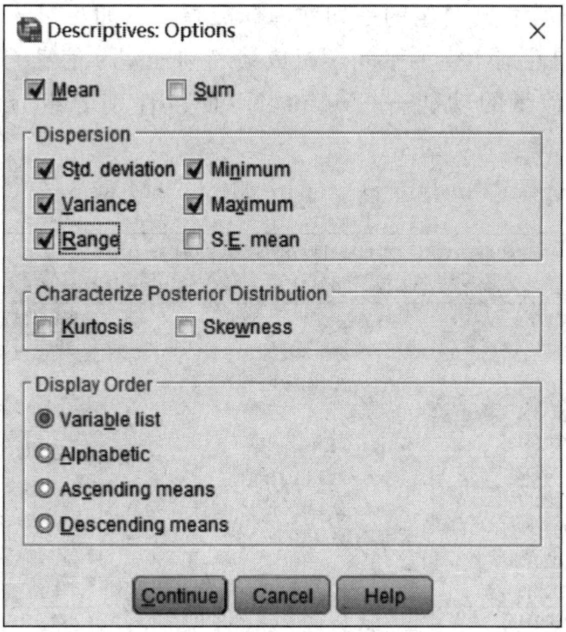

图 2-28 Options 对话框

（4）点击“OK”。

（二）结果输出与解释

表 2-6 分别给出四个变量（SAT、MATH、READ 和 SCIENCE）的样本量、全距、最小值、最大值、均值、标准差和方差。这里所给出的一些统计量，与 Frequencies 功能所给出的相差无几。所以，当我们需要用到这些描述统计量的时候，可以不受某一

特定方法的限制。再返回 Data View（数据浏览）窗口，可发现数据集中多了四列分别命名为 ZSAT、ZMATH、ZREAD 和 ZSCIENCE 的变量，对应于四个变量的标准分数。

表 2-6 描述统计表

Descriptive Statistics

	N	Range	Minimum	Maximum	Mean	Std. Deviation	Variance
总体来说，你对自己最近的生活满意吗？	489	10	0	10	6.80	2.261	5.111
数学成绩	494	62	33	95	66.72	12.037	144.878
阅读成绩	494	75	20	95	62.31	12.656	160.177
科学成绩	494	63	30	93	64.85	12.138	147.326
Valid N (listwise)	489						

四、分组描述统计的软件操作与分析结果

（一）软件操作

我们常常需要计算不同分组的平均数和标准差。例如，对于上面所描述的数据，研究者想要了解不同性别学生的平均学习成绩和标准差等信息。SPSS 提供了用于计算分组数据描述统计量的功能——Means。下面以性别分组介绍这一过程的具体应用。

（1）在 SPSS 中选择“Analyze→Compare Means→Means…”（图 2-29）。

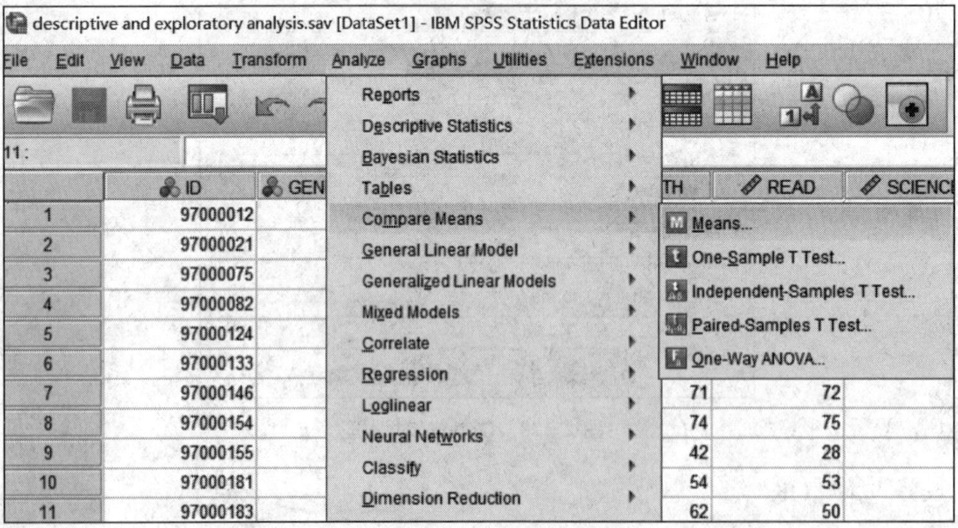

图 2-29 Means 选项

（2）将 SAT、MATH、READ、SCIENCE 选入右边的“Dependent List”框中，将 GENDER 选入右边的“Independent List”框中（图 2-30）。

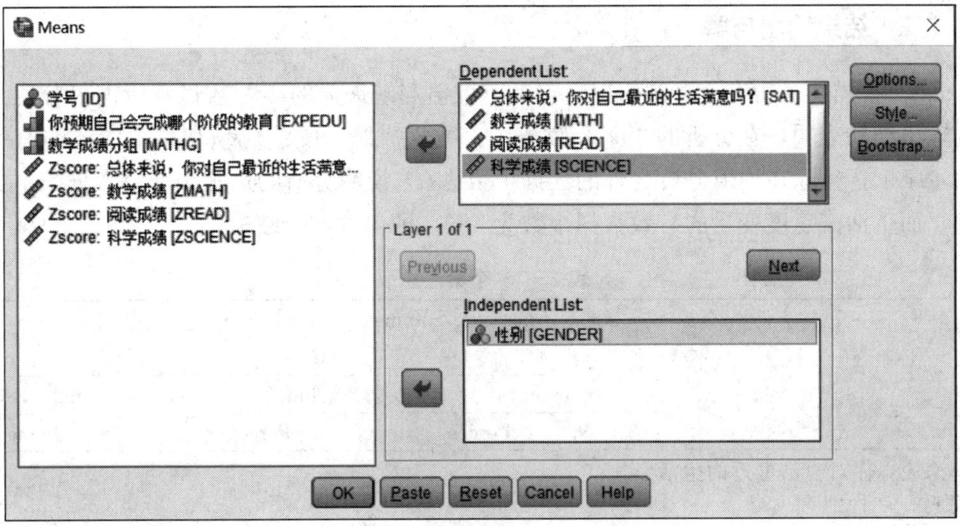

图 2-30　选择要分析的观测变量

（3）点击“Options…”，在弹出的对话框中，左面是统计量列表，包含一些常用的统计量，我们在介绍 Frequencies 与 Descriptives 功能时做过说明，在此从略；右边“Cell Statistics”包含默认的“Mean”（平均数）、“Number of Cases”（个案数量）和“Standard Deviation”（标准差）三项。如果需要计算其他的统计量，可以将左侧统计量选入右侧。这里，我们采用默认的选项。点击“Continue”返回主对话框（图 2-31）。

（4）点击“OK”。

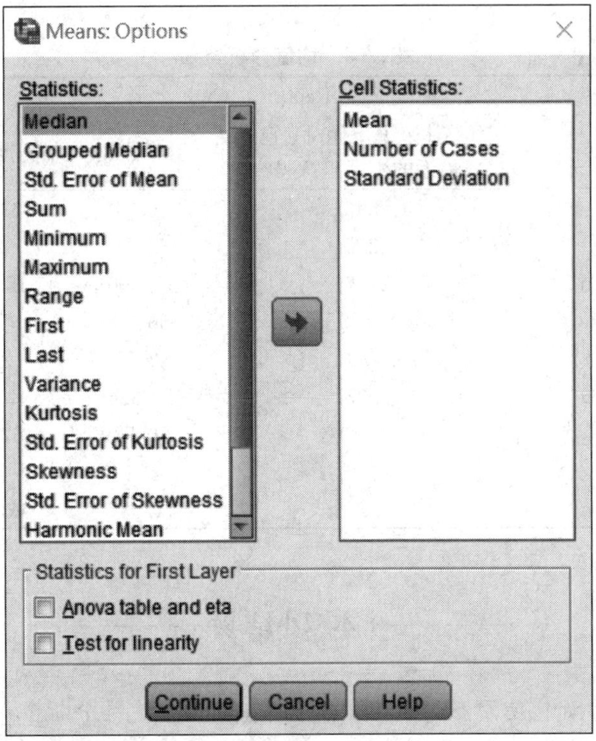

图 2-31　Options 对话框

（二）结果输出与解释

表 2-7 描述了所有个案的情况，包括有效值与缺失值的实际数目及所占百分比。表中的输出结果表明，在分析的 494 个数据中，数学成绩、阅读成绩和科学成绩的有效数据为 494 个，排除在均值分析之外的数据个数为 0，说明分析的这三个变量数据中不含缺失值，而生活满意度变量的有效数据个数为 489，即包含 5 个缺失值。

表 2-7　个案汇总表

Case Processing Summary

	Cases					
	Included		Excluded		Total	
	N	Percent	N	Percent	N	Percent
总体来说，你对自己最近的生活满意吗？ * 性别	489	99.0%	5	1.0%	494	100.0%
数学成绩 * 性别	494	100.0%	0	0.0%	494	100.0%
阅读成绩 * 性别	494	100.0%	0	0.0%	494	100.0%
科学成绩 * 性别	494	100.0%	0	0.0%	494	100.0%

表 2-8 展示了男女学生在生活满意度、数学成绩、阅读成绩和科学成绩上的平均数、标准差及每种性别的人数。以数学成绩为例，上述结果表明女生人数为 246 人，数学平均成绩为 66.61 分，标准差为 11.700 分；男生人数为 248 人，数学平均成绩为 66.83 分，标准差为 12.384 分；学生总人数为 494 人，总平均成绩为 66.72 分，标准差为 12.037 分。

表 2-8　均值分析结果

Report

性别		总体来说，你对自己最近的生活满意吗？	数学成绩	阅读成绩	科学成绩
Female	Mean	6.80	66.61	63.41	64.39
	N	245	246	246	246
	Std. Deviation	2.166	11.700	12.521	11.783
Male	Mean	6.80	66.83	61.22	65.32
	N	244	248	248	248
	Std. Deviation	2.357	12.384	12.721	12.486
Total	Mean	6.80	66.72	62.31	64.85
	N	489	494	494	494
	Std. Deviation	2.261	12.037	12.656	12.138

《本章小结》

本章主要介绍了如何使用 SPSS 对数据进行基本的描述性分析：

1. 通过“Analyze→Descriptive Statistics→Frequencies…”对分类数据和连续数据进

行描述性分析。

2. 通过“Analyze→Descriptive Statistics→Crosstabs…”进行列联分析。

3. 通过“Transform→Recode into Different Variables…”对连续数据进行分组频数统计。

4. 通过“Analyze→Descriptive Statistics→Descriptive…”生成不同类型的描述统计量。

自测练习

尝试对数据文件“工作状态.sav”（数据描述见附录A）进行如下操作：

1. 对变量“years”进行重新编码，新变量名为“Gyears”。分组的标准为：5年以下，5～10年，11～20年，21～30年，30年以上。

2. 使用列表呈现不同工龄组“Gyears”的年收入均值和标准差。

3. 采用合适的统计图表描述不同性别间工龄的差异。

第三章

探索性分析与数据检查

学习目标

在收集数据并将其导入 SPSS 后，除了上一章介绍的需要对数据进行基本的描述，了解其分布特点外，在进行正式的数据分析之前，还需要了解数据是否满足将要进行的推断统计的基本假设、数据中是否有极端值等一系列问题。本章主要介绍数据预处理过程的探索性分析。

在分析过程中，出现极端值、缺失值以及在不满足前提假设时错误地使用分析方法，都有可能造成分析结果的扭曲和错误。正式分析前的探索性分析就是为了保证研究者科学合理地展开统计分析所进行的一系列分析，包括检查数据中是否存在异常的个案（极端值）和缺失值、检验数据是否符合统计分析的前提假设等。极端值的出现可能会扭曲分析结果，而缺失值的出现是许多研究在数据收集中经常会发生的现象，因此需要在分析前对它们加以评估和处理。

此外，各种统计方法都蕴含着一定的前提条件，大多数人们熟悉的参数检验方法（如 t 检验、方差分析、Pearson 相关等）是为具有某些数字特征（如近似正态分布）的数据设计的，通常比非参数检验有更多的假设。在使用分析方法之前需要对是否满足这些前提假设进行检验。如果不满足这些前提假设，SPSS 得到的统计显著性检验结果就有可能不准确，甚至可能导致基于分析结果得出错误的结论。有一些假设对多种方法是通用的，例如最常见的前提假设包括数据连续且服从正态分布、方差齐性、变量之间满足线性关系，以及对不同个体之间的观测具有误差独立性等。在分析时如果出现假设不满足的情况，可以考虑变量的转换或其他修正方法，以使它们符合分析的要求。

本章重点介绍如何采用 SPSS 软件对数据的正态性、方差齐性，以及是否数据中存异常值进行初步的分析。同时，还将对调查中经常会遇到的数据缺失问题进行探讨，介绍如何采用 SPSS 软件对缺失数据进行初步分析，包括缺失数据的类型、缺失比例、缺失机制，以及如何对缺失数据进行插补等操作。本章涉及许多正式统计分析方法使用前的基础性数据检查步骤，它们是我们正确使用统计分析方法的基础。

第一节　探索性分析

一、变量和数据

本节使用的数据文件见“descriptive and exploratory analysis2. sav”。

二、研究问题和分析方法

通过上一章的学习，你应该已经掌握了如何理解自己的数据，以及如何为他人展示你的数据，包括获得与呈现数据的频数分布图和分布表，计算数据的集中趋势和离散趋势。如果你还想要进一步利用样本数据对总体的某些特征进行推断，那你还需要进行一些数据预处理的工作，包括核实数据是否满足假设检验的前提假设，检查数据中是否存在异常值，以及处理缺失值等。示例数据中的连续变量是否符合正态分布呢？各个连续变量在性别分组上的方差是否满足齐性假设？数据集中是否存在极端值？本节将介绍数据正态性和方差齐性的判断方法以及极端值的检查方法。

（一）正态分布

统计学家定义了许多不同的概率分布，它们具有形态各异的分布曲线。到目前为止，最常用且最重要的分布是正态分布，正态分布具有钟形曲线（图 3－1）。在正态分布中，50％ 的数据位于平均数的一侧，50％位于另外一侧，中位数与平均数相等。正如曲线所呈现的那样，大多数值趋近于平均数，曲线在平均数处达到峰值，即众数也与平均数相同。分布两侧的高度逐渐降低，表明当我们向远离平均数的任一方向移动时，个案数将越来越少。人们的身高很好地说明了这一点：如果女性的身高是正态分布的，我们预计大多数女性的身高会聚集在平均数附近，很少有人会非常矮或非常高。术语“正态”（normal）可能具有误导性，因为在现实中很少发现完美的正态分布。然而，变量的值可能近似服从正态分布，此时我们倾向于认为它们具有正态分布的特性。社会科学家使用的许多常用的统计分析技术都假定被分析的变量几乎呈正态分布。根据数据分散的程度，正态分布可以有多种不同的形态（图 3－2）。

统计学家确定了正态分布的一些有趣属性，如图 3－1 所示。图中，μ 代表总体均值，σ 代表总体标准差。在正态分布中，

- 68.3％的个案将在均值的上下一个标准差内。
- 95.4％的个案将在均值的上下两个标准差内。
- 99.7％的个案将在均值的上下三个标准差内。

因此，如果我们有一个近似服从正态分布的变量，那么根据它的均值和标准差，我们可以计算出与特定概率范围对应的均值的取值范围。例如，假设数学成绩近似服从正

态分布，均值是 67 分，标准差是 12 分，则 95.4%的学生得分在 43 分至 91 分之间(67±12×2)。稍微转换一下，我们可以断言，学生的数学成绩在 43 分至 91 分之间的概率为 95.4%。

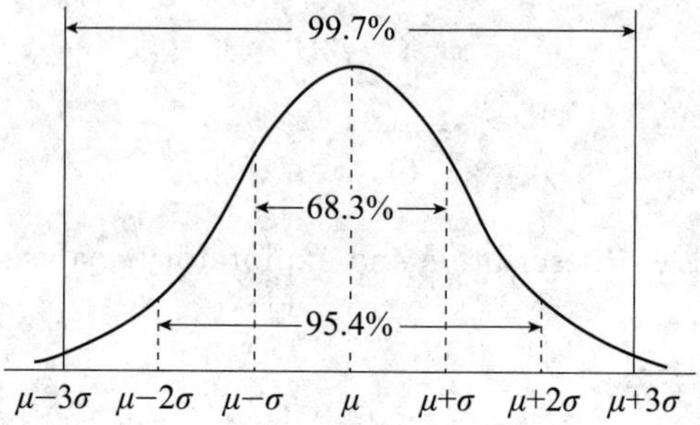

图 3-1　正态分布

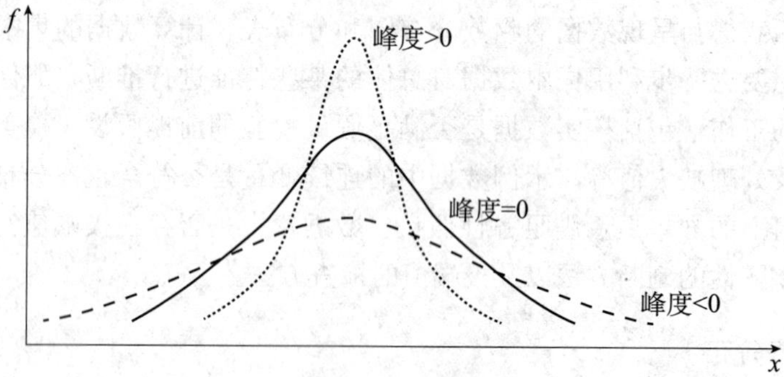

图 3-2　正态分布的峰度

重要的是要认识到有些变量并不服从正态分布。当分布中的值发生偏斜（skewed）时，也就是说，当它们倾向于在两端聚集时，平均数和中位数就不再重合了。如图 3-3 所示，左图显示了一条正偏态的曲线，这种情况下数据倾向于向左聚集，在右边有一个长“尾巴”；而右图描述的分布曲线是负偏态的。为了了解变量是否呈正态分布，我们可以通过计算偏度（skewness）来描述分布偏离正态曲线的程度。偏度不等于零表明频数分布缺乏对称性，如果变量的频数分布具有明显的正（或负）偏度值，则说明该变量是正（或负）偏态。另一个度量偏离正态分布程度的统计量是峰度，如图 3-2 所示，标准差越大，分布越平坦，峰度值越小；反之，标准差越小，分布越高耸，峰度值越大。许多参数统计分析方法（如 t 检验、F 检验）假设变量近似服从正态分布，因此在数据分析之前检验变量分布的正态性很重要。除了使用偏度和峰度统计量，还可以用直方图、茎叶图和正态分布 Q-Q 图等形象化地检验数据是否服从正态分布。

（二）方差齐性

方差齐性是指不同组的方差是否相等，也就是不同处理组是否来源于同一总体。例如，检验男生和女生的数学成绩是否来自同一总体时，如果各组的方差不同，t 检验和方差分析都可能受到较大影响。Levene 检验是常用来检验方差齐性的方法，另外分组箱线图也可以形象化地展示与比较各组的分布差异。

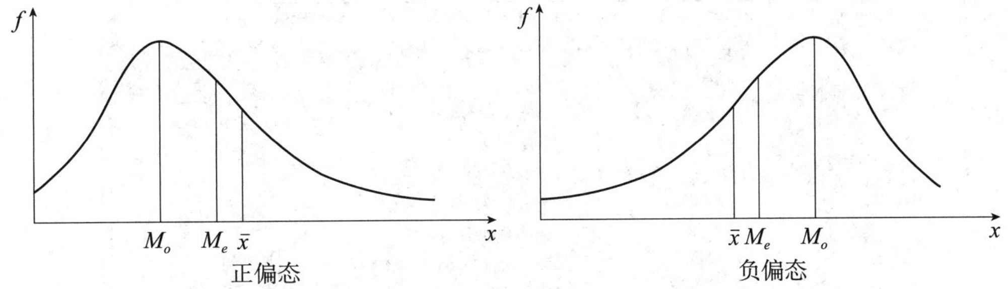

图 3-3　偏态分布

（三）变量转换与稳健性

如果变量不满足假设，我们可以考虑转换。但转换变量通常会增加解释数据的难度，并可能改变研究结果，因此在执行转换前，需确保的确需要转换，并且转换后的变量具有可解释性。寻找变量的最佳转换方式虽可参照一些基本建议和经验，但通常需要反复试验来确定转换是否有效。通常来说，数据呈负偏态时，可以做平方和立方转换；而数据呈正偏态时，可以对原始数据取对数、开根号或求倒数。转换变量后，需要重新分析以检查新转换的变量是否满足假设。如果仍不满足，可以进行进一步转换。

值得注意的是，研究者已经发现一些参数检验方法对于其要求的某一个或几个假设是“稳健的”（robust），这意味着可以在不破坏统计数据有效性的情况下轻微违反假设。例如，方差分析的前提假设之一是每组因变量服从正态分布，但统计学家研究发现，即使数据不是呈完美的正态分布（例如有轻微偏斜），方差分析仍然可以使用。

（四）异常值

在分析前除了要满足统计检验的前提假设外，还应该对数据中的异常值进行定位和处理。异常值即在某个变量上明显偏高或者偏低的值（单变量异常值），或者是在两个或多个变量上与其他观测明显不同的值或值的组合（多变量异常值）。异常值可能影响观测结果，也可能不影响。异常值可能来源于数据录入、编码或缺失值定义的错误，这类异常值在分析时需要清除；也可能来源于异常的事件或无法解释的观测值，这时应考虑（异常值）样本是否符合研究目的，是则保留，否则删除。单变量异常值可以通过标准分数判断，多变量异常值可以通过计算数值组合的马氏距离来判断。

下面我们对本章的示例数据进行分析，检验数学成绩在不同的性别分组上是否满足正态性和方差齐性假设，并检验数学成绩与其他学业成绩的组合中是否存在异常值。

三、正态性和方差齐性检验的软件操作与分析结果

（一）软件操作

（1）在 SPSS 中选择“Analyze→Descriptive Statistics→Explore…”（图 3-4）。

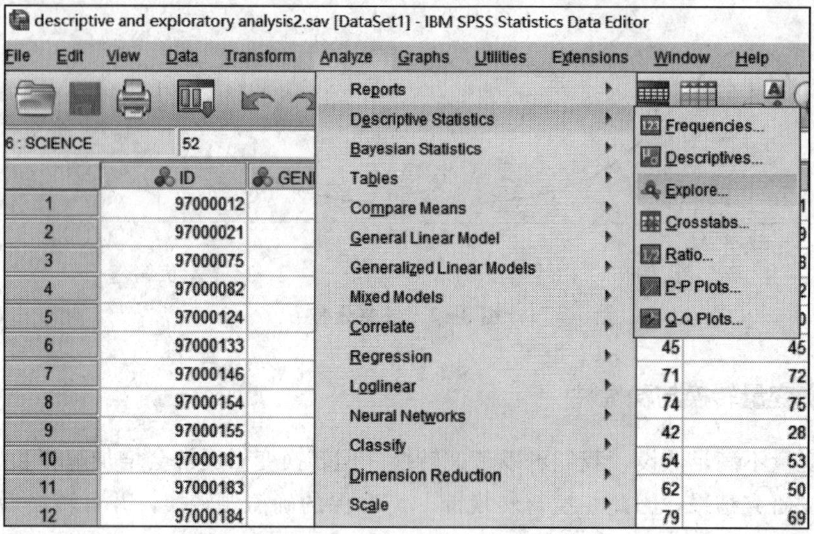

图 3-4　探索性分析选项

（2）将 SAT、MATH、READ、SCIENCE 选入右边的“Dependent List”框中作为分析变量，将 GENDER 选入右边的“Factor List”框中作为分组变量；将 ID 选入右下方的“Label Cases by”框中；选中“Display”下方的“Both”选项（图 3-5）。

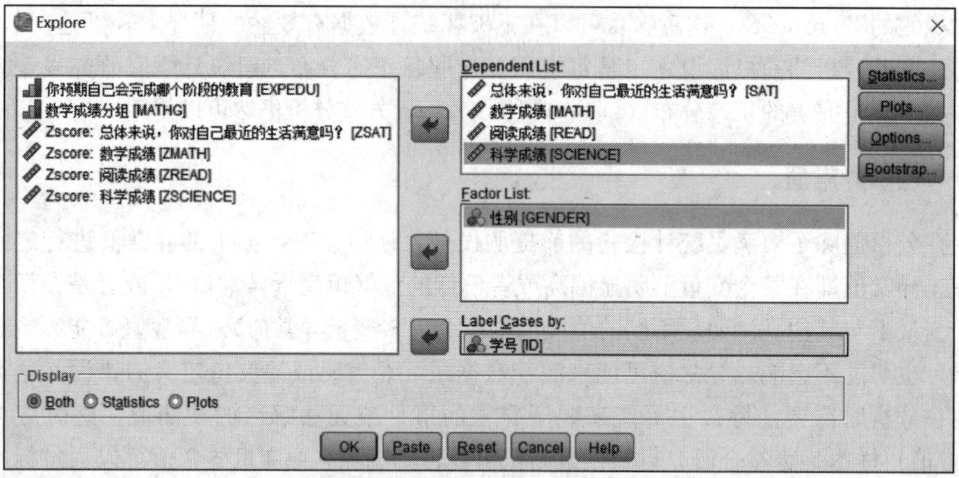

图 3-5　选择要分析的观测变量

（3）点击“Statistics...”，勾选“Descriptives”以输出基本描述统计量，在“Confidence Interval for Mean：%”的方框中输入“95”以指定均值的置信区间。这里其余三个选项的含义分别为：“M-estimators”，输出最大稳健估计量作为中心趋势的粗略极大似然，它可以很好地代替中位数和平均数，受异常值影响较小，勾选它将输出四个不同权重的极大似然值；“Outliers”，输出五个最大与最小值；“Percentiles”，输出 5%、10%、25%、50%、75%、90%以及 95%的百分位数。这里先不勾选这三个选项。点击“Continue”回到主对话框（图 3-6）。

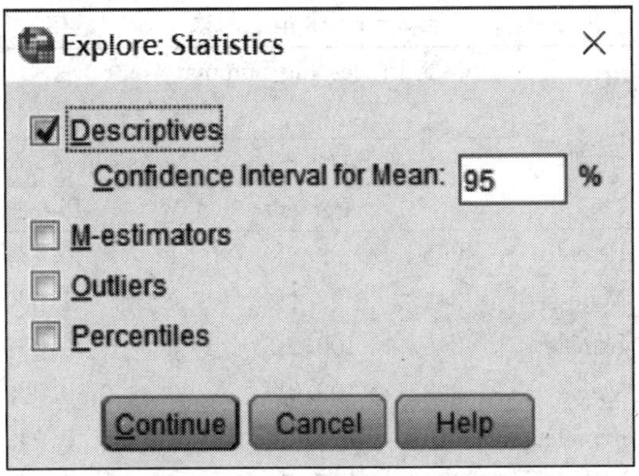

图 3-6　选择描述统计量

（4）点击“Plots…”，选择“Boxplots”（箱线图）下的“Factor levels together”（不同组的同一因变量显示在一个箱线图中），勾选“Descriptive”下的“Stem-and-leaf”（茎叶图）和“Histogram”（直方图），选中对话框中部的“Normality plots with tests”复选框，选择“Spread vs Level with Levene Test”下的“Untransformed”以输出 Levene 方差齐性检验结果。

“Spread versus Level”（散布-水平图）的横轴为各水平组的中位数，纵轴为四分位差的自然对数。其中，“Power estimation”选项用于对原始数据进行幂转换，直到各组间满足方差齐性假设；“Transformed”选项用于对原始数据进行变换，再画图；“Untransformed”选项表示使用原始数据画图。点击“Continue”回到主对话框（图 3-7）。

（5）点击“Options…”，选择“Exclude cases pairwise”（成对删除），点击“Continue”回到主对话框（图 3-8）。

（6）点击“OK”。

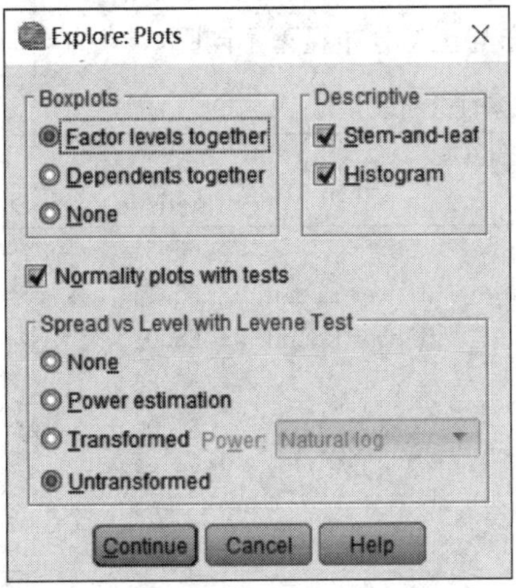

图 3-7　选择并设置统计图

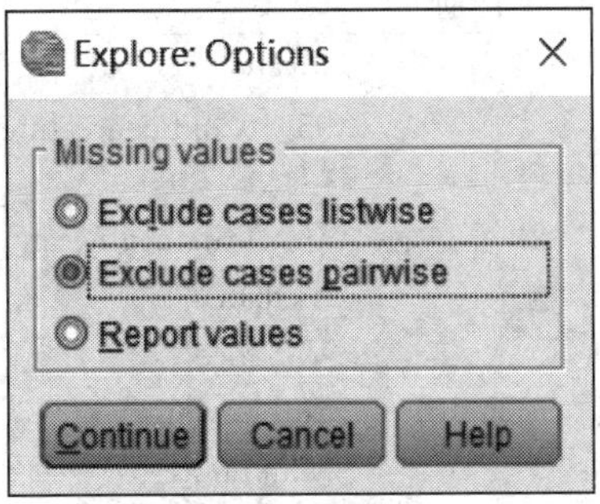

图 3-8　选择缺失值处理方式

（二）结果输出与解释

从表 3-1 中可以看出，女生在生活满意度变量上有 1 个缺失，男生有 4 个缺失。

表 3-1 个案汇总表

Case Processing Summary

	性别	Cases					
		Valid		Missing		Total	
		N	Percent	N	Percent	N	Percent
总体来说，你对自己最近的生活满意吗?	Female	245	99.6%	1	0.4%	246	100.0%
	Male	244	98.4%	4	1.6%	248	100.0%
数学成绩	Female	246	100.0%	0	0.0%	246	100.0%
	Male	248	100.0%	0	0.0%	248	100.0%
阅读成绩	Female	246	100.0%	0	0.0%	246	100.0%
	Male	248	100.0%	0	0.0%	248	100.0%
科学成绩	Female	246	100.0%	0	0.0%	246	100.0%
	Male	248	100.0%	0	0.0%	248	100.0%

表 3-2 截取了数学成绩的探索性分析结果。此表上半部分是女生的描述统计结果，下半部分是男生的，其中大部分统计量在描述性分析中已经介绍过，在此不再赘述。其中“95% Confidence Interval for Mean”代表均值的 95%置信区间，“Lower Bound”为置信区间下限，“Upper Bound”为置信区间上限。从表中可知，女生数学成绩的均值有 95%的可能性落在 68.08 分到 65.14 分之间。表中还提供了男性和女性的离散趋势统计量，女生和男生数学成绩的方差分别为 136.883 和 153.372；“Interquartile Range”代表四分位差，女生和男生数学成绩的四分位差分别为 15 分和 19 分。可见，女生和男生的离散程度统计量看起来没有太大差异。实际上，下面对女生和男生在数学成绩上的 Levene方差齐性检验结果也显示，女生和男生数学成绩的离散程度并没有显著差异。“Skewness”和“Kurtosis”代表偏度和峰度，Std. Error 列列出了它们各自的标准误。女生数学成绩的偏度为−0.323，标准误为 0.155；男生数学成绩的峰度为−0.778，标准误为 0.308。这是否表示女生和男生数学成绩的分布与正态分布显著不同呢?

表 3-2 探索性分析表

Descriptives

	性别			Statistic	Std. Error
数学成绩	Female	Mean		66.61	.746
		95% Confidence Interval for Mean	Lower Bound	65.14	
			Upper Bound	68.08	
		5% Trimmed Mean		66.86	
		Median		67.00	
		Variance		136.883	
		Std. Deviation		11.700	
		Minimum		33	
		Maximum		94	
		Range		61	
		Interquartile Range		15	
		Skewness		−.323	.155
		Kurtosis		.002	.309

续前表

性别		Descriptives		Statistic	Std. Error
数学成绩	Male	Mean		66.83	.786
		95% Confidence Interval for Mean	Lower Bound	65.28	
			Upper Bound	68.38	
		5% Trimmed Mean		66.86	
		Median		67.00	
		Variance		153.372	
		Std. Deviation		12.384	
		Minimum		37	
		Maximum		95	
		Range		58	
		Interquartile Range		19	
		Skewness		−.029	.155
		Kurtosis		−.778	.308

表 3-3 给出了女生和男生分别在四个连续变量上的整体正态性检验的 Kolmogorov-Smirnov 统计量（以下简称 K-S）和 Shapiro-Wilk 统计量（以下简称 S-W）。此处的零假设 H_0 为，样本所来自的总体与指定的理论分布（正态分布）无显著差异。从 K-S 检验结果来看，男生和女生的数学成绩都服从正态分布；从 S-W 检验结果来看，在 0.05 的显著性水平上，不能推翻女生的数学成绩服从正态分布的零假设，而男生的数学成绩分布与正态分布的差异显著。如同大部分显著性检验一样，在大样本情况下，K-S 统计量和 S-W 统计量都特别容易显著。为了避免样本量的影响，我们可以直接用偏度和峰度除以它的标准误来判断数据是否呈现偏态。如果结果的绝对值小于 2.5，就可以认为观测分布与正态分布无显著差异。另一个更简单的准则是，如果偏度和峰度的绝对值小于 1，那么变量至少近似服从正态分布。根据此标准，结合表 3-3 中的偏度和峰度值，可以认为男生的数学成绩近似服从正态分布。注意，根据峰度和偏度判断正态性的标准仅仅是经验值，研究者并没有形成一个统一的标准。

表 3-3　整体正态性检验表

Tests of Normality

	性别	Kolmogorov-Smirnov[a]			Shapiro-Wilk		
		Statistic	df	Sig.	Statistic	df	Sig.
总体来说，你对自己最近的生活满意吗？	Female	.159	245	.000	.946	245	.000
	Male	.171	244	.000	.936	244	.000
数学成绩	Female	.050	246	.200*	.989	246	.066
	Male	.054	248	.073	.986	248	.016
阅读成绩	Female	.073	246	.003	.983	246	.004
	Male	.066	248	.010	.979	248	.001
科学成绩	Female	.062	246	.024	.989	246	.049
	Male	.059	248	.036	.983	248	.005

*. This is a lower bound of the true significance.

a. Lilliefors Significance Correction

表 3-4 是四个连续变量在性别分组上的方差齐性检验结果。采用 Levene 检验对数据进行方差齐性检验时，不强求数据必须服从正态分布。它先计算出各个观测值减去组内均值的差，然后再通过这些差值的绝对值进行单因素方差分析。如果得到的显著性水平小于 0.05，那么就可以拒绝方差相同的假设。表 3-4 中每个连续变量的方差齐性检验结果都有四行，分别是基于均值（Based on Mean）、中位数（Based on Median）、中位数和调整后自由度（Based on Median and with adjusted df）和截尾均值（Based on trimmed mean）的计算结果，一般来说看第一行基于均值的结果即可。表 3-4 的最后一列是统计显著性（Sig.）。从中可知，在 0.05 的水平上，不能推翻生活满意度、数学成绩、阅读成绩和科学成绩在性别分组上满足方差齐性的零假设。

表 3-4　方差齐性检验表

Test of Homogeneity of Variance

		Levene Statistic	df1	df2	Sig.
总体来说，你对自己最近的生活满意吗？	Based on Mean	1.703	1	487	.192
	Based on Median	1.309	1	487	.253
	Based on Median and with adjusted df	1.309	1	480.366	.253
	Based on trimmed mean	1.335	1	487	.249
数学成绩	Based on Mean	3.109	1	492	.079
	Based on Median	3.237	1	492	.073
	Based on Median and with adjusted df	3.237	1	490.241	.073
	Based on trimmed mean	3.196	1	492	.074
阅读成绩	Based on Mean	1.290	1	492	.257
	Based on Median	1.378	1	492	.241
	Based on Median and with adjusted df	1.378	1	487.617	.241
	Based on trimmed mean	1.379	1	492	.241
科学成绩	Based on Mean	2.574	1	492	.109
	Based on Median	2.665	1	492	.103
	Based on Median and with adjusted df	2.665	1	491.417	.103
	Based on trimmed mean	2.636	1	492	.105

除了使用偏度、峰度、K-S 和 S-W 统计量，还可以用多种图形直观地展示数据的分布。SPSS 输出中接下来呈现的是各种图形检验的结果。例如，图 3-9 展示了女生和男生数学成绩的分布直方图。与用 Frequencies 功能中画图命令画出的直方图不同的是，使用 Explore 功能画出的直方图无法呈现正态拟合曲线。

图 3-10 展示了女生和男生数学成绩的分布茎叶图。茎叶图有两个主要组成部分。首先，中间一列的数字构成了主干（茎），表示分布中每个值的起始部分。茎叶图下方的“Stem width：10”表示构成主干的每一个数字都以十进制表示分数，即 3 表示 30 分，4 表示 40 分，等等。茎左侧的一列数字代表每一根茎的频数。茎的右边是叶，每片叶代表

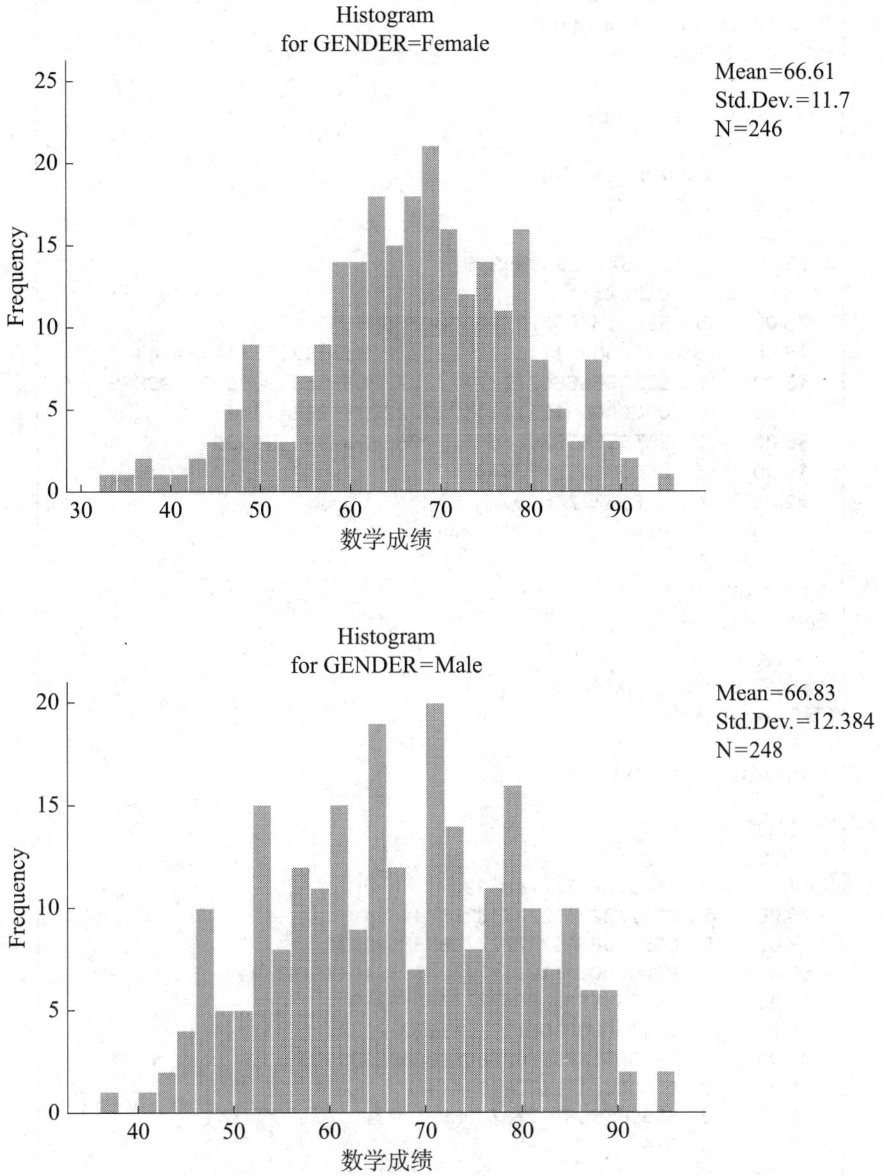

图 3-9 女生和男生数学成绩的分布直方图

一个与茎相连的数据。确保所有叶（茎右侧的数字）垂直对齐非常重要。没有必要对叶进行由小到大的排序，但这样做更便于阅读。我们可以看到，无论女生还是男生，数据在分布的中部都是非常密集的，分布的两端数据逐渐减少。在分布低端的极端值（Extremes）由公式“第一个四分位数－(1.5×四分位差)”确定；在分布最高端的极端值由公式“第三个四分位数＋(1.5×四分位差)”确定。我们可以看到，使用这个标准，在女生数学成绩的低端有 4 个极端值（小于等于 36 分）被识别出来。茎叶图提供了与直方图类似的显示，因为它给出了分布的形状（例如数据是否倾向于在一端聚集）、分散程度以及是否存在极端值。但与直方图不同的是，它保留了所有信息，因此可以直接观察数据以查看特定值是否占主导地位。

```
数学成绩 Stem-and-Leaf Plot for
GENDER= Female

 Frequency    Stem &  Leaf

     4.00     Extremes (=<36)
     1.00      3 . 9
     4.00      4 . 1234
    16.00      4 . 5566777888889999
     8.00      5 . 01122344
    28.00      5 . 5555566667777788888888999999
    43.00      6 . 0000000111111222222222333333333444444444444
    43.00      6 . 5555666666777777777777888888999999999999999
    34.00      7 . 0000000011111111222222233333444444
    35.00      7 . 55555555666666677788889999999999999
    15.00      8 . 000001112233344
    12.00      8 . 566667777899
     3.00      9 . 014

 Stem width: 10
 Each leaf: 1 case(s)

数学成绩 Stem-and-Leaf Plot for
GENDER= Male

 Frequency    Stem &  Leaf

     1.00      3 . 7
     5.00      4 . 12344
    17.00      4 . 55666667777788899
    23.00      5 . 00111222222223333333444
    28.00      5 . 5555566666777777788888999999
    36.00      6 . 000000011111122223333344444444444444
    26.00      6 . 55555556666666777777889999
    39.00      7 . 000000000001111111112222222222223334444
    30.00      7 . 555666666666678888888888999999
    20.00      8 . 00000111112222333444
    19.00      8 . 5555555667777888889
     3.00      9 . 014
     1.00      9 . 5

 Stem width: 10
 Each leaf: 1 case(s)
```

图 3－10　女生和男生数学成绩的分布茎叶图

图 3－11 是女生和男生数学成绩的正态分布 Q-Q 检验图，横坐标为按从小到大顺序排列的实际观测值，纵坐标为正态分布下的期望值。如果实际观测值取自正态总体，图中所示的数据点应该分布在趋势线的附近，并且应该表现出一定的集中趋势，即平均数附近应该聚集较多的点，越靠近两端数据点越少。从图中可以看出，女生和男生的数学成绩分布近似正态分布，在女生和男生数学成绩的最高分段，都有几个个案的期望值略高于观测值。

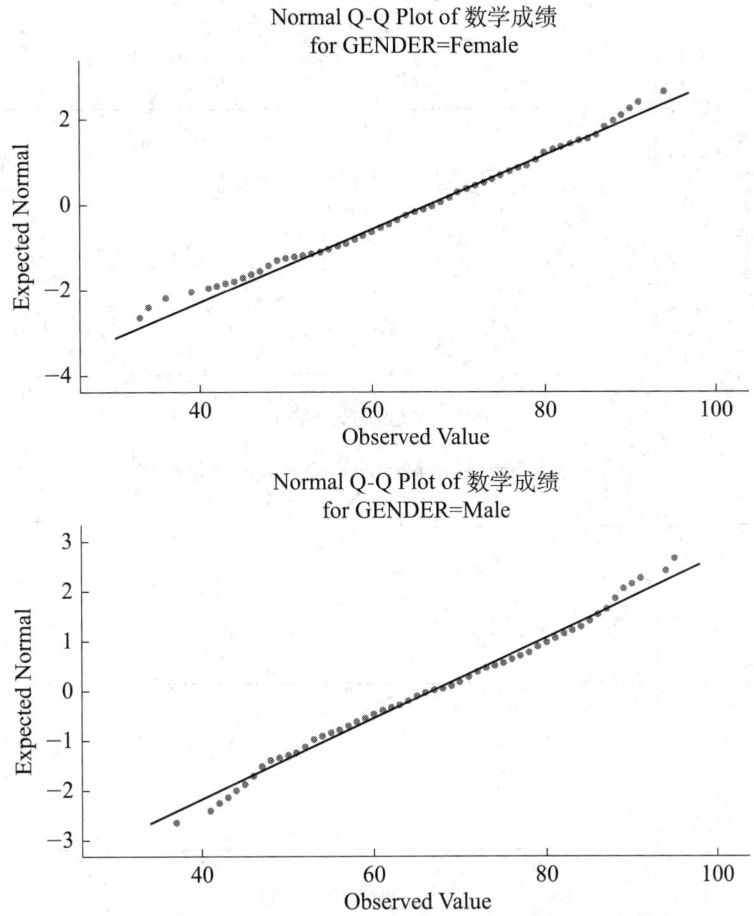

图 3－11　女生和男生数学成绩的正态分布 Q-Q 检验图

图 3－12 是女生和男生数学成绩的离散正态概率图。离散正态概率图以实际观测值为横坐标，以实际观测值与期望值的差为纵坐标。在符合正态分布的情况下，图中的数据点应该分布在中央横线的附近，甚至完全落到这条横线上，而且也应表现出集中在平均数周围的趋势。图 3－12 显示数据分布的两端有些偏离正态分布，这与图 3－11 的结果一致。

图 3－13 分别提供了女生（左边）和男生（右边）数学成绩的箱线图。箱线图中间的盒子包含中间 50％的观察结果。盒子的下端是第一四分位数（Q_1），而上端是第三四分位数（Q_3），第三四分位数与第一四分位数之间的距离称为四分位差（$IQR=Q_3-Q_1$）。盒子内部的横线代表中位数。由盒子向上下两端伸出的“触须”分别延伸至分布中除极端值外的最大值和最小值（即在 $Q_3+1.5IQR$ 和 $Q_1-1.5IQR$ 处画两条线）。数据中处于 $Q_1-1.5IQR$ 和 Q_1-3IQR 之间，或处于 $Q_3+1.5IQR$ 和 Q_3+3IQR 之间的极端值由“○”表示；而处于三倍四分位差之外的极端值，即处于 Q_1-3IQR 或 Q_3+3IQR 之外的极端值用“★”表示。可以看出，女生的数学成绩中存在 4 个极端值，而男生的数学成绩中没有极端值。

和茎叶图一样，箱线图提供了关于分布的形状和离散度的信息。例如，盒子上下边

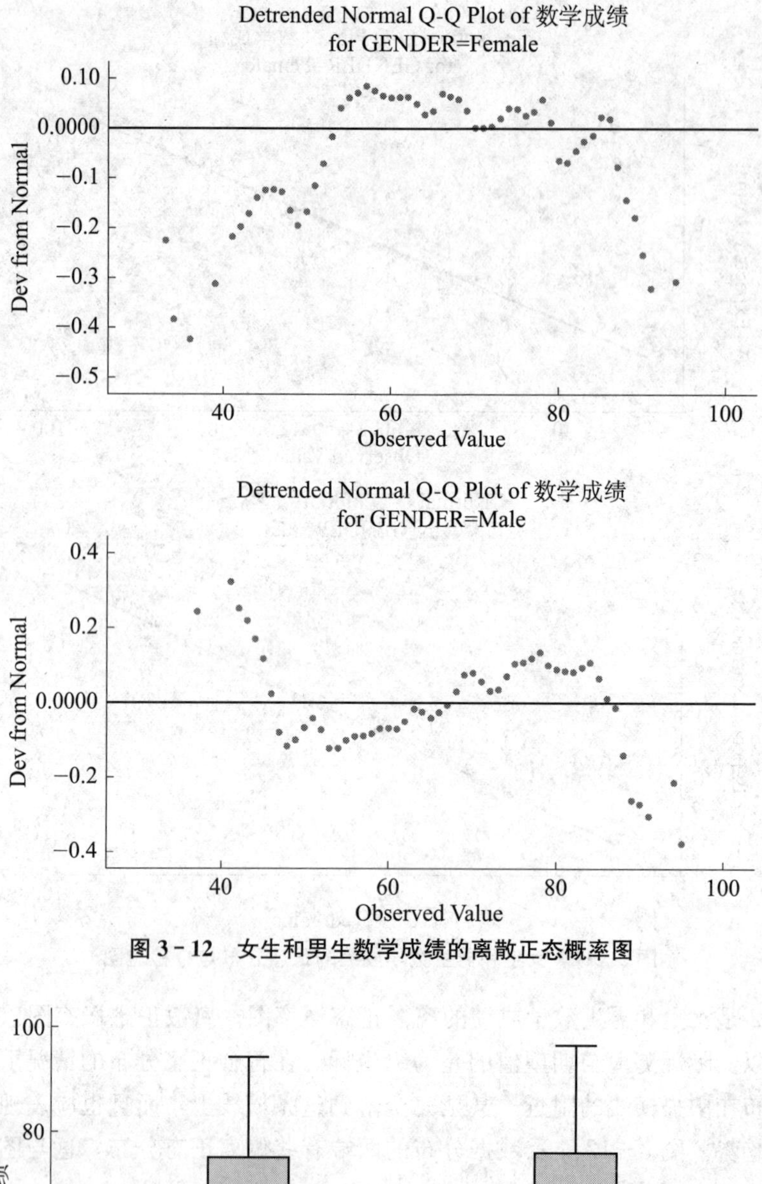

图 3－12　女生和男生数学成绩的离散正态概率图

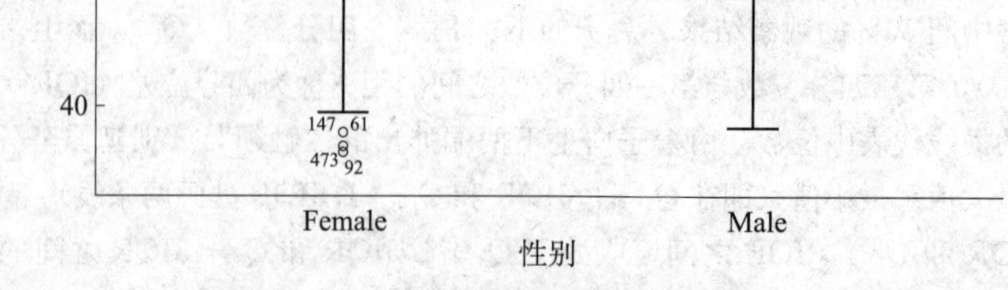

图 3－13　以性别分组的数学成绩箱线图

缘间的距离代表了四分位差。从图 3－13 中可以看出，男生数学成绩的四分位差略大于女生。盒子在整个箱线图中的位置代表了数据在哪里聚集，而代表中位数的横线在盒子中的位置提供了关于分布形状的进一步信息。相比之下，茎叶图可能比箱线图更容易理解，因为箱线图需要了解四分位差和中位数。对于不熟悉这些概念的读者，即使提供了完整的解释，他们也可能会产生一些不适；而对于熟悉这些概念的读者，箱线图有很多值得推荐的地方。同时，箱线图不保留茎叶图显示的信息。整体来看，女生和男生的数学成绩在箱线图上差异并不明显，这与 Levene 方差齐性检验的结果是吻合的。

四、异常值检测的软件操作与分析结果

前一部分已经提到了使用茎叶图和箱线图筛选极端值的方法，这一部分进一步介绍其他几种在 SPSS 中检测异常值的方法。

（一）软件操作

1. 单变量异常值检测

可以通过将变量标准化的方法，寻找单变量异常值。前一章已经示例过如何通过 Descriptives 功能将连续变量转换为标准分数。在新的数据集中，新增的后四列 ZSAT、ZMATH、ZREAD、ZSCIENCE 分别代表标准化后的生活满意度、数学成绩、阅读成绩和科学成绩（图 3－14）。

（1）在 SPSS 中选择“Data→Sort Cases…”（图 3－15）。

（2）将 ZMATH 选入右边的“Sort by”框（按照 ZMATH 列进行排序），选中“Sor Order”下的“Ascending”（升序）（图 3－16）。

（3）点击“OK”。

数据集将按照 ZMATH 变量由低到高排序（图 3－17）。记录下数据集中 ZMATH 上下两端绝对值大于 2.5 的个案 ID。

（4）重复以上操作，依次按照 ZSAT、ZREAD、ZSCIENCE 排序，并分别记录下各个变量上标准分数绝对值大于 2.5 的个案 ID。

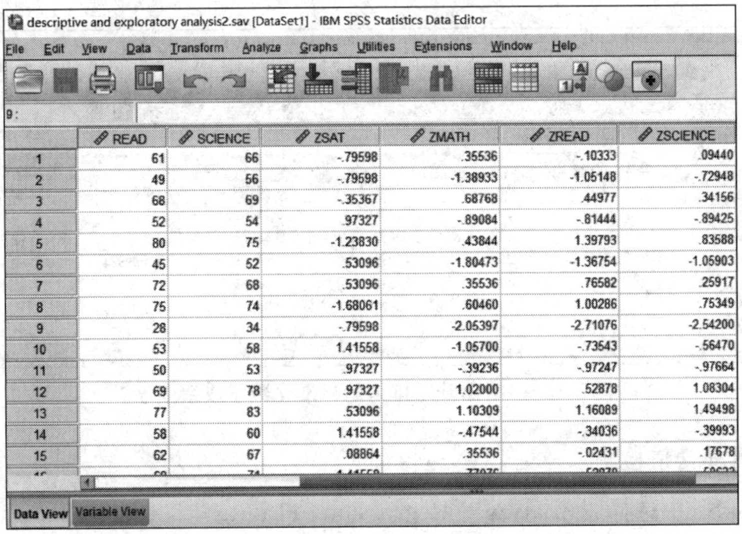

	READ	SCIENCE	ZSAT	ZMATH	ZREAD	ZSCIENCE
1	61	66	-.79598	.35536	-.10333	.09440
2	49	56	-.79598	-1.38933	-1.05148	-.72948
3	68	69	-.35367	.68768	.44977	.34156
4	52	54	.97327	-.89084	-.81444	-.89425
5	80	75	-1.23830	.43844	1.39793	.83588
6	45	52	.53096	-1.80473	-1.36754	-1.05903
7	72	68	.53096	.35536	.76582	.25917
8	75	74	-1.68061	.60460	1.00286	.75349
9	28	34	-.79598	-2.05397	-2.71076	-2.54200
10	53	58	1.41558	-1.05700	-.73543	-.56470
11	50	53	.97327	-.39236	-.97247	-.97664
12	69	78	.97327	1.02000	.52878	1.08304
13	77	83	.53096	1.10309	1.16089	1.49498
14	58	60	1.41558	-.47544	-.34036	-.39993
15	62	67	.08864	.35536	-.02431	.17678

图 3－14 数据集中新增的标准化后的变量

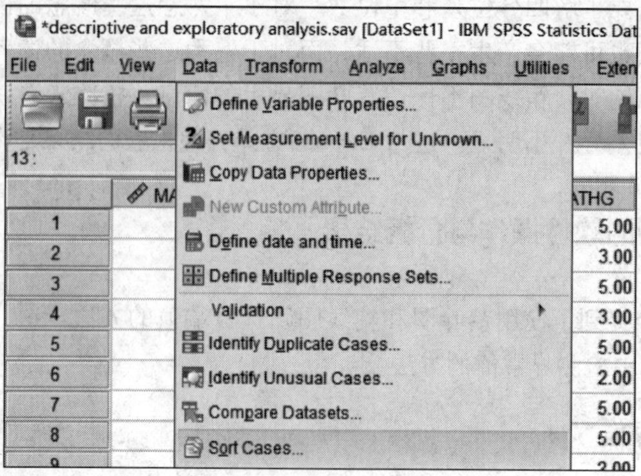

图 3-15　个案排序选项

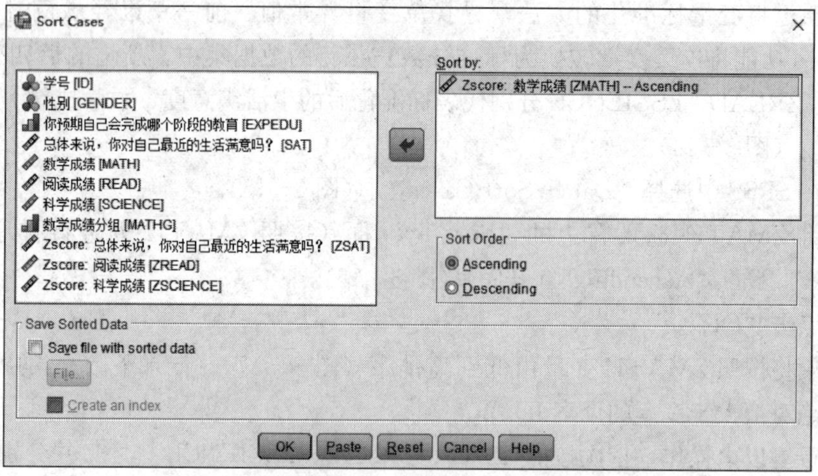

图 3-16　将标准化后的数学成绩按照升序排列

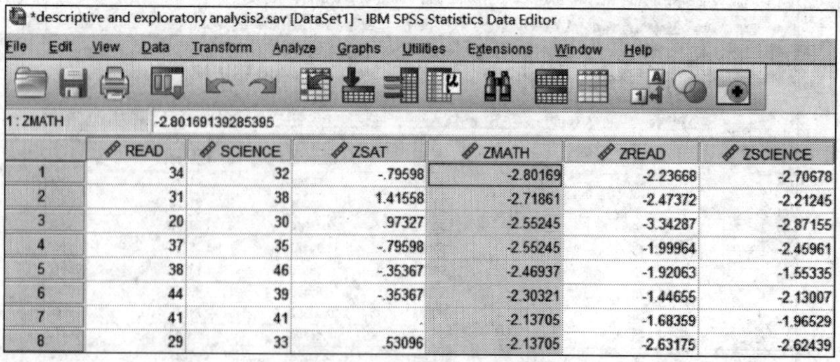

图 3-17　按照升序排列的标准化数学成绩变量

2. 多变量异常值检测

(1) 在SPSS中选择“Analyze→ Regression →Linear...”(图 3-18)。

(2) 将变量 ZSAT 选入“Dependent”变量框，将变量 ZMATH、ZREAD、

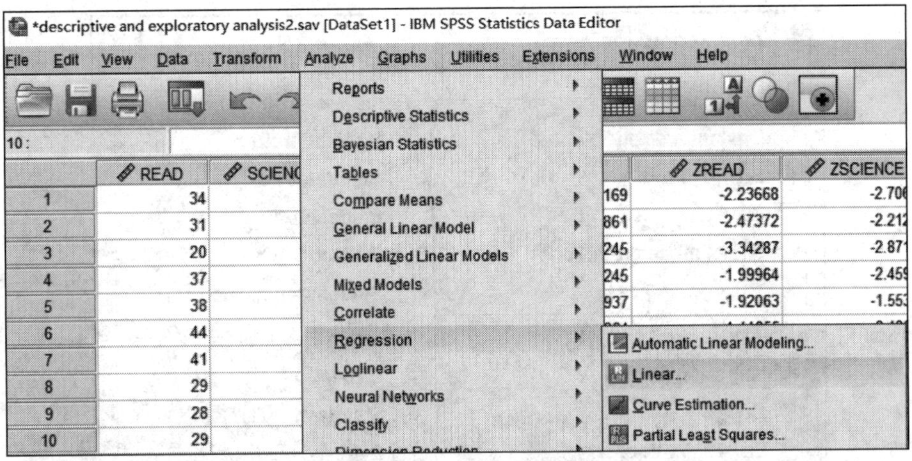

图 3-18　线性回归选项

ZSCIENCE 选入"Independent（s）"变量框（图 3-19）。

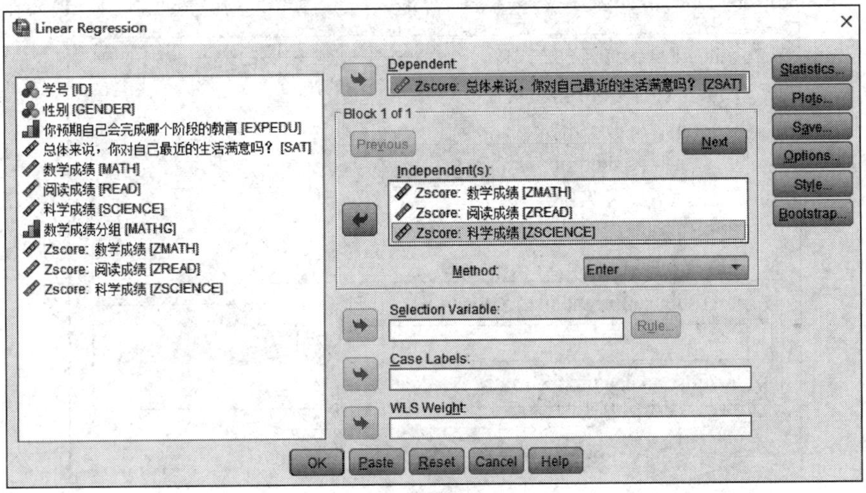

图 3-19　选择要分析的观测变量

（3）点击"Save"，选中"Distances"下的"Mahalanobis"（马氏距离）（图 3-20），点击"Continue"回到主对话框（Linear 选项的其他功能我们在第七章"多元回归"一节再做介绍）。

（4）点击"OK"。

此时在数据集中所有变量后面会新加入一列马氏距离"MAH_1"。

接下来，计算 D^2/df 。具体的操作是：

（1）在 SPSS 中选择"Transform → Compute Variable..."（图 3-21）。

（2）在"Target Variable"框中输入"MAH_df"，在"Numeric Expression"中输入公式"MAH_1/3"（图 3-22）。注意，这里将马氏距离除以 3，是因为自由度为 3（自变量的个数）。

（3）点击"OK"。

（4）对新增的变量 MAH_df 排序，查找可能的异常值。

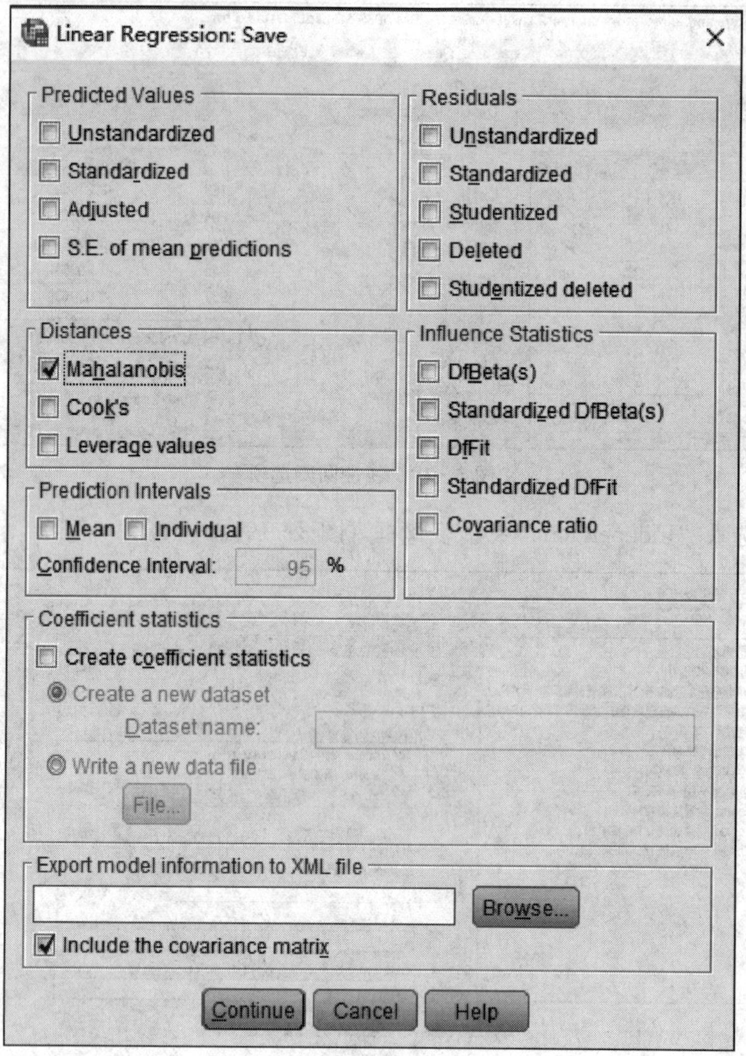

图 3-20　计算马氏距离

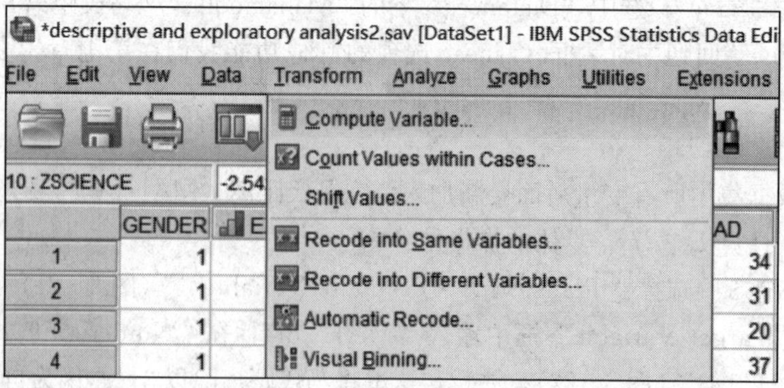

图 3-21　变量计算选项

上述操作的 SPSS 语句请参见“exploratory analysis. sps”文件。

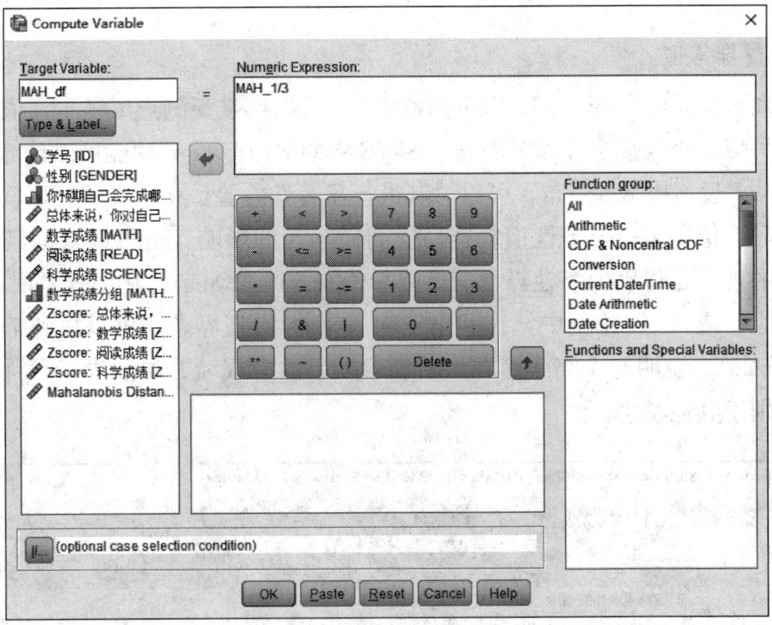

图 3-22 计算马氏距离的 *t* 统计量

（二）输出结果与解释

1. 单变量异常值

我们对标准分数进行排序以检测异常值，标准分数的临界值为多少可以被判定为异常值呢？对此，研究者并没有一个定论。一般来说，临界值的大小可以视样本量大小而定：在小样本中（样本量 80 及以下），标准分数大于等于 2.5 的观测值可以被判定为异常值；在大样本中，标准分数的临界值可以提高到 4。如果不使用标准分数，也可以根据样本量，视 2.5 或 4 个标准差之外的观测值为异常值。在本例中，我们以 2.5 为判定标准分数为异常值的临界值。单变量异常值的检测结果汇总于表 3-5，其中 ID 为 97001235 的学生在 3 个科目的成绩上都被检测为异常值，ID 为 97001987、97010662、97000155 和 97006911 的学生被检测出在两个变量上有异常值。

表 3-5 单变量异常值检测结果

变量	标准分数超过±2.5 的个案数	ID
生活满意度	7	97009874，97008999，97008703，97009734，97001684，97005468，97002875
数学成绩	4	97001987，97010187，97003274，97001235
阅读成绩	7	97001235，97000155，97010662，97006911，97010553，97008382，97004067
科学成绩	6	97001235，97001987，97010662，97000155，97006911，97000364

2. 多变量异常值

马氏距离（Mahalanobis D^2，以下简称 D^2 ）可以度量观测点离样本均值的多维空间距离，从而可以用来检测多变量异常值。SPSS 中的 Regression 功能可以计算多变量的马氏距离。D^2/df 近似服从 t 分布，可以对其进行显著性检验，将落在置信区间外的观测点识别为潜在异常值，不过显著性检验容易受到样本量的影响。也可以根据经验把 D^2/df 超过临界值的观测点识别为潜在异常值。临界值视样本量而定，在小样本时可设为 2.5，大样本时设为 3 或 4。在本例中，我们以 4 为 D^2/df 的临界点，可以找到 7 个多变量异常值（图 3－23），说明这 7 名学生在生活满意度、数学成绩、阅读成绩和科学成绩上的组合模式有别于其他学生。

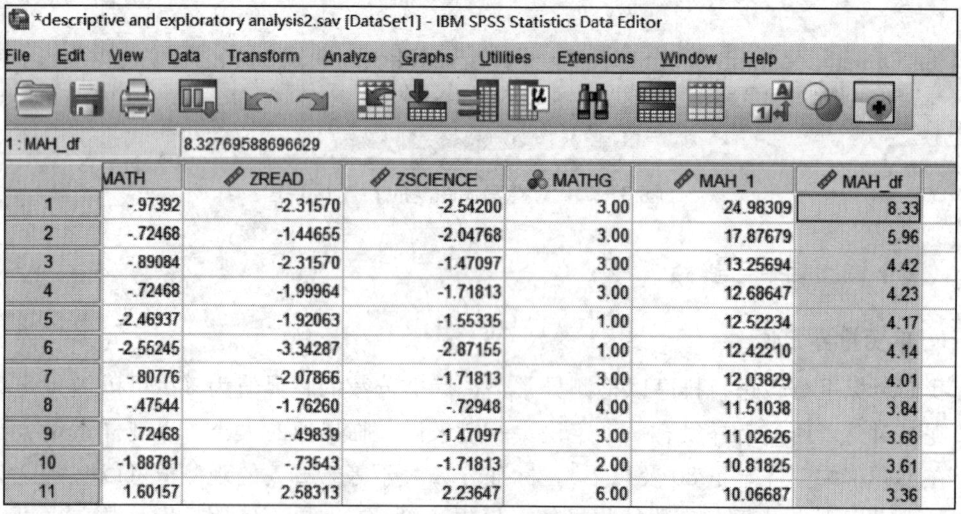

	MATH	ZREAD	ZSCIENCE	MATHG	MAH_1	MAH_df
1	-.97392	-2.31570	-2.54200	3.00	24.98309	8.33
2	-.72468	-1.44655	-2.04768	3.00	17.87679	5.96
3	-.89084	-2.31570	-1.47097	3.00	13.25694	4.42
4	-.72468	-1.99964	-1.71813	3.00	12.68647	4.23
5	-2.46937	-1.92063	-1.55335	1.00	12.52234	4.17
6	-2.55245	-3.34287	-2.87155	1.00	12.42210	4.14
7	-.80776	-2.07866	-1.71813	3.00	12.03829	4.01
8	-.47544	-1.76260	-.72948	4.00	11.51038	3.84
9	-.72468	-.49839	-1.47097	3.00	11.02626	3.68
10	-1.88781	-.73543	-1.71813	2.00	10.81825	3.61
11	1.60157	2.58313	2.23647	6.00	10.06687	3.36

图 3－23 马氏距离的排序结果

第二节 缺失数据的检查与插补

一、变量和数据

本节使用的变量和数据与第一节相同，数据文件见“descriptive and exploratory analysis2. sav”。

二、研究问题和分析方法

在前文的分析中，我们已经发现数据集中存在缺失。那么，要如何对缺失值进行判定和处理呢？本节将要回答这个问题。

缺失数据是在一个数据集中，由于各种原因导致的个案在一个或多个变量上信息的缺失，缺失数据在社会科学的研究中普遍存在。缺失数据会使样本量减少，从而导致统计检验力下降；如果是非随机，还会导致有偏的统计结果。在处理缺失数据时，研究人员需要确定缺失的类型和程度，以判定是否需要处理；还要确定缺失机制，以便在选择插补方法时尽可能地保持原始分布。一般可以把缺失数据的处理步骤归纳为以下四步：

（1）检查数据的缺失类型。

（2）检查数据的缺失程度。

（3）诊断数据的缺失机制。

（4）选择插补方法。

图 3－24 中整理了处理缺失数据的流程（Hair et al.，1998）。下面详细介绍这些步骤。

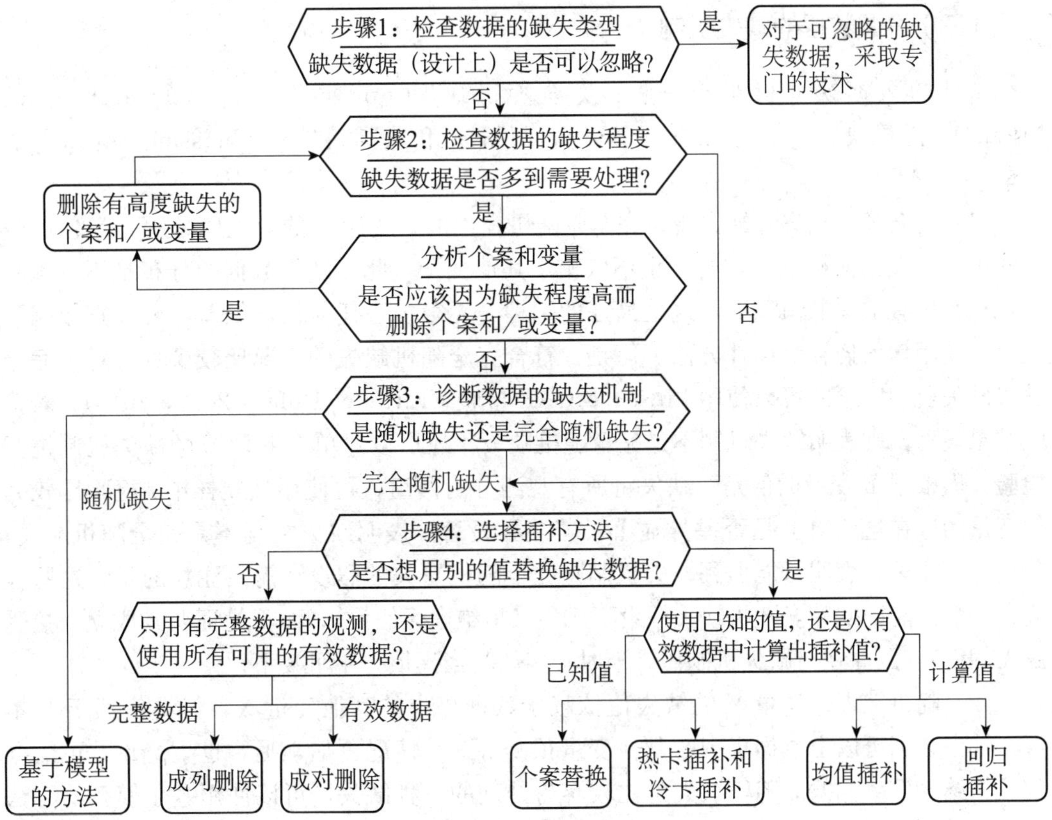

图 3－24　处理缺失数据的一般步骤

（一）检查数据的缺失类型

有些缺失数据是在研究设计上可忽略的，研究者进行设计的时候就知道这些数据会发生缺失，这种情况要采用专门的分析技术，如推断统计、事件史分析等，无须进行插补。例如，在填答问卷中根据指示跳过某些问题造成的缺失，或者在数据收集过程中限定了数据的范围，将界限外的值用零代替了（即截断数据）。而对于不可忽略的缺失数据，则要进一步检查数据的缺失程度。

（二）检查数据的缺失程度

评估数据的缺失程度可以从以下三个方面进行：

（1）每个个案在所有变量上的缺失比例。

（2）在每个变量上缺失数据的个案比例。

（3）在所有变量上都没有缺失的个案比例。

一般来说，如果缺失比例低于10%，使用任何一种缺失数据的处理方法可能差异都不大，但这不包括非随机缺失（即由变量本身或其他未知变量引起的缺失）。为了降低数据的缺失比例，在影响不大的情况下，可以首先删除有过多缺失的个案或变量。注意，在删除变量时要确保数据中有可替代的变量。

（三）诊断数据的缺失机制

常见的数据缺失机制有三种：完全随机缺失（missing completely at random，MCAR）、随机缺失（missing at random，MAR）和非随机缺失（missing not at random，MNAR）。

（1）完全随机缺失：缺失现象完全是随机发生的，变量 Y 的缺失值是所有 Y 值的随机样本，缺失不依赖于 Y 本身，也不依赖于其他变量，此时缺失数据的分布是不可预测的。在数据有缺失的情况下，这是最好的一种，无须担心任何估计偏差，可以直接删除也可以使用均值插补等插补方法。但是，符合完全随机缺失的情况比较少见。对于完全随机缺失机制的诊断可以使用 Little's MCAR 检验（Little & Rubin，2002，2014），若检验结果显著，则表明缺失机制不是完全随机缺失。还可以对单个变量 Y 的缺失机制进行检验，即根据 Y 变量的值是否缺失将所有观测分为两组，再使用独立样本 t 检验比较其他变量的值在这两组上是否差异显著：若差异显著，表明缺失机制不是完全随机缺失；若差异不显著，表明不能推翻缺失机制是完全随机缺失的假设。需要注意的是，这些检验方法都只能证明完全随机缺失假设不成立（拒绝虚无假设），而不是证明其成立（接受虚无假设），因此在对缺失机制做诊断时一定要相当谨慎，不可妄下评论。

（2）随机缺失：变量 Y 的缺失值依赖于数据集中的其他变量 X，但不依赖于 Y 本身，缺失数据可以由数据集中的其他变量预测。这种情况更加常见，也更严重，可能导致分析结论发生偏差。随机缺失是比较容易处理的一种缺失，可以使用基于模型的方法进行插补。

（3）非随机缺失：变量 Y 的缺失值依赖于 Y 本身，或其他未知变量。比如，低收入者的月收入更容易缺失。非随机缺失是最糟糕的一种情形，通常被认为是统计上不可忽略的缺失机制。

（四）选择插补方法

在诊断数据的缺失机制后，如果缺失机制是完全随机缺失，可以选择只使用有效数据或者用替换值进行插补的方法。

在数据缺失机制是完全随机缺失，且有效数据具有代表性的前提下可以仅使用有效数据进行分析。处理方法又可分为成列删除（listwise）和成对删除（pairwise）。成列删除指删除包含缺失值的完整个案，它的局限性是样本量大大减少，如果数据缺失机制是随机缺失，还可能会产生有偏估计值；成对删除指使用所有可能获得的有效数据。成对删除的局限性是，由于计算数据集中变量间两两相关时，每次用到的个案都可能不一样，计算得到的相关可能是超出理论范围的，导致相关矩阵不正定。

使用替换值进行插补时，可以使用已知的值直接替换，也可以从有效数据中计算出插补值。使用已知值作为替换值的方法有热卡或冷卡插补（hot or cold deck imputation）和个案替代（case substitution）的方法。

（1）热卡插补法（又称就近补齐）指对一个有缺失的个案，在当前数据集中找到一个与之最相似的对象，用该相似对象的值进行填充。

（2）冷卡插补法指从外部资料找到一个与之最相似的对象，从而得到插补值。

（3）个案替代方法是对有缺失的观测，用另一个不在样本中的观测进行整体替换。

但在心理学研究中，这三种方法都很少使用，因为很难找到有充足说服力的已知值作为缺失值的补充。心理学研究中较多采用的插补方法是使用现有数据集中的统计指标来计算替换值进行插补，常用的方法有均值替换和回归插补。

（1）均值替换，即使用变量的均值替换该变量中的缺失值。均值替换的缺陷是可能低估该填补变量的方差，扭曲实际的变量值分布，以及减弱变量间相关。

（2）回归插补是使用其他连续变量为自变量、存在缺失值的变量为因变量建立回归方程，建立回归方程后，插补方法又分为单一插补（使用在缺失值上的回归方程预测值对缺失进行插补）和多重差补（在回归预测值的分布上找多个点进行插补）。回归插补的局限性是：可能增强变量间关系；除非估计值中加入随机项，否则会低估变量方差；假定有缺失的变量与其他变量间存在一定程度的相关；为了保证模型估计结果的稳定性，样本必须足够大才可以使用；预测值可能不在有效范围内，需要进行额外的调整（Little & Rubin，2002）。

如果数据的缺失机制是随机缺失，一般使用专门设计的基于模型的方法，如极大似然估计、多重差补、贝叶斯插补等，或者直接将缺失数据作为分析的一部分加入模型。

如果数据的缺失机制是非随机缺失，处理起来是最难的，根本没有办法得到可以验证的假设。只能使用基于模型的方法，如基于选择模型的方法、基于模式混合模型的方法，这些处理方法目前被大量运用到追踪数据的处理中。

三、数据检查的软件操作与分析结果

根据研究背景，数据集中所有的缺失都不是在设计上可以忽略的缺失。下面首先介绍缺失程度的计算和缺失机制的判断方法。

（一）软件操作

（1）选择“Transform → Count Values within Cases…”（图 3 - 25）。

（2）在“Target Variable”中输入“nmiss”，将要统计的变量都添加到“Numeric

Variables”框中（图 3－26）。

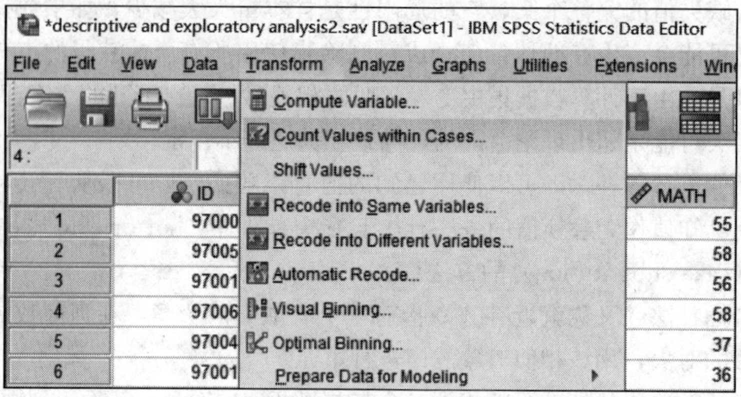

图 3－25　个案计数选项

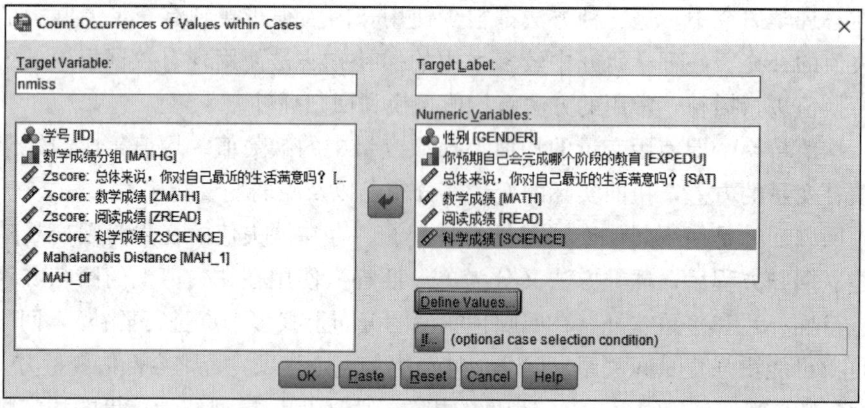

图 3－26　选择要分析的变量

（3）点击“Define Values...”，选择“Value”下的“System- or user-missing”，点击“Add”，点击“Continue”回到主对话框（图 3－27）。

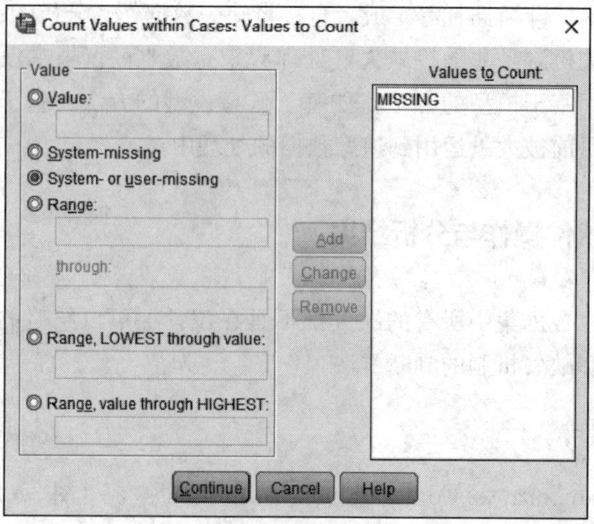

图 3－27　选择计数的值类型

(4) 点击"OK"。

此时数据集中将新增一列 nmiss 变量，该变量记录了每个个案的缺失个数。接下来对 nmiss 变量进行频数统计：

(1) 在 SPSS 中选择"Analyze → Descriptive Statistics → Frequencies..."。

(2) 将变量 nmiss 选入"Variable (s)"框中。

(3) 点击"OK"。

缺失机制是否为完全随机缺失的整体检验可以使用 Little's MCAR 检验，具体操作是：

(1) 在 SPSS 中选择"Analyze → Missing Value Analysis..."(图 3-28)。

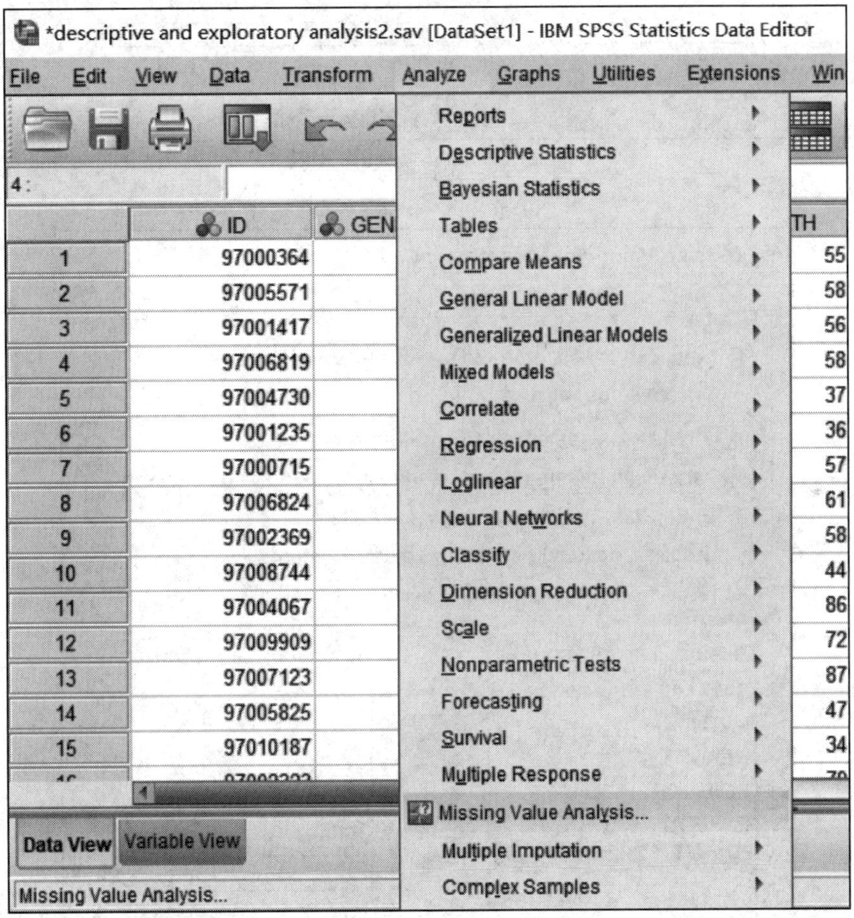

图 3-28 缺失值分析选项

(2) 将连续变量 SAT、MATH、READ、SCIENCE 添加到"Quantitative Variables"变量框，将分类变量 EXPEDU、MATHG 添加到"Categorical Variables"变量框，将 ID 添加到"Case Labels"，选中"Estimation"下的"EM"(图 3-29)。

(3) 点击"Patterns..."，在弹出的对话框中选中"Tabulated cases..."和"Cases with missing values..."复选框，在"Omit patterns with less than ____% of cases"中输入"0"，点击"Continue"回到主对话框(图 3-30)。

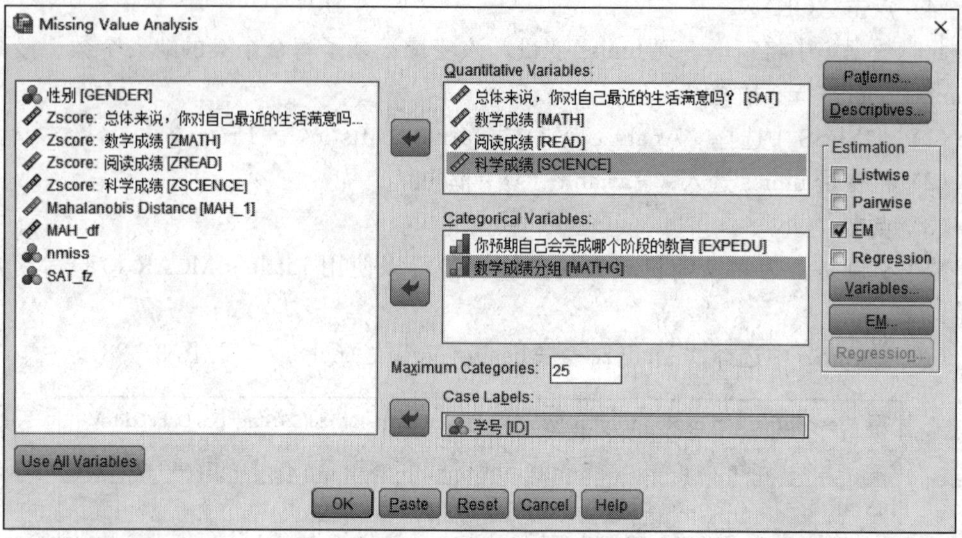

图 3－29 选择要分析的变量

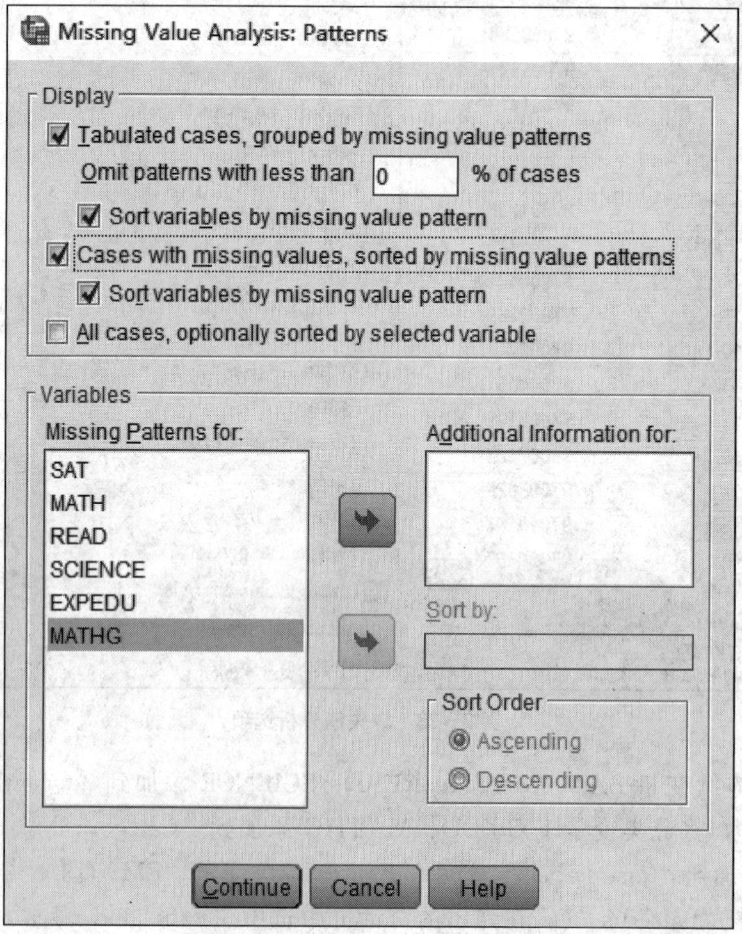

图 3－30 缺失值分析：缺失模式

（4）点击“Descriptives…”，选中“Univariate statistics”复选框，点击“Continue”回到主对话框（图 3-31）。

（5）点击“OK”。

对于缺失机制是否违背完全随机缺失机制的检验，还可以通过检验一个变量的缺失与否是否和另一个变量的取值有关联进行分析。这种方法基本思想如下：首先，按照某个变量是否缺失将其重新编码为分组变量，包含缺失和非缺失两组；其次，检验其他变量在这两组上的分布（如均值、人数比例等）是否存在差异。其具体实现可以参考后面第四章中 t 检验和第八章中卡方检验的内容，这里不再赘述。

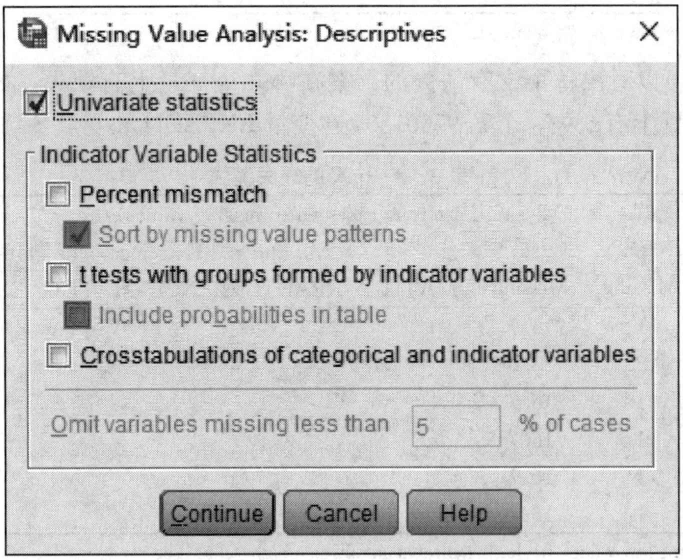

图 3-31　缺失值分析：描述性分析

（二）输出结果与解释

1. 缺失程度与缺失模式

每个个案的缺失情况如表 3-6 所示，可以看出，有 488 个个案不包含任何缺失，有 5 个个案在 1 个变量上有缺失，有 1 个个案在 2 个变量上有缺失。

表 3-6　个案的缺失统计表

nmiss					
		Frequency	Percent	Valid Percent	Cumulative Percent
Valid	.00	488	98.8	98.8	98.8
	1.00	5	1.0	1.0	99.8
	2.00	1	.2	.2	100.0
	Total	494	100.0	100.0	

从表 3-7 中可以看出，变量 SAT 上的缺失值最多，共有 5 个缺失值，占 1%，变量 EXPEDU 上有 2 个缺失值，其他变量上没有缺失值。

表 3-7　单变量缺失值统计表

Univariate Statistics							
	N	Mean	Std. Deviation	Missing		No. of Extremes[a]	
				Count	Percent	Low	High
SAT	489	6.80	2.261	5	1.0	0	0
MATH	494	66.72	12.037	0	.0	1	0
READ	494	62.31	12.656	0	.0	2	0
SCIENCE	494	64.85	12.138	0	.0	0	0
EXPEDU	492			2	.4		
MATHG	494			0	.0		

a. Number of cases outside the range (Q1－1.5 * IQR, Q3＋1.5 * IQR).

由表 3-8 可以看出每个含有缺失的个案在哪几个变量上有缺失，如个案 97008808 在变量 EXPEDU 上有缺失，个案 97001806 在变量 EXPEDU 和变量 SAT 上都有缺失。

表 3-8　个案的缺失模式

Missing Patterns (cases with missing values)								
Case	# Missing	% Missing	Missing and Extreme Value Patterns[a]					
			MATH	READ	SCIENCE	MATHG	EXPEDU	SAT
97008808	1	16.7					D	
97001806	2	33.3					D	D
97003525	1	16.7						D
97002945	1	16.7						D
97007816	1	16.7						D
97003495	1	16.7						D

－ indicates an extreme low value, while ＋ indicates an extreme high value. The range used is (Q1－1.5 * IQR, Q3＋1.5 * IQR).

a. Cases and variables are sorted on missing patterns.

由表 3-9 可以看出，在总共 494 个个案中，有 488 个个案不包含缺失；有 1 个个案仅在 EXPEDU 上存在缺失，在其他变量上不存在缺失；有 1 个个案在 EXPEDU 和 SAT 上都存在缺失，但在其他变量上不存在缺失；有 4 个个案仅在 SAT 上存在缺失，在其他变量上不存在缺失。

表 3-9　变量的缺失模式

Tabulated Patterns							
Number of Cases	Missing Patterns[a]						Complete if…[b]
	MATH	READ	SCIENCE	MATHG	EXPEDU	SAT	
488							488
1					X		489
1					X	X	494
4						X	492

a. Variables are sorted on missing patterns.

b. Number of complete cases if variables missing in that pattern (marked with X) are not used.

2. 缺失机制的整体检验

由表 3-10 可知，Little's MCAR 检验结果显著（Chi-Square＝9.086，$df=3$，

$p<0.05$），因此拒绝数据缺失机制是完全随机缺失的虚无假设。

表 3-10　Little's MCAR 检验表

EM Means[a]			
SAT	MATH	READ	SCIENCE
6.80	66.76	62.33	64.90

a. Little's MCAR test：Chi-Square=9.086，DF=3，Sig.=.028

四、缺失值插补的软件操作与分析结果

经过上述分析我们发现，Little's MCAR 检验的结果在 0.05 的显著性水平上推翻了在 SAT 上的数据缺失机制是完全随机缺失的虚无假设。由于样本量较大，且 Little's MCAR 检验并未达到 0.01 的显著性水平，我们这里暂且把在 SAT 上的数据缺失机制当作完全随机缺失，示范如何在 SPSS 中对其进行均值替换、回归插补、EM 插补和多重插补。

（一）操作步骤

1. 均值替换

（1）选择"Transform → Replace Missing Values…"（图 3-32）。

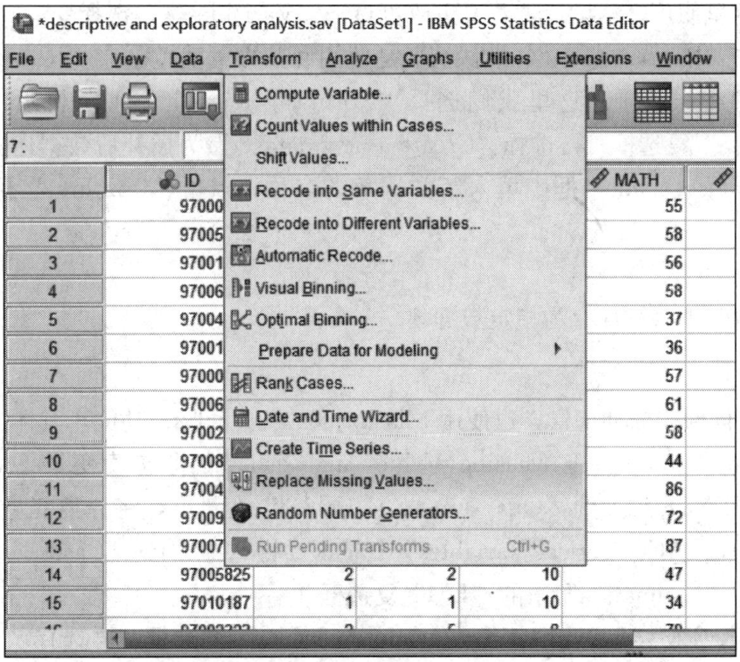

图 3-32　缺失值替换选项

（2）将变量 SAT 添加到"New Variable (s)"中，默认的插补方法是"Series mean"（系列均值），点击"OK"（图 3-33）。

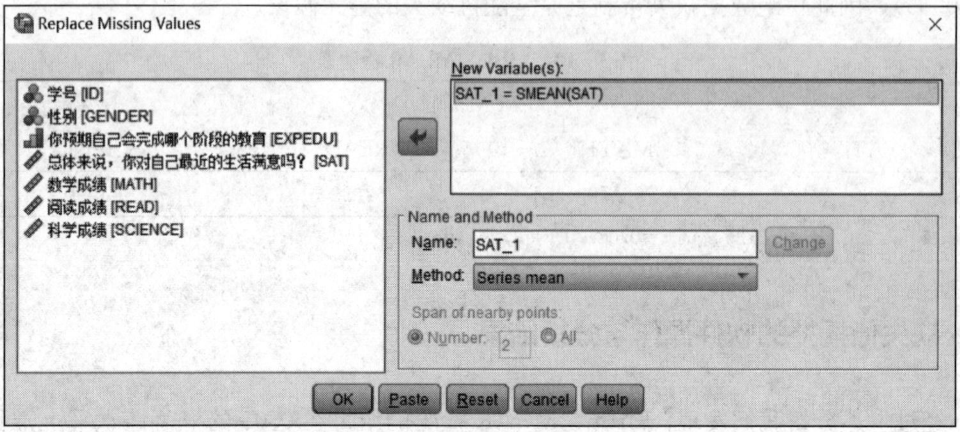

图 3-33 选择要替换的变量和替换方法

在数据集中生成了新变量 SAT_1，它是对 SAT 中的 5 个缺失值使用变量均值进行插补后的完整变量。

2. 回归插补

（1）选择“Analyze → Missing Value Analysis…”，将连续变量 SAT、MATH、READ 和 SCIENCE 添加到“Quantitative Variables”变量框，将分类变量 GENDER 和 EXPEDU 添加到“Categorical Variables”变量框，将 ID 添加到“Case Labels”。

（2）选中“Estimation”下的“Regression”复选框，默认情况为使用所有连续变量进行估计，这里使用默认设置，若要更改可点击“Variables…”选择变量。

（3）点击“Regression…”，默认情况是使用回归方程残差分布“Residuals”为原始估计值添加随机误差项，这里我们选择“Normal variates”添加随机项，选中“Save completed data”复选框，再选择“Create a new dataset”为插补后数据建立一个新的数据集，在“Dataset name”框中填入新数据集的名称，点击“Continue”回到主对话框（图 3-34）。

（4）点击“OK”。

插补后的数据将被保存为指定数据集。

3. EM 插补

EM 插补同回归插补一样，也使用 Missing Value Analysis 功能，具体操作如下：

（1）选择“Analyze → Missing Value Analysis…”，将连续变量 SAT、MATH、READ 和 SCIENCE 添加到“Quantitative Variables”变量框，将分类变量 GENDER 和 EXPEDU 添加到“Categorical Variables”变量框，将 ID 添加到“Case Labels”。

（2）选中“Estimation”下的“EM”复选框。

（3）点击“EM…”，选中“Save completed data”复选框，再选择“Create a new dataset”为插补后数据建立一个新的数据集，在“Dataset name”框中填入新数据集的名称，点击“Continue”回到主对话框（图 3-35）。

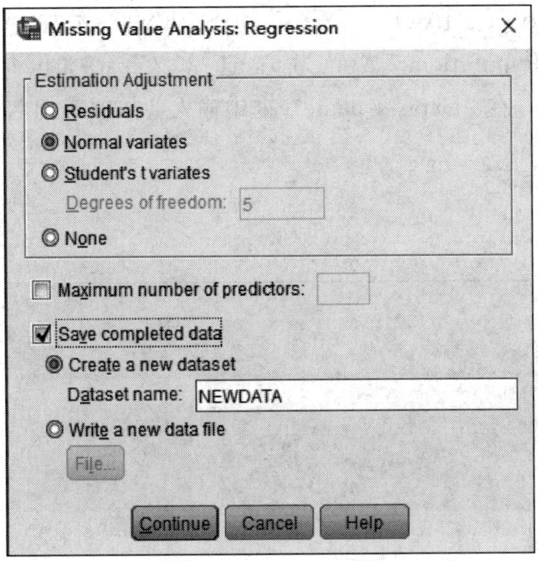

图 3-34 缺失值分析：回归插补

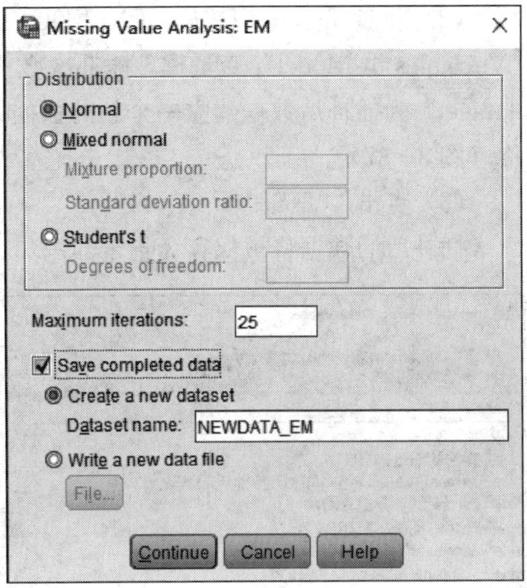

图 3-35 缺失值分析：EM 插补

（4）点击“OK”。

插补后的数据将被保存为指定数据集。

4. 多重插补

（1）选择“Analyze →Multiple Imputation → Impute Missing Data Values...”（图 3-36）。

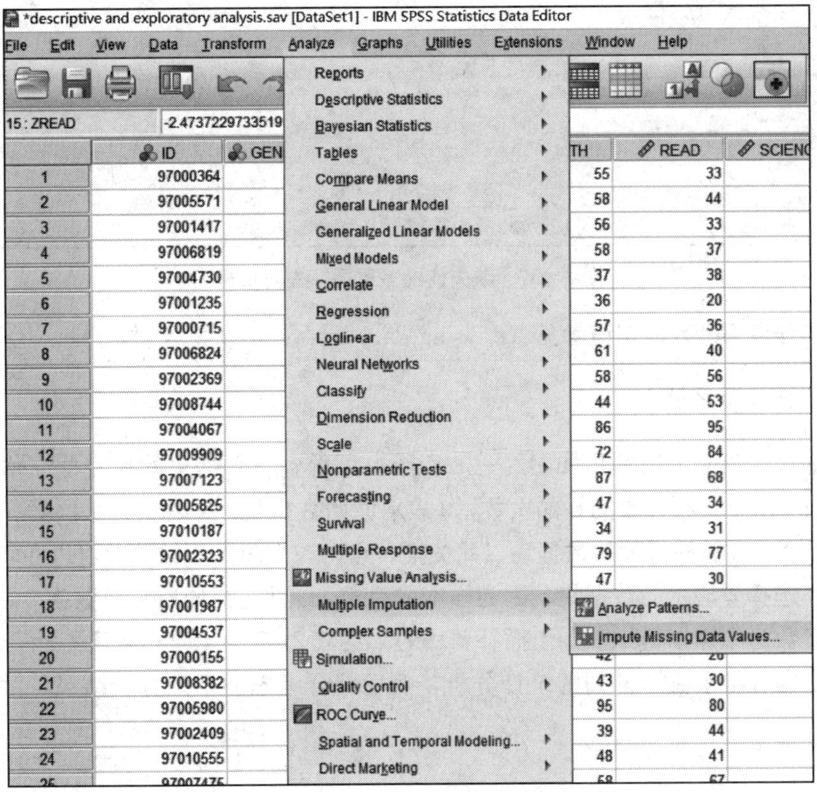

图 3-36 缺失值的多重插补选项菜单

（2）将变量 GENDER、EXPEDU、SAT、MATH、READ 和 SCIENCE 添加到“Variables in Model”变量框，插补次数“Imputations”默认为 5；选择“Create a new dataset”为插补后数据建立一个新的数据集，在“Dataset name”框中输入新数据集的名称（图 3－37）。

（3）点击“OK”。

插补后的数据将被保存为指定数据集。

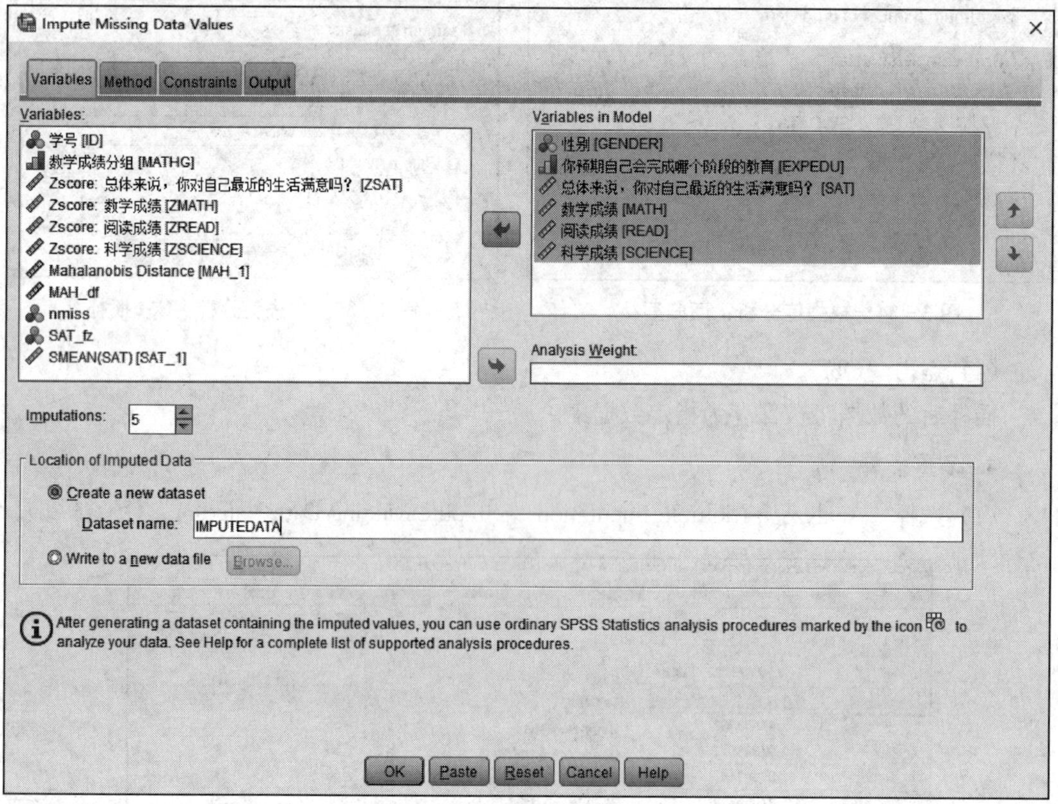

图 3－37　缺失值的多重插补主对话框

上述操作的 SPSS 语句请参见“missing-data analysis. sps”文件。

（二）结果及解释

多重插补后得到的数据集如图 3－38 所示，可看到新数据集的最左侧新增了一列变量“Imputation_”。它代表插补的次数，0 表示原始数据集，1 表示第 1 次插补得到的数据，2 表示第 2 次插补得到的数据，以此类推。点击右上角的下拉菜单可以在 0 至 5 之间进行选择，选择要显示的数据集。因为样本量为 494，且选择的插补次数为 5，所以新数据集的个案数为原样本量 494 加上插补新增的个案数 2 470（494×5），共 2 964。接下来可以为每次插补结果做原计划的统计分析，然后综合考虑一系列分析结果，做出最终的统计推断。

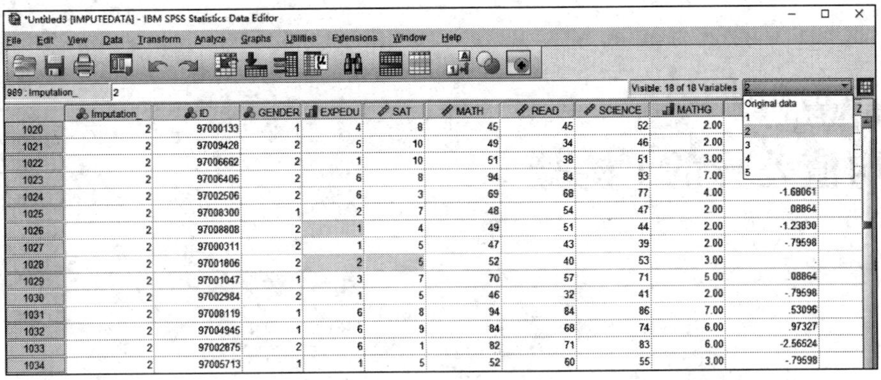

图 3-38 多重插补结果

本章小结

本章主要介绍了数据的探索性分析以及异常值与缺失值的处理：

1. 通过“Analyze→Descriptive Statistics→Explore…”检查数据是否呈正态分布，以及变量是否满足方差齐性假设。

2. 通过将数据转换为标准分数检测单变量异常值。

3. 通过“Analyze→ Regression →Linear…”计算马氏距离，检测多变量异常值。

4. 通过“Transform → Count Values within Cases…”计算各变量的缺失程度，通过“Analyze → Missing Value Analysis…”查看变量上的数据缺失机制是否为完全随机缺失。

5. 通过“Transform → Replace Missing Values…”或者“Analyze → Missing Value Analysis…”对缺失数据进行插补。

自测练习

尝试对数据文件“工作状态.sav”（数据描述见附录 A）进行如下操作：

1. “income”变量中值 0 为缺失，尝试检验“income”变量的正态性。

2. 检测“income”变量中是否存在异常值，如果有，id 为多少。

3. 检测“income”变量上的数据缺失机制是否为完全随机缺失，如果不是，请采用合适的方法进行插补。

第四章

均值差异的 t 检验

学习目标

本章将介绍三种常用的 t 检验方法以及在 SPSS 中的操作。经过本章的学习，我们应了解各种 t 检验所适用的条件、如何在 SPSS 中进行 t 检验，以及如何对 t 检验结果进行解释。

在大部分的研究中，研究者很难对总体中的每个个体进行观察，一方面是耗时耗力，另一方面每次研究都对每个个体进行观察也不现实。因此，研究者通常都是通过收集总体中部分个体组成的样本数据，利用对样本数据的分析来对样本所属的群体进行推断。

假设检验作为一种推断统计分析的方法，是利用样本的数据来评估关于总体参数特征的假设。均值差异的检验是社会科学研究中经常关注的一类研究问题，例如：某实验处理是否有效？男女生的逻辑推理能力是否存在差异？干预前后抑郁症患者的症状是否显著减轻？针对这一类的检验问题，Z 检验假设总体的均值和方差已知，针对收集得来的新的样本数据，判断样本数据代表的总体均值与假设总体均值之间是否存在明显的差异。

但是 Z 检验需要我们知道关于总体的大量信息，例如总体的标准差已知，而实际中对于总体的信息我们了解很少，这一前提假设在实际研究中往往无法满足。实际应用中，研究者只能通过样本方差对总体方差进行估计，即使用样本方差估计总体方差，统计上可以证明这种估计满足无偏性：

$$\text{样本方差} = S^2 = \frac{SS}{n-1} = \frac{SS}{df}$$

式中，SS 为离均差平方和，$SS=\sum(X_i-M)^2$（X_i 为样本中的个体观测值，M 为样本均值），n 为样本量，df 为自由度。

有了样本方差，我们可以将 Z 检验中的总体方差（标准差）用样本方差（标准差）替代，从而得到标准误的估计。采用样本估计标准误替换总体标准误，使得原来的 Z 检验变为对应的 t 检验。t 统计量和 Z 统计量的区别就是，t 统计量使用的是样本的方差或标准差（因为总体的方差和标准差未知）。由于实际中总体的方差很难知道，研究中使用

t 检验更为普遍。

针对不同的检验问题，常见的 t 检验有以下三种类型。

一是单样本均值差异的 t 检验。

单样本均值差异的 t 检验用来检验样本所来自总体的均值与假设总体的均值（μ）是否存在差异的问题。其检验统计量

$$t=\frac{M-\mu}{S_M}$$

式中，M 为样本均值，μ 为总体均值，S_M 为样本均值的估计标准误，$S_M=\sqrt{S^2/n}$（S^2 为样本方差，n 为样本量）。

二是两个独立样本均值差异的 t 检验。

实际研究中研究者往往遇到要对两组数据均值的差异进行检验的情况，例如一名教育心理学家想要比较两种教学方法效果的差异。这一类研究问题涉及两组来自不同总体的数据，如果这两组数据来自两个相互独立的总体，那么就要用到两个独立样本均值差异的检验。

对于两个独立样本均值差异的检验，常用的检验统计量为：

$$t=\frac{\text{样本均值差异}-\text{总体均值差异}}{\text{均值差异的估计标准误}}=\frac{(M_1-M_2)-(\mu_1-\mu_2)}{S_{M_1-M_2}}$$

在虚无假设 $H_0:\mu_1=\mu_2$ 成立的前提下，上式可简化为：

$$t=\frac{M_1-M_2}{S_{M_1-M_2}}$$

在两组数据满足方差齐性假设的条件下，估计标准误为：

$$S_{M_1-M_2}=\sqrt{\frac{S_p^2}{n_1}+\frac{S_p^2}{n_2}}$$

式中，$S_p^2=(SS_1+SS_2)/(df_1+df_2)$，$SS_1$ 和 SS_2 分别为两个样本离均差的平方和，df_1 和 df_2 分别为两个样本对应的自由度，$df_1=n_1-1$，$df_2=n_2-1$，n_1 和 n_2 分别为两个样本对应的样本量。

如果两组数据不满足方差齐性的条件，则需要对上述的 t 检验进行校正。常用的校正方法是校正 t 值的自由度：

$$df=\frac{(V_1+V_2)^2}{\dfrac{V_1^2}{n_1-1}+\dfrac{V_2^2}{n_2-1}}$$

式中，$V_1=S_1^2/n_1$，$V_2=S_2^2/n_2$。

三是两个相关（配对）样本均值差异的 t 检验。

对于两组数据，另一种常见的收集数据的方式是采用重复测量设计，即对一个样本的同一因变量进行两次测量。由于在所有的处理条件下都使用相同的样本，这种设计也被称为被试内设计，其两组数据之间是相关的关系。例如，对治疗前和治疗后抑郁分数的均值差异进行检验就属于这种情况。

在相关样本 t 检验中，由于数据是成对出现的，首先计算对应的差异值，如后测分数减去前测分数。每一个个体对应一个差异值 D，这样两个样本的平均数差异就变为样

本差异值的平均数 M_D，总体平均数变为总体差异值的平均数 μ_D，估计标准误也变为样本差异值均值的估计标准误 S_{M_D}。统计检验的公式为：

$$t=\frac{M_D-\mu_D}{S_{M_D}}$$

式中，估计标准误 S_{M_D} 可以通过计算样本差异值 D 的方差（或者标准差）得到：

$$S_{M_D}=\sqrt{\frac{S_D^2}{n}}$$

式中，S_D^2 为样本差异值 D 的方差，即 $S_D^2=SS/(n-1)=SS/df$，n 为配对样本的个数。

下面我们将详细介绍 SPSS 如何实现上述三种类型的 t 检验。

第一节　单样本 t 检验

本节将结合实例讲解如何使用 SPSS 软件进行单样本 t 检验操作，以及如何正确解释和报告 t 检验的结果。

一、变量和数据

我们依然采用第一章中介绍的调研数据，使用到的变量为研究者收集的 494 名学生的数学学业水平测验成绩（MATH）这一变量，数据文件见“stu_data.sav”。

二、研究问题和分析方法

研究者通过前期的调研了解到，学生总体在这份数学测验上的平均成绩为 530 分。研究者希望知道收集到的这批学生的数学成绩和总体的平均成绩 530 分是否存在明显的差异。

这一研究问题涉及一列数据（数学成绩），拟回答的问题是这组数据代表的总体均值与某个总体已知均值（$\mu=530$）是否存在差异。从检验问题的类型可以判断这属于单样本均值与某总体均值是否存在差异的问题，同时从已知信息可以判断总体的方差未知，因此，方法上采用单样本的 t 检验。

三、软件操作

（1）选择“Analyze→Compare Means→One-Sample T Test ...”（图 4－1）。

（2）将数学成绩 MATH 选入右侧“Test Variable（s）”中，再在下方“Test Value”右侧空白栏处填入 530，表示将数学成绩和 530 进行均值比较（图 4－2）。

（3）点击“Options...”，对话框中默认置信区间为 95%，如果需要更改置信区间也可以自行设置，这里我们使用默认的 95%。“Missing Values”用于选择缺失值的处理方式，其中“Exclude cases analysis by analysis”表示按照个案在当前所分析的变量上是否缺失来删除个案，“Exclude cases listwise”表示在分析之前检查缺失数据，将带缺失的个案剔除掉再进行分析，这里我们使用默认的第一项。点击“Continue”（图 4－3）。

（4）点击“OK”。

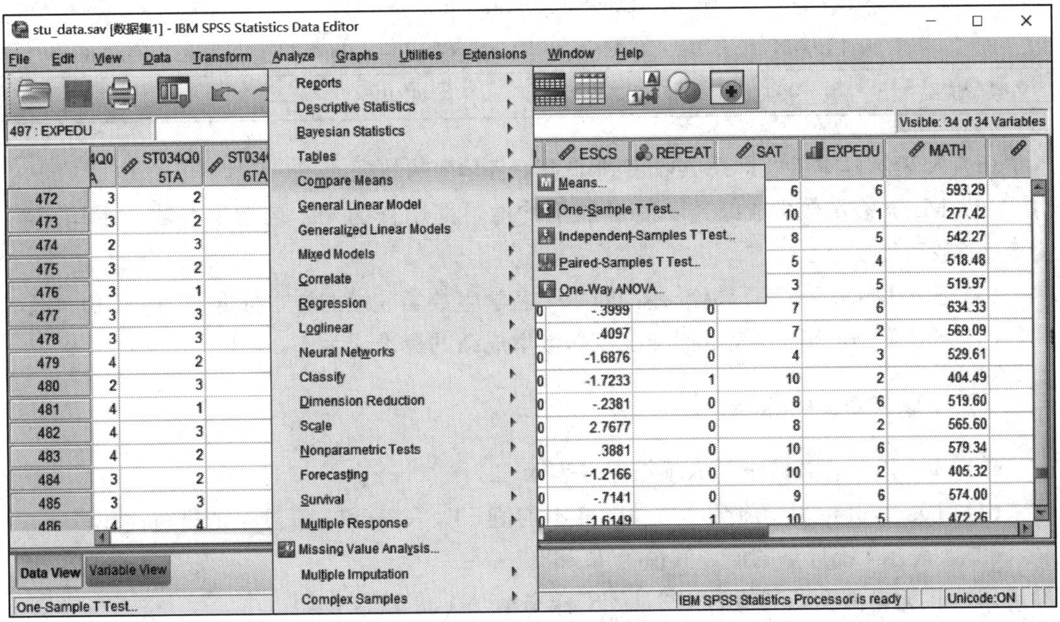

图 4－1　单样本 t 检验选项

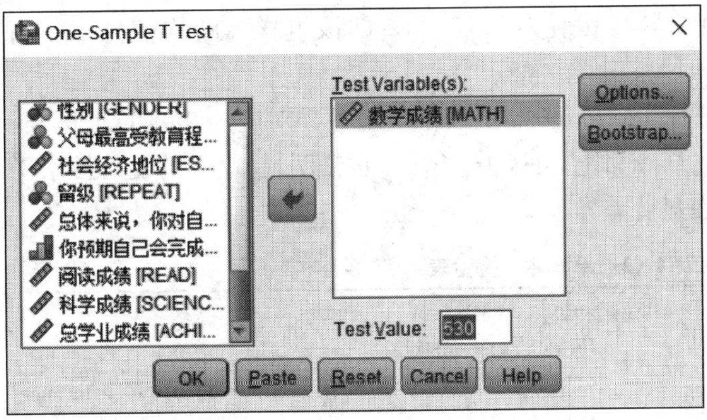

图 4－2　选择均值变量并设置要比较的均值

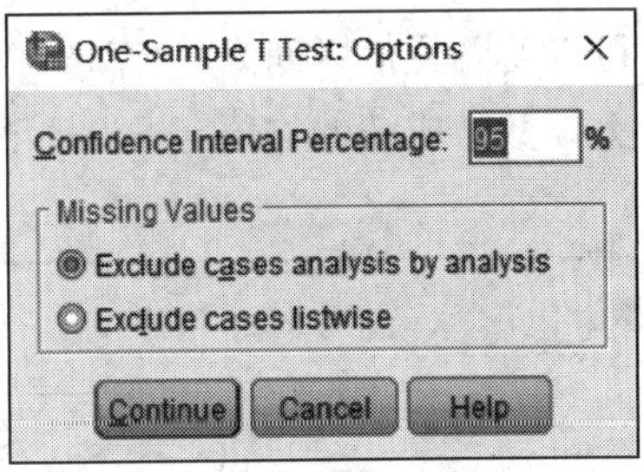

图 4－3　设置置信区间和缺失值处理方式

上述操作的 SPSS 语句请参见“One-sample t test. sps”文件。

四、结果输出与解释

在 SPSS 中，单样本 t 检验可以输出两部分结果。

(一)样本的描述统计表

描述统计总共输出了四项统计结果(表4-1):

表4-1 样本的描述统计表

One-Sample Statistics				
	N	Mean	Std. Deviation	Std. Error Mean
数学成绩	494	537.7327	96.40242	4.33735

(1) N表示样本量,即总共收集到了494名学生的数据。

(2) Mean表示数学成绩这一变量的平均值,即调查的494名学生的数学平均成绩为537.7327。

(3) Std. Deviation表示标准差,即494名学生数学成绩的样本标准差为96.40242。

(4) Std. Error Mean表示标准误,即数学成绩的标准误为4.33735。

(二)单样本 *t* 检验表

单样本 *t* 检验总共输出了六项结果(表4-2):

(1) Test Value表示将数学成绩的样本均值537.7327和530这个值进行比较。

(2) t表示 *t* 统计量的值,其值为1.783。

(3) df为自由度,其值为493,等于样本量494减1。

(4) Sig.(2-tailed)为双尾检验 *t* 分布中 *t* 的绝对值大于1.783的概率,其结果为0.075>0.05,表示在0.05的显著性水平上差异不显著。

(5) Mean Difference为均值差异,其值为7.73273,即该组样本的均值比530高出7.73273。

(6) 95% Confidence Interval of the Difference表示均值差异对应的95%置信区间,可以看到置信区间为[−0.7892,16.2547],区间包含0,也说明在0.05的显著性水平上,数学成绩的均值与530不存在显著差异。

表4-2 单样本 *t* 检验表

One-Sample Test						
	Test Value=530					
	t	df	Sig. (2-tailed)	Mean Difference	95% Confidence Interval of the Difference	
					Lower	Upper
数学成绩	1.783	493	.075	7.73273	−.7892	16.2547

一般情况下,我们可以直接通过Sig.(2-tailed)的值,即 p 值来判断样本和总体之间是否存在显著差异。本例中 $p=0.075>0.05$,可以判断在0.05的显著性水平上,数学成绩的均值与总体均值530之间没有显著差异;$p=0.075<0.10$,可以判断在0.1的显著性水平上,数学成绩的均值与总体均值530之间存在显著差异。可见统计检验结果的显著性与所采用的显著性水平(允许犯一类错误的概率)有关,报告结果时应该同时报告所用的显著性水平。社会科学研究中最常用的显著性水平为0.05、0.01和0.001。

五、结果报告

该样本的数学平均成绩（$M=537.73$，$SD=96.40$）与总体的数学平均成绩（530）之间没有显著差异。

第二节　独立样本 t 检验

本节将结合实例讲解如何使用 SPSS 软件进行两组独立样本均值差异的 t 检验操作，以及如何正确解释和报告 t 检验的结果。

一、变量和数据

我们依然采用“stu_data.sav”数据文件，使用到的变量包含研究者收集的 494 名学生数学学业水平测验成绩（MATH）和学生的性别（GENDER）。

二、研究问题和分析方法

在很多人的认知中，男生擅长逻辑推理，因此他们的数学成绩普遍应该高于女生。但有研究者对此表示质疑，认为男生和女生的数学成绩应该不存在明显的差异，他想用这批数据去检验男生与女生的数学成绩之间是否存在明显的差异。

按照性别分组后，我们有两组数据：男生的数学成绩和女生的数学成绩。这两组数据之间是相互独立的关系。为了检验男生数学成绩与女生数学成绩是否存在差异，需要使用两个独立样本 t 检验。

三、软件操作

（1）选择“Analyze→Compare Means→Independent-Sample T Test…”（图 4－4）。

（2）将数学成绩 MATH 选入右侧“Test Variable（s）”框中，将性别 GENDER 选入“Grouping Variable”框中，表示要将性别作为分组变量（图 4－5）。

（3）点击“Define Groups…”进入定义组，在“Group 1”处填入 1，即将变量 1 作为第一组，在该组数据中 1 表示女生，再在“Group 2”处填入 2，表示将变量 2 作为第二组，数据中 2 表示男生，点击“Continue”（图 4－6）。

（4）“Options”选项的设置和上一节一致，此处不再赘述，点击“Continue”。

（5）点击“OK”。

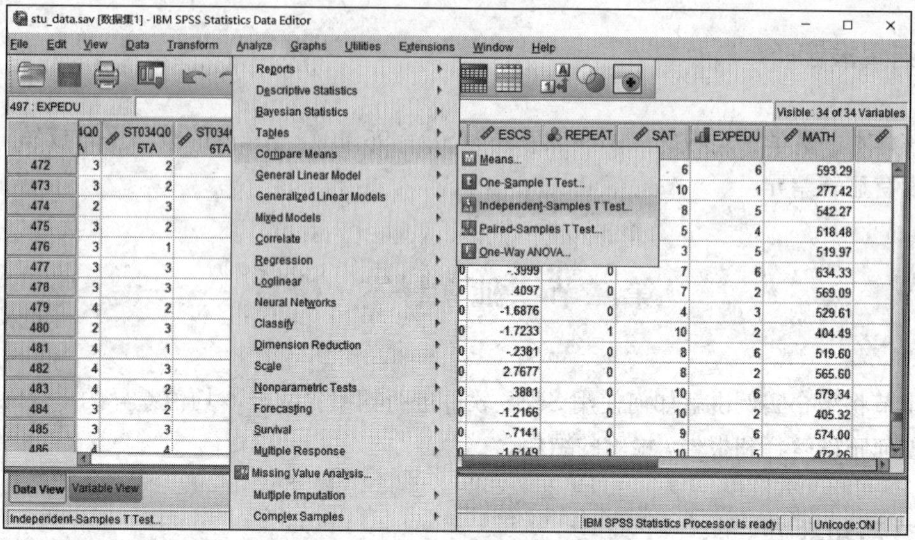

图 4-4 独立样本 t 检验选项

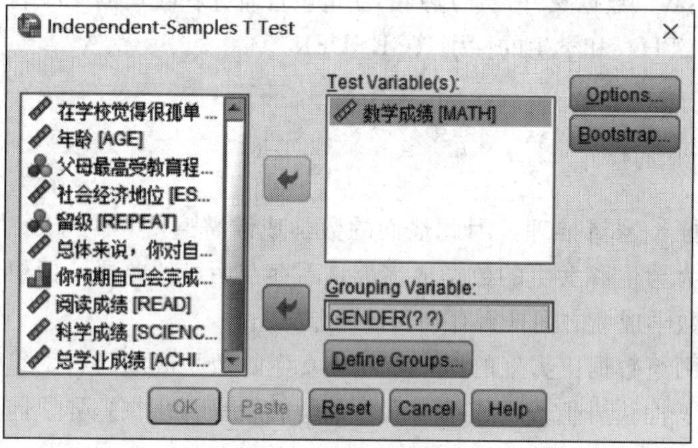

图 4-5 选择要比较的均值变量和分组变量

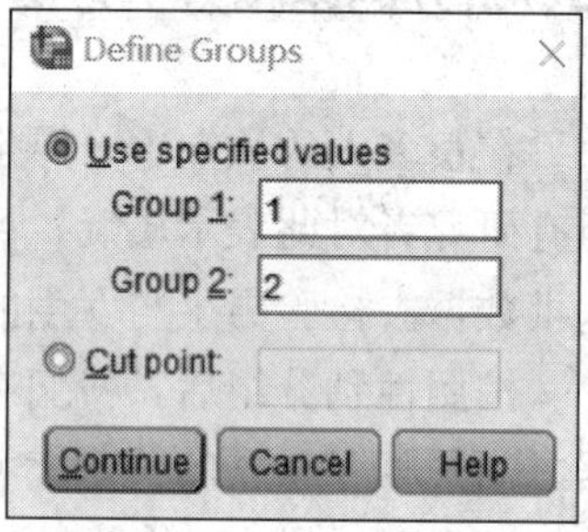

图 4-6 设置分组变量

上述操作 SPSS 语句请参见“Independent-samples t test. sps”文件。

四、结果输出与解释

在 SPSS 中，独立样本 t 检验可以输出两部分结果。

（一）样本的描述统计

表 4-3 共展示了四项结果：

（1）N 表示各个组的样本量：女生有 246 名，男生 248 名。

（2）Mean 表示各组成绩均值：女生成绩均值为 536.7472，男生为 538.7103。

（3）Std. Deviation 为标准差：女生成绩标准差为 93.59570，男生为 99.28785。

（4）Std. Error Mean 为标准误：女生为 5.967 44，男生为 6.30478。其数值等于各

自的标准差除以对应样本量的平方根。

表 4-3 样本的描述统计表

Group Statistics					
	性别	N	Mean	Std. Deviation	Std. Error Mean
数学成绩	Female	246	536.7472	93.59570	5.96744
	Male	248	538.7103	99.28785	6.30478

(二) 独立样本 t 检验

独立样本 t 检验结果分为 Levene's Test for Equality of Variances 和 t-test for Equality of Means 两部分（表 4-4），前半部分为方差齐性检验结果，后半部分为均值差异显著性检验结果。从方差齐性的检验结果可以看到，F 为 3.252，$p=0.072>0.05$，即在 0.05 的显著性水平上，两组数据满足方差齐性的假设，因此我们可以看 t 检验结果的第一行。从表中第一行 t 检验的结果可以看出，女生与男生均值的差异为-1.96314，均值差值对应的标准误为 8.68313，样本统计量 t 值为-0.226，自由度为 492，t 分布中绝对值大于 0.226 的概率为 0.821 [Sig.（2-tailed）对应的数值]，即 $p=0.821>0.05$，因此我们可以判断在 0.05 的显著性水平上，女生和男生的数学成绩没有显著差异。

表 4-4 独立样本 t 检验表

Independent Samples Test										
		Levene's Test for Equality of Variances		t-test for Equality of Means						
		F	Sig.	t	df	Sig. (2-tailed)	Mean Difference	Std. Error Difference	95% Confidence Interval of the Difference	
									Lower	Upper
数学成绩	Equal variances assumed	3.252	.072	−.226	492	.821	−1.96314	8.68313	−19.02374	15.09745
	Equal variances not assumed			−.226	490.730	.821	−1.96314	8.68105	−19.01977	15.09348

实际中，如果方差齐性检验的结果显著（p 值小于 0.05），即两个组之间方差不同，则需要看第二行对应的 t 检验结果。

五、结果报告

独立样本 t 检验结果显示，女生数学平均成绩（$M=536.75$，$SD=93.60$）和男生数学平均成绩（$M=538.71$，$SD=99.29$）之间没有显著差异。

第三节　相关样本 t 检验

本节将结合实例讲解如何使用 SPSS 软件进行相关样本 t 检验操作，以及如何正确解释和报告 t 检验的结果。

一、变量和数据

为了探讨认知疗法对抑郁症的治疗效果，一研究者对 100 名抑郁症患者进行干预研究，干预前采用贝克抑郁量表对每名被试的抑郁水平进行测量（pre_dbi），干预治疗 6 个月后，对其进行第二次测量（post_dbi）。数据文件见“pre_post depression. sav”。

二、研究问题和分析方法

研究者希望考察认知疗法的治疗效果，即想要检查干预治疗后抑郁水平相比干预治疗前是否存在明显差异。

这是属于两列数据均值差异检验的问题，这两列数据来自同样的 100 个个体，是前后两次测量的结果，因此从数据类型上是相关的两列数据。为了检验这两列数据均值的差异，应该采用相关样本 t 检验的方法。

三、软件操作

（1）选择“Analyze→Compare Means→Paired-Samples T Test…”（图 4－7）。

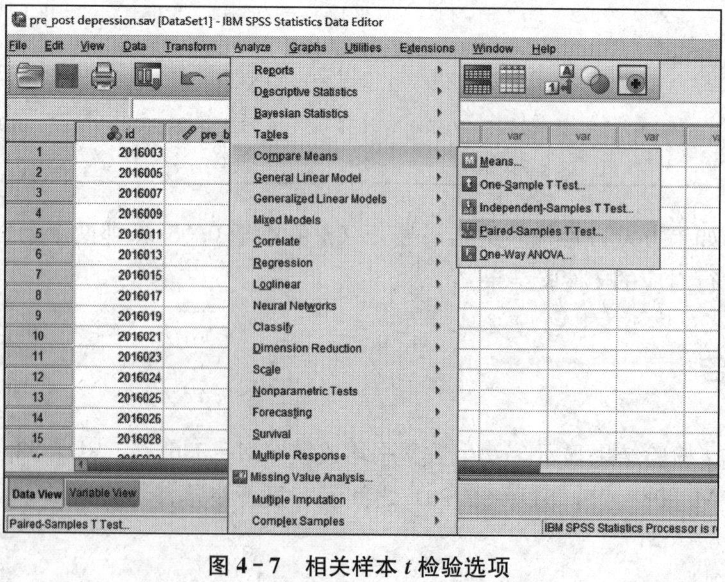

图 4－7　相关样本 t 检验选项

（2）将贝克抑郁量表前测得分 pre _ dbi 和后测得分 post _ dbi 分别放入右侧“Variable1”和“Variable2”中（图 4-8）。

（3）“Option”选项的设置和前文一致，不再赘述。

（4）点击“OK”。

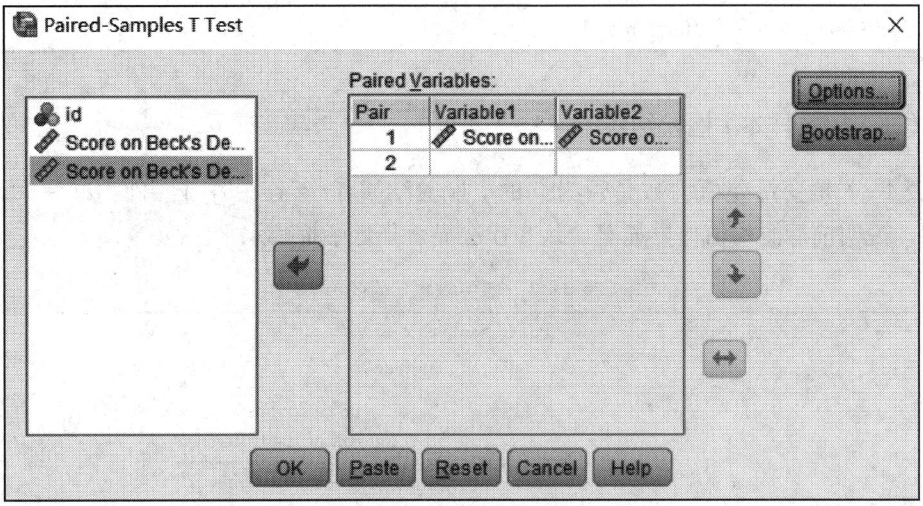

图 4-8　变量设置

上述操作的 SPSS 语句请参见“paired-samples t test. sps”文件。

四、结果输出与解释

在 SPSS 中，相关样本 t 检验可以输出三部分结果。

（一）相关样本描述统计

表 4-5 输出了前后测贝克抑郁量表得分的均值、样本量、标准差和标准误。

表 4-5　样本的描述统计表

Paired Samples Statistics

		Mean	N	Std. Deviation	Std. Error Mean
Pair 1	Score on Beck's Depression Inventory pre	34.79	100	8.451	.845
	Score on Beck's Depression Inventory after 6 month	31.62	100	10.883	1.088

（二）相关样本相关程度

表 4-6 描述了前后测两个变量之间的相关程度，可以看到抑郁前测得分和后测得分之间的相关为 0.723，相关显著。

表 4-6 相关样本相关系数表

Paired Samples Correlations

		N	Correlation	Sig.
Pair 1	Score on Beck's Depression Inventory pre & Score on Beck's Depression Inventory after 6 month	100	.723	.000

(三)相关样本 *t* 检验结果

表 4-7 是变量差值均数是否为 0 的 *t* 检验结果，$t=4.205$，自由度 $df=99$，$p<0.001$，说明前后测均值差异显著，认知疗法显著降低了抑郁水平。

表 4-7 相关样本 *t* 检验表

Paired Samples Test

		Paired Differences					t	df	Sig. (2-tailed)
		Mean	Std. Deviation	Std. Error Mean	95% Confidence Interval of the Difference				
					Lower	Upper			
Pair 1	Score on Beck's Depression Inventory pre-Score on Beck's Depression Inventory after 6 month	3.170	7.539	.754	1.674	4.666	4.205	99	.000

五、结论与结果报告

相关样本 *t* 检验结果显示，认知疗法干预治疗后抑郁水平的均值（$M=31.62$，$SD=10.88$）与干预前抑郁水平的均值（$M=34.79$，$S_D=8.54$）存在显著差异（$t=4.205$，$df=99$，$p<0.001$），说明认知疗法对抑郁症治疗效果显著。

第四节 效应量的计算

t 检验的结果很容易受到样本量的影响，在大样本中，一个很小的效应也可能得出处理效应显著的结果。因此，在假设检验结果的报告中通常还需要提供效应量。

通常 *t* 检验效应量采用的都是 Cohen's *d* 系数，公式为：

$$\text{Cohen's } d=\frac{\text{样本平均差异值}}{\text{样本标准差}}=\frac{M_D}{S_D}$$

SPSS 中并没有直接计算效应量的操作，但效应量的计算方法很简单，通过手算即可得出，感兴趣的读者可以尝试自行计算。

除了使用 Cohen's *d* 系数，还可以使用解释的变异比 r^2 来衡量效应量。r^2 即分数中的多少变异是由处理效应解释的，计算公式如下：

$$r^2 = \frac{t^2}{t^2 + df}$$

在本例中计算的结果为：

$$\text{Cohen's } d = \frac{M_D}{S_D} = \frac{3.170}{7.539} = 0.42$$

$$r^2 = \frac{t^2}{t^2 + df} = \frac{4.205^2}{4.205^2 + 99} = 0.1515$$

即抑郁改善状况 15.15%的变异可以由认知疗法干预来解释。

在 Cohen 提出的解释效应量 d 的标准中，$d=0.2$ 为小效应量，$d=0.5$ 为中等效应量，$d=0.8$ 为大效应量。在 Cohen 提出的解释 r^2 的标准中，$r^2=0.01$ 为小效应量，$r^2=0.09$ 为中等效应量，$r^2=0.25$ 为大效应量。因此，可以认为治疗效果具有中等程度的效应量。

对于单样本 t 检验和独立样本 t 检验，也可以采用上面 Cohen's d 和 r^2 的计算公式得到相应效应量的估计值。

本章小结

本章介绍了如何利用 SPSS 对数据进行 t 检验分析并对结果做出合理的解释：

1. 使用“Analyze→Compare Means→One-Sample T Test…”对数据进行单样本 t 检验。

2. 使用“Analyze→Compare Means→Independent-Sample T Test…”对数据进行独立样本 t 检验。

3. 使用“Analyze→Compare Means→Paired-Samples T Test…”对数据进行相关样本 t 检验。

但 t 检验只适用于两个分组之间均值的比较，在实际中我们可能会面临更多分组之间的比较，这时候 t 检验将不再适用。下一章的方差分析则可以处理多组之间的比较。

另外，本章还简单描述了效应量的计算方法。

自测练习

数据文件“心理健康.sav”呈现了 40 个被试的心理健康状况和心理治疗状况，各变量的描述见附录 B。请尝试进行以下操作：

1. 已知平均的睡眠时间为 8.2 小时，该组被试的睡眠时长“hourssleep”和平均值之间是否存在明显的差异？请采用合适的 t 检验方法进行检验。

2. 男女之间的睡眠时长是否存在明显差异？请采用合适的 t 检验方法进行检验。

3. 服用抗精神病药物前后被试的得分（Checklist1 和 Checklist2）是否存在明显差异？请采用合适的 t 检验方法进行检验，并计算效应量。

第五章
方差分析

学习目标

方差分析常用来比较两个以上组别之间均值是否存在差异。本章将介绍五种不同的方差分析设计，并讲解如何使用 SPSS 进行相对应的方差分析以及如何正确解释和报告其结果。通过本章的学习，我们应了解不同方差分析适用的条件，并根据实际数据采取合适的方差分析方法进行方差分析，以及对结果做出合理解释。

方差分析（analysis of variance，ANOVA），又称作“变异数分析”或“F 检验”，是一种用来评估两个及以上处理条件之间平均数差异的检验方法。在实际研究中，常常会遇到处理条件在两个及以上的情况。例如在评价某种药物治疗效果的研究中，实验处理条件包括不采用药物、采用安慰剂以及采用某种药物三种条件，方差分析通过比较三种处理条件下患者健康状况的差异来判断使用某种药物是否有效。这种情况下，虽然可以采用 t 检验对三种实验条件进行两两比较，判断其差异是否显著，但是，三种处理条件需要进行三次 t 检验，对于给定的显著性水平 0.05，每次 t 检验就会产生 5%的一类错误率，三次单独的检验累加起来的一类错误率为 $1-0.95^3=0.143$，高于设定的 0.05。一般而言，比较次数越多，一类错误率越高。由于 t 检验不能较好地处理多个组别的均值比较，我们需要学习新的统计方法来对这类数据进行分析。方差分析便是针对多组均值差异分析而提出的方法，该方法可以一次性检验多组均值是否相等。

方差分析的总体逻辑是将数据总体的变异分解成两个基本部分：处理间的变异和处理内的变异。其中，处理内的变异主要是由一些随机的、非系统的因素产生的，而处理间的变异除了由一些随机的、非系统的因素产生之外，还有由系统的处理效应而产生的部分。

将变异分解为处理间的变异和处理内的变异这两部分之后，就可以通过计算 F 值，即

$$
\begin{aligned}
F &= \frac{\text{处理间方差}}{\text{处理内方差}} = \frac{\text{处理间真实差异}}{\text{不存在处理效应时的差异}} \\
&= \frac{(\text{处理效应}+\text{随机因素产生的差异})}{\text{随机因素产生的差异}}
\end{aligned}
$$

来检验处理效应是否存在。

若不存在处理效应，理论上分子与分母值应该比较接近（F 值与 1 接近），即没有充分证据说明存在处理效应。若存在处理效应，分母应该会明显大于分子部分，即 F 值明显大于 1。

方差分析经常用来分析实验研究的数据。实验设计不同，对应方差分析的方法也略有不同，最主要的差异体现在变异分解上的差异。本章结合 SPSS 软件主要讲述：（1）单因素完全随机方差分析；（2）单因素重复测量方差分析；（3）两因素完全随机方差分析；（4）两因素混合设计方差分析；（5）协方差分析。下面简要回顾一下几种简单设计下变异的分解。

第一，单因素完全随机方差分析。

单因素完全随机设计是最简单的完全随机设计方法，它具有以下特点：（1）实验中只有包含一个因素（自变量），它有两个或两个以上的处理水平；（2）被试被随机地分配给因素的各个水平，每个被试仅接受一次实验处理；（3）实验的观测变量（因变量）为等距或等比数据。和很多假设检验一样，方差分析通常也需要满足一定的假设，其中单因素完全随机方差分析需要满足以下三个假设：（1）不同个体观测值相互独立；（2）总体服从正态分布；（3）总体方差齐性。

在单因素完全随机方差分析中，总变异的平方和（$SS_{总}$）被分解为处理间（$SS_{处理间}$）和处理内（$SS_{处理内}$）两部分，即：

$$SS_{总} = SS_{处理间} + SS_{处理内}$$

总的自由度 $df_{总} = N-1$，$df_{处理间} = K-1$，$df_{处理内} = N-K$。其中，N 为总样本量（或观测数据的个数），K 为实验处理的水平数。

$$df_{总} = df_{处理间} + df_{处理内}$$

处理间的均方为：

$$MS_{处理间} = \frac{SS_{处理间}}{df_{处理间}}$$

处理内的均方为：

$$MS_{处理内} = \frac{SS_{处理内}}{df_{处理内}}$$

F 检验统计量的值为：

$$F = \frac{MS_{处理间}}{MS_{处理内}}$$

方差分析的虚无假设是，所有处理组之间的均值不存在显著差异。当虚无假设被拒绝后，我们只能做出处理组之间的均值具有显著差异的结论，但我们并不清楚究竟是哪些处理组之间的差异是显著的，哪些组之间的差异不显著。因而在基于 F 比值完成显著性检验之后，对于显著性的检验结果，还需要进一步检验不同处理组之间的均值差异，即进行事后检验。SPSS 提供了多种事后检验的方法。

第二，两因素完全随机方差分析。

两因素完全随机设计与单因素完全随机设计相同，也是一种随机独立的设计，它具有以下特点：（1）实验中包含两个因素（自变量），每个因素有两个或两个以上的处理水平；(2) 参加实验的被试被随机分配到一个处理水平的组合中，每个被试仅接受一次实验处理；(3) 实验的观测变量（因变量）为等距或等比数据。两因素完全随机方差分析与单因素完全随机方差分析同样要求数据满足独立性、正态性和方差齐性的假设。

在两因素完全随机方差分析中，我们同样首先把总变异分解成处理间和处理内两个部分，即：

$$SS_{总} = SS_{处理间} + SS_{处理内}$$

在此基础上，我们对处理间变异进行进一步的分解，包括因素 1 的主效应（$SS_{因素1}$）、因素 2 的主效应（$SS_{因素2}$），以及因素 1 和因素 2 的交互效应（$SS_{因素1\times因素2}$），即：

$$SS_{处理间} = SS_{因素1} + SS_{因素2} + SS_{因素1\times因素2}$$

由此，总的变异可分解为四部分，其中前三项是研究者关注的部分：

$$SS_{总} = SS_{因素1} + SS_{因素2} + SS_{因素1\times因素2} + SS_{处理内}$$

总自由度 $df_{总} = N-1$，$df_{处理间} = ab-1$，$df_{处理内} = N-ab$。处理间的自由度可以进一步分解为：$df_{因素1} = a-1$，$df_{因素2} = b-1$，$df_{因素1\times因素2} = (a-1)(b-1)$。其中，$N$ 为总样本量（或观测数据的个数），a 为因素 1 的水平数，b 为因素 2 的水平数。

$$df_{总} = df_{因素1} + df_{因素2} + df_{因素1\times因素2} + df_{处理内}$$

根据平方和和自由度，可以计算得到均方。在两因素完全随机方差分析中，需要计算两个主效应的均方：一个交互效应的均方，以及作为随机误差估计的处理内均方。

因素 1 的均方为：

$$MS_{因素1} = \frac{SS_{因素1}}{df_{因素1}}$$

因素 2 的均方为：

$$MS_{因素2} = \frac{SS_{因素2}}{df_{因素2}}$$

因素 1 和因素 2 的交互效应的均方为：

$$MS_{因素1\times因素2} = \frac{SS_{因素1\times因素2}}{df_{因素1\times因素2}}$$

处理内均方为：

$$MS_{处理内} = \frac{SS_{处理内}}{df_{处理内}}$$

对于两因素完全随机方差分析，我们可以检验因素 1 的主效应、因素 2 的主效应以及二者的交互效应。F 检验统计量的值分别为：

$$F_{因素1} = \frac{MS_{因素1}}{MS_{处理内}}, F_{因素2} = \frac{MS_{因素2}}{MS_{处理内}}, F_{因素1\times因素2} = \frac{MS_{因素1\times因素2}}{MS_{处理内}}$$

对于两因素方差分析，如果交互效应显著，即使主效应不显著我们也不能得出某个因素对研究结果没有影响的结论。因此，在解释效应时应该优先解释交互效应。交互效应显著意味着不同因素不同处理水平组合的均值之间存在差异，但我们不清楚某个因素的处理效应在另一个因素的哪些水平上是显著的，这就需要采用简单效应分析来对交互效应进行进一步的解释。简单效应检验指的就是分别检验一个因素在另一个因素的每个水平上的处理效应，从而确定该因素的处理效应在另一因素的哪些水平上显著，在哪些水平上不显著。

第三，单因素重复测量方差分析。

单因素重复测量设计只包含一个自变量，它有两个或两个以上的处理水平，每个被试都要接受所有处理水平。单因素重复测量设计是一种被试内设计。

在单因素重复测量方差分析中，我们同样首先把总变异分解成处理间和处理内两个部分，即：

$$SS_{总} = SS_{处理间} + SS_{处理内}$$

在此基础上，我们对处理内变异进行进一步的分解，将其分解为被试间的效应（$SS_{被试间}$）和随机误差效应（$SS_{误差}$）两部分，即：

$$SS_{处理内} = SS_{被试间} + SS_{误差}$$

由此，总变异可分解为三部分，其中第一项是研究者关注的部分：

$$SS_{总} = SS_{处理间} + SS_{被试间} + SS_{误差}$$

总自由度 $df_{总} = Kp-1$，$df_{处理间} = K-1$，$df_{处理内} = K(p-1)$。处理内的自由度可以进一步分解为：$df_{被试间} = p-1$，$df_{误差} = (K-1)(p-1)$。其中，K 为实验处理因素的水平数，p 为被试个数。

$$df_{总} = df_{处理间} + df_{被试间} + df_{误差}$$

根据平方和和自由度，可以计算得到均方。在单因素重复测量方差分析中，需计算处理效应的均方，以及作为随机误差估计的误差均方。

处理效应的均方为：

$$MS_{处理间} = \frac{SS_{处理间}}{df_{处理间}}$$

误差均方为：

$$MS_{误差} = \frac{SS_{误差}}{df_{误差}}$$

F 检验统计量的值为：

$$F_{处理间} = \frac{MS_{处理间}}{MS_{误差}}$$

对于显著的 F 值，我们同样可以进一步做事后检验来检验究竟是哪些处理水平间存在显著差异。

在实际应用中，还会遇到更加复杂的设计，如既包含重复测量的被试内因素，又包含独立设计的被试间因素，即混合设计。另外，也可能会出现一些对实验结果有影响的、需要控制的协变量，此时就要进行协方差分析。本章也会简要介绍 SPSS 在这些较为复杂设计下的应用。

第一节　单因素完全随机方差分析

本节主要结合实例讲解如何使用 SPSS 软件进行单因素完全随机方差分析操作，以及如何正确解释和报告其结果。

一、变量和数据

某位医生想要研究某种新药物对抑郁症的治疗效果，他通过实验收集到了 100 位抑郁症患者的数据，包括患者的性别、抑郁持续时长、接受的用药方案以及治疗后的抑郁水平（图 5－1）。详细数据见文件“depression1. sav”。

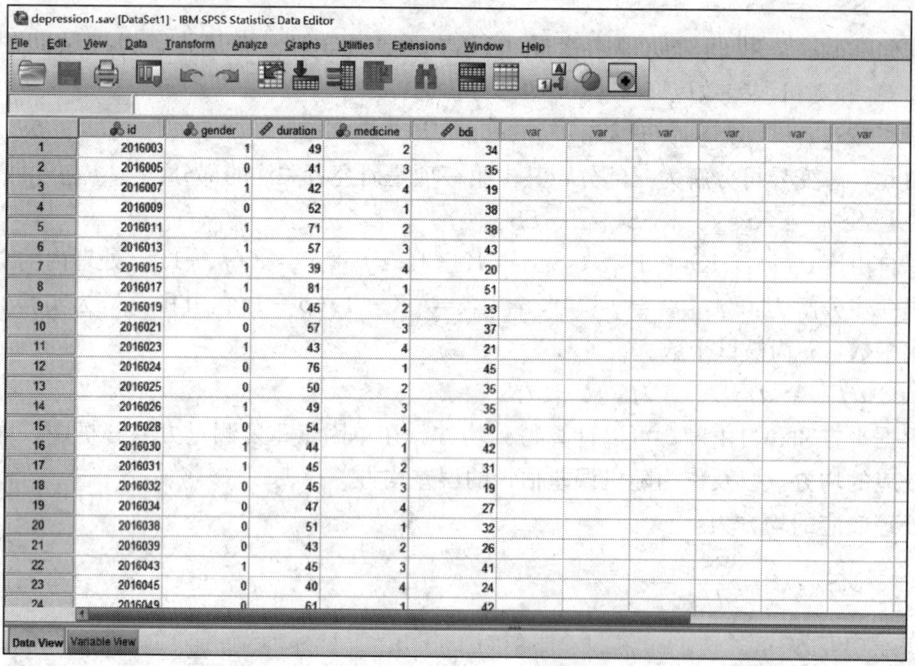

	id	gender	duration	medicine	bdi	var	var	var	var	var	var
1	2016003	1	49	2	34						
2	2016005	0	41	3	35						
3	2016007	1	42	4	19						
4	2016009	0	52	1	38						
5	2016011	1	71	2	38						
6	2016013	1	57	3	43						
7	2016015	1	39	4	20						
8	2016017	1	81	1	51						
9	2016019	0	45	2	33						
10	2016021	0	57	3	37						
11	2016023	1	43	4	21						
12	2016024	0	76	1	45						
13	2016025	0	50	2	35						
14	2016026	1	49	3	35						
15	2016028	0	54	4	30						
16	2016030	1	44	1	42						
17	2016031	1	45	2	31						
18	2016032	0	45	3	19						
19	2016034	0	47	4	27						
20	2016038	0	51	1	32						
21	2016039	0	43	2	26						
22	2016043	1	45	3	41						
23	2016045	0	40	4	24						
24	2016049	0	61	1	42						

图 5－1 “depression1. sav”文件中的数据

二、研究问题和分析方法

医生希望知道，新药物是否能够有效改善患者的抑郁状况，这种新药物与以往的旧药物的治疗效果之间是否有明显差异。医生随机将 100 名患者分成了四组，每组 25 人。一组不使用任何药物，一组使用安慰剂，一组使用旧药物，一组使用新药物，以药物使用后的抑郁水平来衡量治疗效果。

每个被试只接受实验的一种处理，因此属于被试间的独立设计。处理方式有四种，涉及多于两组的均值之间差异检验的问题。因此，该研究问题属于检验单因素（四种用药方案）独立设计下四组均值是否存在差异的问题，该实验的数据适宜用单因素完全随机方差分析来处理。

三、软件操作

（1）打开数据文件“depression1. sav”，在 SPSS 中选择“Analyze→Compare Means→

One-Way ANOVA…”（图 5-2）。

（2）将 bdi（即 Score on Beck's Depression Inventory）变量放入右侧“Dependent List”框中，即将该变量作为因变量；将 medicine（即 Medicine administered）放入“Factor”框中，即将被试按照该变量进行分组，表示接受不同的实验处理（图 5-3）。

（3）点击“Contrasts…”进行事前分析（又称有计划的比较），主要对自变量（或处理）各个水平在因变量上的差异进行对比。“Polynomial”选项可以对因变量按照自变量的水平次序进行趋势性检验。选中“Polynomial”后可以在“Degree”下拉菜单中设置自变量与因变量的关系如何分解，包括“Linear”（线性）、“Quadratic”（二次多项式）、“Cubic”（三次多项式）、“4th”（4 次多项式）以及“5th”（五次多项式），但是实际中可以选择的最高次数与因素处理水平数有关，一般来讲最高次数是水平数减 1，即如果因素处理水平数为 4，则分析的多项式的最高次数为 3。对于被试间设计，我们一般不做多项式趋势的分解。在下方“Contrast 1 of 1”框中，可以设置因变量系数，系数的顺序为自变量分类值递增顺序，如自变量分类为 1、2、3，则第一个系数对应自变量分类为 1 的类别。例如，可以依次在“Coefficients”文本框中输入 2、−0.5、−0.5 和−1，每输入一个值均需要点击“Add”按钮。之后点击“Continue”（图 5-4）。

（4）点击“Post Hoc…”，进入多组比较的对话框。在“Equal Variances Assumed”框中有 14 种多组比较的方法，这些方法都是建立在方差齐性假设之上。比较常用的多组比较方法有以下几种：

• LSD（最小显著差法）：使用 t 检验完成各组均值间的配对比较。这种方法对多组比较的误差率不做校正，存在一类错误率过高的危险。

• S-N-K（Student Newman Keuls）：使用学生化范围分布（studentized range distribution），进行子集一致性检验。这种方法可以确保总体 α 水平为设定的值，有效控制了一类错误率。

• Tuckey（HSD 检验法）：需要所有组别的样本量相同；通过计算 HSD 值来比较任何两种处理间均值的差异，若处理间均值大于 HSD 值，则认为这两个处理间存在显著差异。

• Scheffe（Scheffe 检验法）：在所有事后检验方法中被认为是最安全（严格）的一种。该方法使用 F 比值来检验任意两个处理间均值差异的显著性，F 比值的分子为想要比较的两组处理数据计算得到的组间均方（$MS_{两组间}$），分母为整体 ANOVA 分析中的组内均方（$MS_{组内}$）。

本研究的数据中，四个组的被试量相同，均为 25 人，因此我们选择 Tuckey 和 Scheffe 这两种检验方法。

下方“Equal Variances Not Assumed”选项框中的四种方法为不满足方差齐性假设时使用的多组比较方法。本书只涉及方差齐性条件下的情况，有兴趣的读者可以自行查阅相关资料。

显著性水平使用默认的 0.05，之后点击“Continue”（图 5-5）。

（5）点击“Options…”，选择要输出的统计量。

• Descriptive 用来输出数据的描述统计量，包括每组的被试量、均值、标准差、标准误、95%置信区间、最小值以及最大值。

• Fixed and random effects 用来输出固定效应模型的标准差、标准误和 95%置信区间，以及随机效应模型的标准差、标准误以及 95%置信区间。

• Homogeneity of variance test 用来输出 Levene 方差齐性检验结果。

• Brown-Forsythe 和 Welch 主要用来检验各组均值是否相等，当无法确定是否满足方差齐性假设时，这两个统计量都优于 F 统计量。

此处我们选择"Descriptive"和"Homogeneity of variance test"，然后选择"Means plot"，表示要输出均值图，缺失值的处理选择默认的"Exclude cases analysis by analysis"，即剔除参与分析时含有缺失值的个案（图 5－6）。点击"Continue"。

（6）点击"OK"。

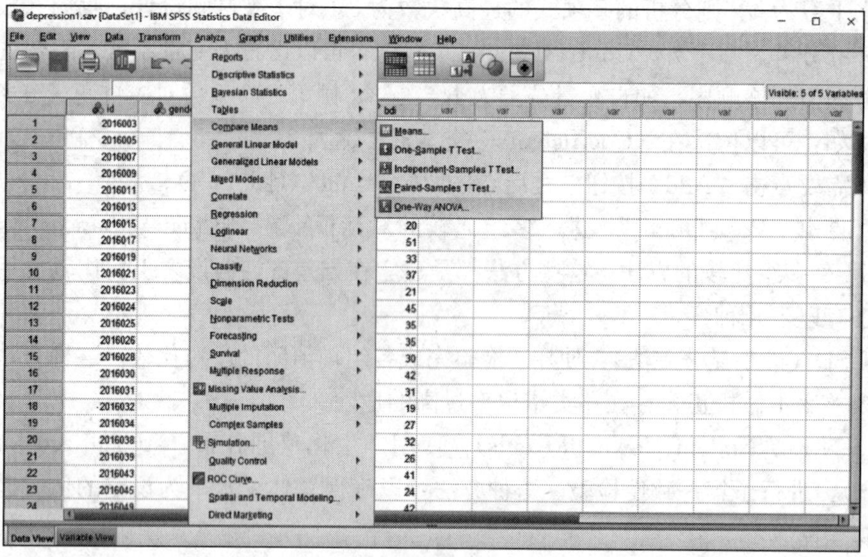

图 5－2　单因素方差分析选项

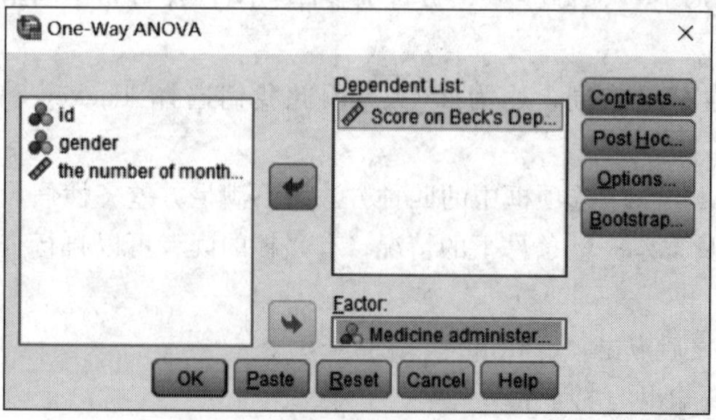

图 5－3　单因素方差分析主对话框

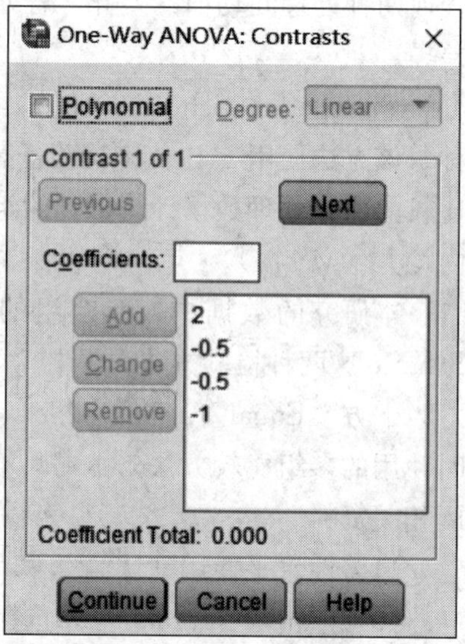

图 5－4　事前比较对话框

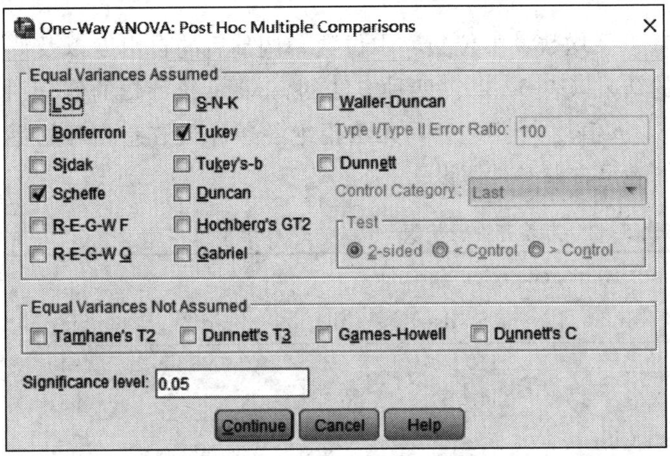

图 5-5　事后多组比较对话框

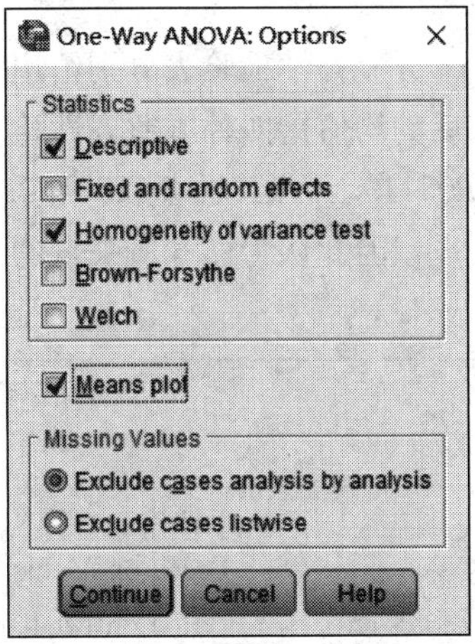

图 5-6　选择要输出的统计量和均值图

上述操作的 SPSS 语句请参见“One-way ANOVA. sps”文件。

四、结果输出与解释

单因素完全随机方差分析的结果主要包含数据的描述统计表、方差齐性检验表、方差分析表、事后比较表、均值图等内容。

(一) 描述统计表

描述统计部分主要包括四个组别以及总体的样本量、均值、标准差、标准误、95%置信区间、最小值以及最大值（表 5-1）。

表 5-1　抑郁水平的描述统计表

Descriptives

Score on Beck's Depression Inventory

	N	Mean	Std. Deviation	Std. Error	95% Confidence Interval for Mean		Minimum	Maximum
					Lower Bound	Upper Bound		
None	25	41.72	6.328	1.266	39.11	44.33	27	51
Placebo	25	35.04	7.056	1.411	32.13	37.95	25	53
Homeopathic	25	35.52	6.634	1.327	32.78	38.26	19	47
Pharmaceutical	25	26.88	6.704	1.341	24.11	29.65	15	43
Total	100	34.79	8.451	.845	33.11	36.47	15	53

（二）方差齐性检验表

方差齐性检验表分别给出了基于平均数、中位数、中位数和调整后的自由度以及调整后的均值这四种方差齐性检验的结果（表5-2）。四种方法的 Levene 统计量的值分别为0.119、0.115、0.115和0.123，p 值均大于0.05，无法拒绝各条件下方差相等的零假设，因此认为样本所来自的总体满足方差齐性假设。

表5-2 方差齐性检验表

Test of Homogeneity of Variances

		Levene Statistic	df1	df2	Sig.
Score on Beck's Depression Inventory	Based on Mean	.119	3	96	.949
	Based on Median	.115	3	96	.951
	Based on Median and with adjusted df	.115	3	93.637	.951
	Based on trimmed mean	.123	3	96	.947

（三）方差分析表

方差分析表的第一列为变异来源，由上到下分别为组间变异、组内变异以及总变异。第二列之后为自由度、均方、F 值以及显著性水平（表5-3）。示例中 $F(3, 96) = 20.730$，$p < 0.001$，因此可以认为不同的用药方案之间存在明显的差异。

表5-3 方差分析表

ANOVA

Score on Beck's Depression Inventory

	Sum of Squares	df	Mean Square	F	Sig.
Between Groups	2779.710	3	926.570	20.730	.000
Within Groups	4290.880	96	44.697		
Total	7070.590	99			

（四）对照系统表和对照分析表

从对照系数表（表5-4）和对照分析表（表5-5）可以看出，方差齐性条件下的 t 值为6.786，$p < 0.001$，因此推翻零假设[2×mean(None)－0.5×mean(Placebo)－0.5×mean(Homeopathic)－1×mean(Pharmaceutical)＝0]。

表5-4 对照系数表

Contrast Coefficients

Contrast	Medicine administered			
	None	Placebo	Homeopathic	Pharmaceutical
1	2	−.5	−.5	−1

表 5-5 对照分析表

Contrast Tests

		Contrast	Value of Contrast	Std. Error	t	df	Sig. (2-tailed)
Score on Beck's Depression Inventory	Assume equal variances	1	21.28	3.136	6.786	96	.000
	Does not assume equal variances	1	21.28	3.024	7.038	44.857	.000

（五）多组比较表和事后检验表

在 Tukey 检验中，可以看到除了 Placebo 组和 Homeopathic 组之间没有显著差异外，剩余组之间均存在显著的差异。Scheffe 检验的结果和 Tukey 检验的结果一致（表 5-6 和表 5-7）。这说明不使用药物和使用安慰剂、旧药物以及新药物之间均存在显著的差异；安慰剂和旧药物之间不存在显著差异，但和新药物之间差异显著；旧药物和新药物之间有显著差异。

表 5-6 多组比较表

Multiple Comparisons

Dependent Variable：Score on Beck's Depression Inventory

	(I) Medicine administered	(J) Medicine administered	Mean Difference (I−J)	Std. Error	Sig.	95% Confidence Interval	
						Lower Bound	Upper Bound
Tukey HSD	None	Placebo	6.680*	1.891	.003	1.74	11.62
		Homeopathic	6.200*	1.891	.008	1.26	11.14
		Pharmaceutical	14.840*	1.891	.000	9.90	19.78
	Placebo	None	−6.680*	1.891	.003	−11.62	−1.74
		Homeopathic	−.480	1.891	.994	−5.42	4.46
		Pharmaceutical	8.160*	1.891	.000	3.22	13.10
	Homeopathic	None	−6.200*	1.891	.008	−11.14	−1.26
		Placebo	.480	1.891	.994	−4.46	5.42
		Pharmaceutical	8.640*	1.891	.000	3.70	13.58
	Pharmaceutical	None	−14.840*	1.891	.000	−19.78	−9.90
		Placebo	−8.160*	1.891	.000	−13.10	−3.22
		Homeopathic	−8.640*	1.891	.000	−13.58	−3.70
Scheffe	None	Placebo	6.680*	1.891	.008	1.30	12.06
		Homeopathic	6.200*	1.891	.017	.82	11.58
		Pharmaceutical	14.840*	1.891	.000	9.46	20.22
	Placebo	None	−6.680*	1.891	.008	−12.06	−1.30
		Homeopathic	−.480	1.891	.996	−5.86	4.90
		Pharmaceutical	8.160*	1.891	.001	2.78	13.54

续前表

Multiple Comparisons

Dependent Variable：Score on Beck's Depression Inventory

	(I) Medicine administered	(J) Medicine administered	Mean Difference (I−J)	Std. Error	Sig.	95% Confidence Interval	
						Lower Bound	Upper Bound
Scheffe	Homeopathic	None	−6.200*	1.891	.017	−11.58	−.82
		Placebo	.480	1.891	.996	−4.90	5.86
		Pharmaceutical	8.640*	1.891	.000	3.26	14.02
	Pharmaceutical	None	−14.840*	1.891	.000	−20.22	−9.46
		Placebo	−8.160*	1.891	.001	−13.54	−2.78
		Homeopathic	−8.640*	1.891	.000	−14.02	−3.26

*. The mean difference is significant at the 0.05 level.

表 5-7 事后检验表

Score on Beck's Depression Inventory

	Medicine administered	N	Subset for alpha=0.05		
			1	2	3
Tukey HSD[a]	Pharmaceutical	25	26.88		
	Placebo	25		35.04	
	Homeopathic	25		35.52	
	None	25			41.72
	Sig.		1.000	.994	1.000
Scheffe[a]	Pharmaceutical	25	26.88		
	Placebo	25		35.04	
	Homeopathic	25		35.52	
	None	25			41.72
	Sig.		1.000	.996	1.000

Means for groups in homogeneous subsets are displayed.

a. Uses Harmonic Mean Sample Size=25.000.

（六）均值图

最后方差分析还会生成各组均值的折线图（图 5-7）。其中，横轴为自变量，表示不同的处理方法；纵轴为因变量，表示各组的均值。从图中可以直观看到，不使用药物组的抑郁水平最高，安慰剂组和旧药物组的抑郁水平为中等，但两者之间差异不大，而新药物组的抑郁水平最低。

五、效应量的计算

在方差分析中，处理效应显著并不意味着一定会有很大的处理效应，因此在结果报告中通常还需要报告方差分析的效应量。通常使用 r^2 来计算效应量，它可以定义为方差解释的比率。

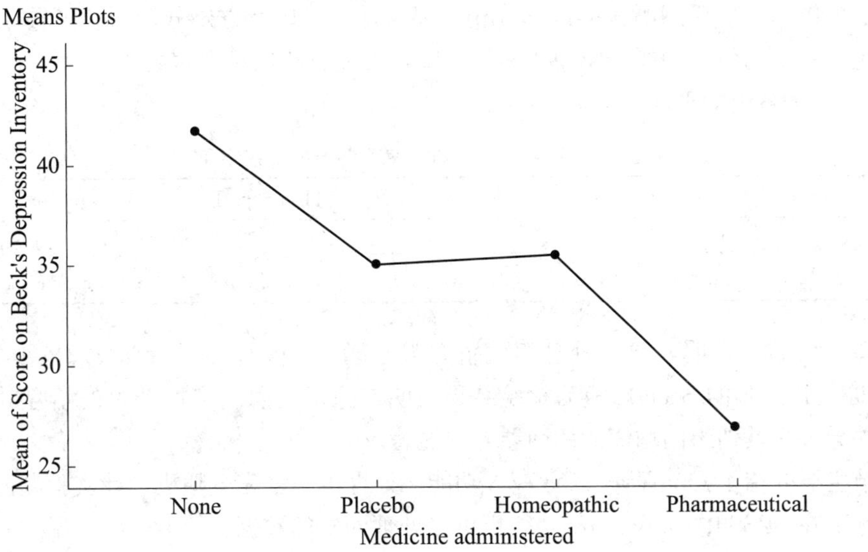

图 5-7 均值图

r^2 的计算公式为：

$$r^2=\frac{SS_{处理间}}{SS_{总}}$$

但 SPSS 软件分析中往往只会给出 F 比值以及相应的自由度，因此若要计算 r^2 需要用到以下公式：

$$r^2=\frac{df_{处理间}\times F}{df_{处理间}\times F+df_{处理内}}$$

在上述示例中，

$$r^2=\frac{df_{处理间}\times F}{df_{处理间}\times F+df_{处理内}}=\frac{3\times 20.73}{3\times 20.73+96}=0.393$$

通常情况下，方差分析的效应量 r^2 也被称为 η^2。

有了 r^2 后，就可以计算实验处理效应的大小。处理效应结果显著只能说明处理间的变异显著大于处理内的变异，并不能说明处理效应很大。对于单因素完全随机方差分析，效应量 f 的计算方法为：

$$f=\sqrt{\frac{\eta^2}{1-\eta^2}}$$

效应量 r^2 和 η^2 都是组间方差占总方差的比例，常用 0.01、0.09 和 0.25 作为效应量小、中等、大的判断标准。而效应量 f 是一个可以与 Cohen's d 近似建立对应关系的效应量指标。对于效应量 f，Cohen 给出的小、中等、大效应量的标准分别为 0.10、0.25 和 0.40。

在上述示例中，可以算出 f 值为 0.531。根据 Cohen 的标准，可以认为该处理效应还是比较大的。

六、结果报告

在方差分析报告的 APA 格式中，要以表格形式呈现各处理组的平均数、标准误或者一些相关的图示，然后用语言描述 F 比值、显著性水平以及方差分析的效应量 η^2 等。下面将以上述数据为例，简要介绍单因素完全随机方差分析的结果报告。

表 5-8 为各组的平均数与标准误。

表 5-8　四种不同用药方案下各组的抑郁水平

	None	Placebo	Homeopathic	Pharmaceutical
M	41.72	35.04	35.52	26.88
SD	6.33	7.06	6.63	6.70

方差分析结果表明，四个处理组均值差异显著。$F(3, 96)=20.73$，$p<0.001$，$\eta^2=0.393$。进一步的 Scheffe 事后检验结果表明，除了安慰剂和旧药物的治疗效果不存在显著差异外，其他组间均值的两两差异均显著。

本节主要介绍了 One-Way ANOVA 功能在处理单因素完全随机设计实验数据中的应用。实际上在 SPSS 中 Univariate 功能也可以处理同样的数据。第五节将介绍这一功能的具体应用。

第二节　单因素重复测量方差分析

与单因素完全随机方差分析被作为独立样本 t 检验的扩展类似，单因素重复测量方差分析被作为相关样本 t 检验的扩展。它可以用来对一段时间内多次（两次或两次以上）重复测量的均值差异进行检验，如对某些抑郁症治疗方案的评估（表 5-9）。

表 5-9　单因素重复测量设计举例

被试	抑郁水平		
	治疗前	治疗后 1 周	治疗后一个月
A	71	53	55
B	62	45	44
C	82	56	61
D	77	50	46
E	81	54	55

重复测量设计在某种程度上来说是一种非常有效的设计，因为在每种处理条件下使用的是同一被试，所以不会存在不同处理条件下被试特征存在差异的情况。除此之外，它还可以用来考察被试特征随时间变化的趋势。

单因素重复测量方差分析的 F 比值和单因素完全随机方差分析类似，都是处理间真实变异与没有处理效应的期望误差所产生的变异的比值。不同的是，在单因素完全随机方差分析中，个体差异是 F 比值分子变异和分母变异的一部分，但在单因素重复测量方差分析中，个体差异从 F 比值中被消除。因为在一次重复测量中，所有处理条件下被试相同，即处理间的均值差异不包含个体差异。也正是因为同一个个体在不同的处理情境中被测量，个体之间差异程度可以被测量并分离出来。

总的来说，单因素重复测量方差分析的 F 比值结构如下：

$$F=\frac{\text{处理间变异(不包含个体差异)}}{\text{没有处理效应时的变异(个体差异被分离)}}=\frac{\text{处理效应}+\text{随机变异}}{\text{随机变异}}$$

本节将结合实例讲解如何使用 SPSS 进行单因素重复测量方差分析操作，以及如何正确解释和报告其结果。

一、变量和数据

某位医生想要研究某种新药物对抑郁症的治疗效果，他通过实验收集到了 100 位抑郁症患者的数据，包括患者的性别、抑郁持续时长、用药方案以及治疗后三个时间点（一个月后 bdi1、三个月后 bdi2 和六个月后 bdi3）的抑郁水平（图 5－8）。详细数据见文件“depression2. sav”。

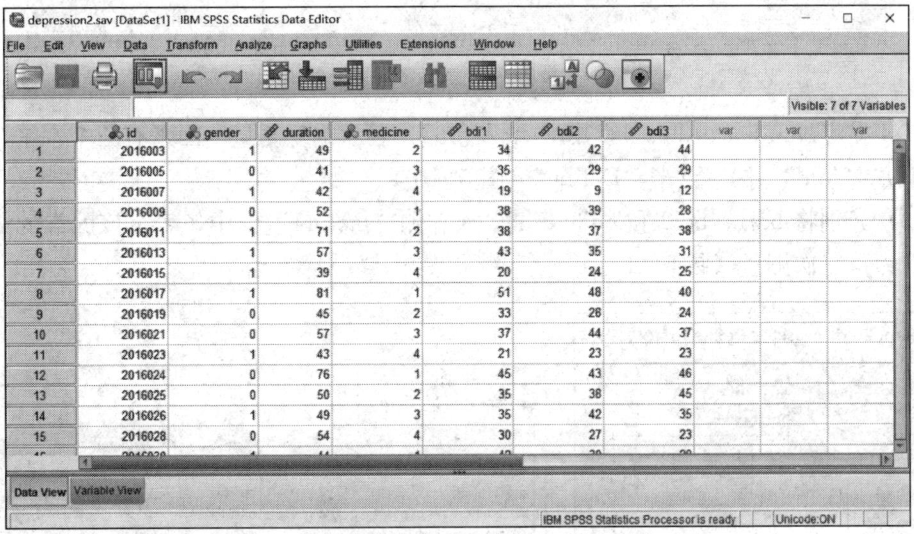

	id	gender	duration	medicine	bdi1	bdi2	bdi3	var	var	var
1	2016003	1	49	2	34	42	44			
2	2016005	0	41	3	35	29	29			
3	2016007	1	42	4	19	9	12			
4	2016009	0	52	1	38	39	28			
5	2016011	1	71	2	38	37	38			
6	2016013	1	57	3	43	35	31			
7	2016015	1	39	4	20	24	25			
8	2016017	1	81	1	51	48	40			
9	2016019	0	45	2	33	26	24			
10	2016021	0	57	3	37	44	37			
11	2016023	1	43	4	21	23	23			
12	2016024	0	76	1	45	43	46			
13	2016025	0	50	2	35	38	45			
14	2016026	1	49	3	35	42	35			
15	2016028	0	54	4	30	27	23			

图 5－8　“depression2. sav”文件中的数据

二、研究问题和分析方法

医生希望考察抑郁症患者的症状随时间变化的情况，无论患者接受哪种用药方案，研究者分别在患者接受实验研究后的一个月、三个月以及六个月对患者的抑郁症状进行施测，目的是考察三次测量的均值是否存在差异。

从上述研究问题来看，研究者感兴趣的因素只有一个，即三次重复的测量。由于每个被试都接受三次测量，该设计属于被试内设计，因此适合使用单因素重复测量方差分析来处理。

三、软件操作

（1）打开数据文件“depression2. sav”，在 SPSS 中选择“Analyze→General Linear

Model→Repeated Measures…”（图 5-9）。

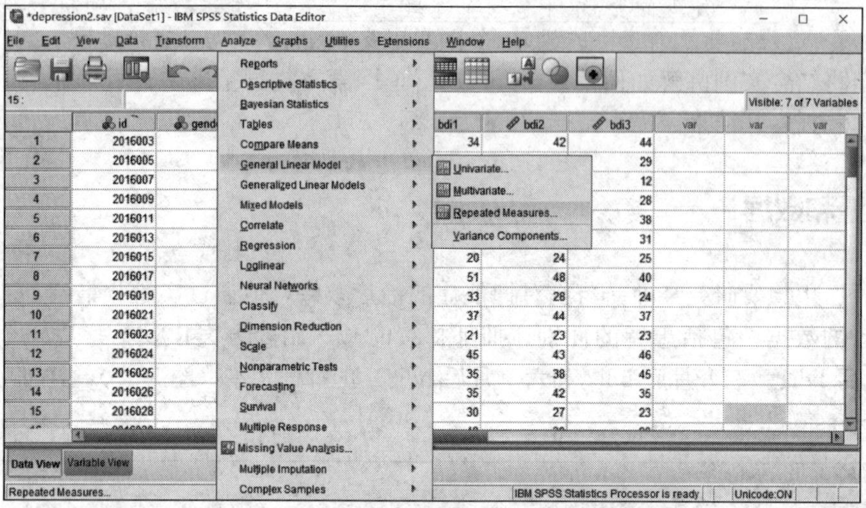

图 5-9　单因素重复测量方差分析选项

（2）在“Number of Levels”框中填入“3”，表示重复测量的因素有三个水平。之后点击下方“Add”，然后点击“Define”（图 5-10）。

（3）分别将 bdi1、bdi2 和 bdi3 变量放入右侧“factor1”框中，表示该因素的三个水平分别为这三次测量（图 5-11）。

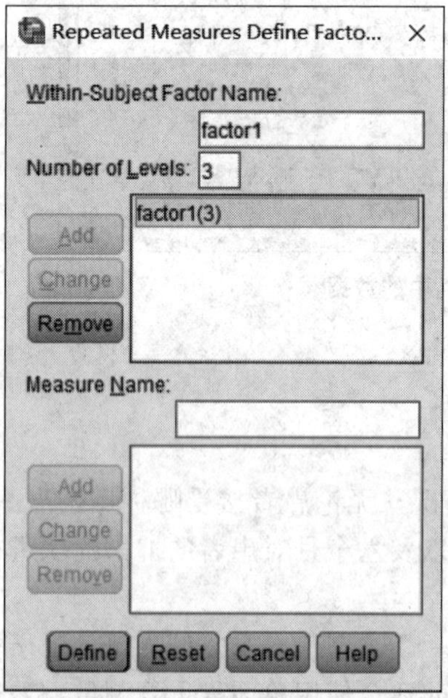

图 5-10　设置因素水平数

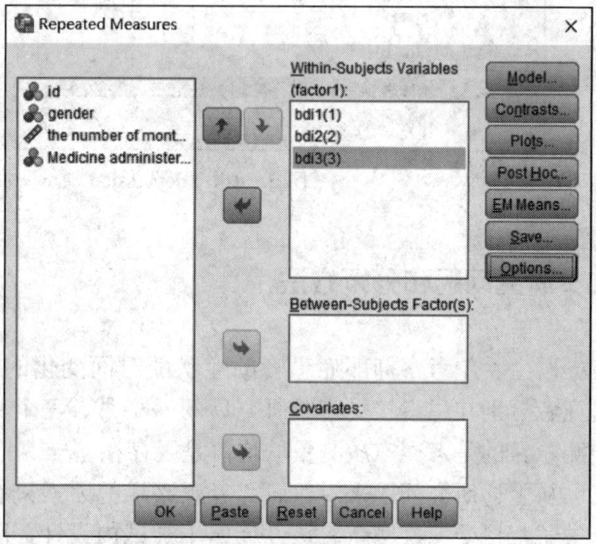

图 5-11　设置因素的水平

（4）点击“EM means…”，将“factor1”放入右侧“Display Means for”框中，选中下方“Compare main effects”，然后在下方“Confidence interval adjustment”下拉菜单中选择“Bonferroni”，最后点击“Continue”（图 5-12）。

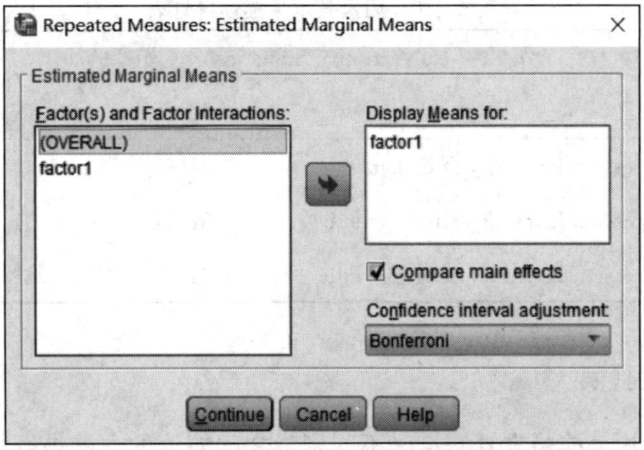

图 5－12　估计边际均值并选择事后检验

（5）点击“Options…”，在“Display”选项框中选择“Descriptive statistics”以及“Estimates of effect size”，置信区间使用默认的 0.05 水平，然后点击“Continue”（图 5－13）。

（6）点击“OK”。

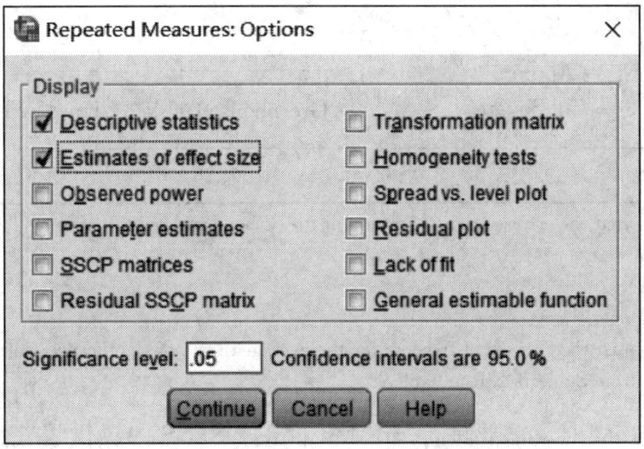

图 5－13　选择输出结果

上述操作的 SPSS 语句请参见“One-way repeated-measures ANOVA. sps”文件。

四、结果输出与解释

单因素重复测量方差分析结果较多，我们主要关注以下几部分。

（一）描述统计表

表 5－10 分别呈现了三次重复测量的均值、标准差和样本量。可以看到一个月后抑郁症状的平均水平为 34.79，标准差为 8.451；三个月后抑郁症状的平均水平为 32.51，标准差为 9.910；六个月后抑郁症状的平均水平为 31.62，标准差为 10.883。

表 5-10　因素各水平描述统计表

Descriptive Statistics

	Mean	Std. Deviation	N
Score on Beck's Depression Inventory after 1 month	34.79	8.451	100
Score on Beck's Depression Inventory after 3 month	32.51	9.910	100
Score on Beck's Depression Inventory after 6 month	31.62	10.883	100

（二）球形检验表

球形检验主要用来检验重复测量时不同测量之间差值的方差是否相等，只能用于三次及以上的测量。表 5-11 中给出了球形假设检验的结果，可以看到 $p<0.001$，即认为不满足球形假设。

表 5-11　球形检验表

Mauchly's Test of Sphericity[a]

Measure：MEASURE_1

Within Subjects Effect	Mauchly's W	Approx. Chi-Square	df	Sig.	Epsilon[b]		
					Greenhouse-Geisser	Huynh-Feldt	Lower-bound
factor1	.670	39.315	2	.000	.752	.761	.500

Tests the null hypothesis that the error covariance matrix of the orthonormalized transformed dependent variables is proportional to an identity matrix.

a. Design：Intercept
Within Subjects Design：factor1

b. May be used to adjust the degrees of freedom for the averaged tests of significance. Corrected tests are displayed in the Tests of Within-Subjects Effects table.

当球形假设被违背时，需要进行 Epsilon 校正。SPSS 中提供了三种校正方式，分别为 Greenhouse-Geisser、Huynh-Feldt 以及 Lower-bound 方法。当 Epsilon<0.75 时建议使用 Greenhous-Geisser 方法校正，否则使用 Huynh-Feldt 方法进行校正。由表可以看到 Epsilon 值在 0.75 以上，因此需要使用 Huynh-Feldt 方法进行校正。一般而言，实际应用中校正的结果与不校正的结果差异很小。

（三）被试内效应检验表

若是满足表 5-11 球形检验的结果，则主要关注表 5-12 中 Sphericity Assumed 行的结果。但前文的球形检验结果显示数据不满足球形假设，因此我们需要关注经过 Huynh-Feldt 校正的结果。

可以看到校正后的自由度（df）由 2 变成 1.521，F（1.521，150.610）=(351.437÷24.983)=14.067，$p<0.001$，因此可以认为抑郁水平在三个时间点存在显著的差异。

表 5-12 被试内效应检验表

Tests of Within-Subjects Effects

Measure：MEASURE_1

Source		Type III Sum of Squares	df	Mean Square	F	Sig.	Partial Eta Squared
factor1	Sphericity Assumed	534.647	2	267.323	14.067	.000	.124
	Greenhouse-Geisser	534.647	1.503	355.665	14.067	.000	.124
	Huynh-Feldt	534.647	1.521	351.437	14.067	.000	.124
	Lower-bound	534.647	1.000	534.647	14.067	.000	.124
Error (factor1)	Sphericity Assumed	3762.687	198	19.003			
	Greenhouse-Geisser	3762.687	148.820	25.283			
	Huynh-Feldt	3762.687	150.610	24.983			
	Lower-bound	3762.687	99.000	38.007			

由于现在很多期刊不仅仅需要报告 p 值结果，还需要报告效应量，SPSS 默认输出偏 η^2（Partial Eta Squared）作为效应量的指标。从表中的结果可以看出，三次测量均值差异的偏 η^2 为 0.124，即处理间的差异解释了数据总体变异的 12.4% [534.647÷(534.647+3 762.687)=0.124]。

（四）重复测量因素均值估计表

表 5-13 呈现了定义的重复测量因素 factor1 三次重复测量的均值、标准误以及置信区间。

表 5-13 重复测量因素均值估计表

Estimates

Measure：MEASURE_1

factor1	Mean	Std. Error	95% Confidence Interval	
			Lower Bound	Upper Bound
1	34.790	.845	33.113	36.467
2	32.510	.991	30.544	34.476
3	31.620	1.088	29.461	33.779

（五）多组比较表

表 5-14 呈现了三次重复测量之间两两比较的结果，比较方法为 Bonferroni，这种方法不仅可以提供每两组比较的 p 值，还会给出均值差异的置信区间。

可以看到水平 2（三个月后的测量）和水平 3（六个月后的测量）之间没有显著差异，水平 1（一个月后的测量）和其余两个水平都存在显著差异。结合表 5-13 的统计结果，我们可以报告说接受治疗一个月后的平均抑郁水平为 34.79±0.85，三个月后的平均抑郁水平为 32.51±0.99，比一个月后的抑郁水平显著降低 2.28（95%置信区间为[0.775，3.785]）（$p=0.001<0.01$），六个月后的平均抑郁水平为 31.62±1.09，未发现三个月后与六个月后之间存在显著差异。

表 5-14 多组比较表

Pairwise Comparisons

Measure：MEASURE_1

(I) factor1	(J) factor1	Mean Difference (I−J)	Std. Error	Sig. b	95% Confidence Interval for Difference[b]	
					Lower Bound	Upper Bound
1	2	2.280*	.618	.001	.775	3.785
	3	3.170*	.754	.000	1.334	5.006
2	1	−2.280*	.618	.001	−3.785	−.775
	3	.890	.436	.131	−.171	1.951
3	1	−3.170*	.754	.000	−5.006	−1.334
	2	−.890	.436	.131	−1.951	.171

Based on estimated marginal means

*. The mean difference is significant at the. 05 level.

b. Adjustment for multiple comparisons：Bonferroni.

五、结果报告

接受治疗一个月后、三个月后和六个月后抑郁水平的均值与标准差如表 5-15 所示。

表 5-15 不同时间抑郁水平的描述统计结果

抑郁水平	一个月后	三个月后	六个月后
M	34.79	32.51	31.62
SD	8.45	9.91	10.88

单因素重复测量方差分析结果显示，三次重复测量均值差异显著，$F(2, 148.82)=14.067$，$p<0.001$，$\eta^2=0.124$。Bonferroni 多重比较的结果表明，一个月后的抑郁水平与三个月后的抑郁水平差异显著，与六个月后的抑郁水平差异也显著，但是三个月后的抑郁水平与六个月后的抑郁水平差异不显著。

六、MANOVA 的应用

本节之前介绍了如何利用“Analyze→General Linear Model→Repeated Measures…”实现单因素重复测量的方差分析，实际中研究者还可以采用 MANOVA 语句进行同样的分析。

MANOVA 处理单因素重复测量方差分析的语句如下：

```
MANOVA bdi1 bdi2 bdi3
    /WSFACTOR=factor (3)
    /ERROR=WITHIN
    /PRINT=CELLINFOR (MEANS)
    /DESIGN.
```

主要输出结果如下：

Tests involving ‘FACTOR’ Within-Subject Effect.

AVERAGED Tests of Significance for bdi using UNIQUE sums of squares

Source of Variation	SS	DF	MS	F	Sig of F
WITHIN CELLS	3762.69	198	19.00		
FACTOR	534.65	2	267.32	14.07	.000

第三节　两因素完全随机方差分析

在很多研究中我们不只关注一个自变量（单因素）对因变量的影响，变量很少是孤立存在的，最终行为的结果往往是多个因素共同作用的结果。

两因素完全随机方差分析关注两个因素的不同水平对因变量的影响。例如，学生的学业成绩一方面可能会受到自尊水平的影响，另外也可能受到学校学习氛围的影响，高自尊的学生在良好的学习氛围下的成绩和低自尊的学生在较差的学习氛围下的成绩可能会有很大差距。

本节将结合实例讲解如何使用 SPSS 进行两因素完全随机方差分析操作，以及如何正确解释和报告其结果。

一、变量和数据

数据同样选择“depression1. sav”文件。

二、研究问题和分析方法

过往研究发现，抑郁症患者的抑郁水平不止会受到用药方案的影响，也会受到性别因素的影响。研究者收集了 100 名抑郁症患者的数据，其中包括患者的性别（gender），以及用药方案（medicine），目的是研究用药方案和性别对抑郁水平（bdi）的影响。

在这个研究问题中，每名被试只接受一种实验处理，因此它是一个被试间的因素；另外，所考察的性别因素也是一个被试间的因素。因此，可以使用两因素完全随机方差分析来考察用药方案和性别对患者抑郁水平的影响。

三、软件操作

（1）打开数据文件“depression1. sav”，选择“Analyze→General Linear Model→Univariate…”（图 5－14）。

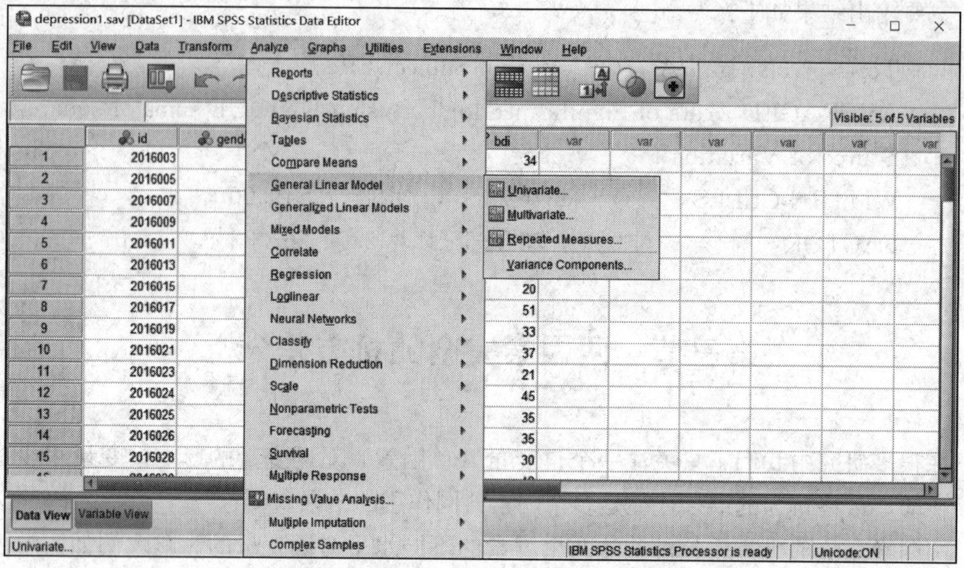

图 5-14　两因素完全随机方差分析选项

(2) 将 bdi 放入右侧"Dependent Variable"变量框中，即将该变量作为因变量。将 gender 和 medicine 放入"Fixed Factor (s)"变量框中，即将这两个变量作为自变量。其中，gender 变量有两个水平，"0"表示男性，"1"表示女性；medicine 变量有四个水平，"1"表示不进行药物治疗，"2"表示使用安慰剂，"3"表示使用旧药物，"4"表示使用新药物（图 5-15)。

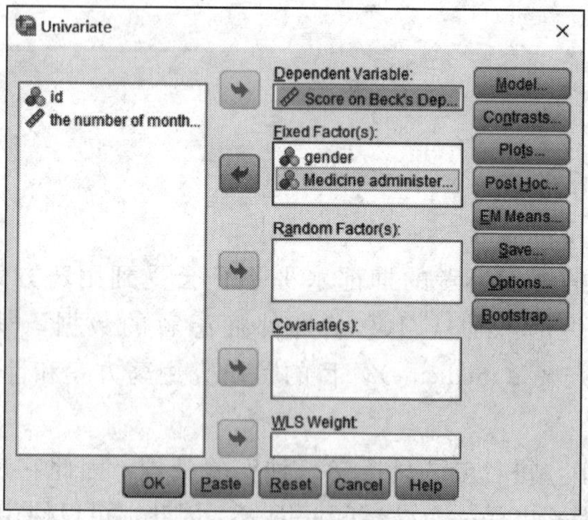

图 5-15　设置自变量与因变量

(3) 点击"Options…"，在"Display"选项框中选中"Descriptive statistics""Estimates of effect size""Homogeneity tests"，点击"Continue"（图 5-16)。

(4) 点击"Plots…"，将 medicine 放入"Horizontal Axis"框中，将 gender 放入"Separate Lines"框中，点击"Add"，再点击"Continue"（图 5-17)。

(5) 点击"OK"。

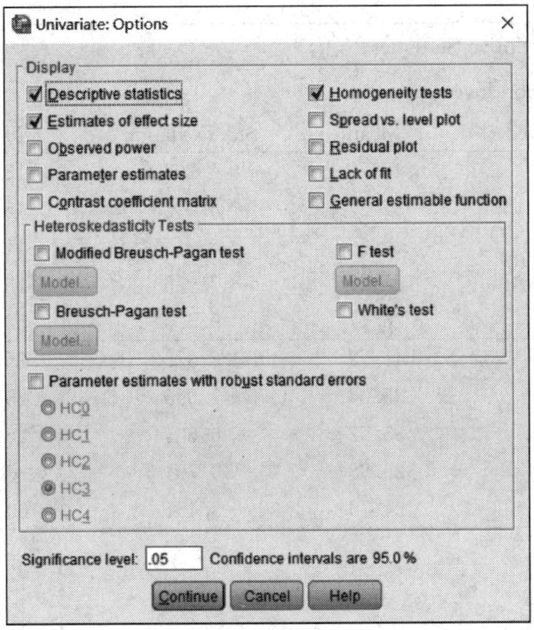

图 5-16　设置输出结果

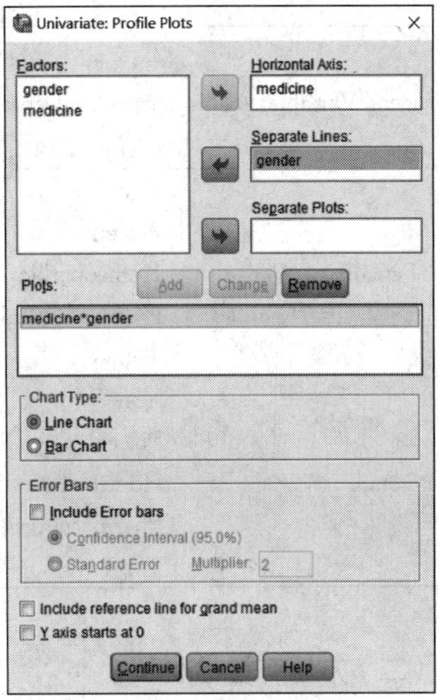

图 5-17　设置输出图

上述操作的 SPSS 语句请参见“Two-way ANOVA. sps”文件。

四、结果输出与解释

在 SPSS 关于两因素完全随机方差分析的结果中，我们主要关注以下几部分。

（一）描述统计表

表 5-16 提供了不同处理组合下样本的均值、标准差以及样本量。可以看到，男性有 46 人，男性总体的平均抑郁水平为 33.17，标准差为 6.741，其中未用药男性的平均抑郁水平为 37.33，再对比未用药女性的平均抑郁水平 45.77，两者之间似乎存在比较大的差异。总体来说，未用药患者的平均抑郁水平为 41.72，而用了新药的患者的抑郁水平为 26.88，看起来好像有了明显的下降。具体男女之间的差异以及用药效果的差异还需要后续的 F 检验表来确认。

表 5-16　描述统计表

Descriptive Statistics

Dependent Variable：Score on Beck's Depression Inventory

gender	Medicine administered	Mean	Std. Deviation	N
Male	None	37.33	5.263	12
	Placebo	30.80	6.460	10
	Homeopathic	34.07	7.119	14
	Pharmaceutical	29.30	5.579	10
	Total	33.17	6.741	46

续前表

Descriptive Statistics

Dependent Variable：Score on Beck's Depression Inventory

gender	Medicine administered	Mean	Std. Deviation	N
Female	None	45.77	4.206	13
	Placebo	37.87	6.093	15
	Homeopathic	37.36	5.749	11
	Pharmaceutical	25.27	7.076	15
	Total	36.17	9.520	54
Total	None	41.72	6.328	25
	Placebo	35.04	7.056	25
	Homeopathic	35.52	6.634	25
	Pharmaceutical	26.88	6.704	25
	Total	34.79	8.451	100

（二）方差齐性检验表

Levene方差齐性检验表（表5-17）分别给出了基于均值、基于中位数、基于中位数和调整后自由度以及基于截尾均值的检验结果，p 值均大于 0.05，即认为满足方差齐性的假设。

表5-17　Levene方差齐性检验表

Levene's Test of Equality of Error Variances[a,b]

		Levene Statistic	df1	df2	Sig.
Score on Beck's Depression Inventory	Based on Mean	.660	7	92	.705
	Based on Median	.405	7	92	.897
	Based on Median and with adjusted df	.405	7	80.805	.897
	Based on trimmed mean	.602	7	92	.753

Tests the null hypothesis that the error variance of the dependent variable is equal across groups.

a. Dependent variable：Score on Beck's Depression Inventory

b. Design：Intercept＋gender＋medicine＋gender * medicine

（三）组间效应检验表

组间效应检验表（表5-18）给出了性别（gender）、用药方案（medicine）以及性别与用药方案的交互效应（gender * medicine）。

对于性别变量，可以看到 $F(1, 92)=9.035$，$p=0.003<0.01$，即性别的主效应显著，可以认为不同性别的抑郁水平有明显差异。

对于用药方案变量，可以看到 $F(3, 92)=22.842$，$p<0.001$，即用药方案的主效应显著，可以认为不同用药方案的效果之间存在明显的差异。

表 5-18　组间效应检验表

Tests of Between-Subjects Effects

Dependent Variable：Score on Beck's Depression Inventory

Source	Type III Sum of Squares	df	Mean Square	F	Sig.	Partial Eta Squared
Corrected Model	3687.775[a]	7	526.825	14.328	.000	.522
Intercept	117629.949	1	117629.949	3199.098	.000	.972
gender	332.202	1	332.202	9.035	.003	.089
medicine	2519.647	3	839.882	22.842	.000	.427
gender * medicine	567.784	3	189.261	5.147	.002	.144
Error	3382.815	92	36.770			
Total	128105.000	100				
Corrected Total	7070.590	99				

a. R Squared=.522 (Adjusted R Squared=.485)

性别与用药方案的交互效应显著，$F(3, 92)=5.147$，$p=0.002<0.01$，即不同性别被试的抑郁水平在不同用药方案下存在明显差异。

如果交互效应显著，则需要进行简单效应检验。SPSS 中没有直接进行简单效应检验的选项，需要通过特定语句来实现。后文会讲解如何进行简单效应检验操作，此处不再赘述。

（四）边际均值分布图

SPSS 最后还会输出因变量的边际均值分布图（图 5-18）。

从图中我们可以看到，整体上男性的抑郁水平普遍低于女性，但新药对于女性的治疗效果要优于男性。两条线之间存在交叉，表明两个自变量之间存在交互效应。

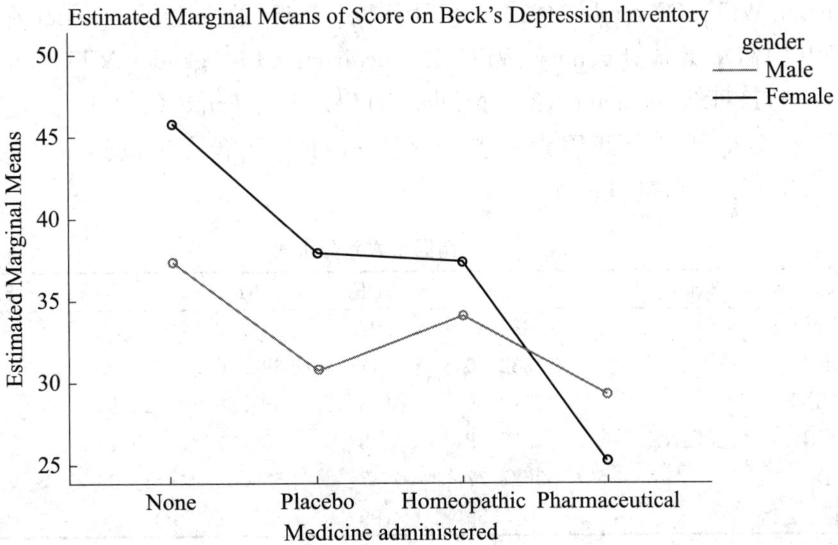

图 5-18　因变量边际均值分布图

五、简单效应检验

若是因素之间存在显著的交互效应，则可以通过运行以下 MANOVA 语句（另见“Two-way ANOVA. sps”文件）来进行简单效应检验：

```
MANOVA
bdi by gender (0, 1) medicine (1, 4)
/ERROR=WITHIN
/DESIGN=gender medicine gender * medicine
/DESIGN=gender
        medicine WITHIN gender (1)
        medicine WITHIN gender (2)
/DESIGN=medicine
        gender WITHIN medicine (1)
        gender WITHIN medicine (2)
        gender WITHIN medicine (3)
        gender WITHIN medicine (4).
```

第一行为调用 MANOVA 过程，第二行为分析的变量，其中 bdi 为因变量，by 之后为自变量，括号内为各自变量水平的最小值与最大值。

ERROR 用于指定方差分析中的误差项，DESIGN 用于确定结果中包括的是完全的方差分析结果还是部分的方差分析结果。我们定义了三个 DESIGN，分别对应于分析两个因素的主效应（gender，medicine）和交互效应（gender * medicine）、分析因素 gender 的主效应和 medicine 在 gender 不同水平上的简单效应［medicine WITHIN gender (1)，medicine WITHIN gender (2)］、分析因素 medicine 的主效应和 gender 在 medicine 不同水平上的简单效应［gender WITHIN medicine (1)，gender WITHIN medicine (2)，gender WITHIN medicine (3)，gender WITHIN medicine (4)］。

运行语句会得到一个两因素方差分析表和两个简单效应检验表（表 5-19、表 5-20、表 5-21［略整理后］）。

表 5-19 两因素方差分析表

Source of Variation	SS	DF	MS	F	Sig of F
WITHIN CELLS	3382.82	92	36.77		
GENDER	332.20	1	332.20	9.03	.003
MEDICINE	2519.65	3	839.88	22.84	.000
GENDER * MEDICINE	567.78	3	189.26	5.15	.002
(Model)	3687.77	7	526.82	14.33	.000
(Total)	7070.59	99	71.42		

R-Squared=.522

Adjusted R-Squared=.485

表 5－19 的结果与表 5－18 相同。

表 5－20 medicine 在 gender 各水平上的影响

Source of Variation	SS	DF	MS	F	Sig of F
WITHIN CELLS	3382.82	92	36.77		
GENDER	332.20	1	332.20	9.03	.003
MEDICINE WITHIN GENDER (1)	425.31	3	141.77	3.86	.012
MEDICINE WITHIN GENDER (2)	3039.98	3	1013.33	27.56	.000
(Model)	3687.77	7	526.82	14.33	.000
(Total)	7070.59	99	71.42		

R-Squared=.522
Adjusted R-Squared=.485

从表 5－20 中可以看到，不同用药方案对男性抑郁水平的影响存在显著差异，$F(3, 92)=3.86$，$p=0.012<0.05$。不同用药方案对女性抑郁水平的影响同样存在显著差异，$F(3, 92)=27.56$，$p<0.001$。

表 5－21 gender 在 medicine 各水平上的影响

Source of Variation	SS	DF	MS	F	Sig of F
WITHIN CELLS	3382.82	92	36.77		
MEDICINE	2519.65	3	839.88	22.84	.000
GENDER W MEDICINE (1)	444.07	1	444.07	12.08	.001
GENDER W MEDICINE (2)	299.63	1	299.63	8.15	.005
GENDER W MEDICINE (3)	66.77	1	66.77	1.82	.181
GENDER W MEDICINE (4)	97.61	1	97.61	2.65	.107
(Model)	3687.77	7	526.82	14.33	.000
(Total)	7070.59	99	71.42		

R-Squared=.522
Adjusted R-Squared=.485

从表 5－21 中可以看到，若不用药，男女之间抑郁水平存在显著差异，$F(1, 92)=12.08$，$p=0.001<0.01$；结合表 5－16 中的描述统计结果，可以发现若不用药，女性的抑郁水平比男性更高。若是使用安慰剂，男女之间抑郁水平同样存在显著差异，$F(1, 92)=8.15$，$p=0.005<0.01$；结合表 5－16 中的描述统计结果，可以发现若使用安慰剂，女性的抑郁水平同样高于男性。而在使用旧药物与新药物的情况下，男女之间没有显著的差异。

六、结果报告

表 5－22 给出了不同性别不同用药方案下的抑郁水平描述统计结果。两因素完全随机方差分析结果显示，性别与用药方案有显著的交互效应，$F(3, 92)=5.15$，$p<$

0.01；性别的主效应显著，$F(1, 92)=9.04$，$p<0.01$，说明不同性别之间抑郁水平存在明显差异；用药方案的主效应显著，$F(3, 92)=22.84$，$p<0.001$，说明不同用药方案对抑郁水平的影响存在明显差异。进一步的简单效应检验结果显示，不同用药方案对男性抑郁水平的影响存在显著差异，$F(3, 92)=3.86$，$p<0.05$；同样，不同用药方案对女性抑郁水平的影响也存在显著差异，$F(3, 92)=27.56$，$p<0.001$；如果不用药物，女性的抑郁水平比男性更高，$F(1, 92)=12.08$，$p<0.01$；若是使用安慰剂，女性的抑郁水平依旧显著高于男性，$F(1, 92)=8.15$，$p<0.01$；而使用旧药物与新药物的情况下，女性和男性的抑郁水平没有显著差异。

表 5-22 不同性别不同用药方案下的抑郁水平描述统计结果

	男性			女性		
	均值	标准差	样本量	均值	标准差	样本量
无药物	37.33	5.263	12	45.77	4.206	13
安慰剂	30.80	6.460	10	37.87	6.093	15
旧药物	34.07	7.119	14	37.36	5.749	11
新药物	29.30	5.579	10	25.27	7.076	15

第四节　两因素混合设计的方差分析

一、变量和数据

我们依旧选择第二节单因素重复测量方差分析的数据文件“depression2. sav”。

二、研究问题和分析方法

医生认为不同种类的药物对于抑郁症的改善效果随时间的变化是不同的，他挑选了100名抑郁症患者，并随机分为四组，每组25人。组1不使用任何药物，组2使用安慰剂，组3使用旧药物，组4使用新药物。每名患者分别于使用药物后一个月、三个月和六个月再次接受抑郁水平的测量。

由于患者被划分为了不同组别，接受不同的用药方案，因素 medicine 为被试间因素；而由于每名被试均接受三次重复测量，重复测量（一个月后、三个月后和六个月后）为被试内因素。因此，这是一个包含两因素的混合设计，适合使用两因素混合设计的方差分析。

三、软件操作

（1）打开数据“depression2. sav”，选择“Analyze→General Linear Model→Repeated Measures...”（图 5-19）。

（2）在“Number of Levels”处填入“3”，然后点击“Add”（图 5-20）。

（3）点击“Define”，分别将 bdi1、bdi2 和 bdi3 变量放入右侧“factor1”框中，表示该因素的三个水平分别为这三次测量，然后将 medicine 变量放入“Between-Subjects Factor (s)”框中（图 5－21）。

（4）点击“Plots …”，将 factor1 放入“Horizontal Axis”中，将 medicine 放入“Separate Lines”中，点击“Add”，下方“Chart Type”选择默认的“Line Chart”，即绘制折线图，最后点击“Continue”（图 5－22）。

（5）点击“EM Means…”，将左侧的 medicine、factor1 及 medicine * factor1 都放入右侧“Display Means for”中，选中“Compare main effects”，在下方“Confidence interval adjustment”选项栏中选择“Bonferroni”方法，点击“Continue”（图 5－23）。

（6）点击“Options…”，在“Display”选项框中选择“Descriptive statistics”“Estimates of effect size”“Homogeneity tests”，置信区间使用默认的 0.05 水平，然后点击“Continue”（图 5－24）。

（7）点击“OK”。

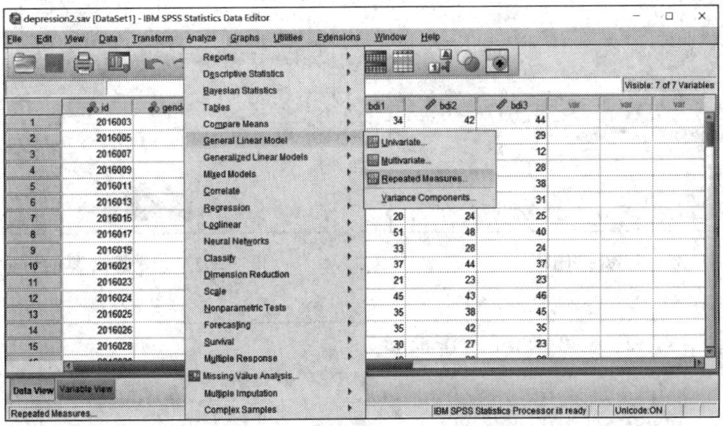

图 5－19　两因素混合设计的方差分析选项

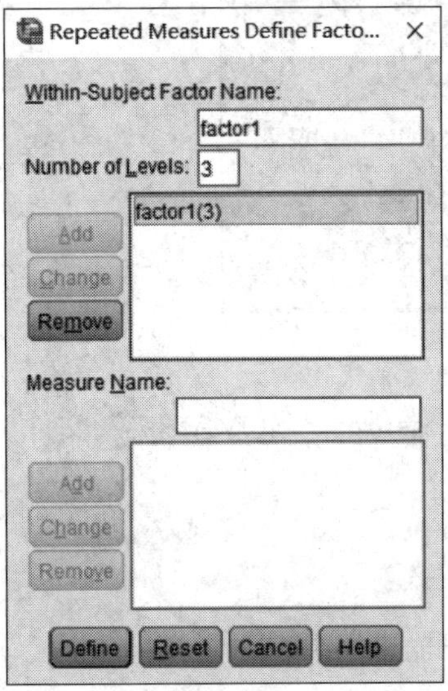

图 5－20　设置重复测量因素的水平数

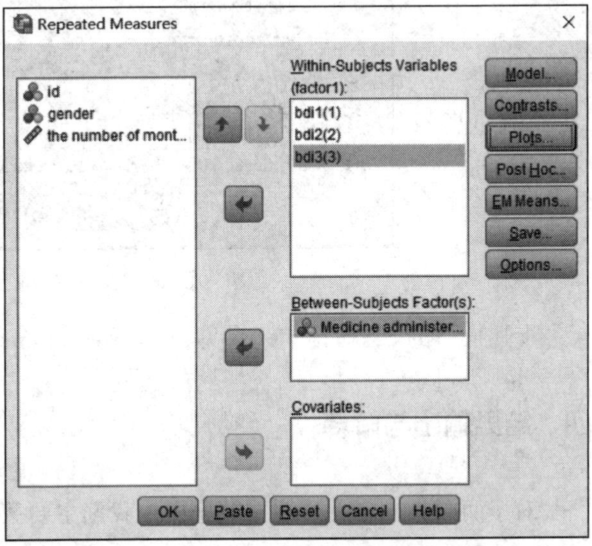

图 5－21　设置被试内因素和被试间因素

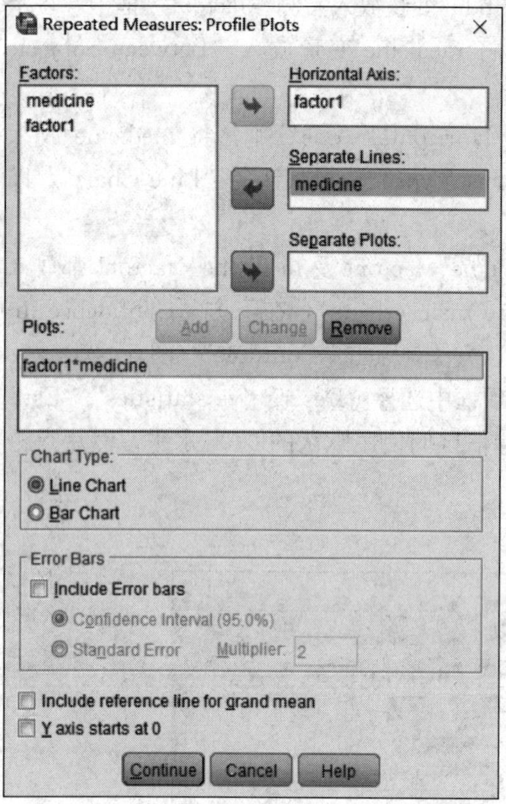

图 5-22　设置输出图

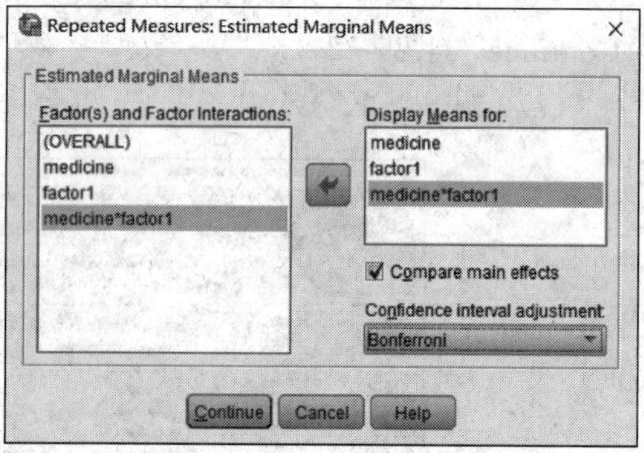

图 5-23　设置需要估计的边际均值

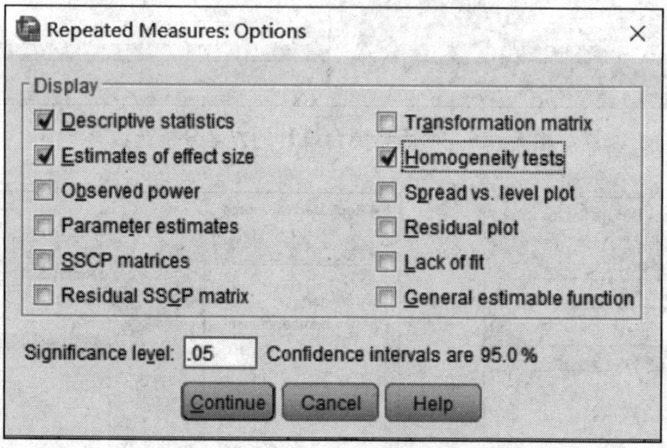

图 5-24　选择输出结果

上述操作的 SPSS 语句请参见“Two-way repeated-measures ANOVA. sps”文件。

四、结果输出与解释

对于两因素混合设计的方差分析，我们主要关注以下输出结果。

（一）Box 检验表

从表 5－23 中可以看到，$p=0.925$，可以认为重复测量变量的协方差矩阵相同。

表 5－23 Box 检验表

Box's Test of Equality of Covariance Matrices[a]	
Box's M	10.835
F	.568
df1	18
df2	32566.969
Sig.	.925

Tests the null hypothesis that the observed covariance matrices of the dependent variables are equal across groups.

a. Design：Intercept＋medicine

Within Subjects Design：factor1

（二）多元检验表

从表 5－24 中可以看到 Pillai's Trace、Wilks' Lambda、Hotelling's Trace 以及 Roy's Largest Root 四种方法的 F 检验结果。其中，factor1 的四种检验结果均显著，$p<0.001$，即 factor1 主效应显著。factor1 和 medicine 的交互效应不显著，说明交互效应对模型贡献不大。

表 5－24 多元检验表

Multivariate Tests[a]

Effect		Value	F	Hypothesis df	Error df	Sig.	Partial Eta Squared
factor1	Pillai's Trace	.158	8.887[b]	2.000	95.000	.000	.158
	Wilks' Lambda	.842	8.887[b]	2.000	95.000	.000	.158
	Hotelling's Trace	.187	8.887[b]	2.000	95.000	.000	.158
	Roy's Largest Root	.187	8.887[b]	2.000	95.000	.000	.158
factor1 * medicine	Pillai's Trace	.050	.819	6.000	192.000	.557	.025
	Wilks' Lambda	.950	.820[b]	6.000	190.000	.556	.025
	Hotelling's Trace	.052	.821	6.000	188.000	.555	.026
	Roy's Largest Root	.051	1.640[c]	3.000	96.000	.185	.049

a. Design：Intercept＋medicine

Within Subjects Design：factor1

b. Exact statistic

c. The statistic is an upper bound on F that yields a lower bound on the significance level.

（三）Mauchly 球形检验表

该检验主要用来判断数据是否适合做重复测量方差分析。从表 5－25 中可以看到 $p<0.001$，数据不符合球形假设；Epsilon 值大于 0.75，因此选择 Huynh-Feldt 方法进行校正。

表 5 - 25 Mauchly 球形检验表

Mauchly's Test of Sphericity[a]

Measure：MEASURE_1

Within Subjects Effect	Mauchly's W	Approx. Chi-Square	df	Sig.	Epsilon[b]		
					Greenhouse-Geisser	Huynh-Feldt	Lower-bound
factor1	.678	36.967	2	.000	.756	.790	.500

Tests the null hypothesis that the error covariance matrix of the orthonormalized transformed dependent variables is proportional to an identity matrix.

a. Design：Intercept+medicine

Within Subjects Design：factor1

b. May be used to adjust the degrees of freedom for the averaged tests of significance. Corrected tests are displayed in the Tests of Within-Subjects Effects table.

（四）被试内效应检验表

因为数据不满足球形假设，我们关注用 Huynh-Feldt 方法校正过的结果。从表 5 - 26 中可以看到，被试内效应显著，$F(1.58, 151.634)=14.078$，$p<0.001$，偏 $\eta^2=0.128$；交互效应不显著。

表 5 - 26 被试内效应检验表

Tests of Within-Subjects Effects

Measure：MEASURE_1

Source		Type III Sum of Squares	df	Mean Square	F	Sig.	Partial Eta Squared
factor1	Sphericity Assumed	534.647	2	267.323	14.078	.000	.128
	Greenhouse-Geisser	534.647	1.512	353.496	14.078	.000	.128
	Huynh-Feldt	534.647	1.580	338.486	14.078	.000	.128
	Lower-bound	534.647	1.000	534.647	14.078	.000	.128
factor1 * medicine	Sphericity Assumed	116.980	6	19.497	1.027	.409	.031
	Greenhouse-Geisser	116.980	4.537	25.781	1.027	.401	.031
	Huynh-Feldt	116.980	4.739	24.687	1.027	.402	.031
	Lower-bound	116.980	3.000	38.993	1.027	.384	.031
Error (factor1)	Sphericity Assumed	3645.707	192	18.988			
	Greenhouse-Geisser	3645.707	145.196	25.109			
	Huynh-Feldt	3645.707	151.634	24.043			
	Lower-bound	3645.707	96.000	37.976			

（五）被试间效应检验表

从表 5 - 27 中可以看到，medicine 的主效应显著，$F(3, 96)=10.182$，$p<0.001$，偏 $\eta^2=0.241$。

表 5-27 被试间效应检验表

Tests of Between-Subjects Effects

Measure：MEASURE_1

Transformed Variable：Average

Source	Type III Sum of Squares	df	Mean Square	F	Sig.	Partial Eta Squared
Intercept	326172.213	1	326172.213	1667.258	.000	.946
medicine	5975.600	3	1991.867	10.182	.000	.241
Error	18780.853	96	195.634			

（六）两因素边际均值描述统计表

表 5-28a 给出了不考虑用药后时间，仅考虑不同用药方案下被试抑郁水平的描述统计结果。可以看出，不用药的被试抑郁水平均值最高，为 38.680，其次是使用安慰剂和旧药物的被试，分别为 33.720 和 33.333，而新药物组的抑郁水平最低，为 26.160。

表 5-28b 给出了不考虑用药方案，仅考虑用药后不同时间被试抑郁水平的描述统计结果。可以看出，用药后一个月被试的平均抑郁水平为 34.790，三个月后降低到 32.510，六个月后则为 31.620。

表 5-28a 不同用药方案下的抑郁水平描述统计表

Estimates

Measure：MEASURE_1

Medicine administered	Mean	Std. Error	95% Confidence Interval	
			Lower Bound	Upper Bound
None	38.680	1.615	35.474	41.886
Placebo	33.720	1.615	30.514	36.926
Homeopathic	33.333	1.615	30.127	36.539
Pharmaceutical	26.160	1.615	22.954	29.366

表 5-28b 不同时间的抑郁水平描述统计表

Estimates

Measure：MEASURE_1

factor1	Mean	Std. Error	95% Confidence Interval	
			Lower Bound	Upper Bound
1	34.790	.669	33.463	36.117
2	32.510	.917	30.690	34.330
3	31.620	1.024	29.587	33.653

（七）被试间因素与被试内因素主效应的多组比较表

从表 5-29a 中可以看到，新药物和旧药物、安慰剂以及不使用药物之间都存在显著差异，而不使用药物、安慰剂以及旧药物之间均没有显著差异。

从表 5-29b 中可以看到，用药后一个月与用药后三个月之间存在显著差异，与用药后六个月之间也存在显著差异，但用药后三个月与用药后六个月之间不存在显著差异。

表 5-29a 被试间因素主效应的多组比较表

Pairwise Comparisons

Measure：MEASURE_1

(I) Medicine administered	(J) Medicine administered	Mean Difference (I−J)	Std. Error	Sig. b	95% Confidence Interval for Difference[b] Lower Bound	Upper Bound
None	Placebo	4.960	2.284	.194	−1.193	11.113
	Homeopathic	5.347	2.284	.128	−.807	11.500
	Pharmaceutical	12.520*	2.284	.000	6.367	18.673
Placebo	None	−4.960	2.284	.194	−11.113	1.193
	Homeopathic	.387	2.284	1.000	−5.767	6.540
	Pharmaceutical	7.560*	2.284	.008	1.407	13.713
Homeopathic	None	−5.347	2.284	.128	−11.500	.807
	Placebo	−.387	2.284	1.000	−6.540	5.767
	Pharmaceutical	7.173*	2.284	.013	1.020	13.327
Pharmaceutical	None	−12.520*	2.284	.000	−18.673	−6.367
	Placebo	−7.560*	2.284	.008	−13.713	−1.407
	Homeopathic	−7.173*	2.284	.013	−13.327	−1.020

Based on estimated marginal means

*. The mean difference is significant at the .05 level.

b. Adjustment for multiple comparisons：Bonferroni.

表 5-29b 被试内因素主效应的多组比较表

Pairwise Comparisons

Measure：MEASURE_1

(I) factor1	(J) factor1	Mean Difference (I−J)	Std. Error	Sig. b	95% Confidence Interval for Difference[b] Lower Bound	Upper Bound
1	2	2.280*	.612	.001	.788	3.772
	3	3.170*	.754	.000	1.332	5.008
2	1	−2.280*	.612	.001	−3.772	−.788
	3	.890	.442	.141	−.187	1.967
3	1	−3.170*	.754	.000	−5.008	−1.332
	2	−.890	.442	.141	−1.967	.187

Based on estimated marginal means

*. The mean difference is significant at the .05 level.

b. Adjustment for multiple comparisons：Bonferroni.

（八）均值折线图

从图 5-25 中可以看到，使用新药物之后的抑郁水平明显低于其他三组。安慰剂组和旧药物组之间抑郁水平没有明显差别。从图中也可看出，四条线随重复测量的变化趋势基本一致，这与交互效应不显著的结论一致，因此不必进行简单效应检验。但为了说明 SPSS 在混合效应模型中的应用，我们将在第六小节“MANOVA 在两因素设计中的应用”中给出简单效应检验的语句以及输出结果。

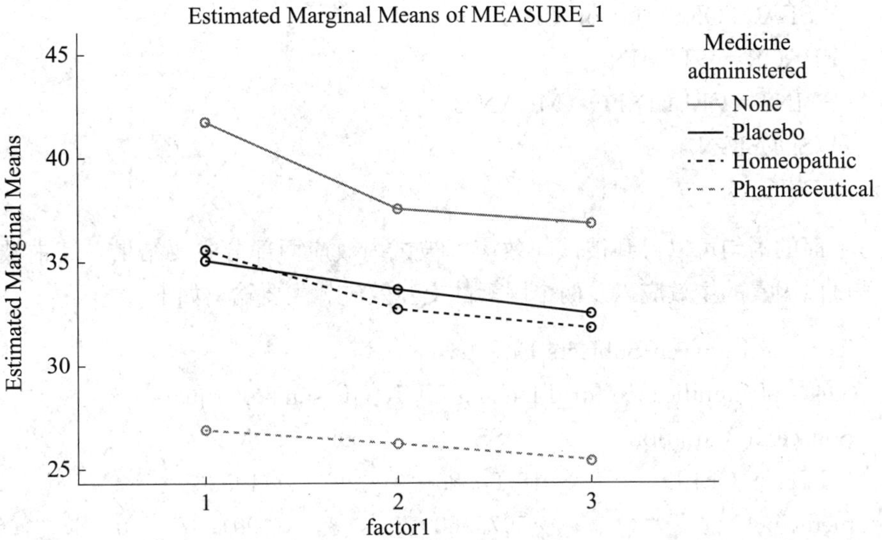

图 5-25 均值折线图

五、结果报告

两因素混合设计的方差分析结果显示，用药之后不同时间的抑郁水平之间存在显著差异，F（1.58，151.634）=14.08，$p<0.001$，偏 $\eta^2=0.128$；不同用药方案的治疗效果之间存在显著差异，F（3，96）=10.18，$p<0.001$，偏 $\eta^2=0.241$。使用新药后的抑郁水平（M=26.16）显著低于不使用药物（M=38.68）、使用安慰剂（M=33.72）以及使用旧药（M=33.33）。用药后被试抑郁水平持续降低，用药后一个月抑郁水平（M=34.79）与用药后三个月抑郁水平（M=32.51）、用药后六个月抑郁水平（M=31.62）之间均存在显著差异，但后两者之间没有显著差异。不同用药方案与用药后时间之间没有交互效应。

六、MANOVA 在两因素设计中的应用

SPSS 中的 MANOVA 语句是另一种实现方差分析的常用方法，不仅可以对上面所说的主效应和交互效应进行分析，还可以在交互效应显著的情况下，进一步做简单效应检验。虽然上面的例子由于交互效应不显著不需要进行简单效应检验，但为了说明 MANOVA 语句在两因素混合效应模型中的应用，以下将依然用这组数据介绍 MANOVA 的应用以及主要输出结果。相应的 SPSS 语句也可以参见“Two-way mixed ANOVA. sps”文件。

（一）两因素混合设计的 MANOVA 基本语句

基本语句如下：

```
MANOVA bdi1 bdi2 bdi3 BY medicine（1，4）
/WSFACTORS=factor（3）
/ERROR=WITHIN
/PRINT=CELLINFO（MEANS）
/WSDESIGN
/DESIGN.
```

运行上面的语句可以得到被试间效应、被试内效应两部分主要结果，其中被试内效应包含被试内因素的主效应以及两个因素的交互效应。主要输出如下：

Tests of Between-Subjects Effects.

Tests of Significance for T1 using UNIQUE sums of squares

Source of Variation	SS	DF	MS	F	Sig of F
WITHIN CELLS	18780.85	96	195.63		
medicine	5975.60	3	1991.87	10.18	.000

Tests involving ‘FACTOR’ Within-Subject Effect.

AVERAGED Tests of Significance for bdi using UNIQUE sums of squares

Source of Variation	SS	DF	MS	F	Sig of F
WITHIN CELLS	3 645.71	192	18.99		
FACTOR	534.65	2	267.32	14.08	.000
medicine BY FACTOR	116.98	6	19.50	1.03	.409

这一结果与前面表 5 - 26 和表 5 - 27 的结果相同。

（二）两因素混合设计简单效应检验的 MANOVA 语句

1. 被试间因素在被试内因素不同水平上的简单效应检验

语句如下：

```
MANOVA bdi1 bdi2 bdi3 BY medicine（1，4）
/WSFACTORS=factor（3）
/ERROR=WITHIN
/WSDESIGN=MWITHIN factor（1）
           MWITHIN factor（2）
           MWITHIN factor（3）.
```

主要输出如下：

Tests involving ‘MWITHIN FACTOR（1）’ Within-Subject Effect.

Tests of Significance for T1 using UNIQUE sums of squares

Source of Variation	SS	DF	MS	F	Sig of F
WITHIN CELLS	4290.88	96	44.70		
MWITHIN FACTOR (1)	121034.41	1	121034.41	2707.91	.000
medicine BY MWITHIN FACTOR (1)	2779.71	3	926.57	20.73	.000

Tests involving 'MWITHIN FACTOR (2)' Within-Subject Effect.

Tests of Significance for T2 using UNIQUE sums of squares

Source of Variation	SS	DF	MS	F	Sig of F
WITHIN CELLS	8067.44	96	84.04		
MWITHIN FACTOR (2)	105690.01	1	105690.01	1257.68	.000
medicine BY MWITHIN FACTOR (2)	1655.55	3	551.85	6.57	.000

Tests involving 'MWITHIN FACTOR (3)' Within-Subject Effect.

Tests of Significance for T3 using UNIQUE sums of squares

Source of Variation	SS	DF	MS	F	Sig of F
WITHIN CELLS	10068.24	96	104.88		
MWITHIN FACTOR (3)	99982.44	1	99982.44	953.33	.000
medicine BY MWITHIN FACTOR (3)	1657.32	3	552.44	5.27	.002

上述结果可以整理成表 5-30 的形式：

表 5-30　被试间因素在被试内因素不同水平上的简单效应检验结果

	Source of Variation	SS	DF	MS	F	Sig of F
BDI (1)	WITHIN CELLS	4290.88	96	44.70		
	medicine BY MWITHIN BDI (1)	2779.71	3	926.57	20.73	.000
BDI (2)	WITHIN CELLS	8067.44	96	84.04		
	medicine BY MWITHIN BDI (2)	1655.55	3	551.85	6.57	.000
BDI (3)	WITHIN CELLS	10068.24	96	104.88		
	medicine BY MWITHIN BDI (3)	1657.32	3	552.44	5.27	.002

结果表明，在 FACTOR 的第一个水平（一个月后），四种用药方案下的平均抑郁水平存在显著差异，$F(3, 96)=20.73$，$p<0.001$；在 FACTOR 的第二个水平（三个月后），四种用药方案下的平均抑郁水平存在显著差异，$F(3, 96)=6.57$，$p<0.001$；在 FACTOR 的第三个水平（六个月后），四种用药方案下的平均抑郁水平存在显著差异，$F(3, 96)=5.27$，$p<0.001$。

2. 被试内因素在被试间因素不同水平上的简单效应检验

语句如下：

```
MANOVA bdi1 bdi2 bdi3 BY medicine (1, 4)
/WSFACTORS=factor (3)
/ERROR=WITHIN
/DESIGN=MWITHIN medicine (1)
        MWITHIN medicine (2)
        MWITHIN medicine (3)
        MWITHIN medicine (4).
```

主要输出结果如下：

```
Tests involving 'FACTOR' Within-Subject Effect.
AVERAGED Tests of Significance for bdi using UNIQUE sums of squares
Source of Variation            SS      DF      MS        F     Sig of F
WITHIN CELLS               3645.71    192     18.99
MWITHIN MEDICINE (1)        353.04      2    176.52     9.30     .000
BY FACTOR
MWITHIN MEDICINE (2)         82.16      2     41.08     2.16     .118
BY FACTOR
MWITHIN MEDICINE (3)        188.99      2     94.49     4.98     .008
BY FACTOR
MWITHIN MEDICINE (4)         27.44      2     13.72      .72     .487
BY FACTOR
```

上述结果可以整理成表 5－31 的形式：

表 5－31　被试内因素在被试间因素不同水平上的简单效应检验结果

Source of Variation	SS	DF	MS	F	Sig of F
WITHIN+RESIDUAL	3645.71	192	18.99		
MWITHIN MEDICINE (1) BY BDI	353.04	2	176.52	9.30	.000
MWITHIN MEDICINE (2) BY BDI	82.16	2	41.08	2.16	.118
MWITHIN MEDICINE (3) BY BDI	188.99	2	94.49	4.98	.008
MWITHIN MEDICINE (4) BY BDI	27.44	2	13.72	0.72	.487

结果表明，对于不使用药物组，三次测量下的平均抑郁水平存在显著差异，$F(2, 96)=9.30$，$p<0.001$；对于安慰剂组，三次测量下的平均抑郁水平不存在显著差异；对于旧药物组，三次测量下的平均抑郁水平存在显著差异，$F(2, 96)=4.98$，$p=0.008$；对于新药物组，三次测量下的平均抑郁水平不存在显著差异。

这一节主要涉及的是两因素混合设计的方差分析，实际应用中还会涉及两个因素都是重复测量的情况，此时可以采用第二节介绍的重复测量方差分析的操作，只不过这时候重复测量的因素有两个，其他操作都与第二节介绍的类似。为了节约篇幅，这里给出操作语句（见“Two-way repeated-measures ANOVA. sps”文件），其中包括 GLM 语句以及简单效应检验语句，这里不再详细举例，研究者可以视研究中变量的水平数参照修改。

第五节　协方差分析

研究者在进行方差分析时，有时需要对一些与研究目的无关，却又和自变量或者因变量之间存在较高相关的变量加以控制，从而让分析的结果更为可靠和精确，这时可以考虑使用协方差分析来消除协变量对因变量变异的贡献，从而提高分析结果的可靠性和可解释性。

一、变量和数据

我们选择“depression1. sav”数据文件。

二、研究问题和分析方法

研究者认为抑郁症患者的抑郁持续时间可能会对不同药物的效果产生影响，但研究者主要关心的问题是不同药物之间的治疗效果是否存在差异。

在这个研究问题中，抑郁持续时间有可能对实验结果产生影响，但是研究者并不关心这一影响，而是在控制其影响的前提下，重点探讨几种药物治疗效果的差异。因此，我们可以考虑将抑郁持续时间作为协变量加以控制，采用协方差分析来检验不同药物效果之间是否存在明显差异。

值得注意的是，协方差分析假设协变量与处理因素不存在交互效应。如果这一前提条件不满足，则须另行考虑。后面我们将检验这一前提假设是否成立。

三、软件操作

（1）打开数据文件“depression1. sav”，选择“Analyze→General Linear Model→Univariate…”（图 5 - 26）。

（2）将 bdi 放入右侧“Dependent Variable”变量框中，将 medicine 放入“Fixed Factor（s）”变量框中，将 duration 放入“Covariate（s）”变量框中（图 5 - 27）。

（3）点击“Model…”，选中“Specify Model”选项框中的“Build terms”选项，在下方“Factors & Covariates”栏中将 medicine 和 duration 放入右侧“Model”框内，再同时选中 medicine 和 duration 放入右侧“Model”框内。这里在模型中选择交互项是想要检验协方差分析关于协变量与处理因素相互独立的假设是否满足。点击“Continue”（图 5 - 28）。

（4）点击“OK”。

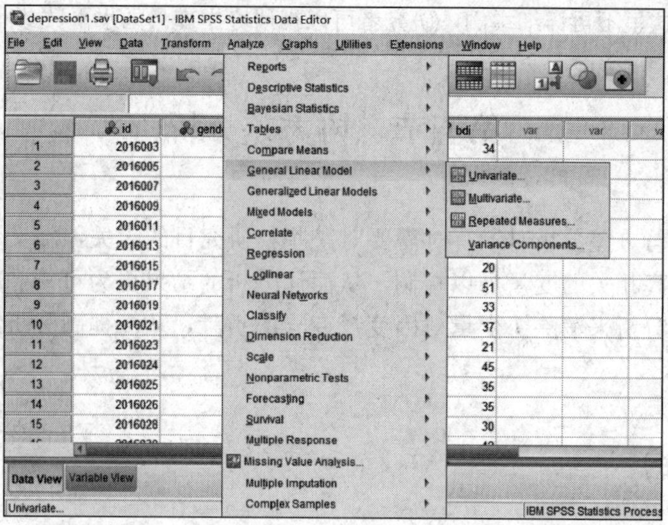

图 5-26 协方差分析选项

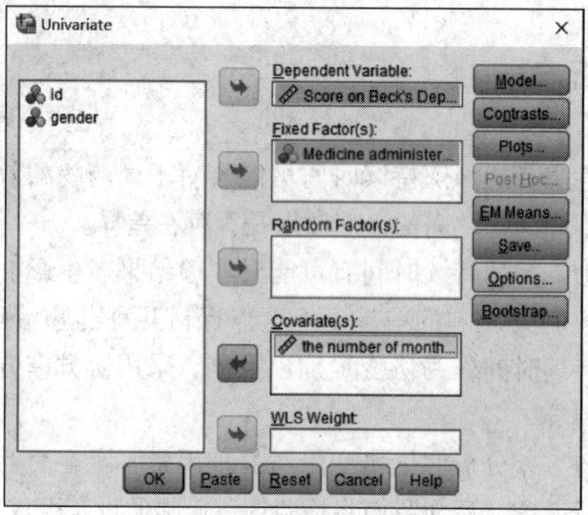

图 5-27 选择要分析的变量

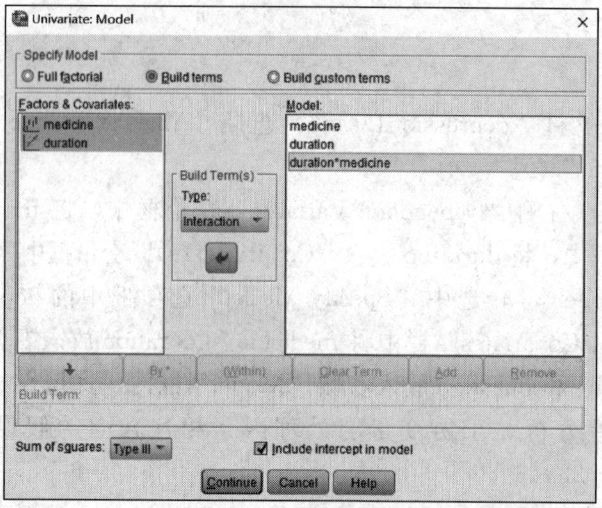

图 5-28 模型设置

完成后可以看到 SPSS 输出了一个被试间效应检验表（表 5－32）。

表 5－32 被试间效应检验表

Tests of Between-Subjects Effects

Dependent Variable：Score on Beck's Depression Inventory

Source	Type III Sum of Squares	df	Mean Square	F	Sig.
Corrected Model	3265.383[a]	7	466.483	11.278	.000
Intercept	1919.085	1	1919.085	46.398	.000
medicine	189.586	3	63.195	1.528	.213
duration	359.170	1	359.170	8.684	.004
medicine * duration	92.807	3	30.936	.748	.526
Error	3805.207	92	41.361		
Total	128105.000	100			
Corrected Total	7070.590	99			

a. R Squared＝.462（Adjusted R Squared＝.421）

这张表中我们主要关注 medicine * duration 这一行的结果，其中 $p=0.526>0.05$，这说明用药方案和抑郁持续时间的交互效应不显著，即四种不同用药方案下回归线斜率相似。只有各组回归线相似的条件成立，才能考虑进一步使用协方差分析。若是各组回归线不平行，则需要考虑其他方法。

由于各组回归线相似，我们可以继续进行协方差分析。

（1）重新进入协方差分析主对话框，点击“Model…”后，在“Specify Model”栏选择“Full factorial”，然后点击“Continue”（图 5－29）。

（2）点击“EM Means…”，将 medicine 放入右侧“Display Means for”框中，点击“Continue”（图 5－30）。

（3）点击“Options…”，在“Display”栏中选择“Descriptive statistics”和“Estimates of effect size”，然后点击“Continue”（图 5－31）。

（4）点击“OK”。

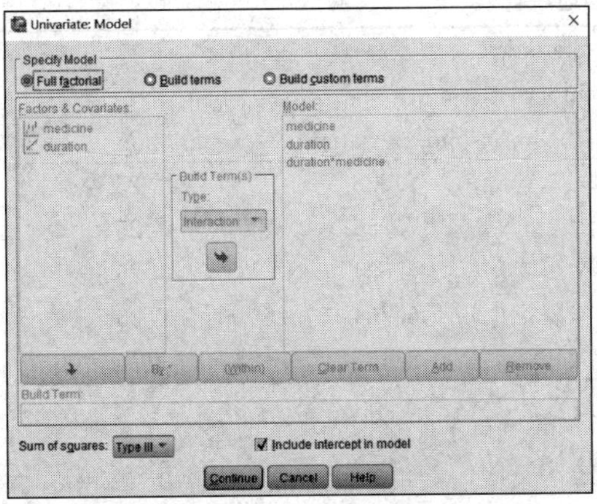

图 5－29 定义全模型

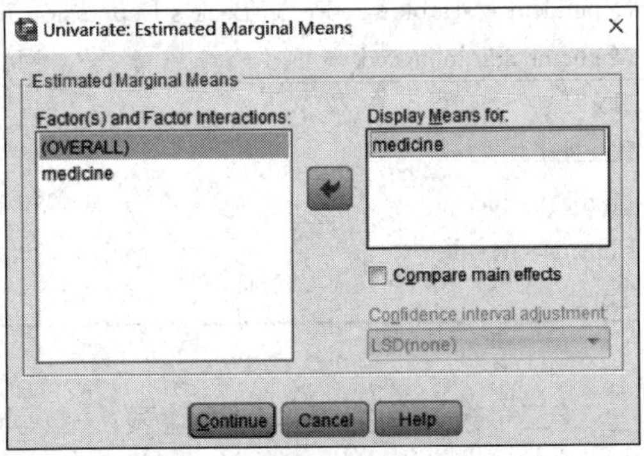

图 5－30 估计边际均值

上述操作的 SPSS 语句请参见“ANCOVA.sps”文件。

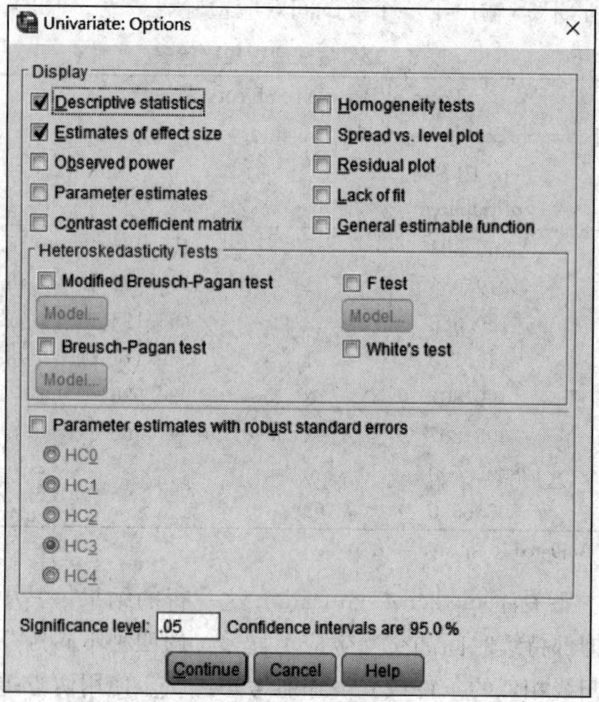

图 5-31 选择输出结果

四、结果输出与解释

SPSS 协方差分析的结果主要有以下三部分。

（一）描述统计表

表 5-33 主要展示各组以及总体的均值、标准差以及样本量。

表 5-33 描述统计表

Descriptive Statistics

Dependent Variable：Score on Beck's Depression Inventory

Medicine administered	Mean	Std. Deviation	N
None	41.72	6.328	25
Placebo	35.04	7.056	25
Homeopathic	35.52	6.634	25
Pharmaceutical	26.88	6.704	25
Total	34.79	8.451	100

（二）被试间因素效应检验表

表 5-34 中主要关注 medicine 一行，可以看到在控制了 duration，也就是抑郁持续时间这个变量后，各组之间差异显著，F（3，95）=16.403，p<0.001，偏 η^2=0.341。

同时我们可以看到抑郁持续时间对抑郁症治疗效果影响显著，$F(1, 95)=9.575$，$p=0.003$，偏 $\eta^2=0.092$。

表 5-34 被试间因素效应检验表

Tests of Between-Subjects Effects

Dependent Variable：Score on Beck's Depression Inventory

Source	Type III Sum of Squares	df	Mean Square	F	Sig.	Partial Eta Squared
Corrected Model	3172.575[a]	4	793.144	19.330	.000	.449
Intercept	2962.622	1	2962.622	72.203	.000	.432
duration	392.865	1	392.865	9.575	.003	.092
medicine	2019.149	3	673.050	16.403	.000	.341
Error	3898.015	95	41.032			
Total	128105.000	100				
Corrected Total	7070.590	99				

a. R Squared=.449 (Adjusted R Squared=.425)

（三）边际均值估计表

表 5-35 给出了不同用药方案下调整后的平均抑郁水平。

表 5-35 边际均值估计表

Medicine administered

Dependent Variable：Score on Beck's Depression Inventory

Medicine administered	Mean	Std. Error	95% Confidence Interval	
			Lower Bound	Upper Bound
None	40.688[a]	1.324	38.060	43.316
Placebo	35.428[a]	1.287	32.872	37.983
Homeopathic	35.464[a]	1.281	32.920	38.007
Pharmaceutical	27.581[a]	1.301	24.998	30.163

a. Covariates appearing in the model are evaluated at the following values：the number of months of Duration=50.17.

五、结果报告

协方差分析结果显示，在控制了被试抑郁持续时间的影响后，不同的用药方案对抑郁症的改善状况存在显著影响，$F(3, 95)=16.403$，$p<0.001$，偏 $\eta^2=0.341$。具体如表 5-36 所示。

表 5-36 协方差分析结果

变异来源	*SS*	*df*	*MS*	*F*
协变量	392.87	1	392.87	9.58**
主效应	2019.15	3	673.05	16.40***
残差	3898.02	95	41.03	

** $p<0.01$，*** $p<0.001$.

《本章小结》

本章主要介绍了五种常见的方差分析方法。

1. 通过“Analyze→Compare Means→One-Way ANOVA…”进行单因素完全随机方差分析。

2. 通过“Analyze→General Linear Model→Repeated Measures…”进行单因素重复测量方差分析。

3. 通过“Analyze→General Linear Model→Univariate…”进行两因素完全随机方差分析以及协方差分析。

4. 通过“Analyze→General Linear Model→Repeated Measures…”进行两因素混合设计的方差分析。

5. 利用 SPSS 中的 MANOVA 语句进行两因素混合设计的方差分析。

单因素完全随机方差分析类似于独立样本 t 检验，不过比较的组数在三个及以上。单因素重复测量方差分析类似于相关样本 t 检验，比较的是三次及以上测量间的差异。两因素完全随机方差分析有两个因素，每个因素都有两个及以上的水平，而被试在每个因素上只占据一个水平，例如一个被试只可能是“男”或者“女”，只可能属于“年轻人”或者“老年人”，无法同时占据一个以上的水平。两因素混合设计的方差分析中被试在一个因素上占据所有水平，例如被试先经历了一次施测，经过一段时间后又经历了一次施测。协方差分析主要用来控制一些可能引发不同组别之间差异的变量，以此观测不同组别的差异。

《自测练习》

尝试对数据文件“心理健康.sav”（数据描述见附录 B）进行如下操作：

1. 将睡眠困难度（difficultsleep）重新编码：小于 3 的值编码为 1，表示容易入睡；大于等于 3 且小于 5 的值编码为 2，表示一般；大于等于 5 的值编码为 3，表示困难。

采用合适的方差分析方法比较三组人群在服用抗精神病药物前的得分（Checklist1）是否存在差异。

2. 根据重新编码的睡眠困难度，采用合适的方差分析方法比较三组人群在服用抗精神病药物前后的得分（Checklist1 和 Checklist2）是否存在差异。

3. 在控制男女差异的基础上比较三组人群在服用抗精神病药物前的得分是否存在差异。

第六章
相关分析

学习目标

本章主要介绍不同类型的变量所对应的相关分析类型。通过本章的学习，我们应学会根据自身需要分析的变量类型去选择合适的相关分析方法，并解释结果。

心理学研究中常常涉及两个或者多个变量之间的关系，对关系的研究是解释现象的重要步骤。我们把当一个变量的取值发生变化时，另一个变量的取值也随之变化的现象叫作相关。两个变量间的共变关系就是相关关系。比如，长得高的人体重相对会更高，气温上升时雪糕的销量也会增加。这个时候我们就认为身高和体重、气温和雪糕销量之间可能存在某种相关关系。但研究者们想要能够更加精确地描述这些相关关系的共变方向和大小，因此就引入了相关分析。通过相关分析可以得到一个相关系数，相关系数能反映出两个或多个变量之间是否存在相关关系，还能描述相关的方向和程度。

在做相关分析之前，需要先对变量之间的相关情况进行简单的描述。最简单直观的方式是画出散点图。根据散点图有了初步判断之后再进行相关系数的计算与分析。相关分析的方法有多种，具体采用哪种方法主要取决于变量的数据形式。当两个变量都是等距数据或者等比数据时通常采用皮尔逊相关（Pearson's r）；当两个变量都是等级数据时采用斯皮尔曼相关（Spearman's rho）或者肯德尔等级相关（Kendall's tau）；而计算两个分类变量的相关则使用 Φ 相关或列联相关；计算连续变量和二分变量之间的相关采用点二列相关或二列相关。以上方法以及对应的 SPSS 操作步骤、结果解读都会在本章后文介绍。不同方法之间存在着差异，在学习和应用中只有根据数据选取适宜的方法，才能使得相关的计算更为准确，减少偏差和错误。

本章将结合实例来讲解 SPSS 操作，所用数据依然来自前面介绍过的 494 名中学生的心理状况和学业情况问卷调查数据。本章所涉及的变量主要有 GENDER、ESCS 等，其中 BELONG 由“ST034Q01TA”到“ST034Q06TA”这 6 道题目合并而成。最终的变量列表如表 6-1 所示。本章用到的数据见文件“correlation analysis. sav”。

表 6-1　中学生心理状况和学业情况问卷题目

变量名	变量含义
ID	学号
ST034Q01TA	在学校里我觉得自己像个局外人
ST034Q02TA	在学校我很容易交到朋友
ST034Q03TA	在学校感到有归属感
ST034Q04TA	在学校里感觉很糟糕
ST034Q05TA	其他同学喜欢我
ST034Q06TA	在学校觉得很孤单
GENDER	性别
ESCS	社会经济地位
REPEAT	留级
EXPEDU	你预期自己会完成哪个阶段的教育
BELONG	学校归属感
MATH	数学成绩
READ	阅读成绩
SCIENCE	科学成绩
ACHIEVE	总学业成绩
READ_2	阅读成绩是否及格

第一节　散点图

散点图就是将两个变量以 X 和 Y 表示，X 为横轴，Y 为纵轴，把每个个体的数据都转换成直角坐标系上的点所作出的图。散点图能够粗略但直观地反映出两个变量之间的关系是否为线性，以及关系的方向和强度。如果散点呈椭圆形分布，两个变量变化趋势一致，则为正相关；若变化趋势相反，则为负相关。如果散点呈近似正圆形分布，两个变量的变化方向无明显趋势，则为零相关。

一、变量和数据

使用中学生心理状况和学业情况问卷中的数学成绩和阅读成绩来绘制散点图，数据文件名为“correlation analysis. sav”。

二、研究问题和分析方法

研究者想要知道数学成绩和阅读成绩之间是否存在相关，先通过散点图来观察二者分布中的相关性。

三、软件操作

（1）在 SPSS 中选择“Graphs → Chart Builder…”（图 6－1）。

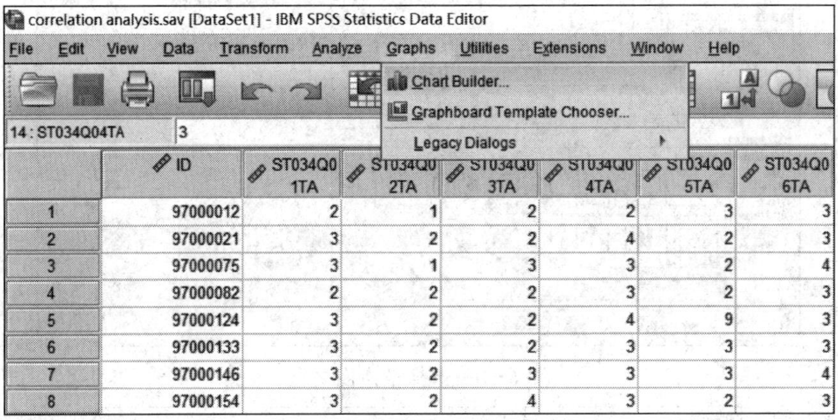

图 6－1 散点图选项

（2）在弹出提示框后点击“OK”（图 6－2）。

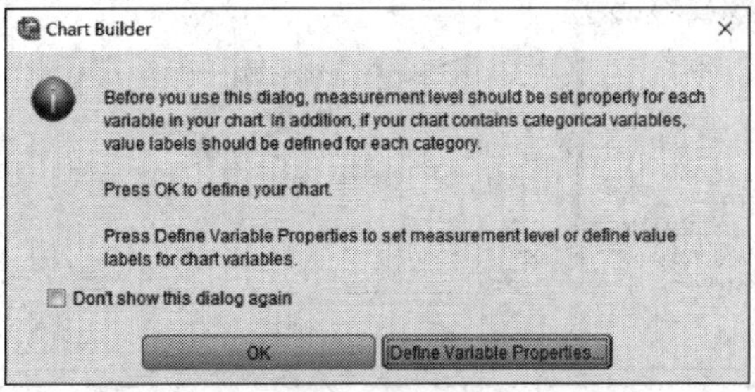

图 6－2 选择绘图后的弹出提示

（3）进入“Chart Builder”界面后，在左下角的“Gallery”中选择“Scatter/Dot”，双击第一排第二列的“Simple Scatter with Fit Line”（这个选项画出的散点图中会有一条拟合线。如果不需要该拟合线，可以选择第一排第一列的“Simple Scatter”）（图 6－3）。

（4）在“Chart Builder”左上角的“Variables”中将“阅读成绩”拖入图中“X-Axis?”框内，将“数学成绩”拖入“Y-Axis?”框内（也可以互换位置）（图 6－4）。

（5）点击左下角的“OK”。

上述操作的 SPSS 语句详见“correlation analysis. sps”中的“散点图”部分。

四、结果输出与解释

从图 6－5 中可以看出，数据点整体呈现椭圆形，集中地分布在拟合线周围，并且随着阅读成绩的增加（或减少），数学成绩也会相应地增加（或减少），说明有较明显的正相关。右上角的 R^2 Linear＝0.816 表示相关系数的平方为 0.816，也表示阅读成绩对数学成绩变异的解释率达到了数学成绩总变异的 81.6％。

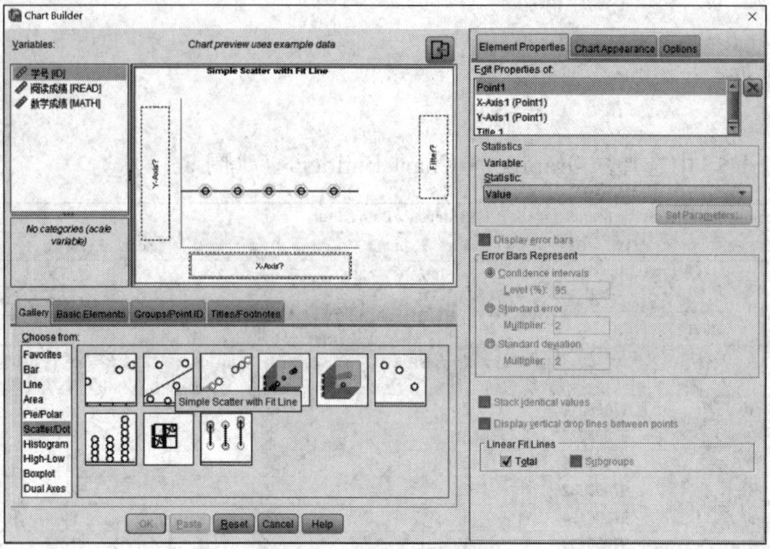

图 6-3 选择散点图类型

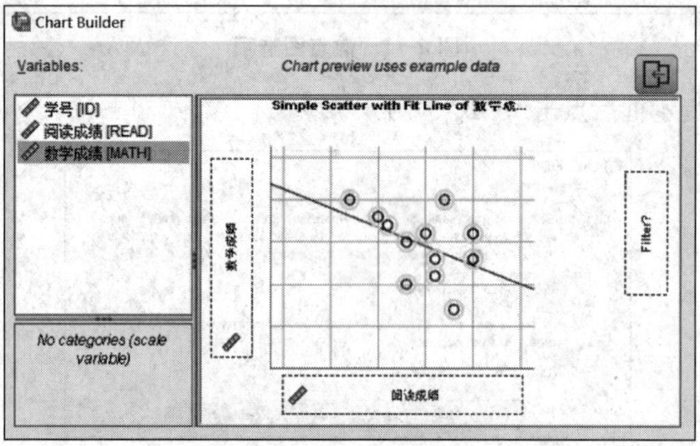

图 6-4 选择散点图变量

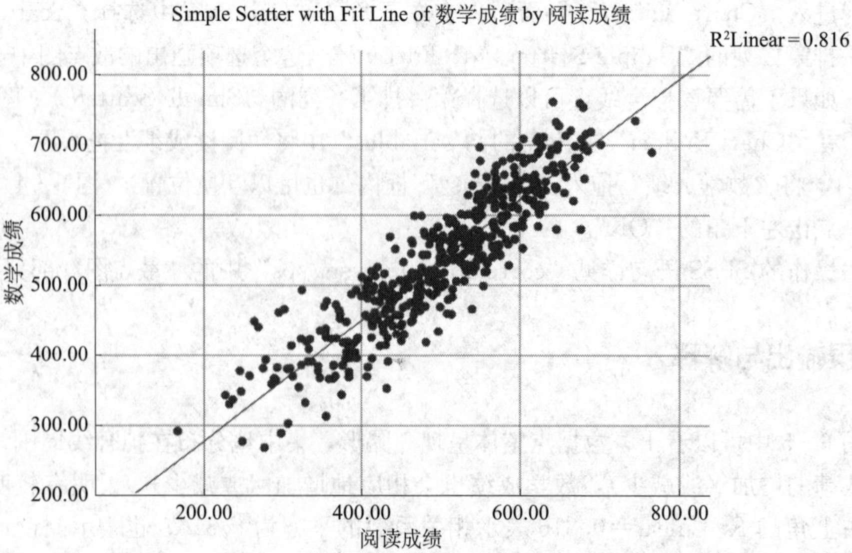

图 6-5 数学成绩和阅读成绩散点图

第二节　两个连续变量之间的相关

当两个变量均为连续变量时，比如等距变量或等比变量，计算相关系数最常用的方法是皮尔逊积差相关（Pearson's product moment correlation coefficient），简称皮尔逊相关（Pearson's r）。使用皮尔逊相关需要满足以下条件：(1) 两个变量都是连续变量；(2) 两变量总体都呈正态分布；(3) 两变量之间为线性关系；(4) 样本量较大（大于等于30）。皮尔逊相关用符号 r 表示，其计算公式为：

$$r=\frac{\sum(X-\overline{X})(Y-\overline{Y})}{\sqrt{\sum(X-\overline{X})^2(Y-\overline{Y})^2}}$$

r 表示的是 X 和 Y 的共变程度与 X 和 Y 的变异程度的比值，从公式上来看就是 X 和 Y 的协方差与 X 和 Y 的标准差之积的比值。

一、变量和数据

同样使用数据文件"correlation analysis. sav"。

二、研究问题和分析方法

两个变量皆为连续变量，总体的成绩分布一般接近于正态分布。另外，通过第一节中的散点图可以发现二者之间存在线性关系，样本量为494。因此，满足皮尔逊相关的使用条件。

三、软件操作

(1) 在SPSS中选择"Analyze → Correlate → Bivariate…"（图6-6）。

(2) 在"Bivariate Correlations"对话框中将左侧的"数学成绩"和"阅读成绩"选入右侧"Variables"变量框，"Correlation coefficients"选择"Pearson"，"Test of Significance"选择"Two-tailed"（双尾检验），勾选"Flag significant correlation"，表示将显著的相关标示出来（图6-7）。

(3) 点击"Options…"，"Missing Values"选择默认的"Exclude cases pairwise"，表示在计算两个变量的相关时，如果某个个体存在缺失值就会把该个体的两个变量都删除。而"Exclude cases listwise"表示相关只会基于所有的变量都完整的个体进行计算，即如果计算三个变量间的两两相关，只要其中一个变量缺失，就会删除该变量对应的个体，另外两个变量的相关也不会计算。点击"Continue"（图6-8）。

(4) 点击"OK"。

上述操作的 SPSS 语句详见“correlation analysis. sps”中的“皮尔逊相关”部分。

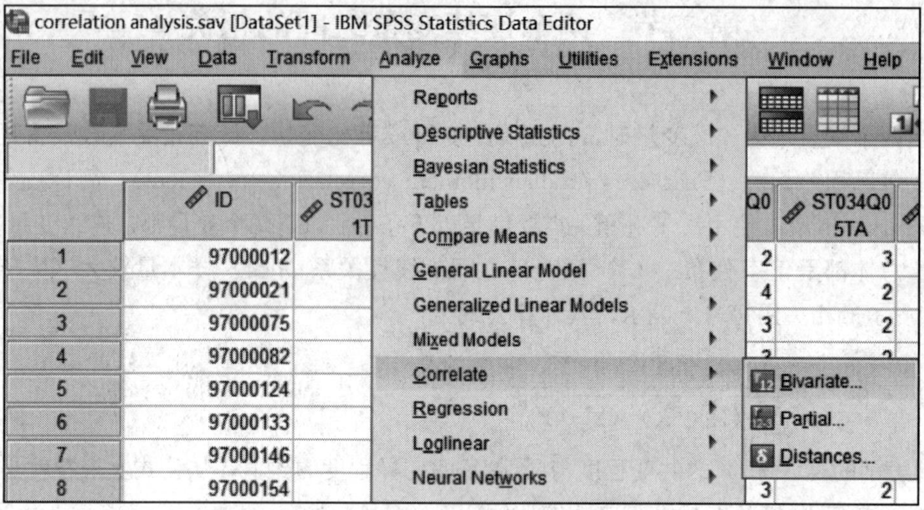

图 6-6 皮尔逊相关分析选项

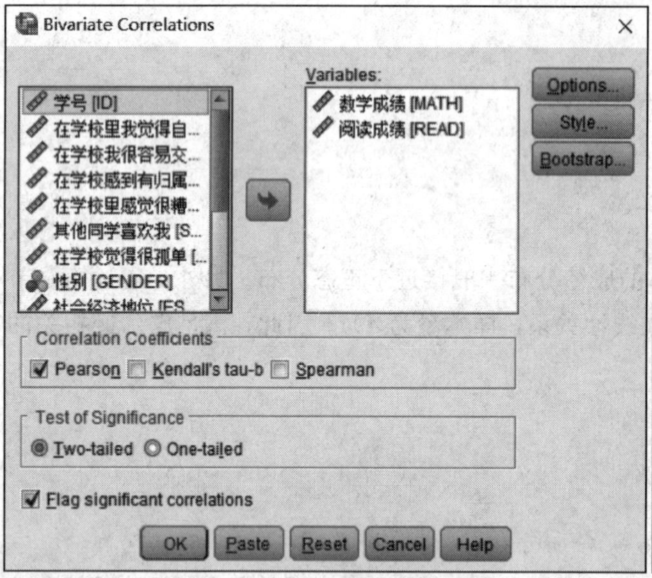

图 6-7 选择变量和方法

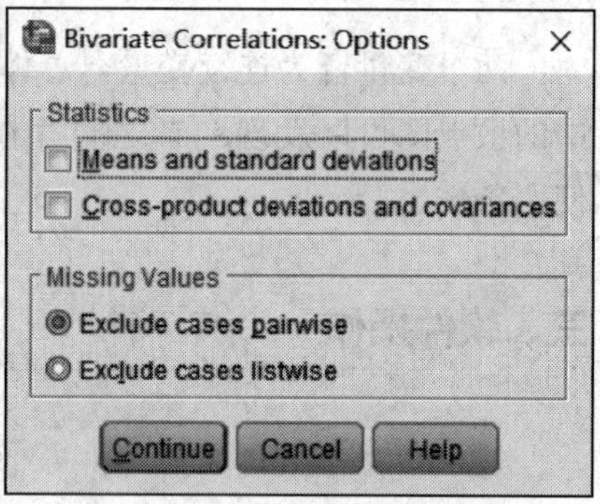

图 6-8 选择缺失值处理方式

四、结果输出与解释

相关表格是对角线对称的，因此只需看对角线上半部分或者对角线下半部分。从表 6-2 中可以看出，数学成绩和阅读成绩的皮尔逊相关系数为 0.904，在 0.01 的水平上显著，N 表示有效样本量为 494。说明数学成绩和阅读成绩之间有很强的相关，和散点图的结果相吻合。

表 6-2　数学成绩和阅读成绩的皮尔逊相关表

Correlations

		数学成绩	阅读成绩
数学成绩	Pearson Correlation	1	.904**
	Sig. (2-tailed)		.000
	N	494	494
阅读成绩	Pearson Correlation	.904**	1
	Sig. (2-tailed)	.000	
	N	494	494

**. Correlation is significant at the 0.01 level (2-tailed).

五、结果报告

数学成绩与阅读成绩之间存在显著的正相关，相关系数 $r=0.904$，$p<0.001$。

第三节　两个等级变量之间的相关

对于两列等级数据，常用斯皮尔曼相关或肯德尔等级相关描述相关程度的高低。

斯皮尔曼相关（Spearman's rho），符号表示为 ρ。斯皮尔曼相关不要求变量总体呈正态分布，也不要求样本量大于等于 30。当连续数据无法满足皮尔逊相关的使用条件时，可以转换为等级数据计算斯皮尔曼相关。但由于等级数据损失了较多信息，斯皮尔曼相关系数的精确度不如皮尔逊相关系数。斯皮尔曼相关系数主要应用于对两列等级数据的一致性程度的评价。

肯德尔等级相关系数（Kendall's tau），符号表示为 τ，适用于两列及以上等级变量的数据，能反映多个等级变量变化的一致性。但肯德尔等级相关系数和斯皮尔曼相关系数相比通常会略小。

一、变量和数据

本节的数据选择中学生心理状况和学习情况问卷中关于学校归属感的两道题目，分别是“在学校里我感觉自己像个局外人”和“在学校我很容易交到朋友”，每道题为 4 点评分，1 表示完全同意，4 表示完全不同意，数据文件为“correlation analysis. sav”。

二、研究问题和分析方法

研究者想要知道中学生在这两道题目上的回答是否存在相关，由于问卷题目采用 4 点等级评分，数据不满足皮尔逊相关的前提条件，因此采用斯皮尔曼相关和肯德尔等级相关。

三、软件操作

（1）在 SPSS 中选择“Analyze → Correlate → Bivariate…”（图 6－9）。

（2）在“Bivariate Correlations”对话框中将左侧的“ST034Q01TA”和“ST034Q02TA”选入右侧“Variables”变量框。“Correlation coefficients”选择“Kendall's tau-b”和“Spearman”，以便同时计算两种相关。“Test of Significance”选择“Two-tailed”（双尾检验），勾选“Flag significant correlations”（图 6－10）。

（3）点击“OK”。

上述操作的 SPSS 语句详见文件“correlation analysis. sps”中的“等级相关”部分。

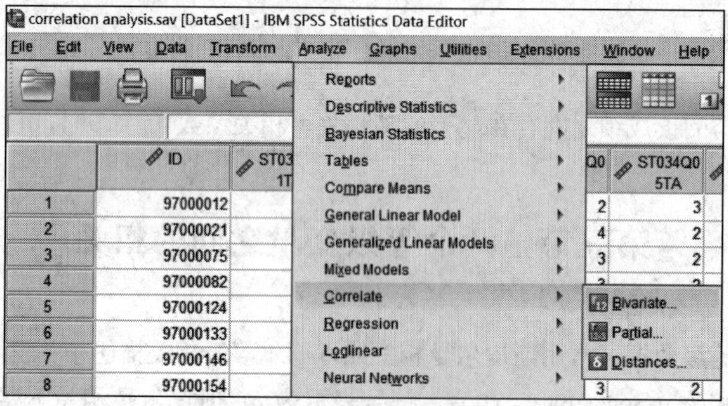

图 6－9 等级相关选项

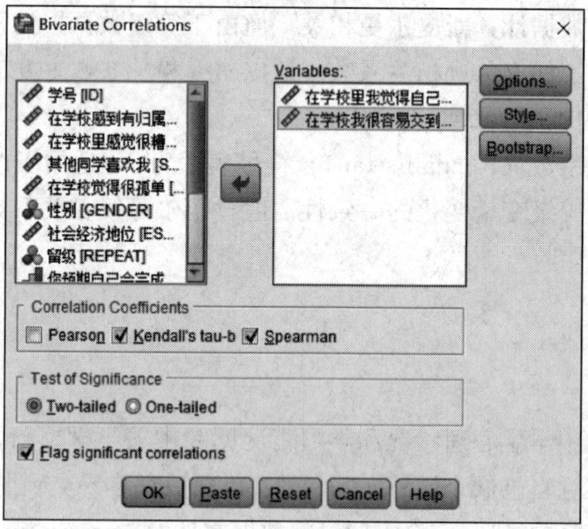

图 6－10 选择变量和方法

四、输出结果与解释

如果选择了多种相关分析方法，会以上下排列分别呈现。从表 6－3 中可知，两道题目的肯德尔等级相关系数为−0.268，斯皮尔曼相关系数为−0.284，都在0.01的水平上显著。说明在学校里感觉像个局外人和在学校容易交到朋友呈显著的负相关，但是相关的程度较低。

表6-3　等级相关表

Correlations

			在学校里我觉得自己像个局外人	在学校我很容易交到朋友
Kendall's tau_b	在学校里我觉得自己像个局外人	Correlation Coefficient	1.000	−.268**
		Sig. (2-tailed)	.	.000
		N	493	492
	在学校我很容易交到朋友	Correlation Coefficient	−.268**	1.000
		Sig. (2-tailed)	.000	.
		N	492	492
Spearman's rho	在学校里我觉得自己像个局外人	Correlation Coefficient	1.000	−.284**
		Sig. (2-tailed)	.	.000
		N	493	492
	在学校我很容易交到朋友	Correlation Coefficient	−.284**	1.000
		Sig. (2-tailed)	.000	.
		N	492	492

**. Correlation is significant at the 0.01 level (2-tailed).

五、结果报告

“在学校里我觉得自己像个局外人”和“在学校我很容易交到朋友”两道题之间存在显著的负相关，肯德尔等级相关系数 $\tau=-0.268$，$p<0.001$；斯皮尔曼相关系数 $\rho=-0.284$，$p<0.001$。

第四节　两个分类变量之间的相关

一、列联分析

当两个变量中至少存在一个分类变量时，之前的皮尔逊相关、斯皮尔曼相关和肯德尔等级相关都不再适用，需要采用列联分析的方法，比如婚姻状况与是否吸烟之间的相关、性别与成绩是否及格的相关。列联分析首先要制作列联表，列联表就是两个及以上变量交叉分类的频数分布表，如表6-4所示。然后在列联表的基础上对变量间的相关性进行卡方检验。根据列联表计算出卡方（χ^2），卡方自由度为（行数−1）×（列数−1）。卡方检验可以计算出两个分类变量间是否存在关联，卡方显著说明两个变量间的关系不是出于偶然，但是并不能反映出关联的强度。因此还需要在卡方检验的基础上计算相关系数。

表 6-4 列联表示例

	X_1	X_2	X_3	合计
Y_1	a	b	c	$a+b+c$
Y_2	d	e	f	$d+e+f$
合计	$a+b$	$b+e$	$c+f$	$a+b+c+d+e+f$

二、Φ 相关

Φ 相关适用于仅有两个变量，且两个变量都是二分变量的情况。这种情况下的列联表叫作四格表，见表 6-5。Φ 值可以通过卡方或者四格表的数据进行计算。Φ 相关系数的大小可以反映出两个变量之间的关联强度，但还需要通过卡方检验来确定相关是否显著。Φ 相关的方向一般用 ad 和 bc 的大小来说明，在应用时一般不指出相关的方向，只说明相关程度是否显著。

表 6-5 四格表的一般形式

	X_1	X_2	合计
Y_1	a	b	$a+b$
Y_2	c	d	$c+d$
合计	$a+c$	$b+d$	$a+b+c+d$

三、列联相关

当列联表大于 2×2 时，可以用列联系数（coefficient of contingency）来表示相关，又称为 C 系数。C 系数取值范围在 0 到 1 之间，C 系数可能的最大值会随着行数和列数的增加而增大。此外还可以用 Cramer's V 系数（简称 V 系数）来计算相关。V 系数是修正后的 Φ 相关系数，当列联表中有一个变量为二分变量时，V 系数的值等于 Φ 相关系数。

（一）变量和数据

数据选择中学生心理状况和学业情况问卷中的“性别”“留级”“你预期自己会完成哪个阶段的教育”三个变量。性别与留级是二分变量，预期受教育程度是等级变量，数据文件为“correlation analysis. sav”。

（二）研究问题和分析方法

研究者首先想要知道性别与留级之间是否存在相关，可以使用 Φ 相关；其次想要探究留级与预期受教育程度之间是否存在相关，可以使用列联相关。

（三）软件操作

1. 探究性别与留级的相关：Φ 相关

（1）在 SPSS 中选择“Analyze→Descriptive Statistics→Crosstabs…”（图 6－11）。

（2）在“Crosstabs”界面将“性别”选入“Row（s）”框，将“留级”选入“Column（s）”框，点击右侧“Statistics…”按钮，进行方法选择（图 6－12）。

（3）在“Crosstabs：Statistics”窗口勾选“Chi-square”（卡方检验），在中间的“Nominal”框中选择“Phi and Cramer's V”（Φ 系数和 V 系数），点击左下角“Continue”（图 6－13）。

（4）点击“Crosstabs”界面中的“Cells…”进行单元格设置。在“Crosstabs：Cell Display”窗口的“Counts”框中选择“Observed”（列联表中的单元格为观测值），在“Percentages”框中选择“Row”（每行计算百分比），然后点击“Continue”（图 6－14）。

（5）点击“OK”。

上述操作的 SPSS 语句详见“correlation analysis. sps”文件中的“Φ 相关”部分。

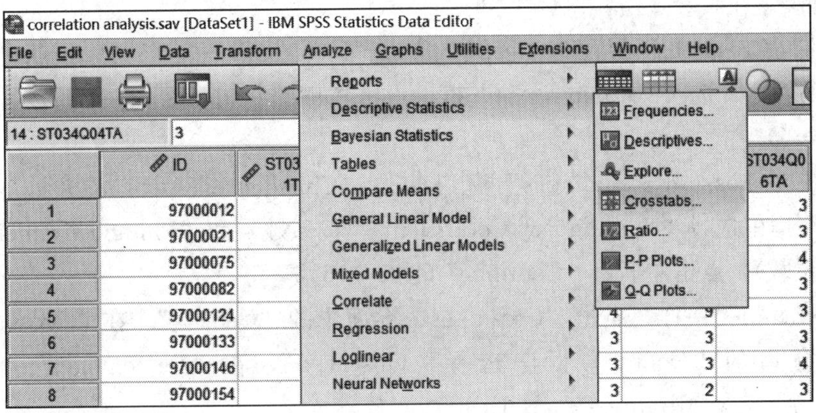

图 6－11　Φ 相关选项

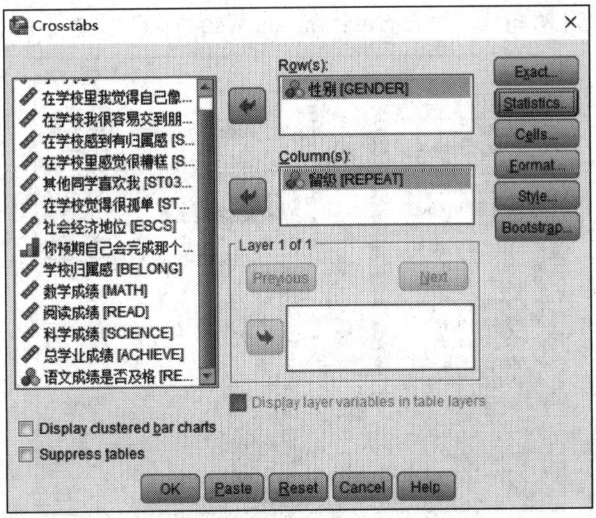

图 6－12　选择要分析的变量

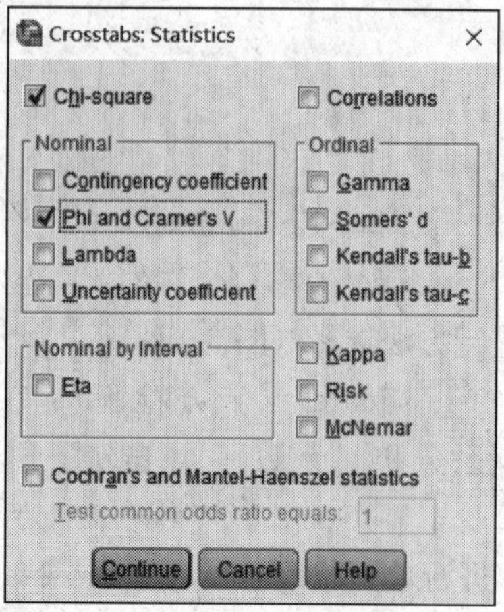

图 6-13　选择统计量

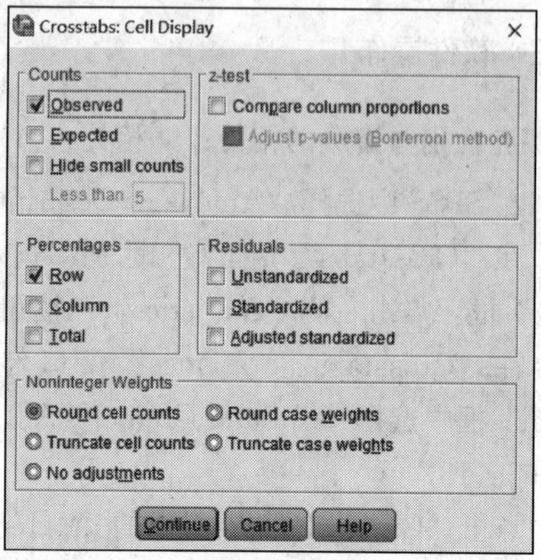

图 6-14　设置单元格

2. 探究留级与预期受教育程度的相关：列联相关

（1）和 Φ 相关一样，在 SPSS 中选择“Analyze → Descriptive Statistics → Crosstabs…”（图 6-11）。

（2）在“Crosstabs”界面将“留级”选入“Row（s）”框，将“你预期自己会完成哪个阶段的教育”选入“Column（s）”框，点击右侧“Statistics…”按钮，进行方法选择（图 6-15）。

（3）在“Crosstabs：Statistics”窗口勾选“Chi-square”（卡方检验），在中间的“Nominal”框中选择“Contingency Coefficient”（C 系数）和“Phi and Cramer's V”（Φ 系数和 V 系数），点击左下角“Continue”（图 6-16）。

（4）和 Φ 相关一样，点击“Crosstabs”界面中的“Cells…”。在“Crosstabs：Cell Display”窗口的“Counts”框中选择“Observed”，在“Percentages”框中选择“Row”，然后点击“Continue”（图 6-17）。

（5）点击“OK”。

上述操作的 SPSS 语句详见“correlation analysis. sps”文件中的“列联相关”部分。

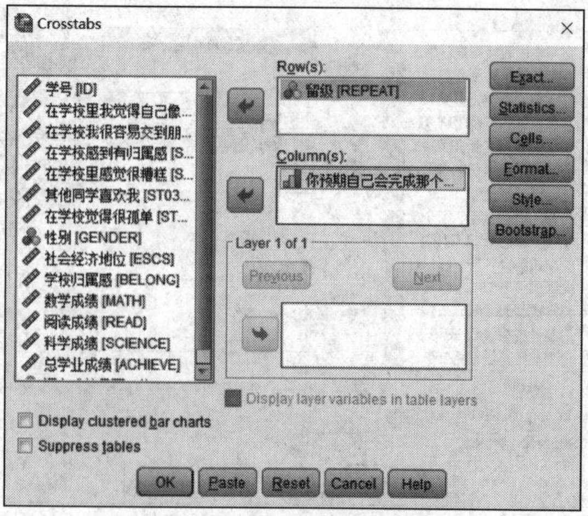

图 6-15　选择要分析的变量

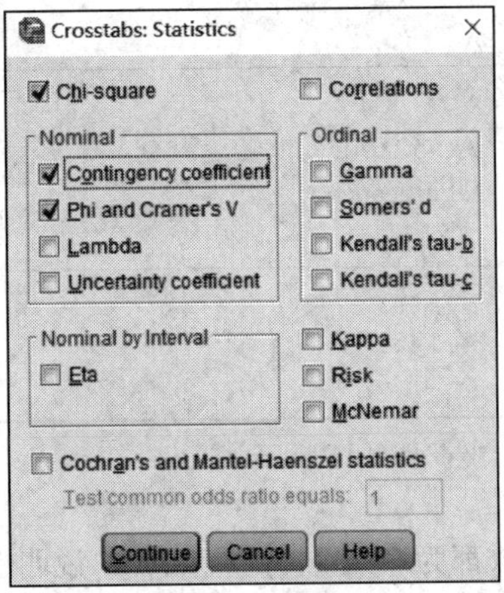

图 6-16 选择统计量

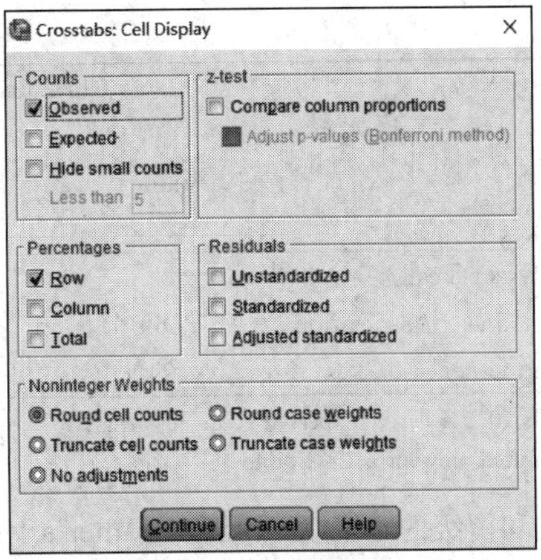

图 6-17 设置单元格

四、结果输出与解释

(一)性别与留级的 *Φ* 相关

从表 6-6 中可以看出,无论是男生还是女生,都是没有留过级的人数多,留过级的人数少,且男女之间数量差异不大。

表 6-6 性别与留级的四格表

性别 * 留级 Crosstabulation

			留级		Total
			Did not repeat a <grade>	Repeated a <grade>	
性别	Female	Count	202	44	246
		% within 性别	82.1%	17.9%	100.0%
	Male	Count	197	51	248
		% within 性别	79.4%	20.6%	100.0%
Total		Count	399	95	494
		% within 性别	80.8%	19.2%	100.0%

表 6-7 中第一行 Pearson Chi-Square 的值为 0.570,$p=0.450>0.05$,说明卡方检验不显著,性别与留级之间没有显著的相关。

表 6-7 性别与留级的卡方检验表

Chi-Square Tests

	Value	df	Asymptotic Significance (2-sided)	Exact Sig. (2-sided)	Exact Sig. (1-sided)
Pearson Chi-Square	.570[a]	1	.450		
Continuity Correction[b]	.411	1	.521		
Likelihood Ratio	.571	1	.450		

续前表

Chi-Square Tests	Value	df	Asymptotic Significance (2-sided)	Exact Sig. (2-sided)	Exact Sig. (1-sided)
Fisher's Exact Test				.494	.261
Linear-by-Linear Association	.569	1	.451		
N of Valid Cases	494				

a. 0 cells (0.0%) have expected count less than 5. The minimum expected count is 47.31.

b. Computed only for a 2×2 table

性别和留级的 Φ 相关系数和 Cramer's V 系数都为 0.034，$p=0.450$，说明性别和留级之间没有显著的相关。前文提到，当有一个变量为二分变量时，V 系数和 Φ 相关系数的值相同，在表 6-8 中也可以看出这一规律。

表 6-8　性别和留级的 Φ 相关表

Symmetric Measures		Value	Approximate Significance
Nominal by Nominal	Phi	.034	.450
	Cramer's V	.034	.450
	Contingency Coefficient	.034	.450
N of Valid Cases		494	

（二）留级与预期受教育程度的列联相关

从表 6-9 中可以看出，没留过级的人更多地选择了更高的教育程度，但还需要精确的统计结果。

表 6-9　留级与预期受教育程度的列联表

留级 * 你预期自己会完成哪个阶段的教育 Crosstabulation

			你预期自己会完成哪个阶段的教育						Total
			初中	中等职业技术教育	普通高中	高中毕业后的职业培训	专科	本科或研究生	
留级	Did not repeat a <grade>	Count	28	56	37	27	64	185	397
		% within 留级	7.1%	14.1%	9.3%	6.8%	16.1%	46.6%	100.0%
	Repeated a <grade>	Count	22	22	11	8	14	18	95
		% within 留级	23.2%	23.2%	11.6%	8.4%	14.7%	18.9%	100.0%
Total		Count	50	78	48	35	78	203	492
		% within 留级	10.2%	15.9%	9.8%	7.1%	15.9%	41.3%	100.0%

表 6－10 中第一行 Pearson Chi-Square 的值为 38.509，$p<0.001$，说明卡方检验显著，留级与预期受教育程度之间有显著的相关。

表 6－10 留级与预期受教育程度的卡方检验表

Chi-Square Tests			
	Value	df	Asymptotic Significance (2-sided)
Pearson Chi-Square	38.509[a]	5	.000
Likelihood Ratio	37.132	5	.000
Linear-by-Linear Association	35.515	1	.000
N of Valid Cases	492		

a. 0 cells (0.0%) have expected count less than 5. The minimum expected count is 6.76.

从表 6－11 中可知，留级与预期受教育程度的 Cramer's V 系数为 0.280，$p<0.001$，C 系数为 0.269，$p<0.001$，说明留级与预期受教育程度之间相关显著。

表 6－11 留级与预期受教育程度的列联相关表

Symmetric Measures			
		Value	Approximate Significance
Nominal by Nominal	Phi	.280	.000
	Cramer's V	.280	.000
	Contingency Coefficient	.269	.000
N of Valid Cases		492	

五、结果报告

卡方检验和 Φ 系数检验均表明，性别与留级之间没有显著相关。

卡方检验表明，留级与预期受教育程度显著相关，$\chi^2_{(5,n=492)}=38.509$，$p<0.001$。其中，没有留过级的人中有 46.6%预期达到本科或研究生学历，7.1%的人预期达到初中学历；而留过级的人中仅有 18.9%预期达到本科或研究生学历，23.2%的人预期达到初中学历。另外，C 系数=0.269，$p<0.001$；V 系数=0.280，$p<0.001$，同样均表明留级与预期受教育程度的相关在统计上显著。

第五节 连续变量与二分变量的相关

一、点二列相关

点二列相关是一个正态连续变量和一个真正二分变量之间的相关。真正的二分变量是指人为不可分的二分变量，比如男性和女性、独生子女和非独生子女。而成绩及格与不及格这一类人为划分的二分变量不是真正的二分变量，因为人们常把成绩在 60 分以下划分为不及格，把 60 分以上划分为及格。

二、二列相关

当两个变量都是呈正态分布的连续变量，但其中一个被人为划分成了二分变量时，二者之间的相关被称为二列相关，比如抑郁情绪得分与成绩是否及格之间的相关。人为划分的二分变量分界点应该尽量靠近中值。

三、变量和数据

选用中学生心理状况与学业情况问卷中的性别、数学成绩、阅读成绩三个变量，性别为真正的二分变量，数学成绩和语文成绩为连续变量，数据文件为“correlation analysis. sav”。

四、研究问题和分析方法

研究者想要研究性别与数学成绩的相关，对此可计算点二列相关。然后还想探究阅读成绩与数学成绩的相关，由于阅读成绩被划分为及格和不及格，所以可计算二列相关。

五、软件操作

SPSS 中没有特定的点二列相关的操作。然而点二列相关其实就是一列变量为连续变量而另一列变量的值域为 [0，1] 情况下的皮尔逊相关，因此计算点二列相关就是直接计算两列变量的皮尔逊相关，但是二分变量的取值范围必须是 [0，1]，否则需要先修改二分变量的数据范围。SPSS 中也没有二列相关的直接计算，同样需要先划分一个人为的二分变量，然后和点二列相关一样计算两列变量的皮尔逊相关。在本例中，先将阅读成绩以 480 分为界划分为不及格和及格，低于 480 分为不及格，等于或高于 480 分为及格。不及格的人数有 188 人，占 38.1%，及格人数有 306 人，占 61.9%。然后计算皮尔逊相关。

(1) 在 SPSS 中选择“Analyze → Correlate → Bivariate...”(图 6－18)。

(2a) 点二列相关：在“Bivariate Correlations”对话框中将左侧的“性别”和“数学成绩”选入右侧“Variables”变量框，“Correlation coefficients”选择“Pearson”，“Test of Significance”选择“Two-tailed”(双尾检验)，勾选“Flag significant correlations”。最后点击“OK”运行 (图 6－19)。

(2b) 二列相关：在“Bivariate Correlations”对话框中将左侧的“数学成绩”和人为划分的“阅读成绩是否及格”选入右侧“Variables”变量框，“Correlation coefficients”选择“Pearson”，“Test of Significance”选择“Two-tailed”(双尾检验)，勾选“Flag significant correlation”。最后点击“OK”运行 (图 6－20)。

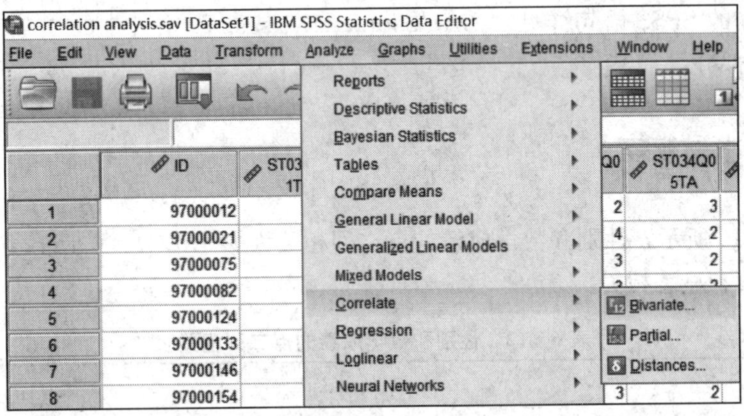

图 6-18　点二列相关和二列相关选项

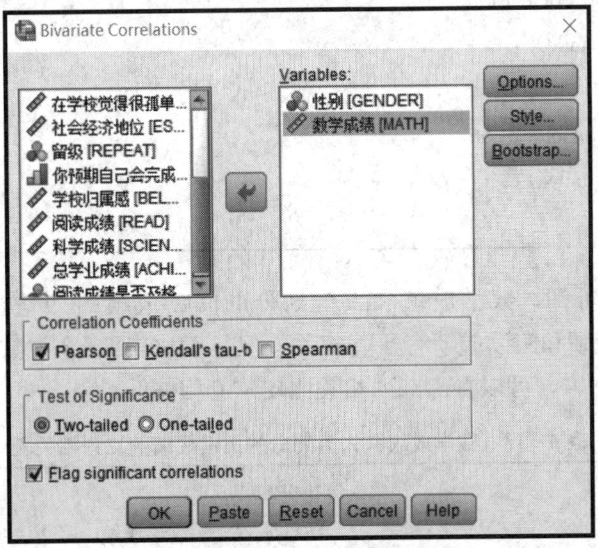

图 6-19　点二列相关变量选择

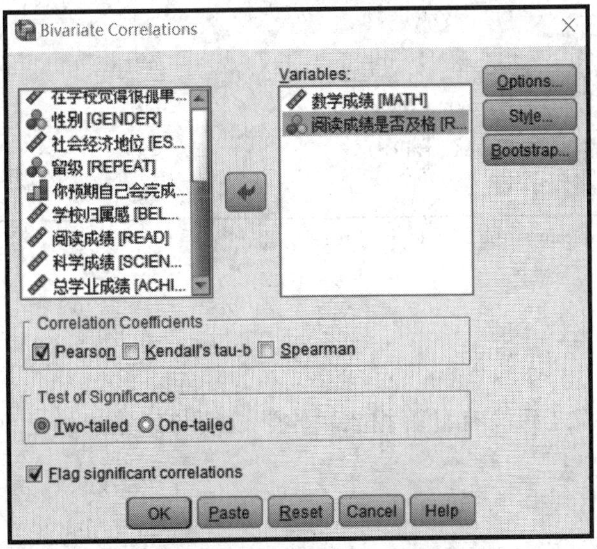

图 6-20　二列相关变量选择

上述操作的SPSS语句详见“correlation analysis. sps”文件中的“点二列相关”和“二列相关”部分。

六、结果输出与解释

如表6－12所示，性别和数学成绩的点二列相关为0.010，$p=0.821$，说明性别和数学成绩之间没有显著相关。

表6－12　性别和数学成绩的点二列相关表

Correlations

		性别	数学成绩
性别	Pearson Correlation	1	.010
	Sig. (2-tailed)		.821
	N	494	494
数学成绩	Pearson Correlation	.010	1
	Sig. (2-tailed)	.821	
	N	494	494

从表6－13中可知，数学成绩和人为划分的阅读成绩的二列相关为0.749，$p<0.001$，说明数学成绩和阅读成绩有显著相关。但是对比表6－2中数学成绩和阅读成绩之间的相关大小0.904，可以看出二列相关比皮尔逊相关低。

表6－13　数学成绩和人为划分的阅读成绩的二列相关表

Correlations

		数学成绩	阅读成绩是否及格
数学成绩	Pearson Correlation	1	.749**
	Sig. (2-tailed)		.000
	N	494	494
阅读成绩是否及格	Pearson Correlation	.749**	1
	Sig. (2-tailed)	.000	
	N	494	494

**. Correlation is significant at the 0.01 level (2-tailed).

七、结果报告

性别与数学成绩之间没有显著相关。数学成绩与阅读成绩之间有显著相关，$r=0.749$，$p<0.001$。

第六节　偏相关

在多元相关分析中，变量 X 和 Y 之间的简单相关系数可能并不能准确地反映出二者之间的关系，因为变量间的关系很复杂，X 和 Y 的相关可能是由第三变量引起的虚假相关，比如第三变量的中介、X 和 Y 的共同前因等。一个由第三变量的中介导致的虚假相关的例子是，研究者发现工作多样性和工作满意度之间存在正相关，但这其实是因为工作多样性和工作兴趣呈正相关，而工作兴趣和工作满意度呈正相关。在控制了工作兴趣之后，研究者发现工作多样性和工作满意度之间并不存在显著的相关。因此，在多元相关分析中，研究者需要控制可能对 X 和 Y 的相关带来影响的第三变量，这个时候偏相关分析就是一个更好的选择。偏相关分析就是指当两个变量都与第三个变量相关时，控制第三变量，剔除其影响，只分析两个目标变量相关程度的过程。

进行偏相关分析时，可能会出现三种情况，这可以用韦恩图表示（如图 6－21 所示）。在图 6－21a 中，X 和 Y 之间的关系不受第三变量 Z 的影响，控制了 Z 之后 X 和 Y 的相关不变；在图 6－21b 中，X 和 Y 之间的关系完全可以用 Z 来解释，控制了 Z 之后 X 和 Y 的相关变为 0；在图 6－21c 中，X 和 Y 之间的关系可以部分地用 Z 来解释，控制 Z 的影响后 X 和 Y 的相关将会减小，这也是最为常见的一种情况。

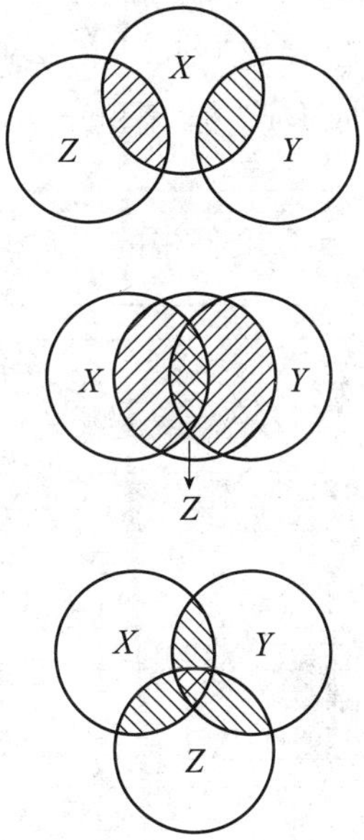

a．Z只和X相关，X和Y的相关不受Z的影响

b．Z完全解释了X和Y的相关

c．Z部分解释了X和Y的相关

图 6－21　偏相关的三种情况

一、变量和数据

选择中学生心理状况和学业情况问卷中的社会经济地位、学校归属感、总学业成绩

三个连续变量，数据文件为“correlation analysis. sav”。

二、研究问题和分析方法

首先对三个变量两两之间计算皮尔逊相关，得到的结果见表 6 - 14：

表 6 - 14 社会经济地位、学校归属感、总学业成绩的两两相关结果

	1	2	3
1. 社会经济地位	—		
2. 学校归属感	0.264***	—	
3. 总学业成绩	0.488***	0.190***	—

*** $p<0.001$.

从表中结果可以看出，社会经济地位和学校归属感、总学业成绩之间都显著相关，但学校归属感和总学业成绩之间的相关较小。研究者认为，学校归属感和总学业成绩之间的相关可能是虚假相关，受到社会经济地位的影响，因此想要探究学校归属感和总学业成绩之间在控制了社会经济地位之后的偏相关。

三、软件操作

（1）在 SPSS 中选择“Analyze→Correlate→Partial…”（图 6 - 22）。

（2）在“Partial Correlations”界面中将“学校归属感”和“总学业成绩”选入“Variables”框，将“社会经济地位”选入“Controlling for”框（图 6 - 23）。

（3）点击 OK。

上述操作的 SPSS 语句详见“correlation analysis. sps”文件中的“偏相关”部分。

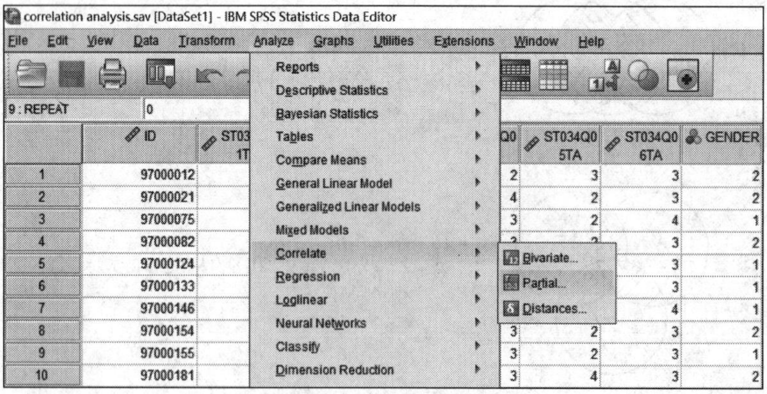

图 6 - 22 偏相关选项

四、结果输出与解释

从表 6 - 15 中可以看出，在控制了社会经济地位之后，学校归属感和总学业成绩之

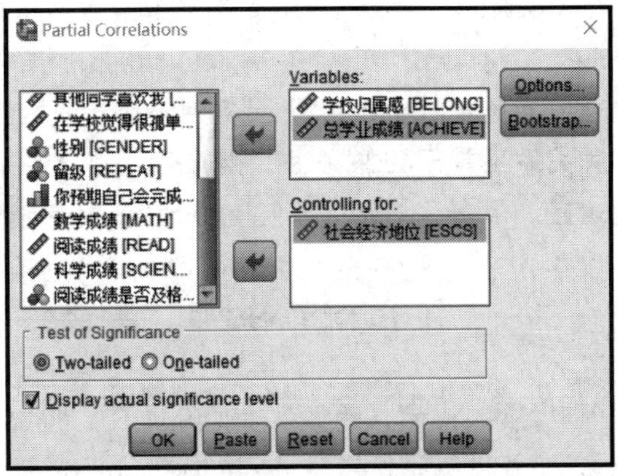

图 6-23　偏相关变量选择

间的相关系数从 0.190（见表 6-14）减小到 0.073，且不再显著。这说明三者之间的关系模型类似于图 6-21b，即学校归属感与总学业成绩之间的相关被社会经济地位完全解释。

表 6-15　偏相关表

Correlations				
Control Variables			学校归属感	总学业成绩
社会经济地位	学校归属感	Correlation	1.000	.073
		Significance (2-tailed)	.	.107
		df	0	490
	总学业成绩	Correlation	.073	1.000
		Significance (2-tailed)	.107	.
		df	490	0

五、结果报告

控制社会经济地位后，学校归属感和总学业成绩之间的偏相关不显著。

《本章小结》

本章主要介绍了如何使用 SPSS 对不同类型的变量进行相关分析。

1. 通过“Graphs → Chart Builder…”绘制散点图来直观观测两变量之间的关系。

2. 通过“Analyze → Correlate → Bivariate…”计算两个连续变量的皮尔逊积差相关。

3. 通过“Analyze → Correlate → Bivariate…”计算两个等级变量的斯皮尔曼等级相关以及肯德尔等级相关。

4. 通过“Analyze→Descriptive Statistics→Crosstabs…”计算两个分类变量的 Φ 相关以及列联相关。

5. 通过“Analyze → Correlate → Bivariate…”计算连续变量与分类变量之间的点二列相关和二列相关。

6. 通过“Analyze→Correlate→Partial…”计算两个变量间的偏相关。

需要注意的是，相关关系不等于因果关系。对于两个变量之间是否存在因果关系，需要进行回归分析才能确定。下一章将介绍如何使用SPSS对变量进行回归分析操作。

《自测练习》

尝试对数据文件“心理健康.sav”（数据描述见附录B）进行如下操作：

1. 使用合适的相关分析方法检验饮酒（alcoholconsumption）与睡眠困难度（difficultsleep）之间的相关。

2. 使用合适的相关分析方法检验完成的治疗次数（categorysession）与服用抗精神病药物后得分（Checklist2）之间的相关。然后尝试在控制变量饮酒的基础上检验两者之间的相关。

第七章
回归分析

学习目标

本章主要介绍如何使用SPSS进行回归分析，并结合一元线性回归和多元线性回归对数据分析的结果进行解释。同时，介绍多元回归中变量进入顺序的重要性，以及常用的标准多元回归、统计（逐步）回归和序列回归的区别。

将存在相关的两个或两个以上的变量，一个作为因变量，其他的作为自变量，并把自变量和因变量之间不十分确定的关系，用数学方程式来表达，利用该方程通过自变量的值来估计、预测因变量的取值或范围，这一过程称为回归分析（regression analysis）。

多元线性回归分析是社会科学研究中最常用的回归分析模型，其数学表达式为：

$$Y_i = b_0 + b_1 X_{1i} + b_2 X_{2i} + \cdots + b_k X_{ki} + \varepsilon_i$$

式中，Y_i 为因变量，$X_{1i}, X_{2i}, \cdots, X_{ki}$ 为自变量，ε_i 为残差。b_1，b_2，…，b_k分别为自变量X_1，X_2，…，X_k的回归系数，在多元回归中又称为偏回归系数，b_0为回归截距。i 为被试个体编号，$i=1$，2，…，n，n 为样本量。

与很多统计分析方法（如前面介绍过的方差分析）类似，线性回归也要求数据满足一些前提假设。多元线性回归的前提假设包括：

（1）自变量与因变量呈线性关系。

（2）残差 ε_i 服从均值为 0 的正态分布。

（3）对于任意自变量的组合，残差 ε_i 满足方差齐性。

（4）对于不同个体，残差之间相互独立。

（5）k 个自变量之间不存在共线性。

多元线性回归方程的参数常用最小二乘法估计。根据最佳拟合的原则，最小二乘法要求估计得到的参数满足残差平方和最小，即求出一组参数b_0，b_1，…，b_k的估计值，使得残差平方和 $\sum (Y - \hat{Y})^2 = \sum (Y - b_0 - b_1 X_1 - \cdots - b_k X_k)^2$ 取得最小值。

在多元回归分析中，因变量Y变异的总平方和（total sum of squares）可以分解为两部分：一部分是回归平方和（regression sum of squares），它是回归方程所能解释的部分，反映了由于X_1，X_2，…，X_k和Y的线性关系而导致的Y的变异；另一部分是残差平方和（residual sum of squares），它是由观测值没有落在回归线上引起的，是包含X_1，X_2，…，X_k的回归方程没能解释的Y的变异部分。在多元线性回归中，回归平方和与总平方和的比值叫多元测定系数（coefficient of multiple determination），用R^2（R square）表示，计算公式为：

$$R^2_{Y.1.2.3.\cdots.k}=\frac{\sum(\hat{Y}-\bar{Y})^2}{\sum(Y-\bar{Y})^2}$$

式中，$\sum(Y-\bar{Y})^2$ 为总平方和，$\sum(\hat{Y}-\bar{Y})^2$ 为 $\hat{Y}$ 解释 Y 变异的回归平方和。

多元测定系数可以表示所得到的回归方程在多大程度上解释了因变量Y的变异，取值范围为［0，1］。R^2越接近1，表示方程中的自变量对因变量Y的解释力越强。例如，$R^2=0.64$ 说明Y的变异中有64％可由回归方程解释。

多元测定系数的算术平方根称为复相关（multiple correlation）。复相关表示Y与X_1，X_2，…，X_k之间的线性相关程度，取值范围为［0，1］。复相关系数越接近1，表示Y与X之间的线性关系越密切。当复相关系数等于1时，所有的观测值都落在回归线上；当复相关系数等于0时，表示Y的变异与X_1，X_2，…，X_k的线性变化无关。因此，复相关系数还有一种计算方法，即求因变量的观测值和由回归方程得到的预测值的简单相关系数的绝对值。

在多元回归分析中，随着自变量的个数逐渐增加，残差平方和会逐渐减少，R^2会持续增大。尽管有些自变量与因变量的线性关系不显著，但将其引入回归方程后，R^2仍会增大。R^2受自变量个数与样本量之比（$k:n$）的影响，这个比值一般在1∶10以上为好。当比值小于1∶5时，R^2倾向于高估实际的拟合优度，此时可以用调整后的多元测定系数R^2_{adj}（adjusted R square）代替R^2。计算公式为：

$$R^2_{adj}=R^2-\left[\frac{k}{n-k-1}(1-R^2)\right]=1-\frac{n-1}{n-k-1}(1-R^2)$$

当k增大时，$(n-1)/(n-k-1)$ 的增大的影响可能会大于 $(1-R^2)$ 的减小的影响，从而使得 R^2_{adj} 变得更小。因此，R^2_{adj} 可以削弱自变量个数对 R^2 的影响。当k接近n时，R^2_{adj}会比 R^2 小很多；当n远大于k时，$R^2_{adj}\approx R^2$。

在多元回归中，可以使用类似方差分析的思想对回归方程进行检验。因变量的总变异平方和可分解为回归平方和与残差平方和。总平方和 $\sum(Y-\bar{Y})^2$ 对应的自由度为$n-1$，其中n为样本量；回归平方和 $\sum(\hat{Y}-\bar{Y})^2$ 中有k个自变量对应的偏回归系数b_1，b_2，…，b_k，自由度为k；残差平方和 $\sum(Y-\hat{Y})^2$ 的自由度为$n-k-1$。各部分平方和除以其对应的自由度之后可以得到相应的均方和，进而可以用回归均方和除以残差均方和构造F检验统计量对回归方程进行方差分析：

$$F=\frac{\sum(\hat{Y}-\bar{Y})^2/k}{\sum(Y-\hat{Y})^2/(n-k-1)}=\frac{R^2/k}{(1-R^2)/(n-k-1)}$$

如果想检验在已有自变量解释一定的 R^2 后新加入的一组自变量是否显著地增加了

R^2，或者说 R^2 的改变量是否显著，仍可以使用 F 检验。F 值的计算公式如下：

$$F_{\text{inc}}=\frac{(R_{\text{wi}}^2-R_{\text{wo}}^2)/m}{(1-R^2)/(n-k-1)}$$

式中，R_{wi}^2 是新加入自变量后回归方程的多元测定系数，R_{wo}^2 是没有加入新自变量时回归方程的多元测定系数，m 是新加入自变量的个数，F_{inc} 的分母与方程整体检验中 F 值的分母相同。

对回归系数进行显著性检验的零假设（H_0）为 $b_j=0$，备择假设（H_1）为 $b_j\neq 0$。当检验不显著时，则接受 H_0，即认为在控制了其他自变量的影响后，自变量 X_j 与 Y 不存在线性关系，可以从回归方程中删除 X_j。而当检验显著时，则拒绝 H_0 并接受 H_1，即认为自变量 X_j 与 Y 存在线性关系，进而在回归方程中保留 X_j。在标准多元回归中，对自变量的回归系数的显著性采用 t 检验。得到回归系数的估计值 b_j 后，还需计算回归系数的标准误 SE_{b_j}，将回归系数的估计值除以标准误便得到 t 值，该 t 检验的自由度为 $n-k-1$。如果 t 检验显著，可以认为该自变量的回归系数显著地不等于 0，说明控制了方程中其他变量的影响后，该自变量对因变量仍有显著的预测作用。

回归分析主要可以回答四大类的问题：

（1）验证自变量对因变量的影响。

回归分析可以帮助研究者回答，其关心的某个或某些自变量对因变量是否存在影响，影响强度有多大。进行回归分析首先要回答的问题是：研究者建立的回归方程有多好？该回归方程对因变量的预测是否优于随机水平下的猜测？多个自变量对因变量的整体相关是否与零有显著差异？例如，对于知觉发展、动作发展和年龄这几个变量能在多大程度上预测小学低年级的阅读能力这一问题，就可以用多元回归中的多元测定系数来回答。

（2）检验单个或一组自变量的重要性。

如果整体相关不等于零，研究者会进一步探究哪个自变量更为重要，哪个自变量对因变量的预测作用不大。在上述例子中，问题即为：如果三个变量合起来能显著预测阅读能力，那么知觉发展、动作发展和年龄，哪个自变量更为重要？多元回归中还有多个衡量自变量的重要性的指标。

接着，假设研究者建立了初始的回归模型，接下来会遇到的问题是：如何加入新的变量以提高预测的精度？例如在考虑了知觉发展、动作发展和年龄对阅读能力的影响后，将词汇量这一新变量加入方程是否能提高对阅读能力的预测？多元回归中同样存在一些指标可以回答这一问题。

（3）建立预测模型。

除了探究变量之间的复杂关系外，研究者有时还需要对一个因变量建立最佳的预测模型，即使用已有样本建立回归模型，使得输出的预测分数与真实分数之间的差异最小。此时可使用统计回归。这是一种数据驱动的回归类型，按照一定的统计规则选入对预测因变量贡献最大的自变量。但统计回归一直颇受争议，对它的使用应当谨慎。若不仅仅使用数据驱动的统计回归方法，研究者可以按照理论框架和假设对因变量建立适当的预测模型。

建立好预测模型后，研究者可能会使用它在新的样本上代入相同的自变量以预测因变量的分数。如果在已有样本基础上建立的回归模型对新的个案同样预测准确，可以称该回归模型有较好的泛化性。

（4）分析非线性关系或者自变量之间的交互效应。

尽管多元回归是线性方程，研究者仍可以通过重新定义自变量，使回归方程可以解释非线性关系。研究者可创造出已有自变量的二次或三次多项式，将其加入方程就可拟合出一条曲线。例如，随着父母兴趣的提高，孩子的阅读能力会上升到一个顶点，之后便开始下降。此时将父母兴趣这一自变量平方后加入预测孩子阅读能力的回归方程中，便可提高预测的准确性。

将两个自变量交叉相乘后加入回归方程还可以解释自变量之间的交互效应，但要注意变量中心化的问题。此外，过度使用乘积项还会造成回归方程的过拟合问题，即仅对建立回归的样本拟合良好，而在新样本上表现较差。残差分析可以反映出自变量和因变量之间可能存在的曲线关系或交互效应。

本章主要关注回归分析方法的 SPSS 操作和应用，介绍如何确定并建立回归方程，包括只有一个自变量的一元线性回归（simple linear regression）和含有多个自变量的多元回归（multiple regression）。对于含调节效应（交互效应）的回归分析（moderation multiple regression）这里不做介绍，感兴趣的读者可以参考 Aiken 和 West（1991）或刘红云（2019）的著作。

第一节　一元线性回归

一元线性回归指的是在回归中，只用一个自变量来预测因变量。这一节将结合实例讲解如何采用 SPSS 软件来进行一元回归分析操作，以及如何正确解释和报告回归分析的结果。

一、变量和数据

研究者拟探讨中学生心理特质与学业成绩及其心理幸福感之间的关系，于是对学生进行了测量。数据文件见“linear regression. sav”。关于该数据文件的详细介绍参见第一章。这一节用到的主要变量是社会经济地位（ESCS）和数学成绩（MATH）。

二、研究问题和分析方法

大量的社会科学研究结果表明，家庭背景对孩子各方面的发展存在显著的影响。研究者想基于这次的调查样本，分析学生家庭社会经济地位对其数学成绩是否存在影响；若存在影响，其强度如何。

对于变量之间的关系，研究者基于前人的研究结果和理论，认为社会经济地位是自变量，而数学成绩是因变量。这个问题包含一个自变量和一个因变量，想要探讨的是自变量对因变量影响的强弱，适合采用一元回归分析的方法。

三、软件操作

（1）在 SPSS 中选择"Analyze→Regression→Linear…"，进入设置对话框。从左边变量列表中把"数学成绩"选入"Dependent"框中，把"社会经济地位"选入"Independent（s）"框中。在"Method"上请注意保持系统默认的选项"Enter"，选择该项表示要求系统在建立回归方程时把所选中的全部自变量都保留在方程中。因此该方法可命名为强制进入法（在多元回归分析中再具体介绍这一选项的应用）。具体如图 7-1 所示。

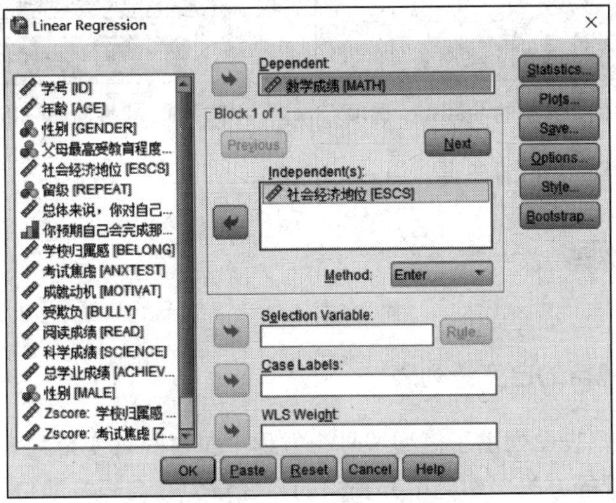

图 7-1 线性回归分析主对话框

（2）单击"Statistics…"按钮，可以选择需要输出的一些统计量。例如"Regression Coefficients"（回归系数）中的"Estimates"，可以输出回归系数及相关统计量，包括回归系数 B、标准误、标准化回归系数 β、t 值及显著性 p 值等。勾选"Confidence intervals"可得到回归系数置信区间。"Model fit"项可输出相关系数 R、测定系数 R^2、调整系数、估计标准误及方差分析表。此处，"Residuals"（残差）下的"Durbin-Watson"可以检验残差与自变量之间是否相互独立，以及对数据中的异常值进行诊断。设置如图 7-2 所示。设置完成后点击"Continue"返回主对话框。

回归方程建立后，除了需要对方程的显著性进行检验外，还需要检验所建立的方程是否违反回归分析的假定，为此需进行多项残差分析。因为此部分内容较复杂且理论性较强，所以不在此详细介绍，读者如有兴趣，可参阅有关资料。

（3）用户在进行回归分析时，还可以选择是否输出方程常数。单击"Options…"按钮，打开它的对话框，可以看到中间有"Include constant in equation"可选项。选中该项可输出对常数的检验。在"Options"对话框中，还可以定义处理缺失值的方法和设置多元逐步回归中变量进入和被剔除出方程的准则，这里我们采用系统的默认设置，如图 7-3 所示。设置完成后点击"Continue"返回主对话框。

（4）点击"OK"即可得到线性回归分析结果。

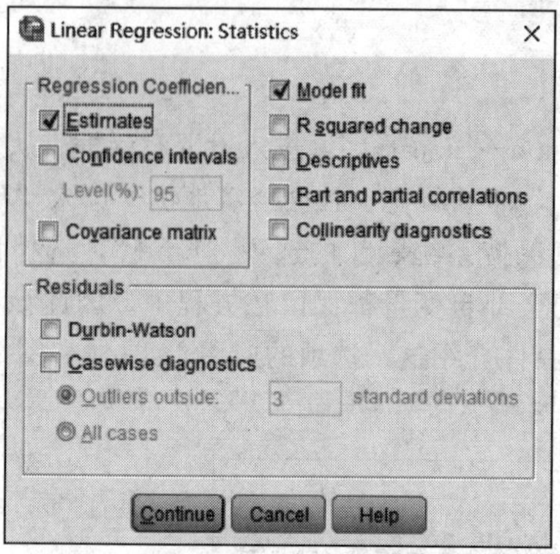

图 7-2　线性回归分析的 **Statistics** 选项

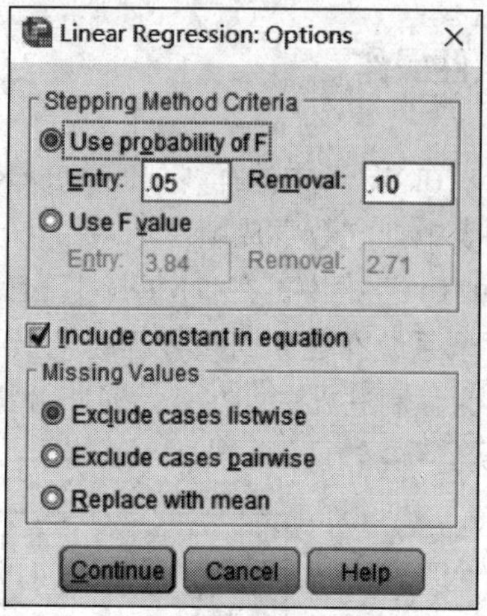

图 7-3　线性回归分析的 **Options** 选项

上述操作的 SPSS 语句请参见"linear regression. sps"文件。

四、结果输出与解释

（一）方程中包含的自变量列表

如表 7-1 所示，表中列出了模型编号、方程中包含的自变量列表，同时显示自变量进入或被剔除出方程的方法。本例中方程中的自变量为社会经济地位，方法为 Enter。

表 7-1　方程中包含的自变量列表及其进入/剔除方法

Variables Entered/Removed[a]			
Model	Variables Entered	Variables Removed	Method
1	社会经济地位[b]	.	Enter

a. Dependent Variable：数学成绩
b. All requested variables entered.

（二）模型拟合概述

如表 7-2 所示，表中列出了模型编号、R、R^2、调整后 R^2 及估计标准误。R^2 值越大，两变量的共变比率越高，模型与数据的拟合程度越好。

表 7-2　模型拟合概述

Model Summary				
Model	R	R Square	Adjusted R Square	Std. Error of the Estimate
1	.467[a]	.218	.216	85.31565

a. Predictors：(Constant)，社会经济地位

本例所用数据拟合结果显示：学生的社会经济地位与其数学成绩之间的相关系数为 0.467，拟合线性回归的测定系数为 0.218，调整后的测定系数为 0.216，回归方程的估

计标准误为 85.316。

(三) 回归方程检验的方差分析表

如表 7-3 所示，表中列出了模型编号、变异来源、自由度、均方、F 值及对 F 值的显著性检验。

表 7-3 回归方程检验的方差分析表

ANOVA[a]

Model		Sum of Squares	df	Mean Square	F	Sig.
1	Regression	994796.800	1	994796.800	136.671	.000[b]
	Residual	3573871.212	491	7278.760		
	Total	4568668.012	492			

a. Dependent Variable：数学成绩

b. Predictors：(Constant)，社会经济地位

本例中回归方程显著性检验结果表明，回归平方和为 994796.800，残差平方和为 3573871.212，总平方和为 4568668.012。对应的 F 统计量的值为 136.671，显著性水平小于 0.001，可以认为所建立的回归方程有效。

(四) 回归系数估计及其检验表

如表 7-4 所示，表中列出了模型编号、要估计的截距项与自变量名称、非标准化系数的估计值及其标准误、标准化回归系数和系数的 t 检验值及其显著性水平。

表 7-4 回归系数估计及其检验表

Coefficients[a]

Model		Unstandardized Coefficients		Standardized Coefficients	t	Sig.
		B	Std. Error	Beta		
1	(Constant)	574.276	4.941		116.230	.000
	社会经济地位	40.923	3.500	.467	11.691	.000

a. Dependent Variable：数学成绩

本例中截距项的估计值为 574.276，标准误为 4.941。截距项表示当自变量取 0 时因变量的平均估计值，即回归线在 Y 轴上的截距。非标准化回归系数 B 的估计值为 40.923，标准误为 3.500。标准化回归系数为 0.467。标准化回归系数是通过将自变量和因变量都进行标准化后，再进行回归分析建立回归方程得到的回归系数。回归系数显著性检验 t 统计量的值为 11.691，对应显著性水平 $p=0.000<0.001$，可以认为方程显著。

非标准化回归方程可以写为：$\hat{Y}=574.276+40.923\times$社会经济地位。

标准化回归方程可以写为：$\hat{Y}=0.467\times$社会经济地位。

对方程的总体方差分析及对回归系数的显著性检验均发现，所建立的回归方程显著。

值得注意的是，在一元回归分析中，回归方程整体有效性的 F 检验和单个自变量的回归系数 t 检验之间存在密切的联系，前者得到的 F 值 136.671 正好是后者得到的 t 值 11.691 的平方；自变量和因变量之间的相关系数为 0.467，为测定系数 0.218 的算术平

方根，同时也等于标准化回归系数 β 值 0.467。

五、回归方程的预测

上述回归方程的检验结果表明，所得到的回归线是有效的。在回归方程有效的前提下，研究者往往希望对于给定的预测变量 X 的一个具体数值（如 X_0），预测因变量 Y 的平均值或者预测某一个 Y_0 观测值。

对于上面的例子，我们可以用回归方程来预测社会经济地位 $X_0=0$（已经过标准化处理）的被试这次的平均数学成绩；也可以用来预测假如一名学生的社会经济地位是 0 分，那么他参加这次考试将会得多少分。

上面两种情况下，点预测值是相同的，不同的是标准误。

$$\hat{Y}_0=a+bX_0=574.276+40.923\times 0=574.276$$

SPSS 可以提供上述两类预测值，具体操作如下：

在如图 7-1 所示的线性回归模型定义的主对话框中，单击“Save…”，出现如下对话框（图 7-4）。

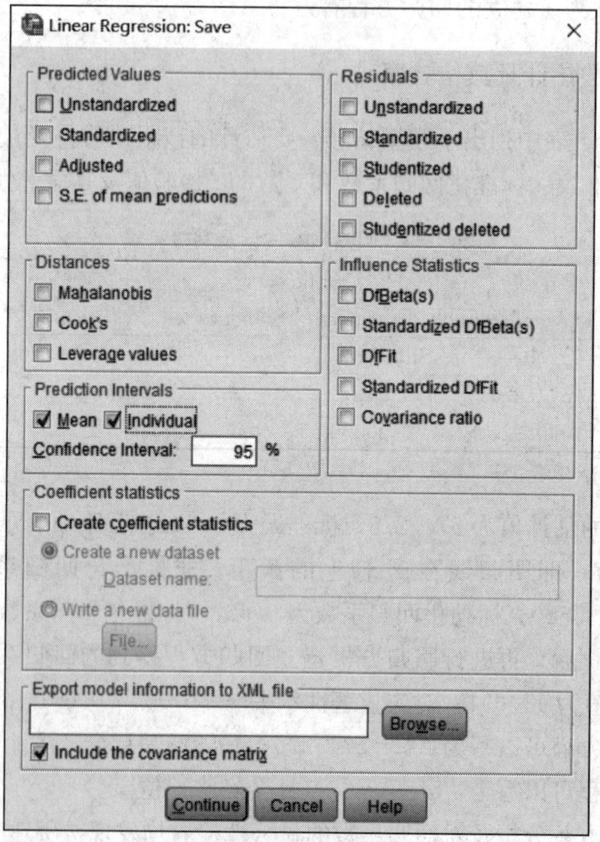

图 7-4　预测值的定义选择窗口

在上面的窗口，可以选择保存结果变量的点预测值（Predicted Values）和区间预测范围（Prediction Intervals）。其中，对于区间预测范围还可以选择保存均值（Mean）预测的置信区间和个体（Individual）预测的置信区间。我们在“Predicted Values”选择区选择复选项“Unstandardized”，以输出非标准化点预测值；在下面的“Prediction Intervals”选择区选择复选项“Mean”和“Individual”，下面的置信水平采用系统默认的95%，然后点击“Continue”返回主对话框，在主对话框中点击“OK”，得到输出结果。

除了上面介绍的回归方程建立和检验的结果外，在Data View窗口，因为选择了需要保存的预测变量的信息，会出现如图7-5所示的数据。

ECES	MATH	PRE_1	LMCI_1	UMCI_1	LICI_1	UICI_1
-1.5194	568.35	512.09764	503.38586	520.80942	344.24261	679.95267
-1.5962	404.34	508.95476	499.96774	517.94179	341.08522	676.82430
-.2536	604.61	563.89780	555.18031	572.61529	396.04247	731.75313
-.8801	454.40	538.25962	530.70984	545.80941	370.46089	706.05836
-.6151	580.04	549.10418	541.32585	556.88252	381.29501	716.91336
-2.5395	367.22	470.35223	456.70965	483.99480	302.16918	638.53527
.0361	573.78	575.75315	565.88736	585.61894	407.83427	743.67203
-.4361	592.98	556.42938	548.26676	564.59199	388.60195	724.25680
-1.9766	343.36	493.38771	482.75178	504.02363	325.42182	661.35359
.3416	433.01	588.25509	576.92203	599.58814	420.24361	756.26656

图7-5 保存预测之后的数据窗口

从上面的结果可以看出，在以前的数据的基础上，新生成了五列数据。第一列命名为PRE_1的变量对应的数据表示预测变量对应的因变量非标准化的预测值。例如，社会经济地位分数为−1.5194的被试，实际的数学成绩的观测值是568.35。用回归方程预测的数学成绩的点预测值为512.10。均值预测的区间估计的上下限分别用变量LMCI_1和UMCI_1表示，个体预测值的区间估计的上下限分别用变量LICI_1和UICI_1表示。例如，社会经济地位分数为−1.5194的被试，均值95%的预测区间为[503.39，520.81]；个体预测95%的预测区间为[344.24，679.95]。

六、结果报告

回归分析发现，学生社会经济地位和数学成绩之间的相关为0.467，回归方程的测定系数R^2为0.218，说明社会经济地位可以解释学生数学成绩变异的21.8%。

从表7-5中可以看出，自变量对因变量的线性回归方程是显著的，$F(1, 491)=136.671$，$p<0.001$，说明社会经济地位能够影响学生的数学成绩。

表7-5 回归方程整体有效性的 *F* 检验表

	平方和	*df*	均方	*F*	*p*
回归	994796.800	1	994796.800	136.671	0.000
残差	3573871.212	491	7278.760		
总计	4568668.012	492			

从表7-6中可以看出，在预测学生数学成绩的回归方程中，社会经济地位的回归系数为40.923，$t=11.691$，达到了显著水平，$p<0.001$，说明社会经济地位能够显著预测学生的数学成绩。

表 7-6 回归系数估计及其检验表

模型	非标准化系数		标准化系数 β	t	p
	B	SE			
截距	574.276	4.941		116.230	0.000
社会经济地位	40.923	3.500	.467	11.691	0.000

非标准化回归方程可以写为：$\hat{Y}=574.276+40.923\times$社会经济地位。

标准化回归方程可以写为：$\hat{Y}=0.467\times$社会经济地位。

第二节 多元回归

回归分析中，如果自变量只有一个，则称为一元回归分析，它只能处理两个变量之间的关系。然而在实际研究中，变量之间的关系错综复杂，一个因变量往往会受到多个自变量的交叉影响。因此，一个因变量需要通过多个自变量来综合预测。例如，商品的需求除了受自身价格的影响，还要受到消费者收入、消费者偏好及其他商品的价格等因素的影响。当研究者需要使用回归分析考察多个变量对一个变量的影响时，就需要用到多元回归分析。

多元回归分析有三种主要类型：标准多元回归、统计（逐步）回归和序列（分层）回归。三种回归的区别主要体现在如何解释自变量之间因有相关而产生的重叠，以及按照怎样的规则决定自变量进入的顺序上。

在标准多元回归（standard multiple regression）中，所有自变量同时进入回归方程，故又称为同时回归（simultaneous regression）。标准多元回归仅度量每个自变量进入方程后增加的预测因变量的贡献。换言之，在计算单个自变量的贡献时，该自变量与其他所有自变量共同解释的部分都被剔除，仅计算剩余的可解释的部分。正是由于这一点，在标准多元回归中，所有重叠的部分将不计入任何自变量的贡献。

统计回归（statistical regression）完全以统计标准决定自变量进入回归方程的顺序，没有考虑变量的意义和理论解释的问题，是一种带有争议的回归类型。一个变量会进入或被剔除出方程完全根据该样本下计算出的统计指标，一些细微的差异将会对衡量变量重要性造成较大的影响。

序列回归（sequential regression）又称分层回归（hierarchical regression）。在序列回归中，自变量将根据研究者指定的顺序进入回归方程。由于存在前后顺序，衡量一个（或一组）自变量的贡献时，与其他变量共同解释的部分会归为先进入的变量。研究者一般会出于逻辑和理论的考量指定自变量进入方程的顺序。一种可能是让最具理论重要性的自变量优先进入方程，以保证最重要的变量能最大地解释因变量的变异。例如预测篮球运动员成绩时让训练时间第一个进入回归方程。相反，另一种可能是让最重要的变量最后进入方程，而让控制变量或研究者不关心的变量最先进入，这样就相当于在控制协变量的情况下考察最感兴趣的变量对预测因变量的贡献大小，等同于协方差分析的模式。

这也是大多数研究者应用序列回归的意义：控制了之前加入变量的影响后，考察新加入变量是否有显著影响。在实际应用序列回归时，一次可进入一组自变量，即每层中可同时估计多个自变量，此时对于该层来说相当于一个标准多元回归，不同层之间仍按照序列回归的方式解释结果。

这一节将结合实例分别介绍这三种类型的多元回归。

一、标准多元回归

（一）变量和数据

研究数据与第一节中的相同，见数据文件“linear regression. sav”。

（二）研究问题和分析方法

基于已有的研究和理论，研究者认为学生的背景特征（性别及家庭背景）以及学生的心理特质对学生成绩都会产生影响。基于这个样本，研究者拟考察学生性别、社会经济地位、学校归属感、成就动机和考试焦虑对其数学成绩的影响，考察这些变量对数学成绩的解释力，以及每个自变量对因变量是否有显著影响。

上述研究问题涉及的自变量有多个，因变量有一个，属于多元线性回归分析的范畴。另外，关于自变量进入模型的顺序没有事先的假设，也不需要对其独特的贡献率进行分析。同时，这是一个基于已有研究和理论验证的问题，不需要从统计上判断变量是否进入模型。因此，这里采用标准多元回归分析的方法分析数据。

（三）软件操作

(1) 分类自变量重新编码。在多元回归中，自变量可以是分类变量，但是在进行回归分析之前，需要对自变量进行重新编码。一般采用定义虚拟变量的方式进行重新编码。基本规则是如果分类变量有 k 类，则需要定义 $k-1$ 个虚拟变量，其中一个类别在所有 $k-1$ 个虚拟变量上的取值均为 0（参照类），其他类别在其中一个虚拟变量上的取值为 1，而在其他虚拟变量上的取值为 0。如果这个变量有两个类别，将其中一类的数值编码为 0，另一类别的数值编码为 1。对于本研究中的性别变量，我们将原来的 GENDER 重新编码为 MALE，将女生的值编码为 0，男生的值编码为 1（具体操作可参考第一章重新编码的内容），语句为“RECODE GENDER（1=0）（2=1）INTO MALE.”。在回归分析结果中，MALE 变量的系数表示编码为男生与女生相比，因变量均值的差异。

(2) 多元线性回归的 SPSS 操作与一元线性回归相同，同样可以通过选择“Analyze→Regression→Linear...”进入设置对话框，如图 7－6 所示。从左边变量列表中把因变量“数学成绩”选入“Dependent”框中，把“性别”（编码后的 MALE）、“社会经济地位”“学校归属感”“考试焦虑”和“成就动机”选入“Independent (s)”框中。自变量进入回归方程采用系统默认的“Enter”方法。

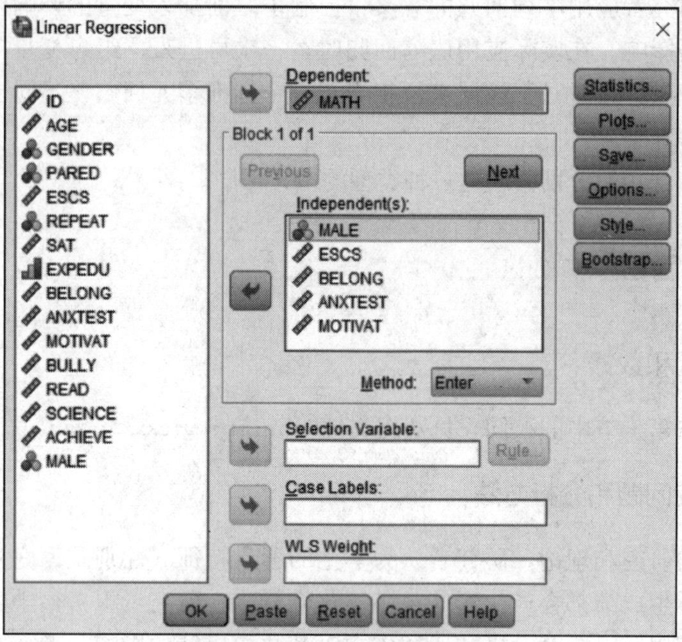

图 7-6　多元回归分析主对话框

（3）单击“Statistics…”按钮，弹出统计量输出对话框，如图 7-7 所示。除了采用系统默认设置的“Estimates”和“Model fit”选项，再选中“Durbin-Waston”和“Collinearity diagnostics”复选项，分别用于诊断残差独立性和多重共线性，然后点击“Continue”。

（4）单击“Plots…”按钮，打开选择残差图的对话框，如图 7-8 所示。将“＊ZPRED”选入“X”框中，将“*ZRESID”选入“Y”框中，并选中“Normal probability plot”复选项，用于诊断残差的正态性，然后点击“Continue→OK”即可得到标准多元回归分析结果。

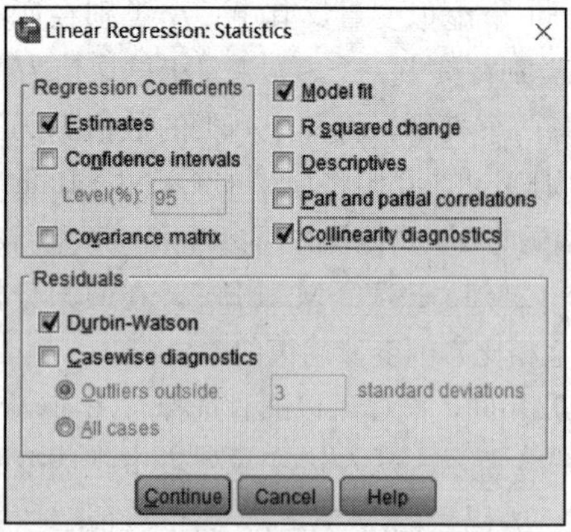

图 7-7　多元回归分析的 Statistics 选项

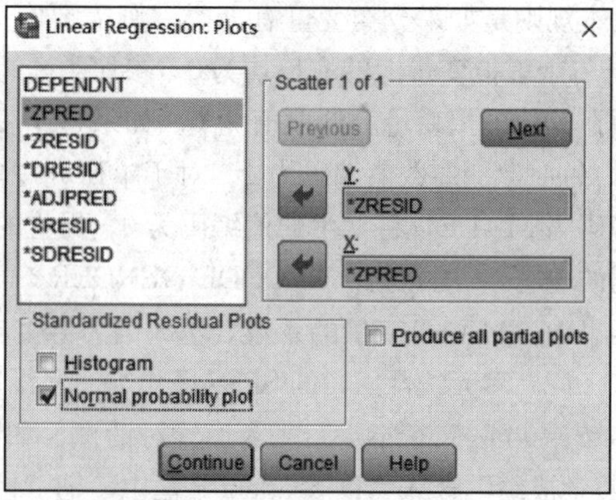

图 7-8　多元回归分析的 Plots 选项

上述操作的 SPSS 语句详见文件“linear regression. sps”中“标准多元回归分析”部分。

（四）结果输出与解释

1. 方程中包含的自变量列表

拟合过程中自变量进入或剔除情况如表 7－7 所示。从表中可以看出，由于采用的是“Enter”方法，所以五个自变量全都进入了回归模型，没有一个自变量从回归模型中移出。

表 7－7　方程中包含的自变量列表及其进入/剔除方法

Variables Entered/Removed[a]

Model	Variables Entered	Variables Removed	Method
1	成就动机，性别，社会经济地位，学校归属感，考试焦虑[b]	.	Enter

a. Dependent Variable：数学成绩

b. All requested variables entered.

2. 模型拟合表

模型拟合的总体情况如表 7－8 所示。由 R Square 可知，五个自变量总共可以解释因变量变异的 28.2%。Durbin-Watson 检验结果为 1.941，按一般标准认为残差可能互相独立。

表 7－8　模型拟合表

Model Summary[b]

Model	R	R Square	Adjusted *R* Square	Std. Error of the Estimate	Durbin-Watson
1	.531[a]	.282	.275	81.46142	1.941

a. Predictors：(Constant)，成就动机，性别，社会经济地位，学校归属感，考试焦虑

b. Dependent Variable：数学成绩

3. 回归方程检验的方差分析表

回归方程检验的方差分析结果如表 7－9 所示。表中列出了回归项和残差项的平方和、自由度和均方，还列出了 F 值以及 p 值。从表中可以看出，自变量对因变量的线性回归方程是显著的，$F(5, 484)=38.086$，$p<0.001$，说明学生性别、社会经济地位、学校归属感、成就动机和考试焦虑能够显著预测其数学成绩。

表 7－9　回归方程检验的方差分析表

ANOVA[a]

Model		Sum of Squares	df	Mean Square	F	Sig.
1	Regression	1263672.480	5	252734.496	38.086	.000[b]
	Residual	3211806.063	484	6635.963		
	Total	4475478.543	489			

a. Dependent Variable：数学成绩

b. Predictors：(Constant)，成就动机，性别，社会经济地位，学校归属感，考试焦虑

4. 回归系数估计及其检验表、共线性诊断表

回归系数估计及其检验结果如表 7-10 所示。从表中可以看出，截距项、社会经济地位、考试焦虑和成就动机的回归系数的 t 检验都达到了显著水平，说明截距项和这些回归系数都具有统计学意义，这三个自变量与因变量的多元线性关系显著。而性别和学校归属感的回归系数都没达到显著水平，表明这些自变量对因变量的贡献可以忽略不计。这些结果可以说明，在控制其他变量的情况下，社会经济地位、考试焦虑和成就动机各自都能够显著影响数学成绩。

此外，Collinearity Statistics 一列呈现了诊断多重共线性的判断指标 Tolerance 和 VIF 值的大小。可以看到，五个自变量的 Tolerance 和 VIF 都接近 1。按照一般判断共线性的标准（Tolerance＜0.1，VIF＞10），这五个自变量不存在较严重的多重共线性问题。

表 7-10 回归系数估计及其检验表

Coefficients[a]

Model		Unstandardized Coefficients B	Unstandardized Coefficients Std. Error	Standardized Coefficients Beta	t	Sig.	Collinearity Statistics Tolerance	Collinearity Statistics VIF
1	(Constant)	573.646	6.250		91.789	.000		
	性别	5.531	7.408	.029	.747	.456	.987	1.013
	社会经济地位	37.861	3.486	.435	10.862	.000	.926	1.080
	学校归属感	5.144	5.492	.038	.937	.349	.880	1.137
	考试焦虑	−19.707	4.158	−.196	−4.740	.000	.869	1.150
	成就动机	21.057	4.514	.191	4.665	.000	.881	1.135

a. Dependent Variable：数学成绩

除了 Tolerance 和 VIF，还有一个诊断指标即条件指数也会共线性诊断表中呈现。此处建议使用标准化后的自变量计算条件指数。具体操作是选择“Analyze→Descriptive Statistics→Descriptives…”，将四个连续自变量选入“Variable (s)”列表框中，勾选“Save standardized values as varibles”，点击“OK”后会生成三个标准化后的新变量，然后将其作为自变量，重复相同的回归流程。在共线性诊断情况表中，Condition Index 一列中最后一个值即为条件指数。本例中为 2.433（见表 7-11），同样可以判断不存在共线性问题。一般认为，条件指数值为 10～30 时，变量间存在弱共线性；条件指数值为 30～100 时，存在中等共线性；当条件指数值大于 100 时，存在强共线性。

表 7-11 共线性诊断表

Collinearity Diagnostics[a]

Model	Dimension	Eigenvalue	Condition Index	Variance Proportions (Constant)	Variance Proportions 性别	Variance Proportions Zscore：学校归属感	Variance Proportions Zscore：考试焦虑	Variance Proportions Zscore：成就动机	Variance Proportions Zscore：社会经济地位
1	1	1.713	1.000	.14	.14	.00	.00	.00	.00

续前表

Collinearity Diagnostics[a]									
				Variance Proportions					
Model	Dimension	Eigenvalue	Condition Index	(Constant)	性别	Zscore：学校归属感	Zscore：考试焦虑	Zscore：成就动机	Zscore：社会经济地位
1	2	1.345	1.128	.00	.00	.30	.01	.08	.27
	3	1.280	1.157	.00	.00	.02	.37	.28	.00
	4	.773	1.489	.00	.00	.26	.07	.15	.69
	5	.600	1.690	.00	.00	.42	.52	.48	.03
	6	.289	2.433	.85	.85	.01	.02	.00	.00

a. Dependent Variable：数学成绩

5. 残差统计量情况表

残差统计量情况如表 7－12 所示。表中列出了一系列标准化的、非标准化的预测值和残差的最小值、最大值、均值、标准差和样本量等。根据 3SD 原则——标准化残差的绝对值大于 3 对应的观测值为异常值，从 Std. Residual 行的最小值可以发现，本数据中存在异常值。

表 7－12 残差统计量情况表

Residuals Statistics[a]	Minimum	Maximum	Mean	Std. Deviation	N
Predicted Value	414.6609	714.9374	539.0293	50.83500	490
Residual	−260.49243	226.57208	.00000	81.04388	490
Std. Predicted Value	−2.447	3.460	.000	1.000	490
Std. Residual	−3.198	2.781	.000	.995	490

a. Dependent Variable：数学成绩

如果想要获知具体的异常个案，可选择“Analyze→Regression→Linear…”，点击“Save…”选项，在弹出的窗口中选中“Residuals”下的“Standardized”，以及“Distances”下的“Mahalanobis”复选项。再次进行回归后，可在数据文件中生成多列新的变量，包括所有个案在该回归中的标准化残差值和马氏距离。最终是否删除异常值则需小心判断。

6. 散点图

图 7－9 为残差累计概率散点图（P-P 图），图中代表残差值的点基本上分布在对角线上，可以判定残差服从正态分布。图 7－10 为标准化预测因变量与标准化残差的散点图，图中各点基本上随机分布在一条穿过零点的水平直线的两侧，说明残差的分布满足正态性及残差方差齐性假设。

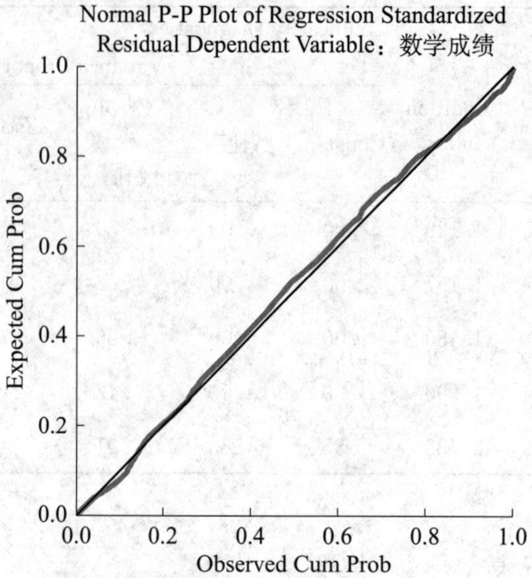

图 7-9 残差累计概率散点图（P-P 图）

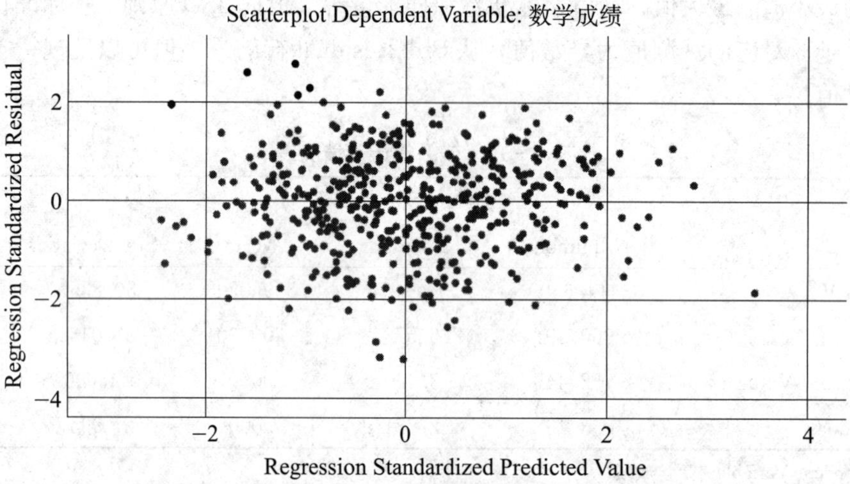

图 7-10 标准化预测因变量与标准化残差的散点图

（五）结果报告

标准多元回归分析显示，回归方程整体显著，F（5，484）＝38.086，$p<0.001$。五个自变量总共可以解释因变量变异的 28.2%。回归系数结果见表 7-13，社会经济地位（$\beta=0.435$，$t=10.862$，$p<0.001$）、考试焦虑（$\beta=-0.196$，$t=-4.740$，$p<0.001$）和成就动机（$\beta=0.191$，$t=4.665$，$p<0.001$）可以显著预测数学成绩。其中，社会经济地位和成就动机为正向预测，考试焦虑为负向预测。在本研究中未发现性别和学校归属感对数学成绩的预测作用。

表 7-13 数学成绩影响因素多元回归分析结果

自变量	非标准化回归系数		标准化回归系数	t 值
	估计值	标准误		
性别	5.531	7.408	0.029	0.747
社会经济地位	37.861	3.486	0.435***	10.862
学校归属感	5.144	5.492	0.038	0.937
考试焦虑	−19.707	4.158	−0.196***	−4.740
成就动机	21.057	4.514	0.191***	4.665

*** $p<0.001$.

二、统计回归

(一) 变量和数据

这里仍采用数据文件“linear regression. sav”。

(二) 研究问题和分析方法

研究者拟探讨总体生活满意度的影响因素，但对影响生活满意度的自变量尚未有基础的理论假设，在这里使用统计回归的方法探索影响生活满意度的因素。考虑的自变量有：性别、年龄、社会经济地位、总学业成绩、学校归属感、考试焦虑、成就动机和受欺负。

就研究问题而言，涉及多个自变量对因变量（生活满意度）的影响，但是与前面标准化回归不同的是，这里关于哪些自变量有影响尚处于探索阶段。研究者试图通过数据分析结果探索多个变量对因变量影响的强弱，是采用数据驱动的方式建立影响生活满意度的回归分析模型。关于变量进入模型的顺序，这里采用基于数据逐步进入的统计回归方法。

(三) 软件操作

统计回归所用命令语句与前述一元线性回归和标准多元回归大体相同，类似的部分此处不再赘述。

(1) 在图 7-11 所示的线性回归分析主对话框中，从左边变量列表中把“生活满意度”选入“Dependent”框中，把“性别”(MALE)、“年龄”、“社会经济地位”、“总学业成绩”、“学校归属感”、“考试焦虑”、“成就动机”和“受欺负”选入“Independent (s)”框中。

(2) 单击“Statistics…”，对话框中除了默认的“Estimates”和“Model fit”选项，再勾选“R squared change”以便查看分步纳入自变量时模型 R^2 的变化情况；选中“Durbin-Waston”和“Collinearity diagnostics”；点击“Continue”。

(3) 点击“Method”后面的下拉框，选择一种回归分析的方法。

SPSS 提供下列几种变量进入回归方程的方法（图 7 - 11）：

Enter 选项：强行进入法，即所选择的自变量全部进入回归模型。该选项是默认方式。

Remove 选项：消去法，建立回归方程时，根据设定的条件剔除部分自变量。

Forward 选项：向前选择法，根据在 Options 对话框中所设定的判据，从无自变量开始，在拟合过程中，对被选择的自变量进行方差分析，每次加入一个 F 值最大的变量，直到所有符合判据的变量都进入模型为止。第一个引入回归模型的变量应该与因变量相关程度最大。

Backward 选项：向后剔除法，根据在 Options 对话框中所设定的判据，先建立全模型，然后根据设置的判据，每次剔除一个使方差分析中的 F 值最小的自变量，直到回归方程中不再含有不符合判据的自变量为止。

Stepwise 选项：逐步进入法，是向前选择法和向后剔除法的结合。根据在 Options 对话框中所设定的判据，首先根据方差分析结果选择符合判据且对因变量贡献最大的自变量进入回归方程。根据向前选择法判断进入模型的自变量；然后根据向后剔除法，将模型中 F 值最小且符合剔除判据的变量剔除出模型。重复进行直到回归方程中的自变量均符合进入模型的判据，模型外的自变量都不符合进入模型的判据为止。

在本例中选择“Stepwise”选项。

（4）点击“OK”，得到统计回归的输出结果。

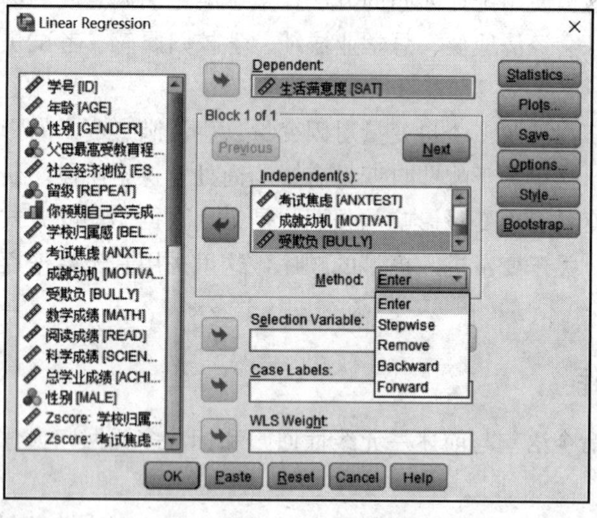

图 7 - 11　多元回归：选择变量进入方法

上述操作的 SPSS 语句详见文件“linear regression. sps”中的“统计回归”部分。

（四）结果输出与解释

1. 方程中包含的自变量列表

拟合过程中自变量进入或剔除情况如表 7 - 14 所示。从表中可以看出，在采用逐步进入法后，在八个自变量中，仅有两个自变量（学校归属感和受欺负）先后被纳入回归模型。其中，学校归属感对生活满意度的影响强度最大，其次是受欺负。而在纳入了这两个变量后，其他自变量对生活满意度的影响不再达到显著水平，不能达到纳入方程的标准。

表 7-14 方程中包含的自变量列表及其进入/剔除方法

Variables Entered/Removed[a]

Model	Variables Entered	Variables Removed	Method
1	学校归属感	.	Stepwise (Criteria: Probability-of-F-to-enter<=.050, Probability-of-F-to-remove>=.100).
2	受欺负	.	Stepwise (Criteria: Probability-of-F-to-enter<=.050, Probability-of-F-to-remove>=.100).

a. Dependent Variable：生活满意度

2. 模型拟合表

模型拟合的总体情况如表 7-15 所示。总共有两个模型。第一个模型纳入了学校归属感，第二个模型在模型 1 的基础上，又纳入了受欺负。由 R^2 可知，模型 1 可以解释因变量变异的 10.3%，且 F（1，484）＝55.366，$p<0.001$，达到显著水平。模型 2 可以解释因变量变异的 12.3%。从模型 1 到模型 2，R^2 增加了 0.020，且 F（1，483）＝11.165，$p=0.001<0.01$，达到显著水平。即在纳入学校归属感的情况下，再纳入受欺负，回归方程的解释率提高了 2%，这一变化是具有显著意义的。Durbin-Watson 检验结果为 1.897，按一般标准认为残差可能互相独立。

表 7-15 模型拟合表

Model Summary[c]

Model	R	R Square	Adjusted R Square	Std. Error of the Estimate	Change Statistics					Durbin-Watson
					R Square Change	F Change	df1	df2	Sig. F Change	
1	.320[a]	.103	.101	2.141	.103	55.366	1	484	.000	
2	.351[b]	.123	.119	2.118	.020	11.165	1	483	.001	1.897

a. Predictors：(Constant)，学校归属感

b. Predictors：(Constant)，学校归属感，受欺负

c. Dependent Variable：生活满意度

3. 回归方程检验的方差分析表

回归方程检验的方差分析结果如表 7-16 所示。模型 1 和模型 2 的总体检验都是显著的。两个模型的总平方和（因变量的所有观测值与其均值离差的总平方和）是一样的。模型 1 中自变量能解释的因变量变异的平方和为 253.693，未能解释的残差平方和为 2217.730，而模型 2 为 2167.626。差值为 2217.730－2167.626＝50.104。这一部分的平方和即在学校归属感纳入方程的基础上，受欺负再进入方程，多解释掉的部分。

表 7-16　回归方程检验的方差分析表

ANOVA[a]

Model		Sum of Squares	df	Mean Square	F	Sig.
1	Regression	253.693	1	253.693	55.366	.000[b]
	Residual	2217.730	484	4.582		
	Total	2471.424	485			
2	Regression	303.798	2	151.899	33.847	.000[c]
	Residual	2167.626	483	4.488		
	Total	2471.424	485			

a. Dependent Variable：生活满意度
b. Predictors：(Constant)，学校归属感
c. Predictors：(Constant)，学校归属感，受欺负

4. 回归系数估计及其检验表

回归系数估计及其检验结果如表 7-17 所示。模型 1 中学校归属感的标准化回归系数（在多元回归中又称为偏标准化回归系数）的 t 检验达到了显著水平，$\beta=0.320$，$t=7.441$，$p<0.001$。学校归属感可以显著正向预测生活满意度。在模型 1 的基础上，模型 2 纳入了受欺负，其标准化回归系数的 t 检验也达到了显著水平，$\beta=-0.147$，$t=-3.341$，$p=0.001<0.01$。在纳入学校归属感的情况下，受欺负可以显著负向预测生活满意度。

表 7-17　回归系数估计及其检验表

Coefficients[a]

Model		Unstandardized Coefficients		Standardized Coefficients	t	Sig.	Collinearity Statistics	
		B	Std. Error	Beta			Tolerance	VIF
1	(Constant)	7.152	.108		66.017	.000		
	学校归属感	1.010	.136	.320	7.441	.000	1.000	1.000
2	(Constant)	7.953	.263		30.285	.000		
	学校归属感	.894	.139	.284	6.444	.000	.937	1.067
	受欺负	−.630	.189	−.147	−3.341	.001	.937	1.067

a. Dependent Variable：生活满意度

5. 自变量剔除情况表

如表 7-18 所示，使用 SPSS 进行序列回归和统计回归时，最后还会报告每一层中没有进入回归模型的自变量假设进入该层回归后预期的偏回归系数、t 检验结果、偏相关系数和容忍度，供研究者参考。

模型 1 仅纳入了学校归属感一个自变量，未能进入方程的有七个自变量。同理，模型 2 再纳入了受欺负自变量，剩余的六个自变量仍旧被剔除。且这六个自变量的 t 检验都未能达到显著水平，因此之后不再考虑纳入回归方程。

表 7-18 自变量剔除情况表

Excluded Variables[a]

Model		Beta In	t	Sig.	Partial Correlation	Collinearity Statistics Tolerance	VIF	Minimum Tolerance
1	性别	.007[b]	.169	.866	.008	.999	1.001	.999
	年龄	−.013[b]	−.292	.770	−.013	1.000	1.000	1.000
	社会经济地位	.015[b]	.328	.743	.015	.933	1.072	.933
	总学业成绩	−.053[b]	−1.199	.231	−.054	.965	1.036	.965
	考试焦虑	−.074[b]	−1.700	.090	−.077	.974	1.027	.974
	成就动机	.041[b]	.938	.349	.043	.982	1.019	.982
	受欺负	−.147[b]	−3.341	.001	−.150	.937	1.067	.937
2	性别	.034[c]	.779	.437	.035	.967	1.034	.908
	年龄	−.016[c]	−.368	.713	−.017	.999	1.001	.937
	社会经济地位	.012[c]	.265	.791	.012	.933	1.072	.880
	总学业成绩	−.067[c]	−1.531	.126	−.070	.957	1.045	.914
	考试焦虑	−.061[c]	−1.418	.157	−.064	.966	1.036	.920
	成就动机	.053[c]	1.225	.221	.056	.975	1.026	.916

a. Dependent Variable：生活满意度

b. Predictors in the Model：(Constant)，学校归属感

c. Predictors in the Model：(Constant)，学校归属感，受欺负

总体而言，统计回归分析发现，对总体生活满意度具有较高强度影响的变量有学校归属感和受欺负。其中，学校归属感为正向预测，受欺负为负向预测。

(五) 结果报告

以生活满意度为因变量，以性别、年龄、社会经济地位、总学业成绩、学校归属感、考试焦虑、成就动机和受欺负为自变量，做统计回归，得到的回归分析结果见表 7-19。

表 7-19 预测生活满意度的统计回归分析结果

自变量	第一步 *b*	第一步 *SE*	第一步 *β*	第二步 *b*	第二步 *SE*	第二步 *β*
学校归属感	1.010	0.136	0.320***	0.894	0.139	0.284***
受欺负				−0.630	0.189	−0.147**
R^2	0.103	0.123				
ΔR^2	0.103	0.020				

** $p<0.01$，*** $p<0.001$.

统计回归分析结果表明，最先进入回归方程的变量是学校归属感，学校归属感对生活满意度影响显著（$\beta=0.320$，$p<0.001$），对生活满意度变异的解释率为 10.3%。其次进入回归方程的变量是受欺负，在控制了学校归属感的影响后，受欺负对生活满意度的影响显著（$\beta=-0.147$，$p<0.01$），在纳入学校归属感的情况下，受欺负对生活满意度变异的独特解释率为 2%。其他六个自变量均没有进入回归方程。

三、序列回归

（一）变量和数据

这里仍采用数据文件“linear regression. sav”。

（二）研究问题和分析方法

研究者提出，总体生活满意度受多种因素的影响，以往大量的研究证实背景特征对生活满意度有显著影响；也有一些研究者在控制背景特征的情况下，认为学生的心理特质（如成就动机、学校归属感、考试焦虑）也会对生活满意度产生影响；随后有研究者进一步探讨了学业成绩的重要性。研究者进一步提出，即使在考虑了学生背景特征、学生心理幸福感（成就动机、学校归属感、考试焦虑）以及学生的学业成绩等因素的前提下，学生在学校是否会受到欺负对生活满意度依然有重要的影响。

上述关于变量重要性的假设都需要考虑控制一些因素，检验变量的独特重要性。为了检验上述假设，拟进行以下序列回归分析：

第一步：性别、年龄、社会经济地位。

第二步：学校归属感、考试焦虑、成就动机。

第三步：总学业成绩。

第四步：受欺负。

（三）软件操作

(1) 选择“Analyze→Regression→Linear…”，打开如图 7-1 所示的主对话框。将因变量生活满意度选入“Dependent”列表框中，将自变量性别（MALE）、年龄、社会经济地位选入“Independent (s)”列表框中；点击“Next”创建第二层，左上角显示“Block 2 of 2”，将自变量学校归属感、考试焦虑、成就动机选入“Independent (s)”列表框中；再点击“Next”创建第三层，左上角显示“Block 3 of 3”，将自变量总学业成绩选入“Independent (s)”列表框中；最后点击“Next”创建第四层，左上角显示“Block 4 of 4”，将自变量受欺负选入“Independent (s)”列表框中。进入回归方程的方法采用系统默认的“Enter”。

(2) 单击“Statistics…”按钮，弹出统计量输出对话框，除了采用系统默认设置的“Estimates”和“Model fit”选项，再选中“R square change”和“Part and Partial Correlation”复选项。然后点击“Continue→OK”即可得到序列回归的结果。

（四）结果输出与解释

1. 方程中包含的自变量列表

拟合过程中自变量进入或剔除情况如表 7-20 所示。自变量按照设定的四个步骤生成了四个回归模型。

表 7-20　方程中包含的自变量列表及其进入/剔除方法

Variables Entered/Removed[a]

Model	Variables Entered	Variables Removed	Method
1	社会经济地位，年龄，性别[b]	.	Enter
2	考试焦虑，学校归属感，成就动机[b]	.	Enter
3	总学业成绩[b]	.	Enter
4	受欺负[b]	.	Enter

a. Dependent Variable：生活满意度

b. All requested variables entered.

2. 模型拟合表

模型拟合的总体情况如表 7-21 所示。由于建立了四个回归模型，共有四个模型拟合结果，从模型 1 到模型 4，R^2依次增大，这是增加了预测变量的缘故。由于选择了“R square change”选项，结果中还有增加新自变量后的R^2变化的 F 检验结果。结果表明仅使用社会经济地位、年龄和性别不能显著预测生活满意度；但在此基础上加入考试焦虑、学校归属感和成就动机就能显著提高回归模型的 R^2 [F (3, 479)=18.513，$p<0.001$，$R^2=0.103$]；再加入总学业成绩，带来了R^2的显著改变 [F (1, 478)=4.445，$p=0.036<0.05$，$R^2=0.008$]，表明模型 3 加入的总学业成绩对预测生活满意度有显著的贡献；最后加入受欺负，也带来了R^2的显著改变 [F (1, 477)=12.957，$p<0.001$，$R^2=0.023$]，表明在前三个模型加入了那些自变量后，模型 4 加入的受欺负自变量仍旧对预测生活满意度有显著的贡献。

表 7-21　模型拟合表

Model Summary[e]

Model	R	R Square	Adjusted R Square	Std. Error of the Estimate	Change Statistics				
					R Square Change	F Change	df1	df2	Sig. F Change
1	.098[a]	.010	.003	2.254	.010	1.552	3	482	.200
2	.335[b]	.112	.101	2.140	.103	18.513	3	479	.000
3	.347[c]	.121	.108	2.132	.008	4.445	1	478	.036
4	.379[d]	.144	.130	2.106	.023	12.957	1	477	.000

a. Predictors：(Constant)，社会经济地位，年龄，性别

b. Predictors：(Constant)，社会经济地位，年龄，性别，考试焦虑，学校归属感，成就动机

c. Predictors：(Constant)，社会经济地位，年龄，性别，考试焦虑，学校归属感，成就动机，总学业成绩

d. Predictors：(Constant)，社会经济地位，年龄，性别，考试焦虑，学校归属感，成就动机，总学业成绩，受欺负

e. Dependent Variable：生活满意度

3. 回归方程检验的方差分析表

回归方程检验的方差分析结果如表 7-22 所示。表中列出了四个回归方程的 F 检验结果，可以看出除了模型 1，自变量对因变量的多元线性回归都是显著的。表注中列出

了每个回归方程中含有的自变量。

表 7-22 回归方程检验的方差分析表

ANOVA[a]

Model		Sum of Squares	df	Mean Square	F	Sig.
1	Regression	23.652	3	7.884	1.552	.200[b]
	Residual	2447.772	482	5.078		
	Total	2471.424	485			
2	Regression	277.977	6	46.329	10.117	.000[c]
	Residual	2193.447	479	4.579		
	Total	2471.424	485			
3	Regression	298.185	7	42.598	9.369	.000[d]
	Residual	2173.239	478	4.547		
	Total	2471.424	485			
4	Regression	355.656	8	44.457	10.023	.000[e]
	Residual	2115.768	477	4.436		
	Total	2471.424	485			

a. Dependent Variable：生活满意度
b. Predictors：(Constant)，社会经济地位，年龄，性别
c. Predictors：(Constant)，社会经济地位，年龄，性别，考试焦虑，学校归属感，成就动机
d. Predictors：(Constant)，社会经济地位，年龄，性别，考试焦虑，学校归属感，成就动机，总学业成绩
e. Predictors：(Constant)，社会经济地位，年龄，性别，考试焦虑，学校归属感，成就动机，总学业成绩，受欺负

4. 回归系数估计及其检验表

回归系数估计及其检验结果如表 7-23 所示。表中列出了四个回归方程中截距项和含有自变量的回归系数和 t 检验结果。在模型 1 中，社会经济地位可以显著正向预测生活满意度（$\beta=0.096$，$t=2.122$，$p=0.034<0.05$）。其零阶相关、偏相关、部分相关数值不等。零阶相关表示社会经济地位与生活满意度的简单相关（0.097）；偏相关表示将性别和年龄可解释的部分同时从因变量和社会经济地位中去掉后，社会经济地位能解释的因变量变异的大小（0.096）；而部分相关表示仅在社会经济地位中去掉与性别、年龄重叠的部分后，社会经济地位能解释的因变量变异的大小（0.096）。此处由于性别和年龄影响不大，三个值几乎相等。性别和年龄不能显著预测生活满意度。

在模型 1 的基础上，主要关注模型 2 中新加入的预测变量：学校归属感、考试焦虑和成就动机。结果表明控制了性别、年龄和社会经济地位后，学校归属感（$\beta=0.293$，$t=6.391$，$p<0.001$）和考试焦虑（$\beta=-0.096$，$t=-2.072$，$p=0.039<0.05$）仍可以显著预测生活满意度；而成就动机不能显著预测生活满意度。

在模型 2 的基础上，再关注模型 3 中新加入的预测变量：总学业成绩。结果表明控制了性别、年龄、社会经济地位、学校归属感、考试焦虑和成就动机后，总学业成绩（$\beta=-0.108$，$t=-2.108$，$p=0.036<0.05$）仍可以显著预测生活满意度。

模型 4 中的结果可以回答本研究中最关注的问题，即控制了性别、年龄、社会经济地位、学校归属感、考试焦虑、成就动机和总学业成绩后，受欺负仍能显著负向预测生活满意度（$\beta=-0.162$，$t=-3.600$，$p<0.001$）。这也体现了序列回归分析相比于简单相关分析的优势，即它能在控制其他自变量的情况下考察关键变量与因变量的关系。

表 7-23 回归系数估计及其检验表

Coefficients[a]

Model		Unstandardized Coefficients		Standardized Coefficients	t	Sig.	Correlations		
		B	Std. Error	Beta			Zero-order	Partial	Part
1	(Constant)	8.915	5.644		1.580	.115			
	性别	−.004	.205	−.001	−.021	.983	−.004	−.001	−.001
	年龄	−.123	.358	−.016	−.345	.731	−.017	−.016	−.016
	社会经济地位	.198	.093	.096	2.122	.034	.097	.096	.096
2	(Constant)	7.756	5.470		1.418	.157			
	性别	.000	.196	.000	.002	.999	−.004	.000	.000
	年龄	−.037	.347	−.005	−.106	.915	−.017	−.005	−.005
	社会经济地位	.021	.092	.010	.227	.820	.097	.010	.010
	学校归属感	.923	.144	.293	6.391	.000	.320	.280	.275
	考试焦虑	−.227	.110	−.096	−2.072	.039	−.124	−.094	−.089
	成就动机	.178	.121	.069	1.471	.142	.083	.067	.063
3	(Constant)	7.908	5.451		1.451	.147			
	性别	.002	.195	.000	.011	.991	−.004	.000	.000
	年龄	.045	.348	.006	.129	.897	−.017	.006	.006
	社会经济地位	.125	.104	.061	1.200	.231	.097	.055	.051
	学校归属感	.927	.144	.294	6.443	.000	.320	.283	.276
	考试焦虑	−.271	.111	−.114	−2.437	.015	−.124	−.111	−.105
	成就动机	.231	.123	.089	1.876	.061	.083	.086	.080
	总学业成绩	−.001	.000	−.108	−2.108	.036	.009	−.096	−.090
4	(Constant)	8.891	5.391		1.649	.100			
	性别	.138	.196	.030	.701	.483	−.004	.032	.030
	年龄	.049	.343	.006	.142	.888	−.017	.006	.006
	社会经济地位	.136	.103	.066	1.321	.187	.097	.060	.056
	学校归属感	.810	.146	.257	5.550	.000	.320	.246	.235
	考试焦虑	−.244	.110	−.102	−2.210	.028	−.124	−.101	−.094
	成就动机	.265	.122	.102	2.172	.030	.083	.099	.092
	总学业成绩	−.001	.000	−.126	−2.482	.013	.009	−.113	−.105
	受欺负	−.695	.193	−.162	−3.600	.000	−.218	−.163	−.152

a. Dependent Variable：生活满意度

（五）结果报告

在文献中汇报序列回归的结果时，推荐整理成表 7-24 的形式。

表 7-24　预测生活满意度的序列回归分析结果

	变量	第一步			第二步			第三步			第四步		
		b	*SE*	*β*	*b*	*SE*	*β*	*b*	*SE*	*β*	*b*	*SE*	*β*
第一层	性别	−0.004	0.205	−0.001	0.000	0.196	0.000	0.002	0.195	0.000	0.138	0.196	0.030
	年龄	−0.123	0.358	−0.016	−0.037	0.347	−0.005	0.045	0.348	0.006	0.049	0.343	0.006
	社会经济地位	0.198	0.093	0.096*	0.021	0.092	0.010	0.125	0.104	0.061	0.136	0.103	0.066
第二层	学校归属感				0.923	0.144	0.293***	0.927	0.144	0.294***	0.810	0.146	0.257***
	考试焦虑				−0.227	0.110	−0.096*	−0.271	0.111	−0.114*	−0.244	0.110	−0.102*
	成就动机				0.178	0.121	0.069	0.231	0.123	0.089	0.265	0.122	0.102*
第三层	总学业成绩							−0.001	0.000	−0.108*	−0.001	0.000	−0.126*
第四层	受欺负										−0.695	0.193	−0.162***
	ΔR^2		0.010			0.103***			0.008*			0.023***	

* $p<0.05$，*** $p<0.001$.

从上述结果可以看出，在控制了第一层的学生背景特征性别、年龄和社会经济地位后，学生的心理特质学校归属感、考试焦虑、成就动机对生活满意度变异的解释率为10.3%，其中学校归属感（$\beta=0.293$，$p<0.001$）和考试焦虑（$\beta=-0.096$，$p=0.039<0.05$）对生活满意度的影响显著，而成就动机的影响不显著；在控制了第一层的学生背景特征，第二层的学生心理特质后，学生的总学业成绩对生活满意度有负向预测作用（$\beta=-0.108$，$p=0.036<0.05$），解释率为 0.8%；在控制了前三层的学生背景特征、学生心理特质和总学业成绩后，受欺负可以单独解释生活满意度变异的 2.3%，受欺负越严重，生活满意度越低（$\beta=-0.162$，$p<0.001$）。

《 本章小结 》

本章主要介绍了如何使用 SPSS 对变量进行回归分析以探索变量之间的因果关系并对结果做出合理的解释。

1. 通过“Analyze→Regression→Linear…”进行一元线性回归分析。
2. 将多个自变量同时放入“Independent (s)”框中进行标准多元回归分析。
3. 将“Method”栏的“Enter”改为“Stepwise”进行统计回归。
4. 将不同变量放入不同的“Block”进行序列回归。

回归方程中的斜率表示因变量随自变量的变化程度，截距表示在没有自变量的影响下，因变量自身固有的水平。

测定系数 R^2 可以解释为自变量对因变量变异的解释率。

《 自测练习 》

尝试对数据文件“心理健康.sav”（数据描述见附录 B）进行如下操作：

1. 分析饮酒（alcoholconsumption）对服用抗精神病药物后得分（Checklist2）的影响，并回答解释率为多少。

2. 分析在控制了服用抗精神病药物前得分（Checklist1）之后，饮酒对服用抗精神病药物后得分的影响，并回答解释率为多少。

第八章
非参数检验

学习目标

当数据不满足参数检验的假设时，可以使用非参数检验来替代参数检验对数据进行统计分析。本章将介绍多种非参数检验的方式以及对应的 SPSS 操作，并对结果进行解释。

前面章节所介绍的统计检验方法都是对特定总体参数进行假设检验。例如，我们使用 t 检验对有关总体均值的假设进行统计检验。这些检验通常会做出有关总体分布形态和其他总体参数的假设，如总体正态性、样本方差齐性等。这些检验都是关注参数，并对参数间的关系做出假设，所以就称作参数检验。

但是，在实际研究中，样本所属的总体分布形态一般是未知的，或者明显不服从正态分布，实验所获得的数据资料也不一定是等距或连续的变量。在这些情况下使用参数检验就不太适合。研究人员在数据不符合参数检验基本假设的情况下，开发了各种各样的统计技术来替代参数检验。这些方法被称为非参数（non-parametric）或无分布（distribution-free）检验。

非参数检验是对感兴趣的总体不做任何假设（如正态性或方差齐性）的一种假设检验，在推断过程中不涉及总体分布的参数，因而得名“非参数检验”。参数检验和非参数检验的另一个区别就是使用的数据类型不同。目前所介绍的参数检验方法都需要被试有数值分数，然后将其数值进行相加、平方、平均等算术操纵，因此，参数检验要求数据来自等距量表或等比量表。而非参数检验通常将被试分类处理，如将对候选人的喜欢程度分为喜欢和不喜欢，智商分为高、中、低水平，这些分类涉及称名量表或顺序量表，它们没有数值可以用来计算平均数和方差。另外，许多非参数检验使用的数据只是计数数据（频数），比如样本量为 300 的学生中选择文科专业和理科专业的人数。

本章关注的是非参数检验的 SPSS 操作和应用。在介绍具体应用之前，我们要先向读者介绍非参数检验的适用条件和使用限制，以便帮助读者判断自己的数据是否需要使用非参数检验。非参数检验在心理学、教育学、社会学、生物学等领域有着广泛的应用。一般来说，我们会在几种情况下使用非参数检验。第一，数据违背参数检验所要求的基本假设，无法使用参数检验。例如，t 检验和方差分析假设数据服从正态分布，且方差齐性。如果研究者的数据不满足这些前提假设，就可以采用非参数检验，尤其是样本量比较小的情况下。第二，实验结果的数据为等级数据，不能使用参数检验。例如，消费者可能被问及对几种不同品牌的饮料的喜欢程度，虽然他们不能对每种品牌都指定一个数字来表示他们对该品牌的喜欢程度，却能将几种品牌按照喜欢的顺序分成等级。这种情形也宜采用非参数检验。第三，当原始分数有不寻常的大方差，可能存在异常值时，就需要用到非参数检验。方差是影响 t 检验和 F 检验中分母误差项的主要部分，大的方差会大大降低这些参数的似然值。将这些原始分数转化为分类数据可以减小方差，例如将学生按领导能力分为高、中、低三类，然后使用非参数检验。第四，当需要迅速得出结果时，也可以不用参数检验方法而用非参数检验方法来达到目的。一般来说，与参数检验方法相比，非参数检验方法所要求的计算完成起来更快速方便。在计算机出现之前，非参数检验通常会被推荐，因为它们比参数检验更容易手工计算。需要说明的是，我们建议读者在有条件的情况下优先选择参数检验方法，只有当有非常明确和强有力的理由不适合采用参数检验时，才使用非参数检验。

非参数检验与传统的参数检验相比，使用范围更为广泛。适合参数检验的数据可以转换为分类数据，然后使用非参数检验方法，不适合参数检验的数据则必须使用非参数检验方法。但是非参数检验方法也有一定的缺点：第一，方法简单，计量水准较低，如果能与参数检验方法同时使用，就不如参数检验方法有效。若为追求简单而使用非参数检验方法，则会降低检验力。第二，使用非参数检验时，能够提供给研究者的信息比参数检验少。例如，非参数检验无法检验变量之间的交互效应。

本章主要介绍如何采用 SPSS 软件实现几种常用非参数检验方法的数据分析，主要包括：计数数据的检验、独立样本的非参数检验和相关样本的非参数检验。

第一节　计数数据的检验

许多非参数检验使用的数据是计数数据，计数数据就是计量分类变量各类别频数的数据，比如 100 名学生中高、中、低自尊的人数。对于计数数据，最常用的非参数检验方法是卡方检验（Chi-square test）。卡方检验可以用于单个分类变量，但更常见的是用于两个分类变量的差异检验，一般不用于三个或更多的分类变量。卡方检验是心理学研究中经常采用的分析计数数据资料的方法，常用来分析不同类别人数比例的差异以及不同类别变量之间是否存在关联等问题。卡方检验的分析对象是频数，而不是连续的测量分数。

卡方检验的基本原理是将样本的观测频数 f_o 与样本所在总体的期望频数 f_e 进行比较，卡方值是基于观测频数和期望频数之间的差的平方和得到的。计算公式为：

$$\chi^2 = \sum \frac{(f_o - f_e)^2}{f_e}$$

当观测频数与期望频数差异很大时，卡方值也会变大，统计检验也更可能得到显著的结果。本节将介绍卡方检验和其他几种计数数据检验方法的 SPSS 操作。

一、配合度的卡方检验

在非参数检验中，研究人员不关注分布的均值和标准差，而是关注分布的比例或者相对频数。例如，某学校女性教师和男性教师的人数相比结果如何？对于两个品牌的饮料，人们更喜欢哪种？这些有关总体比例的问题，研究人员并没有得到每个人的数值分数，而是将个体分类，并计算每个类别占总体的比例。配合度的卡方检验就是专门用来回答这类问题的。

配合度的卡方检验主要用于检验单一变量（二分类或多分类）的实际观测频数与理论期望频数是否存在差异。期望频数通常是由某些已知的人口分布（如国家统计的男女性别比）或理论分布（如掷硬币正反面的比例都是 50%）决定的。配合度卡方检验的目的是检验收集的数据是否符合已知的总体分布情况，但是因为在研究中很少知道人口总体特征，所以并不常用。以下将结合实例讲解如何使用 SPSS 进行配合度的卡方检验操作，以及如何正确解释与报告其结果。

（一）变量和数据

我们使用“fit_test. sav”数据文件来说明配合度的卡方检验的 SPSS 操作。具体数据如表 8-1 所示，其中显示了调查的 300 名文科大学生选择专业的情况。

表 8-1 300 名学生的专业选择情况表

专业	实际人数
人类学	3
经济学	45
政治学	77
心理学	90
社会学	85
总计	300

（二）研究问题和分析方法

根据国家统计数据，大学文科专业设置的比例分别为：人类学 0.05，经济学 0.30，政治学 0.25，心理学 0.25，社会学 0.15。研究者预探究这次调查的大学生选择专业的比例是否与国家统计比例相符合。

上述研究数据是计数数据，探讨的分类变量（专业类别）有一个，研究问题属于一个分类变量不同类别的实际人数（调查实际数据）是否与假设的比例（国家统计数据）一致的问题。应该采用计数数据的配合度检验方法。

（三）软件操作

卡方检验分析的数据多是频数数据。表 8-1 给出的是汇总数据，即每个专业类别报考的考生人数。对于汇总数据，在进行具体分析之前需要先进行加权操作。配合度的卡方检验具体操作步骤如下：

（1）打开数据文件“fit_test. sav”，选择“Data→Weight Cases…”（图 8-1）。

（2）选择“Weight cases by”，将 freq 选入“Frequency Variable”，点击“OK”（图 8-2）。

（3）选择“Analyze→Nonparametric Tests→Legacy Dialogs→Chi-square…”（图 8-3）。

（4）将 major 选入“Test Variable List”框中，在“Expected Values”框中选择“Values”，依次输入国家统计数据中各类别的比例，并依次点击“Add”。如果假设各类别比例相同，则可以选择默认的“All categories equal”选项（图 8-4）。

（5）点击“Exact…”。在弹击的对话框中，“Asymptotic only”是一种基于渐近分布的显著性水平检验，一般小于 0.05 即被认为显著。若样本过小或呈非渐近分布，则无法使用。“Monte Carlo”是一种基于非常大的样本的显著性水平近似估计，须指定置信度及参与计算的样本量，一般样本量越大，估计值越准确。“Exact”是一种样本过小时使用的显著性水平检验，具体使用方法将在 Fisher 精确性检验中进行介绍。这里，选择默认的“Asymptotic only”。点击“Continue”（图 8-5）。

（6）点击“OK”。

上述操作的 SPSS 语句请参见“fit_test. sps”文件。

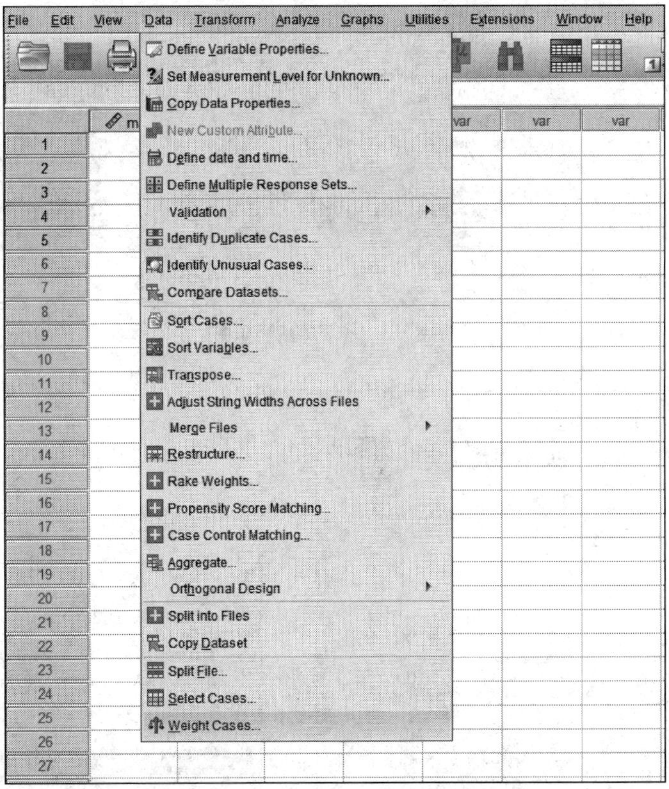

图 8-1 个案加权选项

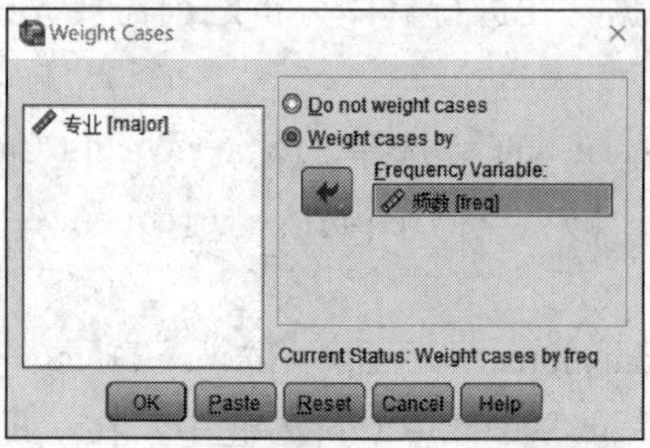

图 8－2　使用频数对个案进行加权

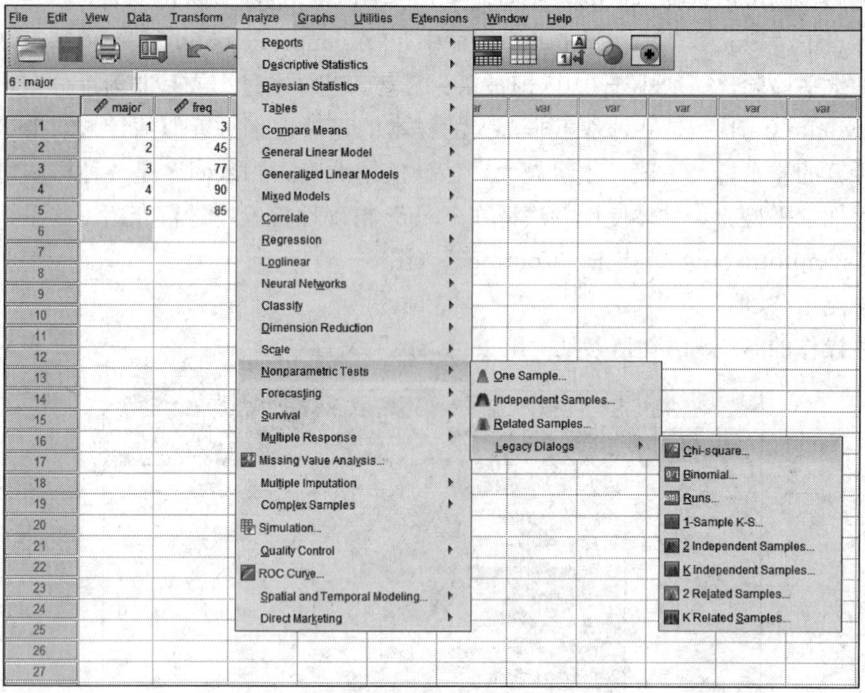

图 8－3　卡方检验选项

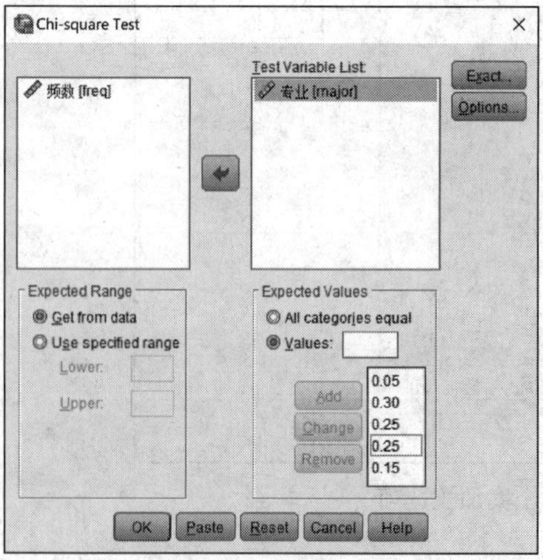

图 8－4　卡方检验设置

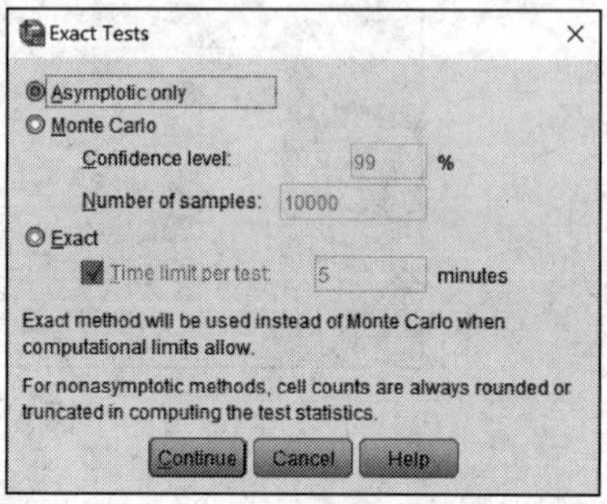

图 8－5　精确性检验设置

（四）结果输出与解释

配合度卡方检验的结果包括频数和统计量两个表格。频数表格如表 8-2 所示，其中第一列表示变量的几个类别，第二列表示各类别的观测频数，第三列表示期望频数，第四列表示观测频数与期望频数间的差异。统计量及其显著性如表 8-3 所示。结果显示，卡方值为 70.709，$p<0.001$，说明在 0.001 的显著性水平上观测频数与期望频数之间存在显著差异，也就是说该样本数据不符合国家统计比例。

表 8-2 各类别观测频数与期望频数表

专业			
	Observed N	Expected N	Residual
人类学	3	15.0	−12.0
经济学	45	90.0	−45.0
政治学	77	75.0	2.0
心理学	90	75.0	15.0
社会学	85	45.0	40.0
Total	300		

表 8-3 统计量及其显著性情况表

Test Statistics	
	专业
Chi-Square	70.709[a]
df	4
Asymp. Sig.	.000

a. 0 cells (0.0%) have expected frequencies less than 5. The minimum expected cell frequency is 15.0.

（五）结果报告

卡方检验表明，大学生选择专业的比例与国家统计比例存在显著差异，$\chi^2(4)=70.709$，$p<0.001$。

二、二项检验

在教育学和心理学研究中，研究者常常使用二分名义变量。例如，被试分为男性和女性，学生作答分为正确和错误，学生成绩分为合格和不合格，等等。将变量分成两个类别之后，研究人员感兴趣的是这两类是否服从某种比例的二项分布，如掷 100 次硬币得到正面的次数比例是不是 0.5，某一高校入学新生的男女比例是否符合原有的男女比例。这类有关二分变量的研究除了可以用上述配合度卡方检验外，还可以通过二项分布来检验，我们称之为二项检验。

二项检验就是基于二项分布来检验实际比例与假设的比例是否相同的一种非参数检验方法。二项检验只能用于单个变量的比例检验，可以看作配合度卡方检验的一种特殊情况，即只有两个类别的配合度卡方检验。所以可以采用配合度卡方检验的 SPSS 操作，这里不再赘述。以下介绍一种直接进行二项检验的 SPSS 操作方法。

（一）变量和数据

某地某一时期内出生 35 名婴儿，其中女婴 19 名，男婴 16 名，如表 8-4 所示。具体数据见文件“binomial_test.sav”。

表 8-4 某地新生婴儿男女人数

性别	人数
男	16
女	19

（二）研究问题和分析方法

研究者想要检验该地新生婴儿的性别比例与通常的男女性别比例（总体比例约为 1∶1）是否相同。

性别变量有男性和女性两个类别，是一个二分名义变量。想要回答的问题是，这两个类别的比例是否相等，或者男性的比例是不是二分之一。对于二分数据中某一类别比例是否与假设比例存在显著差异的问题，可以使用二项检验。

（三）软件操作

(1) 打开数据文件“binomial_test.sav”，选择“Data→Weight Cases ...”，选择“Weight cases by”，将 freq 选入“Frequency Variable”，点击“OK”（图 8-6）。

(2) 选择“Analyze→Nonparametric Tests→Legacy Dialogs→Binomial...”（图 8-7）。

(3) 将 gender 选入“Test Variable List”框中（图 8-8）。SPSS 默认的检验比例是 0.5，所以无须修改。如果要检验的男女比例为 1∶9，则须将“Test Proportion”修改为 0.1 或 0.9。点击“OK”。

上述操作的 SPSS 语句请参见“binomial_test.sps”文件。

（四）结果输出与解释

二项检验的输出只有一个表格，如表 8-5 所示。从表中我们可以看出，该地新生儿中男婴和女婴的观测比例分别为 0.46 和 0.54，期望比例各为 0.5，$p=0.736>0.05$，说明观测比例与期望比例之间不存在显著差异，也就是说该地新生婴儿的性别比例与通常的男女性别比例不存在显著差异。

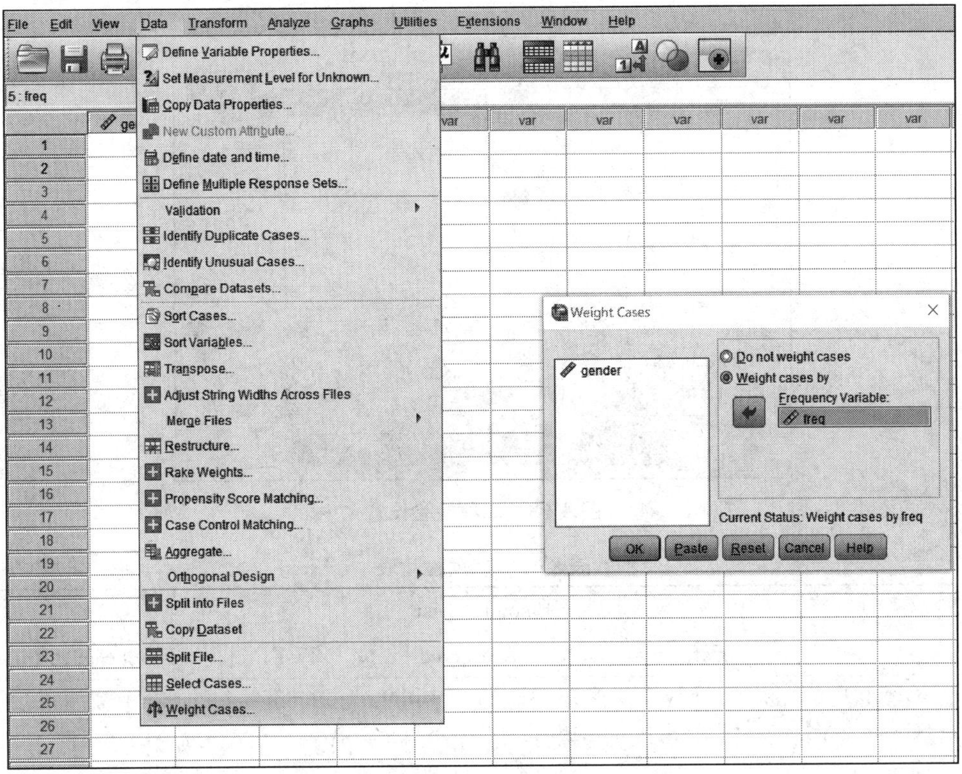

图 8-6　使用频数对个案进行加权

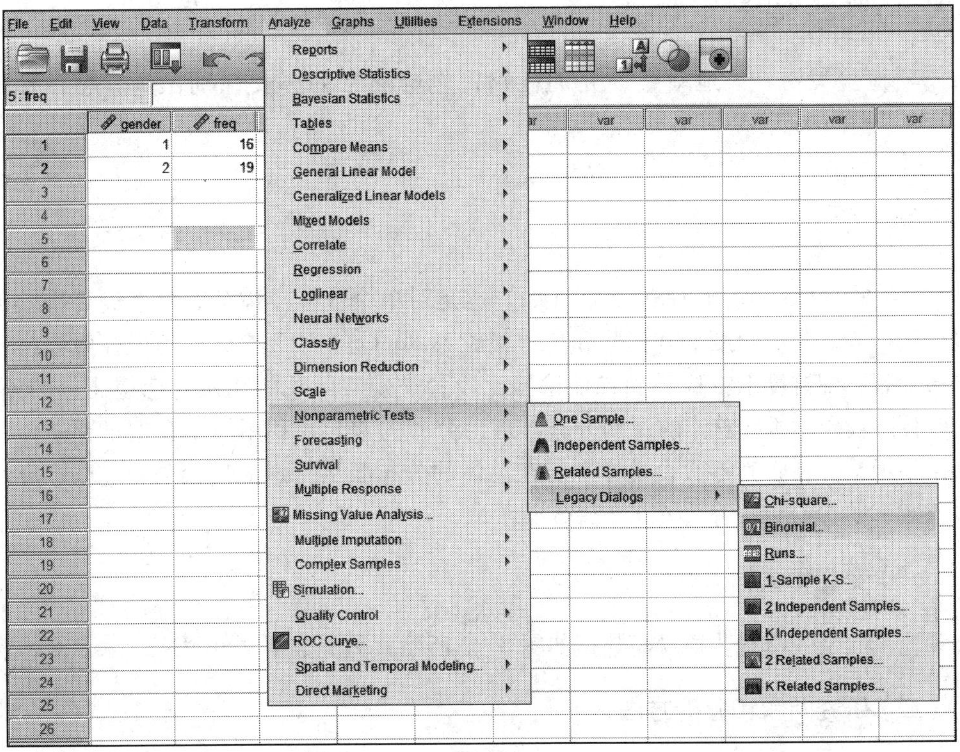

图 8-7　二项检验选项

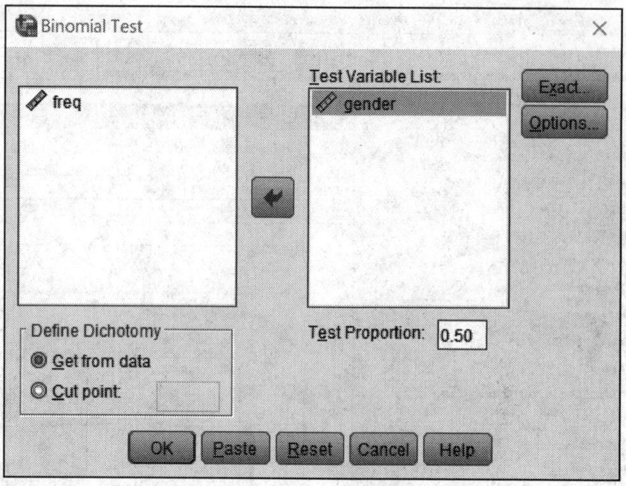

图 8-8 二项检验设置

表 8-5 二项检验表

Binomial Test

		Category	N	Observed Prop.	Test Prop.	Exact Sig. (2-tailed)
gender	Group 1	boy	16	.46	.50	.736
	Group 2	girl	19	.54		
	Total		35	1.00		

（五）结果报告

二项检验表明，该地新生婴儿的性别比例与通常的男女性别比例（总体比例约为 1∶1）不存在显著差异。

三、K-S 检验

K-S 检验（Kolmogorov-Smirnov test）也是对单个变量总体分布形态进行推断的一种配合度检验。与配合度卡方检验和二项检验不同的是，K-S 检验适用于探索连续变量的分布形态。配合度卡方检验和二项检验比较各类别实际观测比例与期望比例的差异，K-S 检验比较样本所在总体的观测分布与理论分布的差异，利用样本数据推断总体是否服从某一理论分布，其零假设是样本所在总体的分布服从特定的理论分布。以下介绍使用 K-S 检验推断总体分布形态的 SPSS 操作。

（一）变量和数据

某地 145 个一周岁儿童身高数据如图 8-9 所示，另见数据文件“KS_test.sav”。

（二）研究问题和分析方法

研究人员想要检验该地区一周岁儿童身高频数分布是否服从正态分布。

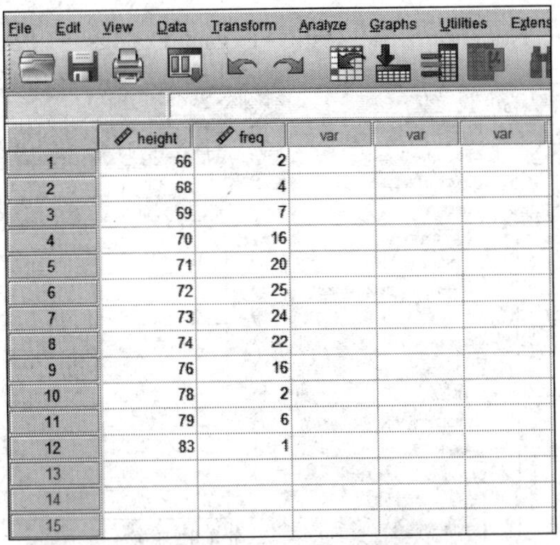

	height	freq
1	66	2
2	68	4
3	69	7
4	70	16
5	71	20
6	72	25
7	73	24
8	74	22
9	76	16
10	78	2
11	79	6
12	83	1

图 8-9　“KS_test. sav”文件中的数据

这是一个检验连续测量数据（一周岁儿童身高的测量数据）是否符合某一理论假设分布（正态分布）的配合度检验的问题。对于数据是否符合正态性的检验，统计上有许多不同的方法，其中最常用的是 K-S 检验。

（三）软件操作

(1) 打开数据文件“KS_test. sav”，选择“Data→Weight Cases…”，选择“Weight cases by”，将 freq 选入“Frequency Variable”，点击“OK”（图 8-10）。

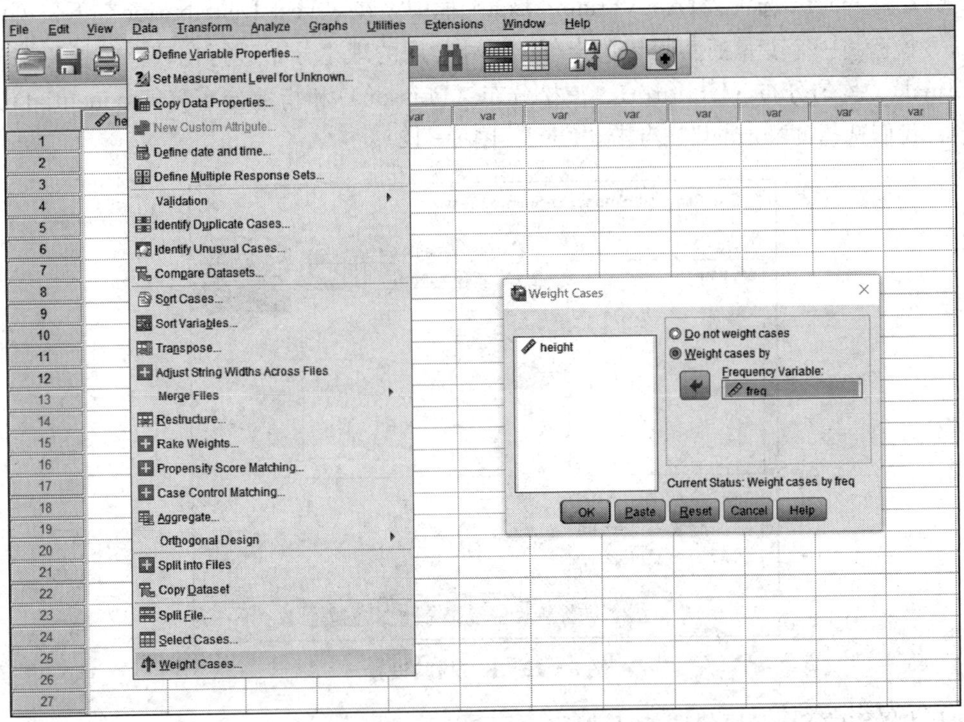

图 8-10　使用频数对个案进行加权

(2) 选择"Analyze→Nonparametric Tests→Legacy Dialogs→1-Sample K-S..."(图 8-11)。

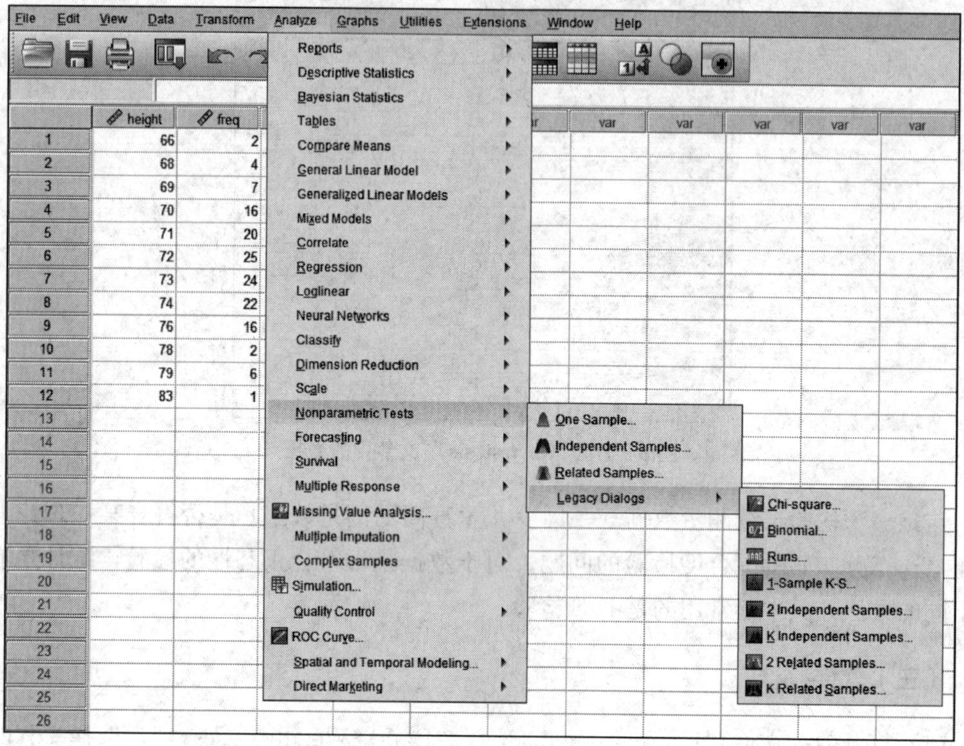

图 8-11 K-S 检验选项

(3) 将 height 选入"Test Variable List"框中,在"Test Distribution"下,可以发现 K-S 检验将一个变量的实际频数分布与四种常用的理论分布进行比较,包括正态分布(Normal)、均匀分布(Uniform)、泊松分布(Poisson)和指数分布(Exponential)。本例中,我们选择"Normal"。点击"OK"(图 8-12)。

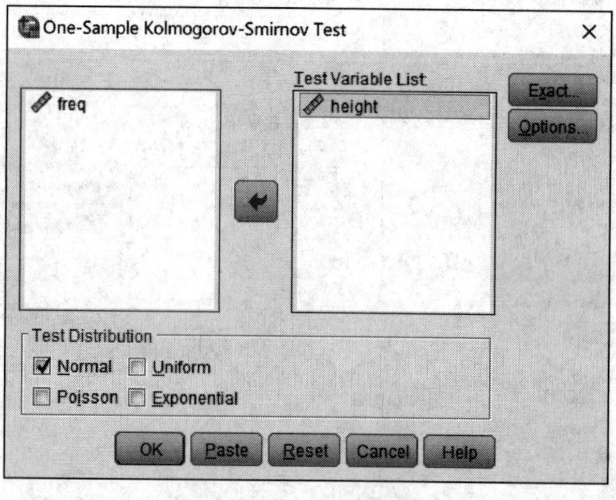

图 8-12 K-S 检验设置

上述操作的 SPSS 语句请参见"KS _test. sps"文件。

（四）结果输出与解释

K-S检验的输出只有一个表格，如表8－6所示。从表中我们可以看出，这145个一周岁儿童身高的均值为72.66，标准差为2.732，K-S统计量为0.140，$p<0.001$，说明样本所在总体的分布与正态分布存在显著差异，也就是说这145个一周岁儿童的身高不服从正态分布。

表8－6 K-S检验表

One-Sample Kolmogorov-Smirnov Test

		height
N		145
Normal Parameters[a,b]	Mean	72.66
	Std. Deviation	2.732
Most Extreme Differences	Absolute	.140
	Positive	.140
	Negative	−.075
Test Statistic		.140
Asymp. Sig. (2-tailed)		.000[c]

a. Test distribution is Normal.

b. Calculated from data.

c. Lilliefors Significance Correction.

（五）结果报告

K-S检验结果表明，该地区一周岁儿童的身高频数分布不服从正态分布，K-S值为0.140，$p<0.001$。

四、独立性的卡方检验

配合度卡方检验仅适合单一变量的计数数据分析，而独立性卡方检验可用于两个或两个以上因素多项分类的计数数据分析。它主要研究两个或两个以上因素之间是否有独立性或者存在关联，所使用的数据为列联表的形式。例如，表8－7显示了一项调查数据，调查内容为人格类型与颜色偏好的关系。被试的人格类型分为内向和外向两种，他们喜欢的颜色包括红色、黄色、绿色和蓝色。

在独立性卡方检验中，总体分布是根据数据估计的，因为我们有两个或多个独立样本，所以只需结合这些数据样本的特征即可得到总体特征。以表8－7中的数据为例，结合内向和外向人格被试的人数，我们可以知道总体情况是100人喜欢红色，20人喜欢黄色，40人喜欢绿色，40人喜欢蓝色。如果内向人格和外向人格被试在喜欢的颜色上存在差异，那么总体分布将与内向人格和外向人格被试分别喜爱的颜色分布有很大的不同。如果内向人格和外向人格被试在喜欢的颜色上没有什么不同，那么他们的观测分布应该与估计的总体分布相同。根据总体分布，我们可以预期内向人格中有 1/2（100÷200）的人数喜欢红色，基于内向人格共有 50 人，可以算出内向人格中喜欢红色的期望人数为 25。这个期望频数与表 8－7 中的观测频数不同，表格中的观测频数与期望频数差异越大，说明内向人格和外向人格喜欢的颜色分布与总体分布差异越大，也说明人格类型对颜色偏好的影响越大。

表 8－7　不同人格类型被试的颜色偏好

	红色	黄色	绿色	蓝色
内向	10	3	15	22
外向	90	17	25	18

(一) 变量和数据

为了使用表 8－7 中的数据说明独立性卡方检验的 SPSS 操作，先将研究数据输入 SPSS 中，如图 8－13 所示（另见数据文件“independence_test. sav”）。

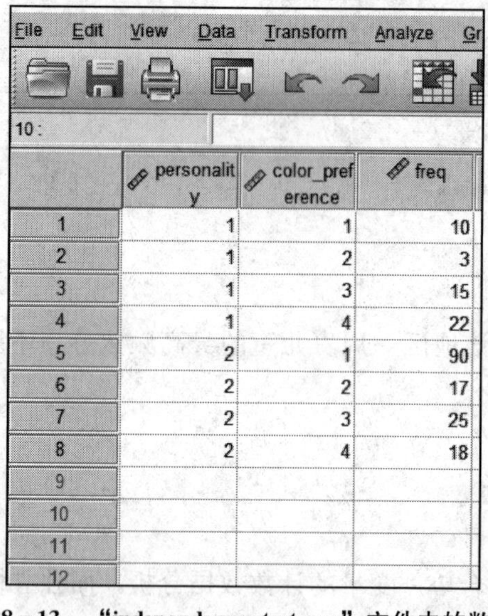

图 8－13　“independence_test. sav”文件中的数据

(二) 研究问题和分析方法

研究者拟探究人格类型与颜色喜好之间是否存在关联。

研究涉及两个独立的分类变量：人格类型（内向和外向）和喜欢的颜色（红色、黄色、绿色和蓝色），想要探讨的问题是两个分类变量之间是否存在关联。具体分析过程中可以假设其相互独立，得到理论频数；然后通过实际观测频数和理论频数的比较判断两个分类变量之间相互独立的假设是否能被拒绝。在数据分析上采用两个分类数据独立性的卡方检验。

（三）软件操作

(1) 打开数据文件“independence_test. sav”，选择“Data→Weight Cases…”，选择“Weight cases by”，将 freq 选入“Frequency Variable”，点击“OK”（图 8-14）。

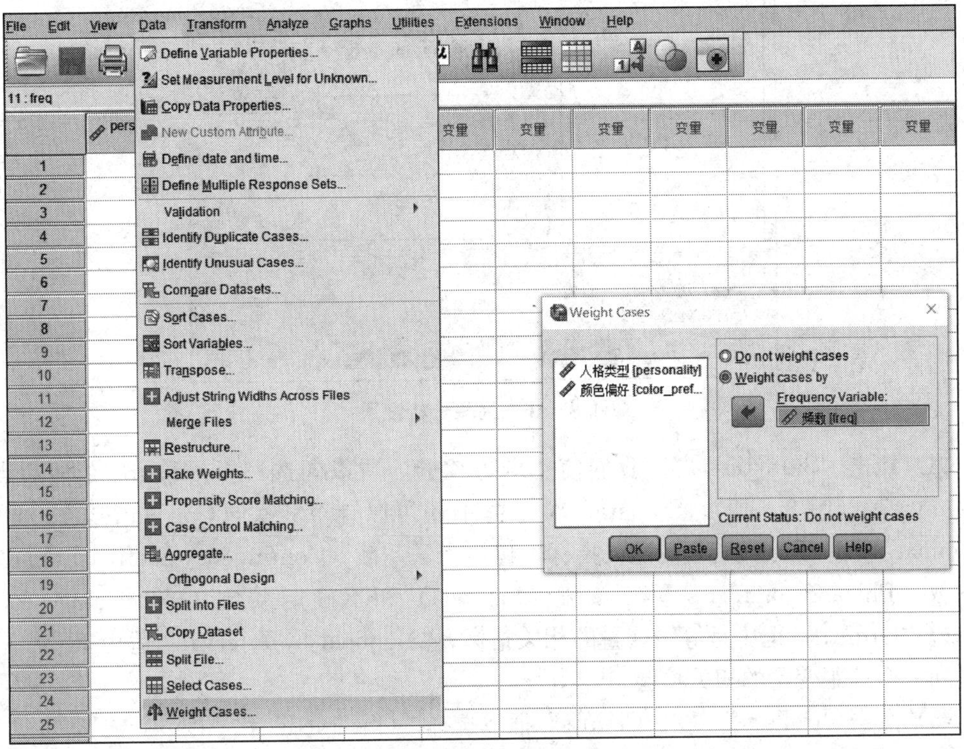

图 8-14 使用频数对个案进行加权

(2) 选择“Analyze→Descriptive Statistics→Crosstabs…”（图 8-15）。

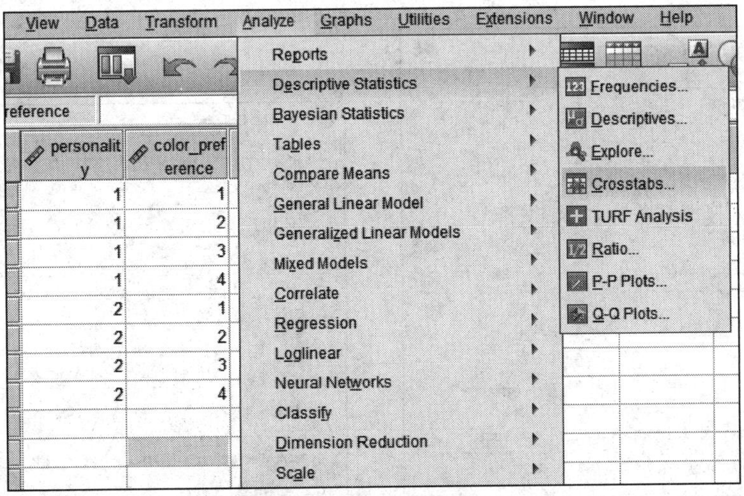

图 8-15 列联分析选项

(3) 将变量 personality 选入“Row (s)”，将变量 color _preference 选入“Column

(s)”（图 8－16）。

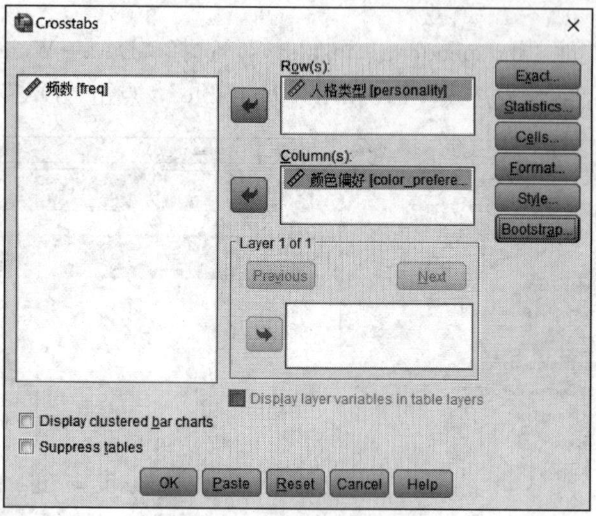

图 8－16　列联分析设置

（4）点击“Statistics…”。我们使用卡方检验，所以勾选“Chi-square”。然后点击“Continue”（图 8－17）。Statistics 对话框中还可以计算相关（Correlations）。此外，“Nominal”框中是分类变量的相关指标，包括列联系数（Contingency coefficient）、Φ 和 V 系数（Phi and Cramer's V）、λ 值（Lambda）和不确定系数（Uncertainty coefficient）；“Ordinal”框中是等级变量的相关指标；“Nominal by Interval”适用于一个分类变量和一个等距变量的相关检验。

（5）点击“Cells…”，在“Counts”框下选择“Observed”和“Expected”，在“Residuals”框下选择“Unstandardized”，点击“Continue”（图 8－18）。

（6）点击“OK”。

上述操作的 SPSS 语句请参见“independence _test. sps”文件。

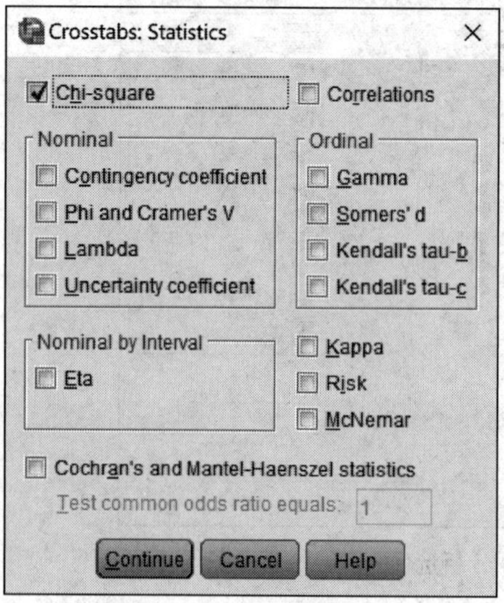

图 8－17　选择卡方统计量

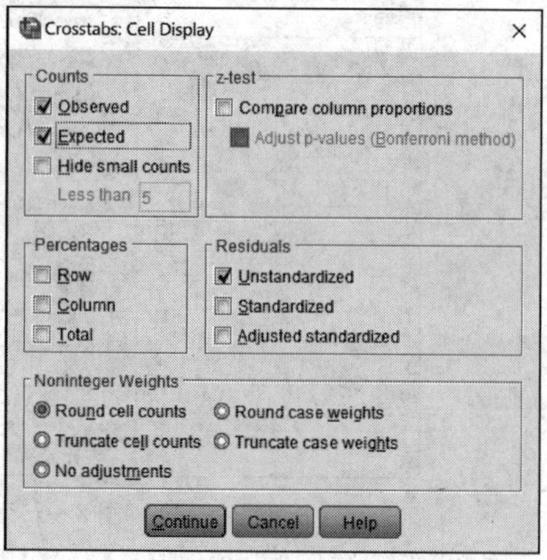

图 8－18　设置单元格显示

（四）结果输出与解释

独立性卡方检验的结果包括个案汇总表、列联表和卡方检验表等表格。第一个表格是个案数描述，如表 8－8 所示，可以看出样本数据中没有缺失值。输出的第二个表格是列联表，它给出了各单元的观测频数（Count）、期望频数（Expected Count）和二者之间的差异（Residual），具体结果如表 8－9 所示。最后一个表格是卡方检验结果（表 8－10），结果显示，卡方值为 35.600，$p<0.001$，说明卡方检验显著。

表 8－8　个案汇总表

Case Processing Summary

	Cases					
	Valid		Missing		Total	
	N	Percent	N	Percent	N	Percent
人格类型 * 颜色偏好	200	100.0%	0	0.0%	200	100.0%

表 8－9　列联表

人格类型 * 颜色偏好 Crosstabulation

			颜色偏好				Total
			红色	黄色	绿色	蓝色	
人格类型	内向	Count	10	3	15	22	50
		Expected Count	25.0	5.0	10.0	10.0	50.0
		Residual	−15.0	−2.0	5.0	12.0	
	外向	Count	90	17	25	18	150
		Expected Count	75.0	15.0	30.0	30.0	150.0
		Residual	15.0	2.0	−5.0	−12.0	
Total		Count	100	20	40	40	200
		Expected Count	100.0	20.0	40.0	40.0	200.0

表 8－10　卡方检验表

Chi-Square Tests

	Value	df	Asymptotic Significance (2-sided)
Pearson Chi-Square	35.600[a]	3	0.000
Likelihood Ratio	35.033	3	0.000
Linear-by-Linear Association	34.476	1	0.000
N of Valid Cases	200		

a. 0 cells (0.0%) have expected count less than 5. The minimum expected count is 5.00.

（五）结果报告

不同人格的被试喜欢的颜色存在差异，$\chi^2(3)=35.600$，$p<0.001$。具体而言，外向的人比内向的人更喜欢红色，而不太喜欢绿色和蓝色。

五、Fisher 精确性检验

卡方检验的一个使用限制是要求每一单元的期望频数不能小于 5，Fisher 精确性检验就是在卡方检验不适用时的一种替代方法。当有超过 20%或 25%的单元期望频数小于 5 时，是不适合使用卡方检验的，这时我们就要用到 Fisher 精确性检验。Fisher 精确性检验只能分析 2 × 2 列联表的数据，也就是说在 2 × 2 列联表中有一个或更多单元的期望频数小于 5 时，就要使用 Fisher 精确性检验。

（一）变量和数据

表 8－11 中是男性和女性对某一改革措施的态度研究数据，数据文件见“Fisher_test. sav”。

表 8－11　不同性别对某一改革措施的态度

	支持	反对
男性	2	7
女性	4	1

（二）研究问题和分析方法

研究者拟检验不同性别对某一改革措施的态度是否存在差异。

这里的研究问题跟上述人格类型与颜色偏好研究类似，唯一区别就是样本量小，单元期望频数小于 5。在选择具体分析方法时应当使用 Fisher 精确性检验。

（三）软件操作

Fisher 精确性检验的 SPSS 操作步骤与独立性卡方检验唯一的区别在于，在 Exact Tests 对话框中选择“Exact”，如图 8－19 所示。其他操作完全相同，即打开数据→频

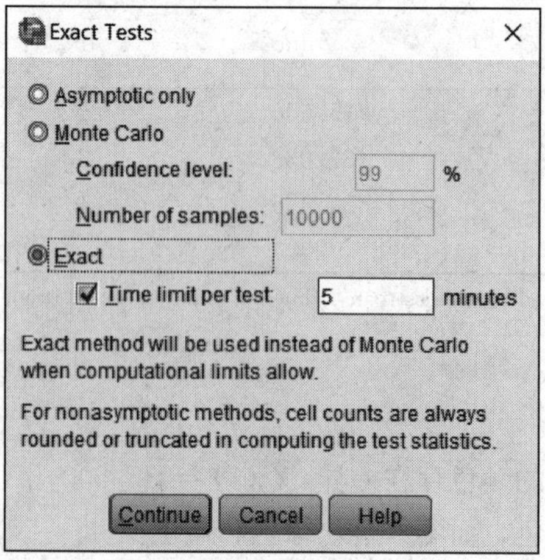

图 8－19　精确性检验设置

数加权→选择“Crosstabs…”→在“Statistics”对话框中选择“Chi-square”→在“Cells Display”对话框中选择“Observed”“Expected”“Unstandardized”→点击“OK”。

上述操作的 SPSS 语句请参见“Fisher _test. sps”文件。

（四）结果输出与解释

Fisher 精确性检验的输出结果也是由个案汇总表、列联表和卡方检验表组成。输出的第二个表格是列联表，它给出了各单元的观测频数、期望频数和二者之间的差异，如表 8－12 所示。最后一个表格是卡方检验结果（表 8－13），它显示了各统计量的值、自由度和显著性水平。可以看出，本例中 Fisher 精确性检验的双尾显著性水平为 0.091，单位显著性水平为 0.063，说明 Fisher 精确性检验不显著。

表 8－12 列联表

gender * attitude Crosstabulation

			attitude		Total
			agree	disagree	
gender	male	Count	2	7	9
		Expected Count	3.9	5.1	9.0
		Residual	−1.9	1.9	
	female	Count	4	1	5
		Expected Count	2.1	2.9	5.0
		Residual	1.9	−1.9	
Total		Count	6	8	14
		Expected Count	6.0	8.0	14.0

表 8－13 卡方检验表

Chi-Square Tests

	Value	df	Asymptotic Significance (2-sided)	Exact Sig. (2-sided)	Exact Sig. (1-sided)	Point Probability
Pearson Chi-Square	4.381[a]	1	.036	.091	.063	
Continuity Correction[b]	2.340	1	.126			
Likelihood Ratio	4.583	1	.032	.091	.063	
Fisher's Exact Test				.091	.063	
Linear-by-Linear Association	4.069[c]	1	.044	.091	.063	.060
N of Valid Cases	14					

a. 3 cells (75.0%) have expected count less than 5. The minimum expected count is 2.14.

b. Computed only for a 2×2 table

c. The standardized statistic is −2.017.

（五）结果报告

男性和女性对某一改革措施的态度没有显著差异。然而，即便在小样本的情况下，仍然得到了一个很小的 p 值（0.091），说明当样本量变大时结果极有可能是显著的，所以建议进行进一步的研究，以确定女性是否更支持该改革措施。

六、McNemar 检验

McNemar 检验是一种仅适用于分类变量计数数据的统计检验方法。它只能处理两个分类变量，且每个分类变量只能有两个不同的类别，数据可以整理成 2 × 2 列联表的形式。与独立性卡方检验不同的是，McNemar 检验通常用于评估由频数数据（计数数据）组成的两个相关样本之间是否存在显著差异。换句话说，McNemar 检验是分析两个相关分类变量组成的列联表的一种统计检验。由于涉及两个相关样本，McNemar 检验处理的往往是同一组被试在两个不同时间点测量的结果，其本质是对样本所在的分类变量类别随时间变化的检验。因此，McNemar 检验有时也被称为类别变化的显著性检验。

当只处理两个相关的分类变量时，很少有能替代 McNemar 检验的方法。McNemar 检验的使用限制也是不能有太小的期望频数，当有超过 20%或 25%的单元期望频数小于 5 时，则无法使用 McNemar 检验。

（一）变量和数据

我们使用表 8-14 中的数据来说明 McNemar 检验的 SPSS 操作，表 8-14 显示了在一场倡导大学教育的职业演讲前后想上大学和不想上大学的学生人数。可以看出，演讲前后都想上大学的人数是 30 人；演讲前想上，演讲后不想上的人数是 10 人；演讲前不想上，演讲后想上的人数是 50 人；演讲前后都不想上大学的人数是 32 人。

表 8-14　职业演讲前后想上大学和不想上大学的学生人数

	演讲前“是”	演讲前“否”
演讲后“是”	30	50
演讲后“否”	10	32

首先将汇总的研究数据输入 SPSS，如图 8-20 所示（另见数据文件“McNemar_test.sav”）。

（二）研究问题和分析方法

研究者拟使用表 8-14 中的数据，探究职业演讲前后想上大学和不想上大学的学生人数是否有变化。

研究涉及两个分类变量：演讲前对上大学的态度（是和否两个类别）和演讲后对上大学的态度（是和否两个类别）。这两个变量是同一组被试前后两次态度的调查，它们之间可看成是相关的关系。因此，采用 McNemar 检验分析演讲前后态度是否有显著变化。

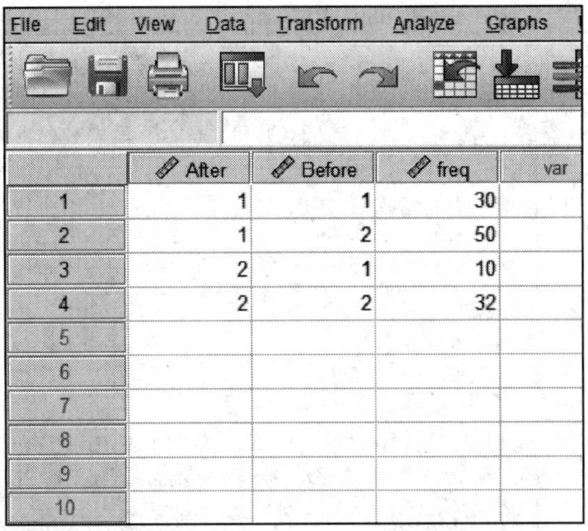

图 8-20 “McNemar_ test. sav”文件中的数据

（三）软件操作

（1）打开数据文件“McNemar _test. sav”，使用 freq 对个案进行加权（图 8-21）。

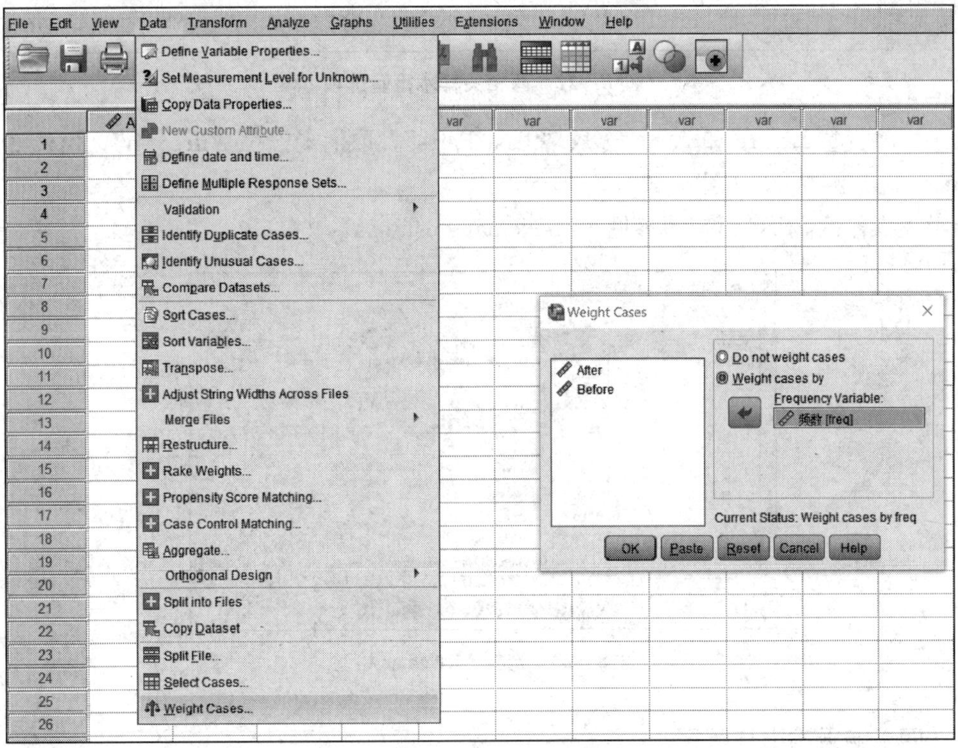

图 8-21 使用频数对个案进行加权

（2）选择“Analyze→Nonparametric Tests→Legacy Dialogs→2 Related Samples…”（图 8-22）。

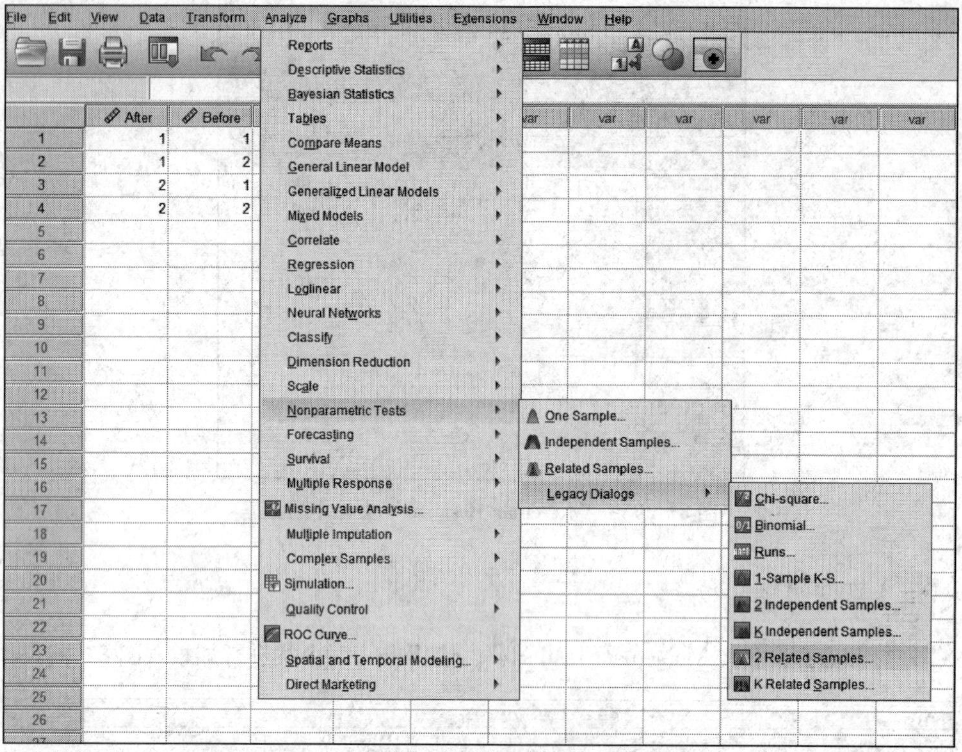

图 8-22　两相关样本检验选项

(3) 将变量 Before 和 After 选入"Test Pairs"，取消勾选"Wilcoxon"，勾选"McNemar"，点击"OK"(图 8-23)。

上述操作的 SPSS 语句请参见"McNemar_test. sps"文件。

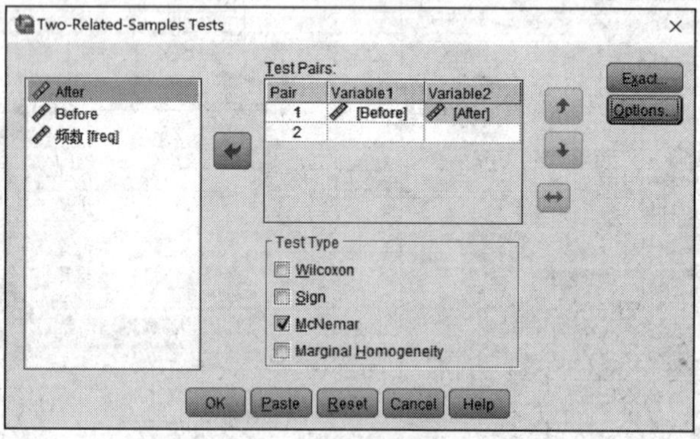

图 8-23　选择 McNemar 检验

(四) 结果输出与解释

McNemar 检验的输出由频数和统计量两个表格组成。第一个表格是 2×2 的频数列联表，它给出了各单元的观测频数，如表 8-15 所示。第二个表格是卡方统计量（表8-16)，可以看出，McNemar 检验的卡方值为 25.350，p 为 0.000，说明 McNemar 检验显著。

表 8-15　频数列联表

Before	After	
	Yes	No
Yes	30	10
No	50	32

Before & After

表 8-16　检验统计量情况表

Test Statistics[a]

	Before & After
N	122
Chi-Square[b]	25.350
Asymp. Sig.	.000

a. McNemar Test

b. Continuity Corrected

（五）结果报告

职业演讲后想上大学的学生人数显著增加，$\chi^2(1)=25.350$，$p<0.001$。

第二节　独立样本的非参数检验

前面介绍的方法主要用于分析频数数据（计数数据），下面介绍几种分析测量数据或等级数据的非参数检验方法。本节介绍针对独立样本的非参数检验，假如我们想要了解两组或多组被试的分数平均值（或集中趋势）是否显著不同，但数据又不满足参数检验要求的正态性假设，就要用到这些检验方法。需要注意的是，虽然这些方法的目的是检验样本间的均值差异，但并不直接对分数进行算术操纵，而是将分数转换成等级，然后检验一组的等级（通常称为"秩"）是否与其他组的等级存在差异。

根据独立样本组数，这一节主要介绍两独立样本的非参数检验和多（超过两组）独立样本的非参数检验。

一、两独立样本的非参数检验

我们使用 Mann-Whitney U 检验对两个独立样本进行非参数检验。Mann-Whitney U 检验是一种当违反两独立样本 t 检验假设时，能够替代独立样本 t 检验的非参数检验方法。它假设两个样本来自两个不相关的独立总体，目的是检验这两个总体的均值（或分布的集中量数）是否存在显著差异。

（一）变量和数据

我们使用文件“Mann_WhitneyU_test.sav”中的数据说明 Mann-Whitney *U* 检验的 SPSS 操作。研究者通过测查获得了 12 名来自双亲家庭的孩子和 10 名来自单亲家庭的孩子的情绪得分，如表 8-17 所示。

表 8-17 双亲家庭和单亲家庭孩子的情绪得分

双亲家庭	单亲家庭
12	1
18	9
14	2
10	13
19	17
8	3
15	5
11	12
10	11
13	5
15	
16	

（二）研究问题和分析方法

研究目的是探究不同家庭孩子的情绪得分是否存在显著差异。

对于这组数据，如果情绪得分总体呈正态分布，且两组数据的方差齐性，则可以使用第四章介绍的独立样本 *t* 检验的方法。但是这一组数据不满足方差齐性的条件，样本量也比较小，因此，我们选择适用于两个独立样本非参数的 Mann-Whitney *U* 检验。

（三）软件操作

（1）打开数据文件“Mann_WhitneyU_test.sav”，选择“Analyze→Nonparametric Tests→Legacy Dialogs→2 Independent Samples…”（图 8-24）。

（2）将变量 Emotion 选入“Test Variable List”框中，将变量 Family 选入“Grouping Variable”框中。SPSS 提供了四种两独立样本的非参数检验方法，这里我们使用默认的“Mann-Whitney U”（图 8-25）。

（3）点击“Define Groups…”，在“Group 1”中输入“1”，在“Group 2”中输入“2”，点击“Continue”（图 8-26）。

（4）点击“OK”。

上述操作的 SPSS 语句请参见“Mann_WhitneyU_test.sps”文件。

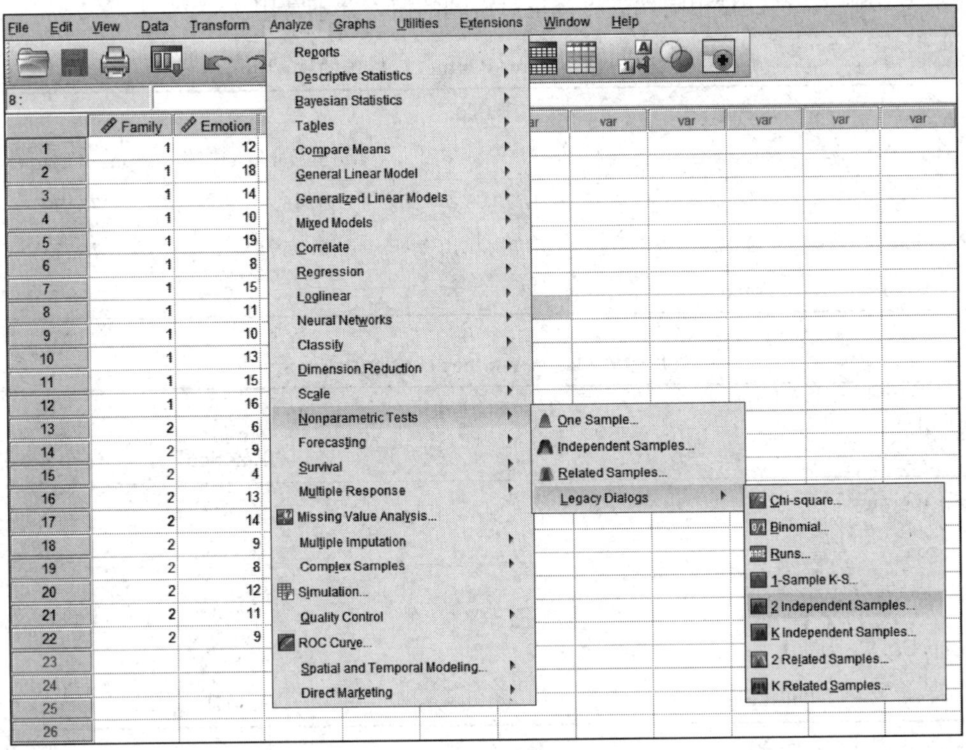

图 8-24　两独立样本检验选项

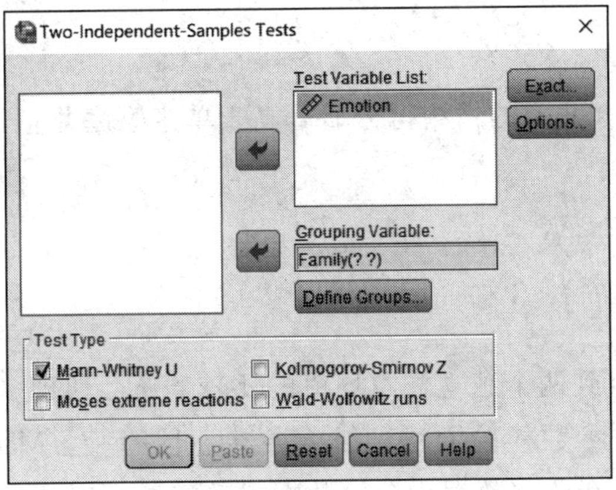

图 8-25　选择 Mann-Whitney *U* 检验

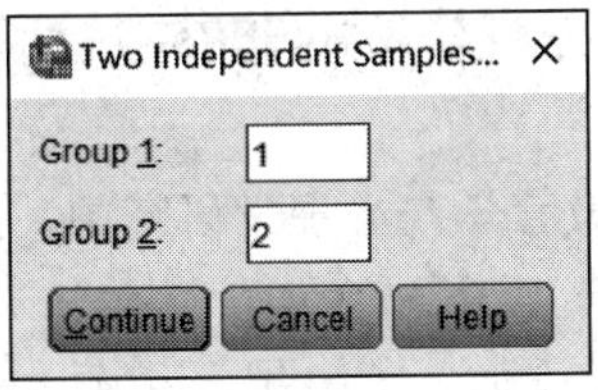

图 8-26　定义组别

（四）结果输出与解释

Mann-Whitney U 检验的输出结果包括两个表格。第一个表格（表 8-18）显示了两个样本的平均秩以及秩和，从表中可以看出，双亲家庭孩子情绪得分的平均秩为 14.46，秩和为 173.50，单亲家庭孩子情绪得分的平均秩为 7.95，秩和为 79.50。

第二个表格（表 8-19）显示了 Mann-Whitney U 检验的统计量和显著性，可以看出 U 值为 24.500，$p=0.017<0.05$。此外，输出结果中还有一个 Z 值（-2.345），其显著

性水平为 0.019，这是对相同秩进行修正后得到的值，并不常用。

表 8 - 18　Mann-Whitney *U* 检验的秩

Ranks

	Family	N	Mean Rank	Sum of Ranks
Emotion	1	12	14.46	173.50
	2	10	7.95	79.50
	Total	22		

表 8 - 19　Mann-Whitney *U* 检验的统计量

Test Statistics[a]

	Emotion
Mann-Whitney U	24.500
Wilcoxon W	79.500
Z	−2.345
Asymp. Sig. (2-tailed)	.019
Exact Sig. [2 * (1-tailed Sig.)]	.017[b]

a. Grouping Variable: Family

b. Not corrected for ties.

（五）结果报告

Mann Whitney *U* 检验发现，双亲家庭儿童的情绪得分显著高于单亲家庭儿童，$U(n_1=12, n_2=10)=24.500$，$p<0.05$。

二、多独立样本的非参数检验

在教育学与心理学研究中，不仅会碰到两个独立样本均值的比较，还会遇到多个独立样本均值的比较。两独立样本的非参数检验方法，如卡方独立性检验、Mann-Whitney *U* 检验，在违反参数检验假设或者研究数据为分类数据或等级数据时可以代替 *t* 检验，多独立样本的非参数检验就是在上述条件下可以替代单因素完全随机方差分析的方法。它通过分析多个独立样本数据，推断各个样本各自所在总体的均值或分布是否存在显著差异。

（一）变量和数据

研究者对三种不同动机的儿童进行阅读能力测验，阅读成绩数据如表 8 - 20 所示（具体数据文件见“Kruskal_Wallis_test.sav”）。

表 8-20 不同动机下的儿童阅读成绩

高动机	中等动机	低动机
17	10	3
14	11	18
19	9	1
16	10	5
18	9	1
20	11	7
23	10	6
21	12	
18	9	
	10	

(二) 研究问题和分析方法

研究目的是探究三种不同动机下的儿童阅读成绩是否存在显著差异。

本研究中每种动机下使用不同的被试，即三个样本是相互独立的。如果数据满足单因素完全随机方差分析的前提条件，则可以使用第五章第一节介绍的单因素完全随机方差分析的方法进行数据分析。对于这组数据，检验其前提假设发现低动机组的阅读成绩不服从正态分布，三组数据也不满足方差齐性假设。因此，我们使用 Kruskal-Wallis 检验方法对多个独立样本进行非参数检验。

(三) 软件操作

(1) 打开数据文件“Kruskal_Wallis_test. sav”，选择“Analyze→Nonparametric Tests→Legacy Dialogs→K Independent Samples…”(图 8-27)。

(2) 将变量 reading 选入“Test Variable List”框中，将 motivation 选入“Grouping Variable”框中。SPSS 提供了三种多独立样本的非参数检验方法，这里我们使用默认的“Kruskal-Wallis H”(图 8-28)。

(3) 点击“Define Range…”，在“Minimum”中输入“1”，在“Maximum”中输入“3”，点击“Continue”(图 8-29)。

(4) 点击“OK”。

上述操作的 SPSS 语句请参见“Kruskal_Wallis_test. sps”文件。

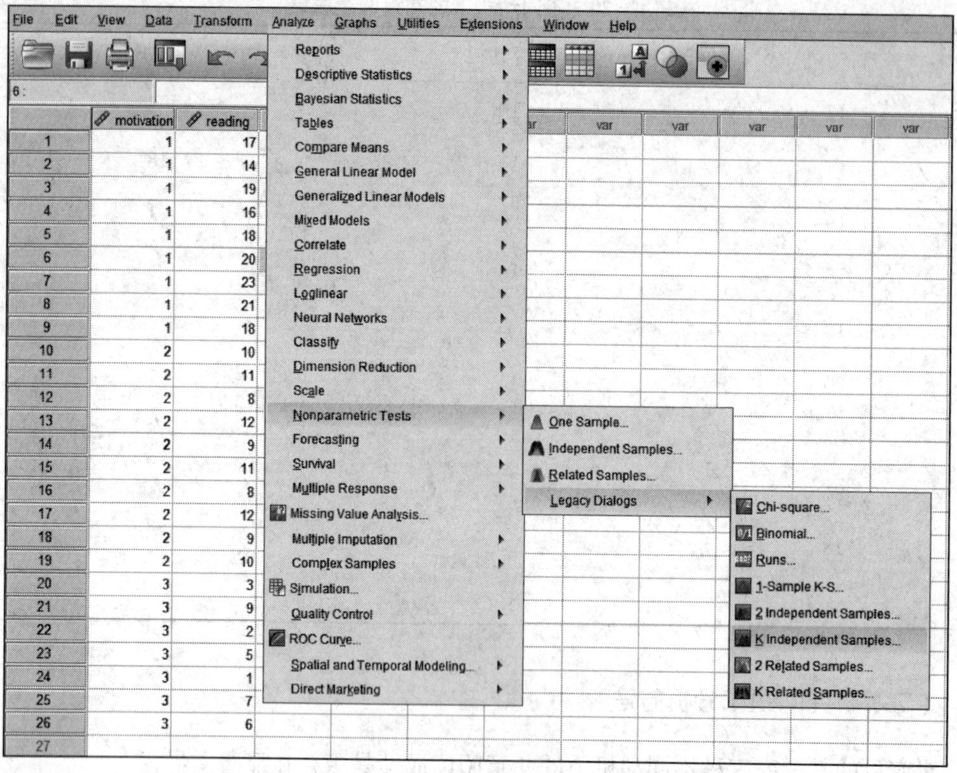

图 8-27 多独立样本检验选项

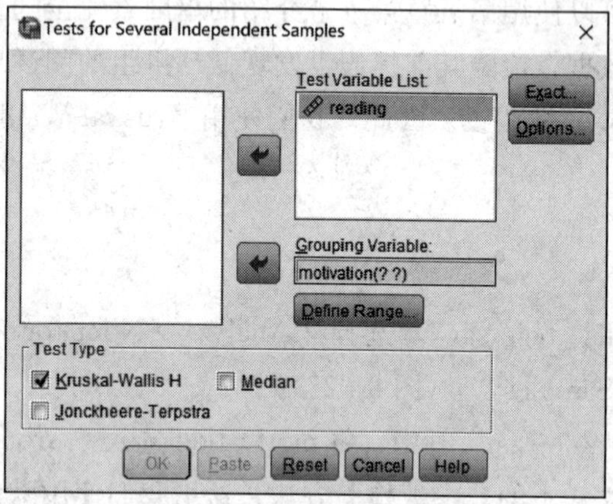

图 8-28 选择 Kruskal-Wallis 检验

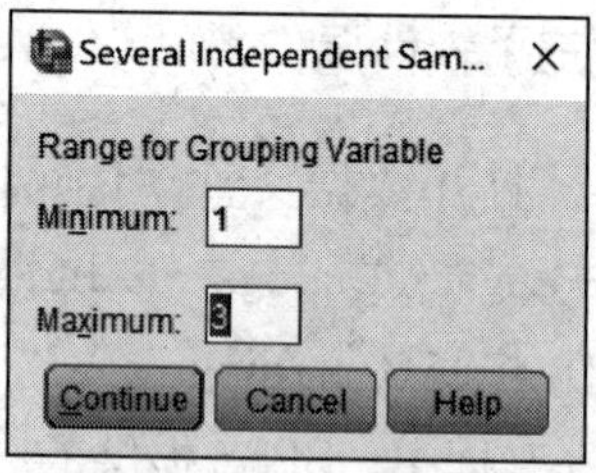

图 8-29 定义范围

（四）结果输出与解释

Kruskal-Wallis 检验的输出结果也包括两个表格。第一个表格（表 8-21）显示了多个样本的平均秩，从表中可以看出，高动机儿童阅读成绩的平均秩为 21.56，中等动机儿童阅读成绩的平均秩为 11.50，低动机儿童阅读成绩的平均秩为 6.00。

第二个表格（表 8-22）显示了 Kruskal-Wallis 检验的统计量和显著性，可以看出 Kruskal-Wallis 统计量的值为 17.518，其显著性水平为 0.000，说明三种动机的儿童阅读成绩存在显著差异。为了研究差异具体出现在哪些组，可以调整显著性水平，再两两进行 Mann-Whitney U 检验。

表 8－21　Kruskal-Wallis 检验的秩

Ranks

	motivation	N	Mean Rank
reading	high	9	21.56
	medium	10	11.50
	low	7	6.00
	Total	26	

表 8－22　Kruskal-Wallis 检验的统计量

Test Statistics[a,b]

	reading
Kruskal-Wallis H	17.518
df	2
Asymp. Sig.	.000

a. Kruskal Wallis Test
b. Grouping Variable：motivation

（五）结果报告

Kruskal Wallis 检验发现，三种动机条件下的儿童阅读成绩差异显著，Kruskal-Wallis 统计量的值为 17.518，$p<0.001$。

第三节　相关样本的非参数检验

本节介绍相关样本的非参数检验。相关样本就是对同一个样本在同一因变量上进行两次或两次以上的测量，即在所有条件下都使用相同的样本，各组被试的数据都是一一对应的配对数据。

一、两相关样本的非参数检验

对于两个相关样本的非参数检验，我们介绍符号检验和 Wilcoxon 检验两种方法。不过我们推荐优先使用 Wilcoxon 检验，因为它比符号检验更有效。Wilcoxon 检验可以在不满足 t 检验假设的条件下，替代相关样本 t 检验使用。符号检验是比 Wilcoxon 检验更弱的检验，一般不推荐作为相关样本 t 检验的替代。

（一）变量和数据

研究者通过调查获得了 10 名学生在接受某种学业训练后的数学成绩，数据文件见“Wilcoxon _ Sign _test. sav”。我们使用表 8 - 23 中的数据说明两相关样本非参数检验的 SPSS 操作。

表 8 - 23 学业训练前后的学生数学成绩

训练前成绩	训练后成绩
58	70
70	71
45	50
56	68
45	50
50	55
61	75
70	70
55	65
60	70

（二）研究问题和分析方法

研究者拟探究学业训练的效果，即训练前后学生的数学成绩是否存在显著差异。

上述研究问题涉及两个相关样本均值差异的检验，因此如果数据满足相关样本 t 检验的条件，则应该首先选择使用第四章第三节介绍的相关样本 t 检验方法。但是对这两组数据进行探索性分析（参见第三章）发现，训练后的数据不服从正态分布，因此不适合采用相关样本 t 检验的方法。在分析方法上，我们选择使用相关样本非参数检验的符号检验或 Wilcoxon 检验。

（三）软件操作

(1) 打开数据文件“Wilcoxon _ Sign _ test. sav”，选择“Analyze→Nonparametric Tests→Legacy Dialogs→2 Related Samples…”（图 8 - 30）。

(2) 将变量 Before 和 After 选入“Test Pairs”。SPSS 提供了四种两相关样本的非参数检验方法，这里我们使用“Wilcoxon”和“Sign”。点击“OK”（图 8 - 31）。

上述操作的 SPSS 语句请参见“Wilcoxon_Sign_test. sps”文件。

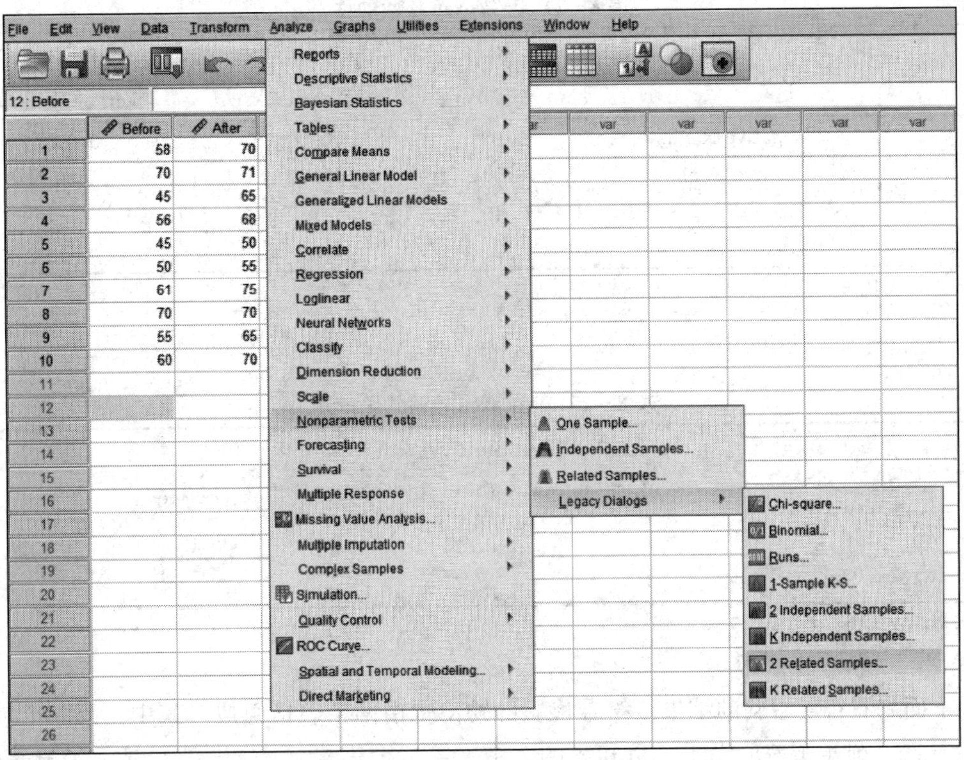

图 8-30　两相关样本检验选项

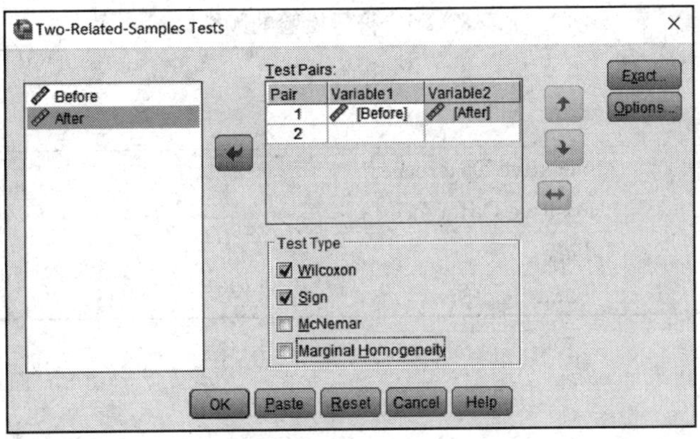

图 8-31　选择 Wilcoxon 检验

（四）结果输出与解释

我们首先看 Wilcoxon 检验的结果。第一个表格（表 8-24）描述了第二组数据减去第一组数据的差值为正、负和零的个数，以及正差值、负差值的均值和总和。可以看出，训练后的学生数学成绩是高于训练前的。第二个表格（表 8-25）显示了统计量和显著性，Wilcoxon 检验使用的是 Z 统计量。可以看出，Z 值为 -2.680，双尾显著性水平为 0.007，说明训练前后学生的数学成绩存在显著差异。

表 8-24　Wilcoxon 检验的秩

Ranks

		N	Mean Rank	Sum of Ranks
After－Before	Negative Ranks	0[a]	0.00	0.00
	Positive Ranks	9[b]	5.00	45.00
	Ties	1[c]		
	Total	10		

a. After<Before
b. After>Before
c. After=Before

表 8-25　Wilcoxon 检验的统计量

Test Statistics[a]

	After－Before
Z	－2.680[b]
Asymp. Sig.（2-tailed）	.007

a. Wilcoxon Signed Ranks Test
b. Based on negative ranks.

下面来看符号检验的结果。符号检验的输出也由两个表格组成。其中，第一个表格（表 8-26）显示了差值为正、负和零的个数。第二个表格（表 8-27）显示了显著性，可以看出，双尾显著性水平为 0.004，说明训练前后学生的数学成绩存在显著差异。

表 8-26　符号检验的频数

Frequencies

		N
After－Before	Negative Differences[a]	0
	Positive Differences[b]	9
	Ties[c]	1
	Total	10

a. After<Before
b. After>Before
c. After=Before

表 8-27　符号检验的统计量

Test Statistics[a]

	After－Before
Exact Sig.（2-tailed）	0.004[b]

a. Sign Test
b. Binomial distribution used.

（五）结果报告

Wilcoxon 检验结果表明，学业训练前后学生的数学成绩存在显著差异，Wilcoxon $Z=-2.680$，$p<0.01$。

符号检验结果表明，学业训练前后学生的数学成绩存在显著差异，$p<0.01$。

二、多相关样本的非参数检验

对于多个相关样本的非参数检验，我们介绍 Friedman 检验方法。Friedman 检验是利用秩实现对多个相关样本所在的总体分布是否存在显著差异的非参数检验方法，可以用来替代单因素重复测量方差分析。

（一）变量和数据

研究者为了试验某种减肥药的性能，测量了 10 个人在服用该药前以及服用该药一个月后、两个月后、三个月后的体重。研究数据如表 8－28 所示（另见数据文件“Friedman_test. sav”）。

表 8－28　服用减肥药前后四个时期的体重

ID	pre_1	post_1	post_2	post_3
1	80	80	70	69
2	79	75	71	70
3	85	80	75	75
4	80	75	68	70
5	75	75	74	70
6	74	74	70	69
7	65	65	63	61
8	70	70	70	70
9	80	70	65	65
10	75	72	70	60

（二）研究问题和分析方法

研究者拟根据收集的数据探究减肥药是否有效果，即在四个时期这 10 个人的体重有没有显著变化。

本研究数据是同一组被试前后四次重复测量的结果，属于单因素重复测量设计，如果满足单因素重复测量方差分析的前提假设，则可以采用第五章第二节介绍的重复测量方差分析。但是对这一组数据进行探索性分析发现，第四次测量即服用药物三个月后体重的测量不服从正态分布（具体操作可以参考第三章对 Explore 功能的介绍）。因此，我们选择 Friedman 非参数检验的方法分析数据。下面我们使用表 8－28 中的数据说明 Friedman 检验的 SPSS 操作以及主要输出结果。

（三）软件操作

(1) 打开数据文件“Friedman_test. sav”，选择“Analyze→Nonparametric Tests→Legacy Dialogs→K Related Samples…”（图 8-32）。

(2) 将 pre_1、post_1、post_2、post_3 四个变量选入“Test Variables”框中。SPSS 提供了三种多相关样本的非参数检验方法，这里我们使用默认的“Friedman”。点击“OK”（图 8-33）。

上述操作的 SPSS 语句请参见“Friedman_test. sps”文件。

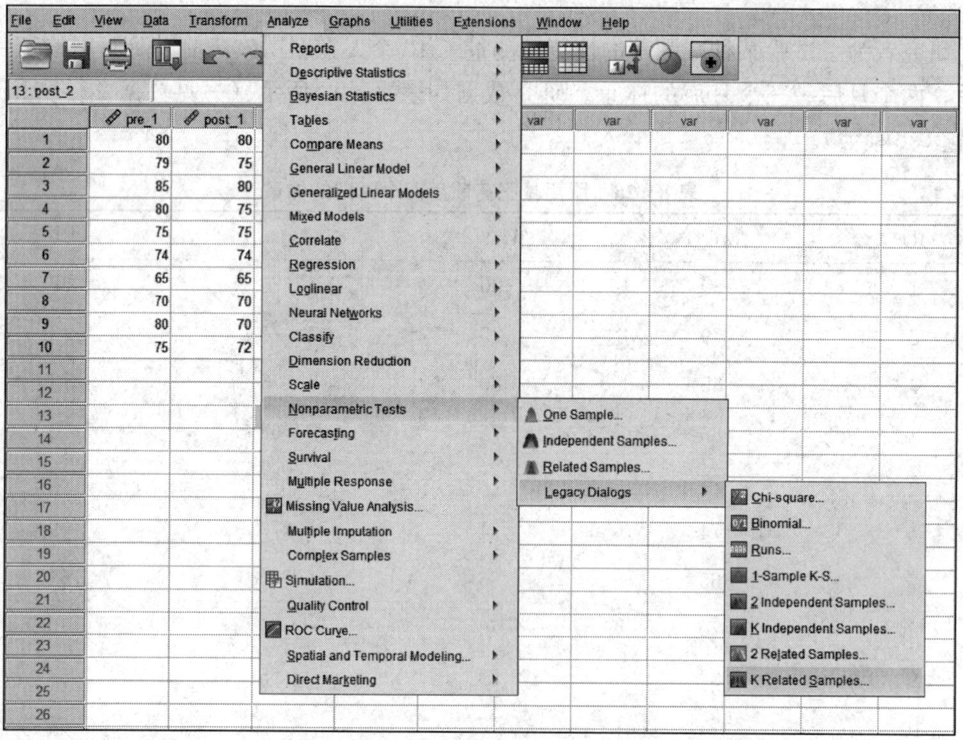

图 8-32　多相关样本检验选项

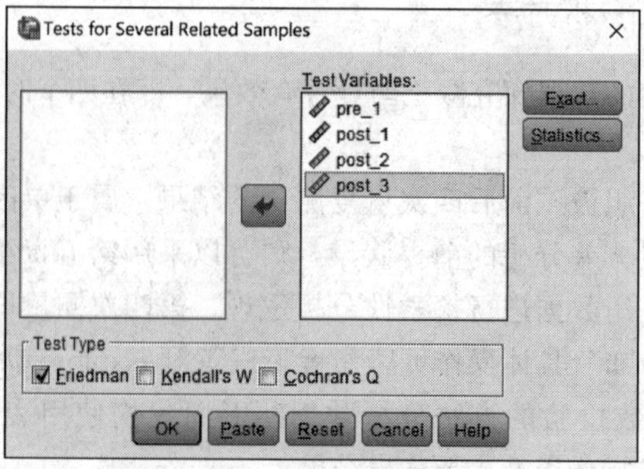

图 8-33　选择 Friedman 检验

（四）结果输出与解释

Friedman 检验的输出结果由两个表格组成。第一个表格（表 8－29）显示了各组的平均秩，可以看出平均秩随时间变化有下降趋势。第二个表格（表 8－30）显示了统计量和显著性，可以看出卡方值为 24.929，$p<0.001$，说明这四个时期 10 个人的体重有显著变化。为了研究差异具体出现在哪些时期，后续可以进行两两检验。

表 8－29　Friedman 检验的秩

Ranks

	Mean Rank
pre_1	3.65
post_1	3.15
post_2	1.85
post_3	1.35

表 8－30　Friedman 检验的统计量

Test Statistics[a]

N	10
Chi-Square	24.929
df	3
Asymp. Sig.	.000

a. Friedman Test

（五）结果报告

Friedman 检验结果表明，10 个人的体重在四个时期存在显著差异，$\chi^2(3)=24.929$，$p<0.001$。

《本章小结》

本章主要介绍了三大类非参数检验的方法以及 SPSS 的操作和解释：计数数据的检验、独立样本的非参数检验以及相关样本的非参数检验。

1. 通过“Data→Weight Cases…”对数据进行加权。

2. 通过“Analyze→Nonparametric Tests→Legacy Dialogs→Chi-square…”进行配合度的卡方检验。

3. 通过“Analyze→Nonparametric Tests→Legacy Dialogs→Binomial…”进行二项检验。

4. 通过“Analyze→Nonparametric Tests→Legacy Dialogs→1-Sample K-S…”进行 K-S 检验。

5. 通过“Analyze→Descriptive Statistics→Crosstabs…”进行独立性卡方检验和Fisher精确性检验。

6. 通过“Analyze→Nonparametric Tests→Legacy Dialogs→2 Related Samples…”进行McNemar检验。

7. 通过“Analyze→Nonparametric Tests→Legacy Dialogs→2 Independent Samples…”进行两独立样本的非参数检验。

8. 通过“Analyze→Nonparametric Tests→Legacy Dialogs→K Independent Samples…”进行多独立样本的非参数检验。

9. 通过“Analyze→Nonparametric Tests→Legacy Dialogs→2 Related Samples…”进行两相关样本的非参数检验。

10. 通过“Analyze→Nonparametric Tests→Legacy Dialogs→K Related Samples…”进行多相关样本的非参数检验。

非参数检验相比于参数检验，虽然不做任何假设，应用范围更加广泛，但它提供的信息较少，还会出现检验力降低的情况。

《自测练习》

尝试对数据文件“心理健康.sav”（数据描述见附录B）进行如下操作：

1. 假定精神病类别中“paranoid”“hebephrenic”“catatonic”“undifferentiated”以及“residual”的比例为4∶2∶2∶1∶1，请使用合适的非参数检验方法检验该组数据是否符合该比例。

2. 使用合适的非参数检验方法检验男女之间睡眠困难度是否存在明显差异。

3. 使用合适的非参数检验方法检验服用抗精神病药物前后被试的得分（Checklist1和Checklist2）是否存在明显差异。

第九章
探索性因素分析

学习目标

本章我们将学习如何使用 SPSS 探索心理学、社会学等社会科学中常用的问卷的结构。通常情况下，一份问卷会有很多问题需要被试来回答，而通过探索性因素分析，可以了解到问卷问题中潜在的内部结构，以便我们后续对数据进行解释。

因素分析（factor analysis）是最初由心理学家发展起来的一种统计技术。因素分析是一种将描述某一事物的多个可观测的变量（即观测变量，observed variable）缩减成描述该事物的少数几个不可观测的变量（即因素，factor，又称潜变量，latent variable）的多元统计技术。在社会科学领域，因素分析最为广泛的运用就是把几个很难解释，而彼此之间相互联系的变量转换为少数有概念、有意义而又彼此独立的因素。因素分析通过研究众多变量之间的内部依赖关系，探求观测变量背后的基本结构，并用少数几个有意义、相互独立的因素来表示数据的基本结构。因此，因素分析又被形象地描述为一种“降维”技术，即将多个变量减少为少数几个因素，用这几个因素高度概括大量数据中的信息。所以，不管是建构科学理论，还是验证事物规律，因素分析技术都在其中起着重要的作用。

因素分析具体可以分为探索性因素分析（exploratory factor analysis，EFA）和验证性因素分析（confirmatory factor analysis，CFA）两大类。在建构理论时，如果研究者对所研究的心理变量不清楚、对观测数据背后存在的因素所知甚少，那么运用探索性因素分析可以帮助人们简化数据，了解这个心理行为变量具体包含哪些因素；而如果研究者根据理论，或者其他一些已有的研究对这个心理行为变量所包含的因素与结构做出了假设，那么验证性因素分析可以帮助研究者基于所获得的观测数据了解测验题目是否真正测到了这些因素，以及实际数据是否与已有的理论假设一致。

本章主要关注探索性因素分析方法的 SPSS 操作和应用。探索性因素分析主要回答的问题是，能否从复杂繁多的原始数据中，提取出少数几个新的、有意义的维度或潜在因素。在探索性因素分析中，研究者对于能够得到的因素预先并没有潜在的理论假设。因此，它是一种数据驱动的探索过程，通常用于研究的最初阶段。研究者可以借助该方法整合变量，并提出对于内在结构的假设。具体来说，探索性因素分析主要分为因素分析和主成分分析两种方法，具有以下两方面的作用。

第一，利用数据驱动的方式探讨观测指标变量的内在结构，帮助理论构建。

探索性因素分析能够采用自下而上数据驱动的方式，帮助研究者从众多可观测的变量中，寻求共同的潜在因素，从而确定所测量特质的维度或因素，发现潜在特质的结构。探索性因素分析可以使人们对诸如“能力”“人格”“智力”等结构特质的规律进行认识，有助于对这类理论进行构建。例如，艾森克先用因素分析的方法分析了大量与人格有关的生理变量，概括出构成人格的三个基本维度：内外倾性、神经质和精神质。同样，智力结构的确定也有赖于因素分析的方法。

第二，从众多的原始观测数据中提取出少数的潜在因素，以便更清晰、简洁地呈现结果。

例如，在对学生的智力这一特质进行测定时，研究者采用一定的方法测量其在以下六个方面的表现：(1) 词汇；(2) 倒背数字；(3) 数字推理；(4) 语言流畅；(5) 故事推理；(6) 四则运算。这六项测验分数的相关矩阵见表 9-1。

表 9-1　六项测验的相关矩阵

测验	1	2	3	4	5	6
1	1.00					
2	0.00	1.00				
3	0.16	0.72	1.00			
4	0.56	0.00	0.14	1.00		
5	0.72	0.27	0.42	0.63	1.00	
6	0.00	0.54	0.48	0.00	0.18	1.00

通过探索性因素分析，可以得到两个因素：测验 1、4、5 都是关于语文方面的测验，可以由一个共同因素解释，这一因素可被命名为“语文能力”，由相关矩阵也可以看到，这三个测验分数之间的相关较高；测验 2、3、6 测量另一个因素，可被命名为“数学能力”，这三个测验分数之间的相关同样较高。最终，学生在六个方面的表现被概括为语文和数学能力两个方面，相比于原始数据更简约。为了达到简化描述数据的目的，经常采用主成分分析的方法。

探索性因素分析有两个重要的前提假设：一是分析的观测变量之间必须存在相关。二是要求大样本量，所需样本量与分析的变量个数有关。一般而言，样本量与所分析的观测变量个数的比值应至少大于 5，尽量达到 10。

第一节　因素分析

这一节将结合实例讲解如何采用 SPSS 软件的因素分析方法探讨测验内在结构，以及如何正确解释和报告因素分析的结果。

一、变量和数据

为了解中学生的信息与通信技术使用特征，研究者编写了含有 16 道题目的信息与通信技术（ICT）问卷。问卷采用 4 点李克特计分方式，1、2、3、4 分别表示非常不同意、

不同意、同意和非常同意。问卷题目见表 9－2。

表 9－2 信息与通信技术问卷题目

变量名	题目表述
IC013Q01	当我使用数字设备时，我忘记了时间
IC013Q04	互联网是获取我感兴趣信息的一个很好的资源
IC013Q05	在互联网上建立社交网络是非常有用的
IC013Q11	发现新的数字设备或应用程序让我非常兴奋
IC013Q12	如果不能上网，我真的很难过
IC013Q13	我喜欢使用数字设备
IC014Q03	使用我不太熟悉的数字设备让我感觉很舒服
IC014Q04	如果朋友和亲戚想要购买新数字设备或应用程序，我可以给他们建议
IC014Q06	我觉得在家里使用数字设备很舒服
IC014Q08	当我遇到数字设备问题时，我认为我可以解决它们
IC014Q09	如果我的朋友和亲戚有数码设备问题，我可以帮助他们
IC015Q02	自己安装新软件
IC015Q03	独立阅读有关数字设备的信息
IC015Q05	我使用数字设备是因为我想使用它们
IC015Q07	自己解决使用数字设备时遇到的问题
IC015Q09	自己选择需要的新的应用

研究者对 1319 名中学生进行了调查，所获得的数据见文件“factor analysis. sav”。缺失数据用“9”表示。

二、研究问题和分析方法

研究者欲探索 16 道题目的测量结构，即这 16 道题目测量了哪些潜在的因素（或维度），这些维度分别可以解释为什么。

研究的目的是探讨 16 道题目之间的内在关联，用少数的潜在特质解释变量之间的关系，属于测验结构探索的问题，可以采用探索性因素分析方法。在 SPSS 软件中可以考虑采用非加权最小二乘法（unweighted least squares）、广义最小二乘法（generalized least squares）、极大似然法（maximum likelihood）、主轴因素法（principle axis factoring）、Alpha 因素抽取法（alpha factoring）和映像因素抽取法（image factoring）等方法抽取因素。

一般来讲，为了提高因素分析结果的可解释性，对问卷结构的探索需要采用因素旋转的方法使得结构更加清晰。SPSS 提供了正交旋转和斜交旋转两类旋转的方法：正交旋转是在旋转过程中保持各因素之间相互独立的旋转方法；而在斜交旋转中，因素之间的夹角则可以是任意的，即假设因素之间可以相关。SPSS 软件提供的正交旋转方法有：（1）四次方最大法（quartimax），它从简化因素载荷矩阵的行出发，通过旋转初始因素，使得每个变量只在一个因素上有较高的载荷，而在其他因素上有尽可能低的因素载荷。（2）方差最大法（varimax），它从简化因素载荷矩阵的列出发，使与每个因素有关的载荷平方的方差最大。（3）等量最大法（equamax），它是把四次方最大法和方差最大法结合起来的方法。常用的斜交旋转的方法为 Oblimin，该方法可以通过参数 δ 控制因素斜交的程度，其取值一般小于等于零。等于零时，因素之间的斜交程度最大；小于零时，因素之间的斜交程度减小。除了 Oblimin 方法，常用的还有 Promax 斜交旋转法。

由于问卷中的 16 道题目都属于信息和通信技术使用方面的问题，抽取出来的因素一般可能存在关联，所以在本例的分析中，我们采用 Oblimin 斜交旋转的方法。感兴趣的读者也可以尝试采用其他的方法分析这组数据。

三、软件操作

（1）在 SPSS 中选择“Analyze→Dimension Reduction →Factor…”（图 9－1）。

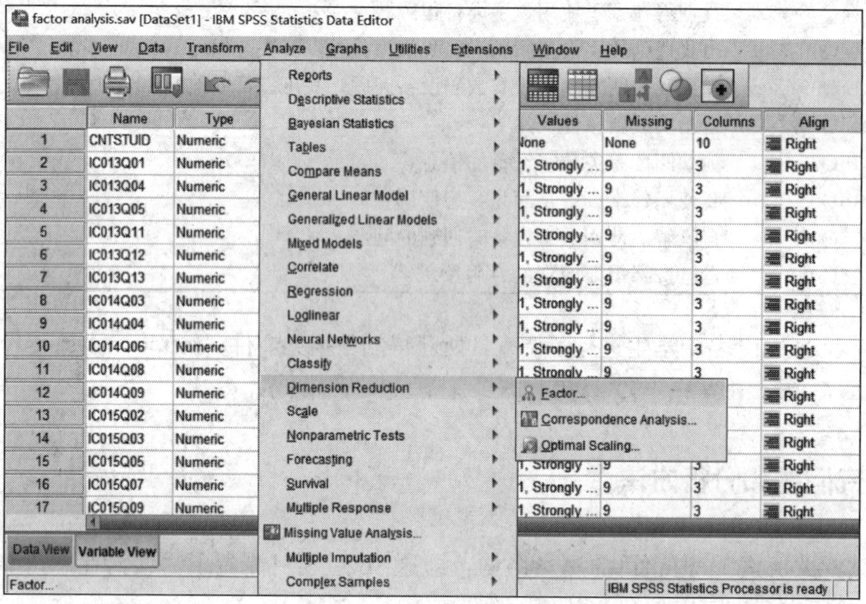

图 9－1　因素分析选项

（2）将所有 16 个变量选入“Variables”中（图 9－2）。①

（3）点击“Descriptives…”，在“Correlation Matrix”下选择“Coefficients”“KMO and Bartlett's test of sphericity”“Anti-image”（图 9－3），点击“Continue”回到主对话框。

（4）点击“Extraction…”，在“Method”后选择“Principle axis factoring”，勾选“Scree plot”，采用默认的特征根大于 1 的方法确定抽取的因素个数（图 9－4）。点击“Continue”回到主对话框。

（5）点击“Rotation…”，在“Method”选项框中勾选“Direct Oblimin”斜交旋转，其他采用默认设置（图 9－5）。点击“Continue”回到主对话框。

---

① 选入的变量可以通过点击“Edit→Options…”，然后在“Variable Lists”下选择“Display labels”或“Display names”来定义其显示方式。如果选择“Display labels”，则图 9－2 中选入的变量显示变量标签；如果选择“Display names”，则图 9－2 中选入的变量显示变量名。这里为了简洁我们选择显示变量名。后面的表 9－3 和表 9－5 中也选择了显示变量名。

（6）点击“OK”。

我们稍后再介绍“Scores…”和“Options…”两个选项框的功能。

上述操作的 SPSS 语句请参见“factor analysis. sps”文件。

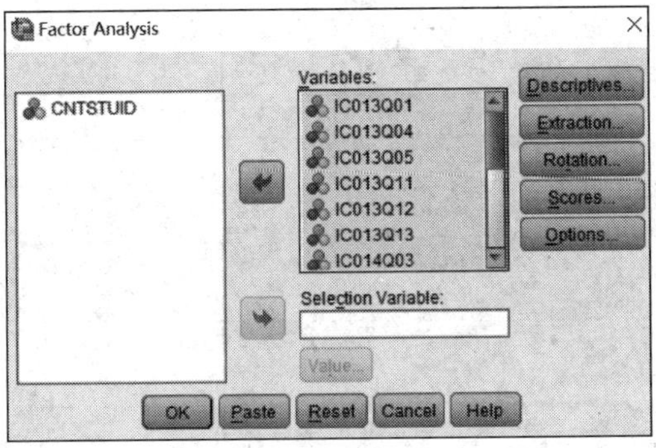

图 9-2　因素分析：选择要分析的观测变量

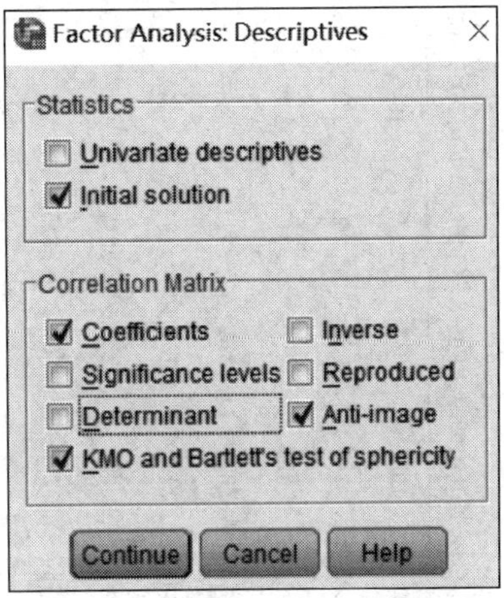

图 9-3　因素分析：描述统计

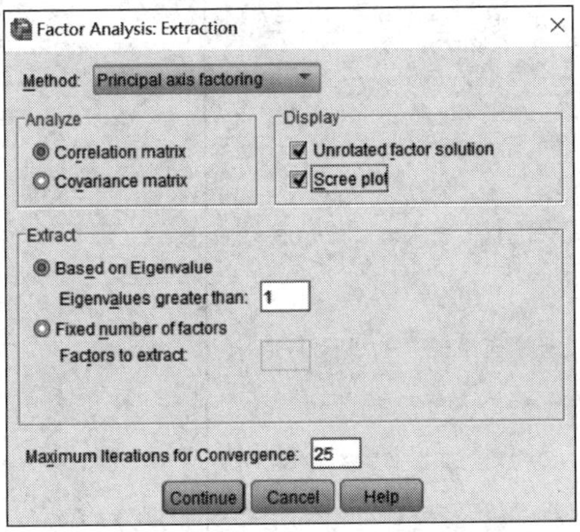

图 9-4　因素分析：因素个数的抽取

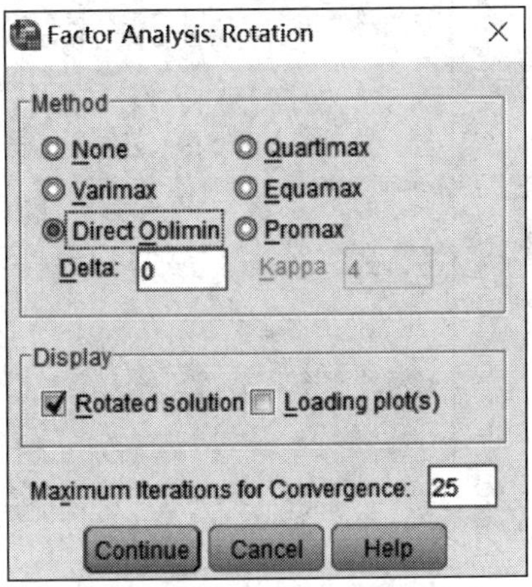

图 9-5　因素分析：因素旋转

四、结果输出与解释

因素分析的描述统计结果主要包括相关矩阵、KMO 和 Bartlett 球形检验结果、反映像相关矩阵的结果，其中反映像相关矩阵主对角线上的 MSA 值可以帮助检验某一道题目与其他题目整体关联的程度。

（一）相关矩阵

相关矩阵的输出结果（表 9-3）描述了测验中题目之间的关联。题目之间高相关意味着这些题目有可能测量了同样的潜在因素，而题目之间低相关则说明这些题目之间的共同性不高，可能测量了不同的因素。从相关分析的结果可以看出，每道题目与其他题目都存在中等左右的相关（相关系数大于 0.3），说明这些题目测量了共同的特质，适合做因素分析。

表 9-3 相关矩阵

Correlation Matrix

		IC013Q01	IC013Q04	IC013Q05	IC013Q11	IC013Q12	IC013Q13	IC014Q03	IC014Q04	IC014Q06	IC014Q08	IC014Q09	IC015Q02	IC015Q03	IC015Q05	IC015Q07	IC015Q09
Correlation	IC013Q01	1.000	.338	.299	.368	.424	.407	.125	.133	.232	.101	.099	.084	.124	.191	.119	.141
	IC013Q04	.338	1.000	.498	.498	.356	.534	.230	.243	.444	.295	.241	.256	.269	.374	.289	.359
	IC013Q05	.299	.498	1.000	.558	.367	.547	.212	.300	.416	.321	.272	.214	.247	.330	.230	.292
	IC013Q11	.368	.498	.558	1.000	.419	.540	.297	.374	.332	.378	.327	.275	.320	.323	.300	.336
	IC013Q12	.424	.356	.367	.419	1.000	.506	.190	.214	.349	.194	.190	.134	.163	.204	.155	.213
	IC013Q13	.407	.534	.547	.540	.506	1.000	.301	.322	.524	.363	.296	.250	.243	.391	.334	.405
	IC014Q03	.125	.230	.212	.297	.190	.301	1.000	.537	.355	.473	.457	.369	.325	.277	.378	.385
	IC014Q04	.133	.243	.300	.374	.214	.322	.537	1.000	.392	.573	.632	.391	.403	.341	.454	.374
	IC014Q06	.232	.444	.416	.332	.349	.524	.355	.392	1.000	.461	.422	.292	.279	.489	.365	.437
	IC014Q08	.101	.295	.321	.378	.194	.363	.473	.573	.461	1.000	.780	.479	.469	.398	.586	.466
	IC014Q09	.099	.241	.272	.327	.190	.296	.457	.632	.422	.780	1.000	.455	.480	.376	.593	.426
	IC015Q02	.084	.256	.214	.275	.134	.250	.369	.391	.292	.479	.455	1.000	.659	.407	.614	.538
	IC015Q03	.124	.269	.247	.320	.163	.243	.325	.403	.279	.469	.480	.659	1.000	.442	.646	.513
	IC015Q05	.191	.374	.330	.323	.204	.391	.277	.341	.489	.398	.376	.407	.442	1.000	.562	.586
	ICO15Q07	.119	.289	.230	.300	.155	.334	.378	.454	.365	.586	.593	.614	.646	.562	1.000	.623
	IC015Q09	.141	.359	.292	.336	.213	.405	.385	.374	.437	.466	.426	.538	.513	.586	.623	1.000

（二）KMO 和 Bartlett 球形检验结果

从 KMO 和 Bartlett 球形检验结果（表 9－4）可以看出，KMO 值为 0.911，大于 0.7，说明这组数据适合做因素分析。实际中如果 KMO 值小于 0.5，则表明这组数据不适合做因素分析。Bartlett 球形检验结果显著（$p<0.001$），说明相关矩阵与单位矩阵存在显著差异，变量之间存在显著关联，满足进行探索性因素分析的前提条件。

表 9－4　KMO 和 Bartlett 球形检验结果

KMO and Bartlett's Test		
Kaiser-Meyer-Olkin Measure of Sampling Adequacy.		.911
Bartlett's Test of Sphericity	Approx. Chi-Square	9365.094
	df	120
	Sig.	.000

（三）反映像相关矩阵和 MSA 值

反映像相关矩阵的结果和单变量的 MSA 值（反映像相关矩阵对角线上的数值）的结果见表 9－5。MSA 的数值均在 0.85 以上，大于 0.5，说明每一道题目都可以由测验中其他题目解释较高的变异，适合做探索性因素分析。

（四）共同度

表 9－6 给出了共同度的输出结果。共同度描述了抽取出来的 m 个因素对某个观测变量（某道题目）变异的解释程度。其值介于 0 和 1 之间，值越大表示抽取的因素对这个观测变量变异的解释比例越高。表 9－6 中的第二列（Initial）描述的是主轴因素法初始共同度的值，第三列（Extraction）描述的是最后主轴因素法得到的共同度，在结果报告中一般报告这一列的数值。

（五）特征根和变异解释率

表 9－7 给出了初始特征根和变异解释率的结果，以及抽取因素的变异解释率。第一列（Factor）表示抽取因素的排序。第二列至第四列表示初始的特征根，初始结果假设因素之间相互独立，特征根基于 16 个项目的相关矩阵计算得到。所有 16 个因素特征根的和为 16（即第二列 16 个数值的和）；每一个因素的特征根除以特征根总和可以得到第三列（% of Variance）变异的解释率，即该因素对所有观测变量变异解释的方差，例如初始第一个因素对观测变量的解释率为 41.006%；第四列是第三列累计的和，描述了抽取因素累计变异的解释率，如 61.267%描述了抽取的前三个因素对观测变量变异的总解释率。根据特征根大于 1 的标准，抽取出三个因素。第五列到第七列描述了主轴因素法没有旋转之前（因素之间相互独立）的结果，其特征根（第五列）描述了抽取的每个因素对观测数据变异的解释能力，其数值等于没有旋转之前每道题目在这个因素上载荷的平方和（因素载荷结果见表 9－8），其值从大到小，描述了抽取因素的重要程度依次降低。第六列描述了主轴因素法抽取得到的前三个因素的变异解释率；第七列为累计解释率。最后一列描述了旋转以后，每一道题目在对应因素上载荷的平方和。值得注意的是，因为这里我们采用了斜交旋转，因素之间存在相关，因素载荷的平方和不再等于因素对观测变量变异的解释率。

表 9－5　反映像相关矩阵

Anti-image Matrices

		IC013Q01	IC013Q04	IC013Q05	IC013Q11	IC013Q12	IC013Q13	IC014Q03	IC014Q04	IC014Q06	IC014Q08	IC014Q09	IC015Q02	IC015Q03	IC015Q05	IC015Q07	IC015Q09
Anti-image Correlation	IC013Q01	.887[a]	−.095	−.003	−.125	−.239	−.141	−.014	.009	.004	.068	−.003	.026	−.026	−.043	−.009	.053
	IC013Q04	−.095	.939[a]	−.170	−.179	−.019	−.156	−.002	.051	−.148	−.002	.032	−.027	−.024	−.060	−.003	−.051
	IC013Q05	−.003	−.170	.915[a]	−.280	−.028	−.203	.060	−.045	−.096	−.037	−.006	.002	−.044	−.058	.084	.020
	IC013Q11	−.125	−.179	−.280	.912[a]	−.127	−.157	−.036	−.110	.136	−.089	.010	.004	−.077	−.016	.038	−.025
	IC013Q12	−.239	−.019	−.028	−.127	.897[a]	−.233	−.009	−.008	−.107	.049	−.039	.011	−.033	.049	.042	−.005
	IC013Q13	−.141	−.156	−.203	−.157	−.233	.914[a]	−.042	−.008	−.201	−.054	.067	.017	.094	−.016	−.088	−.094
	IC014Q03	−.014	−.002	.060	−.036	−.009	−.042	.929[a]	−.303	−.075	−.099	−.019	−.085	.018	.053	.011	−.109
	IC014Q04	.009	.051	−.045	−.110	−.008	−.008	−.303	.921[a]	−.057	−.043	−.299	−.021	−.043	−.027	−.008	.026
	IC014Q06	.004	−.148	−.096	.136	−.107	−.201	−.075	−.057	.922[a]	−.117	−.074	.012	.051	−.233	.069	−.081
	IC014Q08	.068	−.002	−.037	−.089	.049	−.054	−.099	−.043	−.117	.893[a]	−.550	−.074	.008	.026	−.110	−.029
	IC014Q09	−.003	.032	−.006	.010	−.039	.067	−.019	−.299	−.074	−.550	.866[a]	.019	−.062	.027	−.185	.039
	IC015Q02	.026	−.027	.002	.004	.011	.017	−.085	−.021	.012	−.074	.019	.913[a]	−.390	.021	−.173	−.162
	IC015Q03	−.026	−.024	−.044	−.077	−.033	.094	.018	−.043	.051	.008	−.062	−.390	.904[a]	−.062	−.266	−.061
	IC015Q05	−.043	−.060	−.058	−.016	.049	−.016	.053	−.027	−.233	.026	.027	.021	−.062	.921[a]	−.233	−.265
	IC015Q07	.009	−.003	.084	.038	.042	−.088	.011	−.008	.069	−.110	−.185	−.173	−.266	−.233	.917[a]	−.224
	IC015Q09	.053	−.051	.020	−.025	−.005	−.094	−.109	.026	−.081	−.029	.039	−.162	−.061	−.265	−.224	.935[a]

a. Measures of Sampling Adequacy (MSA)

表 9-6　共同度的输出结果

Communalities		
	Initial	Extraction
使用数字设备时忘记时间	.265	.286
互联网是获取感兴趣信息的好资源	.417	.475
在互联网上建立社交网络非常有用	.441	.470
发现新数字设备或应用让我非常兴奋	.482	.498
如果不能上网我真的很难过	.345	.377
我喜欢使用数字设备	.551	.648
使用不太熟悉的数字设备感觉很舒服	.364	.357
朋友和亲戚买数字设备我可以给建议	.505	.559
我觉得在家里使用数字设备很舒服	.465	.425
遇到数字设备问题时我认为我可以解决	.668	.708
朋友和亲戚有数码设备问题我可以帮助	.682	.766
自己安装新软件	.527	.559
独立阅读有关数字设备的信息	.550	.565
我使用数字设备是因为我想使用它们	.476	.474
自己解决使用数字设备时遇到的问题	.639	.718
自己选择需要的新的应用	.533	.585

Extraction Method: Principal Axis Factoring.

表 9-7　总体方差解释率

Total Variance Explained

Factor	Initial Eigenvalues			Extraction Sums of Squared Loadings			Rotation Sums of Squared Loadings[a]
	Total	% of Variance	Cumulative %	Total	% of Variance	Cumulative %	Total
1	6.561	41.006	41.006	6.124	38.275	38.275	4.910
2	2.121	13.257	54.262	1.639	10.245	48.520	4.064
3	1.121	7.005	61.267	.708	4.424	52.944	4.667
4	.852	5.323	66.590				
5	.761	4.754	71.344				
6	.645	4.032	75.376				
7	.587	3.668	79.044				
8	.522	3.265	82.308				
9	.472	2.953	85.261				
10	.443	2.767	88.028				
11	.382	2.385	90.413				
12	.377	2.355	92.767				
13	.358	2.238	95.005				
14	.326	2.037	97.042				
15	.271	1.694	98.736				
16	.202	1.264	100.000				

Extraction Method: Principal Axis Factoring.

a. When factors are correlated, sums of squared loadings cannot be added to obtain a total variance.

（六）碎石图

对于抽取几个因素，除了常用的特征根大于 1 的标准，经常采用的还有碎石图（scree plot）的方法，即通过在碎石图上找特征根下降的拐点，决定抽取因素的个数。从图 9－6 可以看出，对于该问卷，抽取三个因素比较合适。

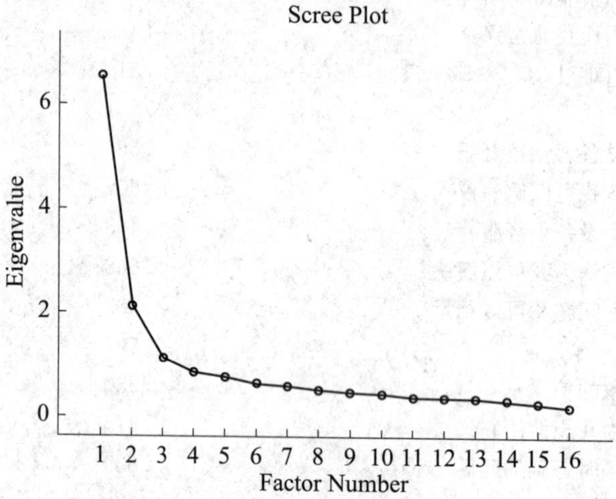

图 9－6　碎石图

（七）旋转前的因素矩阵

主轴因素斜交旋转得到的描述因素与测验题目间关系的结果主要有因素矩阵（factor matrix）、因素模式矩阵（factor pattern matrix）和因素结构矩阵（factor structure matrix）。由于采用了斜交旋转的方法，这部分还给出了因素相关矩阵（factor correlation matrix）。

表 9－8 为初始的没有旋转之前的因素矩阵。这个表给出了每道题目在抽取的三个因素上的初始的因素载荷。例如，第一道题目在因素 1、因素 2 和因素 3 上的载荷分别为 0.327、0.422 和 0.026。因素载荷描述了因素对观测变量（项目）变异的解释程度，可以解释为每个观测变量（项目）与抽取的因素之间的相关。当因素间相互独立时，标准化因素载荷（SPSS 输出的即为标准化因素载荷）在数值上等于观测变量与因素之间的相关系数。因素载荷的大小可以帮助我们对因素的意义做出解释。但是一般来讲初始的因素矩阵由于因素结构不够清晰，往往很难解释。例如表 9－8 的结果，多个变量在第一个因素上的载荷都较高，多个变量在多个因素上都存在较高的载荷（绝对值大于 0.3）。

表 9－8　旋转前的因素矩阵

Factor Matrix[a]

	Factor		
	1	2	3
使用数字设备时忘记时间	.327	.422	.026
互联网是获取感兴趣信息的好资源	.562	.386	.102
在互联网上建立社交网络非常有用	.550	.408	−.030
发现新数字设备或应用让我非常兴奋	.605	.359	−.054
如果不能上网我真的很难过	.426	.440	−.044

续前表

Factor Matrix[a]			
	Factor		
	1	2	3
我喜欢使用数字设备	.649	.476	.008
使用不太熟悉的数字设备感觉很舒服	.548	—.128	—.201
朋友和亲戚买数字设备我可以给建议	.649	—.172	—.330
我觉得在家里使用数字设备很舒服	.629	.164	—.045
遇到数字设备问题时我认为我可以解决	.742	—.263	—.297
朋友和亲戚有数码设备问题我可以帮助	.720	—.333	—.369
自己安装新软件	.630	—.325	.236
独立阅读有关数字设备的信息	.645	—.298	.245
我使用数字设备是因为我想使用它们	.637	—.034	.259
自己解决使用数字设备时遇到的问题	.736	—.356	.224
自己选择需要的新的应用	.695	—.143	.286

Extraction Method: Principal Axis Factoring.

a. 3 factors extracted. 8 iterations required.

未旋转时，基于因素解释方差的多少来抽取因素，第一个因素解释的变异最多，越往后解释的变异越少。为了使得因素矩阵的结构更加清楚便于解释，实际中往往通过旋转重新分布每个因素上的方差，从而获得更简单、更有意义的因素模式。因素旋转的基本思想是，通过改变坐标轴的位置，重新分配各个因素所解释的方差的比例，使得各个变量在尽可能少的因素上有较高载荷。

（八）因素模式矩阵

旋转后的因素模式矩阵见表 9－9。因素模式矩阵中的数值等于每个项目与特定因素之间的偏标准化回归系数。相比于旋转前的因素矩阵，斜交旋转后的因素模式矩阵在结构上清楚了很多，所有题目只在其中一个因素上有较高的载荷（绝对值大于 0.4），而在其他因素上载荷均较低（绝对值小于 0.3）。这个矩阵对我们了解测验的潜在结构非常重要。

表 9－9　旋转后的因素模式矩阵

Pattern Matrix[a]			
	Factor		
	1	2	3
使用数字设备时忘记时间	—.033	.572	.077
互联网是获取感兴趣信息的好资源	.182	.625	.067
在互联网上建立社交网络非常有用	.004	.644	—.086
发现新数字设备或应用让我非常兴奋	.024	.615	—.157
如果不能上网我真的很难过	—.083	.629	—.042
我喜欢使用数字设备	.061	.755	—.048
使用不太熟悉的数字设备感觉很舒服	.058	.081	—.518
朋友和亲戚买数字设备我可以给建议	—.033	.075	—.737
我觉得在家里使用数字设备很舒服	.141	.420	—.234
遇到数字设备问题时我认为我可以解决	.093	.015	—.769

续前表

Pattern Matrix[a]			
	Factor		
	1	2	3
朋友和亲戚有数码设备问题我可以帮助	.029	—.066	—.880
自己安装新软件	.730	—.095	—.076
独立阅读有关数字设备的信息	.734	—.061	—.061
我使用数字设备是因为我想使用它们	.617	.213	.067
自己解决使用数字设备时遇到的问题	.776	—.085	—.146
自己选择需要的新的应用	.730	.121	.035

Extraction Method: Principal Axis Factoring.
Rotation Method: Oblimin with Kaiser Normalization.
a. Rotation converged in 8 iterations.

（九）因素结构矩阵

旋转后的因素结构矩阵见表 9-10。因素结构矩阵中的数值等于每个项目与特定因素之间的简单相关系数。因素结构矩阵的结构不太清晰，其中最主要的原因是斜交旋转后因素之间存在相关（结果见表 9-11）。因素结构矩阵是因素模式矩阵与因素相关矩阵相乘的结果。因素之间相互独立时，结构矩阵与模式矩阵相同。实际应用中，经常采用模式矩阵解释题目与因素之间的关系，并对因素进行命名。

表 9-10 旋转后的因素结构矩阵

Structure Matrix			
	Factor		
	1	2	3
使用数字设备时忘记时间	.157	.527	—.131
互联网是获取感兴趣信息的好资源	.402	.676	—.309
在互联网上建立社交网络非常有用	.335	.681	—.349
发现新数字设备或应用让我非常兴奋	.391	.688	—.421
如果不能上网我真的很难过	.212	.611	—.239
我喜欢使用数字设备	.414	.800	—.394
使用不太熟悉的数字设备感觉很舒服	.444	.314	—.590
朋友和亲戚买数字设备我可以给建议	.499	.358	—.745
我觉得在家里使用数字设备很舒服	.478	.574	—.499
遇到数字设备问题时我认为我可以解决	.621	.364	—.838
朋友和亲戚有数码设备问题我可以帮助	.598	.301	—.873
自己安装新软件	.742	.245	—.533
独立阅读有关数字设备的信息	.749	.274	—.534
我使用数字设备是因为我想使用它们	.662	.447	—.437
自己解决使用数字设备时遇到的问题	.839	.302	—.638
自己选择需要的新的应用	.757	.416	—.509

Extraction Method: Principal Axis Factoring.
Rotation Method: Oblimin with Kaiser Normalization.

（十）因素相关矩阵

本例中，我们使用了斜交旋转方法，假设因素之间可以相关。表 9-11 呈现了所抽取的三个因素两两之间的相关。

表 9-11 因素相关矩阵

Factor Correlation Matrix

Factor	1	2	3
1	1.000	.423	−.678
2	.423	1.000	−.403
3	−.678	−.403	1.000

Extraction Method：Principal Axis Factoring.
Rotation Method：Oblimin with Kaiser Normalization.

以上呈现了本例分析的主要方法和 SPSS 输出结果，它的结果很清楚。然而，在实际应用中，有可能一些项目在超过一个因素上存在较高的载荷，即交叉载荷，也有可能一些项目在所有抽取的因素上载荷都较低。此时，我们需要根据结果对这些题目进行删减。删减后需要重复上述步骤。在实际操作时，建议每次只删减少量的题目。

五、因素命名和因素得分

（一）软件操作

到目前为止，我们得到了相对满意的结果，可以根据因素模式矩阵中的载荷高低对因素进行命名和解释。为了使得因素模式矩阵看起来更加清晰，我们通过 SPSS 因素分析主对话框中的“Options…”对因素载荷进行排序，并忽略绝对值小于 0.3 的载荷。同时，通过“Scores…”计算每一个个案在抽取出来的每个因素上的得分，并保存为变量。具体而言，需在前述因素分析操作步骤的基础上完成如下操作：

（1）打开“Factor Analysis”主对话框，点击“Scores…”，勾选“Save as variables”（图 9-7），点击“Continue”回到主对话框。

（2）点击“Options…”，勾选“Sorted by size”和“Suppress small coefficients”，并将“Absolute value below”后面的数值修改为 0.3（图 9-8）。这一操作将按照同一因素上的载荷大小对题目进行排序，同时忽略掉绝对值小于 0.3 的载荷，以使结果看起来更加清楚，便于我们对因素进行命名和解释。点击“Continue”回到主对话框。

（3）点击“OK”。

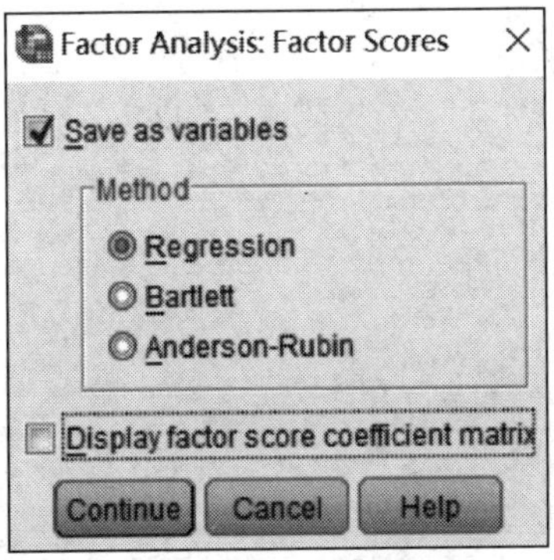

图 9-7 因素分析：因素得分

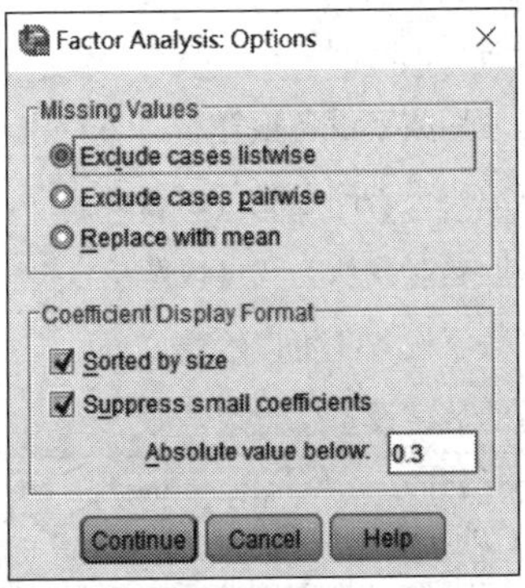

图 9-8 因素分析：选项

以上操作的 SPSS 语句请参见“factor analysis. sps”文件。

（二）结果输出与解释

1. 因素命名

为了节约篇幅，我们这里只给出载荷排序后的因素模式矩阵的结果（表 9-12）。这个结果实际上与前面表 9-10 相同，只是在呈现形式上对载荷排了顺序，用空白替换了因素载荷绝对值小于 0.3 的数字。结果看起来更清晰，有利于我们对每个因素的意义进行解释和命名。从内容上来看，因素 1 下面的 5 道题目描述的都是被调查者使用 ICT 工具自主解决问题的能力，可将其命名为“ICT 使用自主性”；因素 2 下面的 7 道题目均与 ICT 工具使用的兴趣和爱好有关，可将其命名为“ICT 使用兴趣”；因素 3 下面的 4 道题目都与 ICT 使用的能力评价有关，可将其命名为“ICT 使用效能”。这里我们注意到因素 3 上面的载荷均为负值，说明因素与题目的相关为负，即个体在因素 3 上的得分越高表示 ICT 使用效能感越低。正负号不会影响因素的命名和解释，但是会影响接下来要说到的对因素分数高低的解释。从因素相关矩阵（表 9-11）也可以看出，因素 3 与因素 1 和因素 2 的相关为负。

表 9-12　载荷排序后的因素模式矩阵

Pattern Matrix[a]

	Factor		
	1	2	3
自己解决使用数字设备时遇到的问题	.776		
独立阅读有关数字设备的信息	.734		
自己安装新软件	.730		
自己选择需要的新的应用	.730		
我使用数字设备是因为我想使用它们	.617		
我喜欢使用数字设备		.755	
在互联网上建立社交网络非常有用		.644	
如果不能上网我真的很难过		.629	
互联网是获取感兴趣信息的好资源		.625	
发现新数字设备或应用让我非常兴奋		.615	
使用数字设备时忘记时间		.572	
我觉得在家里使用数字设备很舒服		.420	
朋友和亲戚有数码设备问题我可以帮助			−.880
遇到数字设备问题时我认为我可以解决			−.769
朋友和亲戚买数字设备我可以给建议			−.737
使用不太熟悉的数字设备感觉很舒服			−.518

Extraction Method：Principal Axis Factoring.
Rotation Method：Oblimin with Kaiser Normalization.
a. Rotation converged in 8 iterations.

2. 因素得分

SPSS 可以直接保存因素得分的结果，数据文件中现在多出了三列因素得分的变量（图 9－9）。

CNTSTUID	IC013Q01	IC013Q04	IC013Q05	IC013Q11	IC013Q12	IC013Q13	IC014Q03	IC014Q04	IC014Q06	IC014Q08	IC014Q09	IC015Q02	IC015Q03	IC015Q05	IC015Q07	IC015Q09	FAC1_1	FAC2_1	FAC3_1
41003725	1	1	3	3	1	3	3	3	3	2	2	1	1	1	1	1	-2.60075	-1.26942	.69215
41004292	3	3	3	3	4	4	3	2	4	2	2	3	3	3	4	4	.86077	.69281	.59318
41006539	2	3	3	3	2	3	2	3	3	3	3	2	3	3	3	3	-.01744	-.43383	-.16736
41001176	4	4	4	4	4	4	4	4	4	3	1	1	3	3	2	4	-.26040	1.86847	.29812
41001390	3	3	3	3	2	3	2	3	4	2	2	3	3	3	3	3	.17128	-.12961	.58316
41001478	3	3	3	3	3	3	2	3	3	3	3	3	3	3	3	3	.16480	-.14194	-.19513
41004106	3	3	3	1	3	3	3	3	3	2	2	1	3	3	2	3	-.74584	-.39782	.72670
41006604	3	3	3	3	3	3	3	3	3	3	3	3	3	3	3	3	.18561	-.12526	-.32810
41000973	3	3	3	3	3	3	2	3	3	3	3	1	1	3	1	3	-1.53787	.08670	.05479
41001682	2	4	3	3	4	3	4	4	4	4	4	3	3	4	4	4	1.28879	.36835	-1.66480
41003273	2	2	3	3	3	3	3	3	3	3	3	3	3	3	3	3	.14115	-.50490	-.36465
41006308	1	3	3	3	2	3	3	4	3	3	3	3	3	3	3	3	.23329	-.57204	-.60991
41002927	4	3	3	3	4	4	3	2	3	1	1	3	1	3	1	3	-1.26435	.91112	1.73948
41004589	2	3	3	3	2	3	3	2	3	2	2	2	2	3	2	3	-.71711	-.32498	.86442
41000626	2	3	3	2	2	3	2	1	1	1	1	1	1	1	1	3	-2.18926	-.93427	2.33661
41001693	2	3	2	1	1	3	1	1	3	1	1	1	3	3	3	1	-.99637	-1.35640	2.29809
41001745	3	3	3	3	3	3	3	3	3	3	3	2	2	2	2	2	-1.14573	-.15989	-.20096

图 9－9　因素得分

六、结果报告

在研究报告或学术论文中，应按照一定的规范报告探索性因素分析的结果。下面结合上述 ICT 问卷，简要介绍探索性因素分析结果的报告和撰写方式。

采用 Oblimin 斜交旋转的主轴因素法对 ICT 问卷的潜在结构进行探索性因素分析。抽取出三个因素，根据题目表述的含义，分别将这三个因素命名为：ICT 使用自主性、ICT 使用兴趣和 ICT 使用效能。斜交旋转后，抽取的三个因素对 16 道题目变异的累计解释率为 52.944%。表 9－13 呈现了旋转后的因素模式矩阵，为了使得结构看起来更清晰，我们省略了绝对值在 0.3 以下的载荷。

表 9－13　斜交旋转后的因素载荷（因素模式矩阵）

题目	因素 1	因素 2	因素 3	共同度
自己解决使用数字设备时遇到的问题	0.776			0.718
独立阅读有关数字设备的信息	0.734			0.565
自己安装新软件	0.730			0.559
自己选择需要的新的应用	0.730			0.585
我使用数字设备是因为我想使用它们	0.617			0.474
我喜欢使用数字设备		0.755		0.648
在互联网上建立社交网络是非常有用的		0.644		0.470
如果不能上网，我真的很难过		0.629		0.377
互联网是获取我感兴趣的信息的一个很好的资源		0.625		0.475

续前表

题目	因素 1	因素 2	因素 3	共同度
发现新的数字设备或应用程序让我非常兴奋		0.615		0.498
当我使用数字设备时，我忘记了时间		0.572		0.286
我觉得在家里使用数字设备很舒服		0.420		0.425
如果我的朋友和亲戚有数码设备问题，我可以帮助他们			−0.880	0.766
当我遇到数字设备问题时，我认为我可以解决它们			−0.769	0.708
如果朋友和亲戚想要购买新数字设备或应用程序，我可以给他们建议			−0.737	0.559
使用我不太熟悉的数字设备让我感觉很舒服			−0.518	0.357

注：绝对值小于 0.3 的载荷未呈现。

从上表可以看出，因素 1 下面载荷较高的 5 道题目主要是描述 ICT 使用自主性的，因素 2 下面载荷较高的 7 道题目主要测量 ICT 使用兴趣，因素 3 下面载荷较高的 4 道题目主要测量 ICT 使用效能感。因此，信息与通信技术问卷测量了三个维度，分别为 ICT 使用自主性、ICT 使用兴趣和 ICT 使用效能。

第二节　主成分分析

一、变量和数据

一研究者对 175 名 7 岁儿童的智力进行测试，得到儿童在常识、算数、类同、词汇、点数、填图、图形排列、拼图和积木等 9 个方面的测验成绩。采用一对一的测试方式，其中常识、算数、类同、词汇、点数这几个测验任务需要儿童按照要求说出答案，填图、图形排列、拼图和积木主要通过动手操作完成相应的任务。数据文件见“principal component analysis. sav”。

二、研究问题和分析方法

研究者想要在尽可能少的损失测验分数信息的条件下，用尽量少的变量（因素）简化解释 9 个方面的测验分数。

分析的目的是简化描述测验分数，用更少的变量来解释和理解原始数据。为了解决这个问题，我们选择主成分分析方法。主成分分析的主要目的是简化数据，用尽量少的因素尽可能解释观测变量的变异。为了使结果清晰和可解释，最常使用方差最大正交旋转法。

本组数据的样本量是 175，并且样本量与变量之比大于 10∶1，样本量较合适。每个方面的测验分数都可以近似看作连续数据。

三、软件操作

（1）在 SPSS 中选择“Analyze→Dimension Reduction →Factor…”。

（2）将所有 9 个变量选入“Variables”中。

（3）点击“Descriptives…”，在“Correlation Matrix”下选择“Coefficients”“KMO and Bartlett's test of sphericity”“Anti-image”，点击“Continue”回到主对话框。

（4）点击“Extraction…”，在“Method”后选择默认的“Principle components”，勾选“Scree plot”，其他采用默认设置（图 9－10）。点击“Continue”回到主对话框。

（5）点击“Rotation…”，选中“Varimax”，其他采用默认设置（图 9－11）。点击“Continue”回到主对话框。

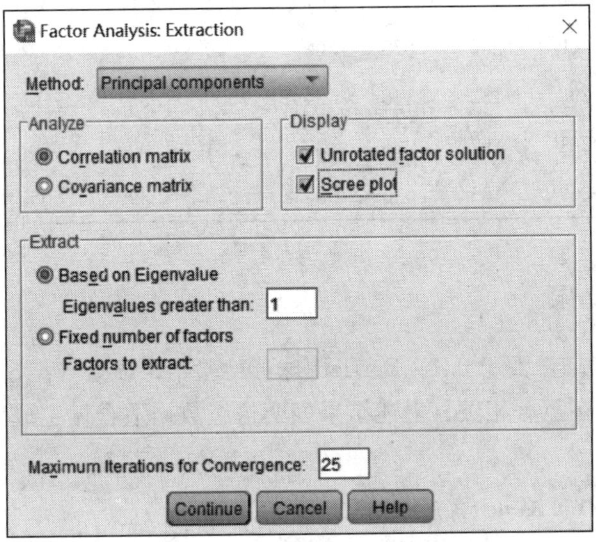

图 9－10 因素抽取：主成分分析

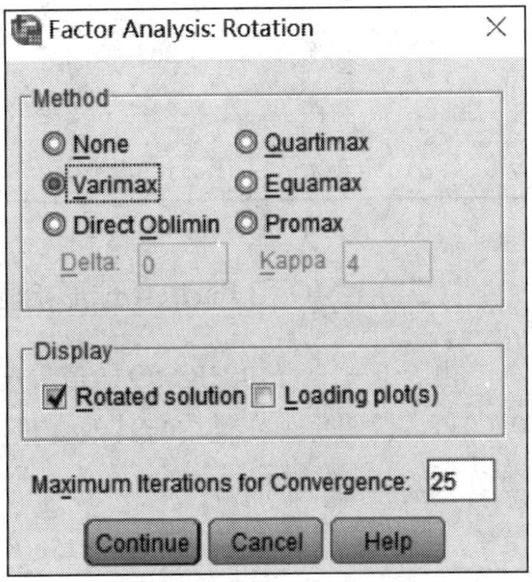

图 9－11 因素旋转：方差正交旋转

（6）点击“Scores…”，勾选“Save as variables”，点击“Continue”回到主对话框。

（7）点击“Options…”，勾选“Sorted by size”和“Suppress small coefficients”，并将“Absolute value below”后面的数值修改为 0.3。点击“Continue”回到主对话框。

（8）点击“OK”。

以上操作的 SPSS 语句请参见“principal component analysis. sps”文件。

四、结果输出与解释

（一）相关矩阵

相关矩阵的结果（表 9－14）表明，9 个变量之间存在低到中等程度的相关，每个变量与其他变量的相关都有一些在数值（绝对值）上超过 0.3，说明变量之间存在关联。

表 9-14 测验分数相关矩阵

Correlation Matrix

		常识	算数	类同	词汇	点数	填图	图形排列	拼图	积木
Correlation	常识	1.000	.494	.513	.625	.345	.230	.202	.229	.185
	算数	.494	1.000	.369	.387	.269	.155	.227	.272	.043
	类同	.513	.369	1.000	.538	.260	.369	.298	.261	.269
	词汇	.625	.387	.538	1.000	.294	.285	.132	.297	.185
	点数	.345	.269	.260	.294	1.000	.075	.148	.073	.035
	填图	.230	.155	.369	.285	.075	1.000	.249	.382	.363
	图形排列	.202	.227	.298	.132	.148	.249	1.000	.351	.253
	拼图	.229	.272	.261	.297	.073	.382	.351	1.000	.399
	积木	.185	.043	.269	.185	.035	.363	.253	.399	1.000

（二）KMO 和 Bartlett 球形检验结果

由表 9-15 可知，KMO 的值等于 0.8，大于 0.7；Bartlett 球形检验结果显著（$p<0.001$），说明每个变量均与其他变量存在显著相关。上述结果表明这组数据适合做主成分分析。

表 9-15 KMO 和 Bartlett 球形检验结果

KMO and Bartlett's Test

Kaiser-Meyer-Olkin Measure of Sampling Adequacy.		.800
Bartlett's Test of Sphericity	Approx. Chi-Square	388.205
	df	36
	Sig.	.000

（三）反映像相关矩阵和 MSA 值

反映像相关矩阵（表 9-16）主对角线上的 MSA 值均大于 0.5，说明 9 个变量均适合做主成分分析。

表 9-16 反映像相关矩阵

Anti-image Matrices										
		常识	算数	类同	词汇	点数	填图	图形排列	拼图	积木
Anti-image Correlation	常识	.788[a]	−.295	−.173	−.416	−.149	.008	−.034	.050	−.079
	算数	−.295	.812[a]	−.109	−.045	−.094	.025	−.089	−.179	.157
	类同	−.173	−.109	.844[a]	−.283	−.056	−.195	−.169	.061	−.110
	词汇	−.416	−.045	−.283	.784[a]	−.090	−.071	.138	−.158	.021
	点数	−.149	−.094	−.056	−.090	.876[a]	.029	−.083	.052	.031
	填图	.008	.025	−.195	−.071	.029	.834[a]	−.063	−.204	−.194
	图形排列	−.034	−.089	−.169	.138	−.083	−.063	.786[a]	−.227	−.092
	拼图	.050	−.179	.061	−.158	.052	−.204	−.227	.752[a]	−.278
	积木	−.079	.157	−.110	.021	.031	−.194	−.092	−.278	.749[a]

a. Measures of Sampling Adequacy (MSA)

（四）共同度

共同度的输出结果（表 9-17）呈现了 9 个变量的方差可以被所抽取的主成分解释的比例，其值介于 0.348 到 0.699 之间。注意主成分分析与前面介绍的主轴因素法不同，主成分分析中初始的共同度为 1，而主轴因素法中则为介于 0 和 1 之间的值。

表 9-17 共同度的输出结果

Communalities		
	Initial	Extraction
常识	1.000	.699
算数	1.000	.493
类同	1.000	.571
词汇	1.000	.626
点数	1.000	.383
填图	1.000	.509
图形排列	1.000	.348
拼图	1.000	.562
积木	1.000	.570

Extraction Method: Principal Component Analysis.

（五）变异解释率

特征根的结果（表 9-18）表明，有两个主成分对应的特征根大于 1，因此抽取出两个主成分。这两个独立的主成分对 9 个变量变异的总解释率为 52.9%。未旋转的主成分分析抽取的因素和方差最大正交旋转后抽取的因素都满足相互独立的条件，因此方差解释率均为题目在该因素上载荷的平方和（总解释率均为52.9%）。

表9-18 总体方差解释率

Total Variance Explained

Component	Initial Eigenvalues			Extraction Sums of Squared Loadings			Rotation Sums of Squared Loadings		
	Total	% of Variance	Cumulative %	Total	% of Variance	Cumulative %	Total	% of Variance	Cumulative %
1	3.328	36.983	36.983	3.328	36.983	36.983	2.580	28.671	28.671
2	1.432	15.917	52.900	1.432	15.917	52.900	2.181	24.229	52.900
3	.883	9.815	62.715						
4	.772	8.583	71.298						
5	.668	7.422	78.720						
6	.628	6.978	85.698						
7	.523	5.807	91.505						
8	.437	4.850	96.355						
9	.328	3.645	100.000						

Extraction Method：Principal Component Analysis.

（六）碎石图

从碎石图（图9-12）的结果可以看出，抽取两个或三个因素比较合理。实际中我们也可以尝试抽取三个因素并比较结果，感兴趣的读者可以修改抽取因素个数的方法，直接将其修改为抽取三个因素，看看结果的变化。

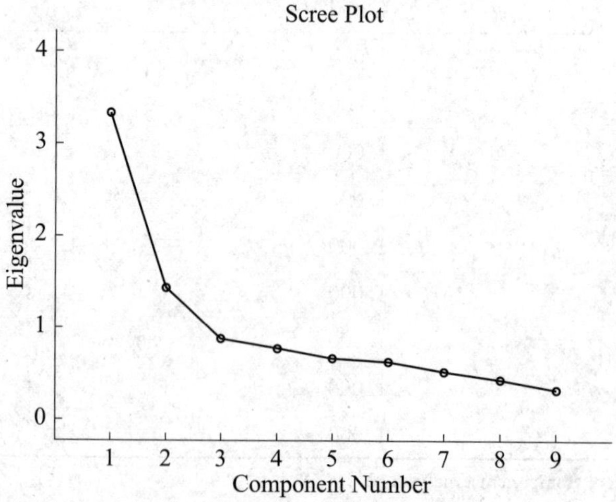

图9-12 碎石图

（七）成分矩阵

旋转之前的成分矩阵（表9-19）表明，所有9个变量在第一主成分上的载荷均较高，除了类同和词汇外，其他观测变量均存在交叉载荷。成分矩阵的因素结果不清晰，很难对主成分命名和解释，因此需要做旋转。

表 9-19 旋转前的成分矩阵

Component Matrix[a]

	Component	
	1	2
类同	.750	
常识	.749	−.373
词汇	.738	
算数	.612	−.345
拼图	.581	.473
填图	.558	.445
图形排列	.487	.333
积木	.462	.597
点数	.433	−.443

Extraction Method：Principal Component Analysis.

a. 2 components extracted.

(八) 旋转后的成分矩阵

旋转后的成分矩阵（表 9-20）结构清晰了很多，除了类同这个变量存在交叉载荷外，其他变量均只在一个主成分上有较高的载荷。结合变量本身的含义，第一主成分主要涉及和言语表达有关的能力，故将其命名为“言语智力”，第二个主成分主要涉及和操作有关的能力，命名为“操作智力”。

表 9-20 旋转后的成分矩阵

Rotated Component Matrix[a]

	Component	
	1	2
常识	.816	
词汇	.754	
算数	.692	
类同	.641	.400
点数	.615	
积木		.755
拼图		.733
填图		.696
图形排列		.565

Extraction Method：Principal Component Analysis.

Rotation Method：Varimax with Kaiser Normalization.

a. Rotation converged in 3 iterations.

主成分分析法的结果报告与撰写跟因素分析类似，读者可以参考本章第一节中的相关内容。

《本章小结》

本章主要介绍了如何使用 SPSS 进行因素分析来探索问卷的结构。

1. 通过“Analyze→Dimension Reduction →Factor…”进行因素分析，“Method”主要使用“Principle axis factoring”，即主轴因素法。

2. 也可以使用“Method”中的“Principle components”进行主成分分析。

因素分析技术可以从复杂烦琐的数据中提炼出少数我们所关心的、需要测量的潜在因素或者维度。

数据是否适合做因素分析，可以从相关矩阵、反映像相关矩阵、KMO 值和 Bartlett 球形检验结果来看。

通过特征根、变异解释率以及碎石图可以大致判断需要抽取的因素个数。

共同度描述了抽取出的因素对观测变量变异的解释程度。

《自测练习》

尝试对数据文件“工作状态 . sav”（数据描述见附录 A）进行如下操作：

个体对工作的描述可以划分为三个维度：工作满意度、工作自主性和工作程序性。每个维度均有 4 道题目，尝试使用探索性因素分析对这 12 道题目进行分析，检查探索性因素分析得到的结构是否与问卷题目的结构一致。

第十章

测验信度分析

学习目标

优质的问卷是数据有效性的一个重要保证。在正式使用问卷之前都需要对问卷进行信度分析。本章将介绍如何使用 SPSS 对问卷进行信度分析，以及如何对结果做出解释。

信度这一概念是心理学方法论中最重要的概念之一。通俗来讲，信度是指测量结果的一致性与稳定性。在现实测量中，即便对同一个个体或者物体使用再精确的仪器，也不可能得到完全一致的结果；简单来讲，两次测量之间必定会有一定的差异。例如，假定一个人存在真实的体重，为 70.1 千克，使用仪器对该人体重进行两次测量，第一次可能是 70.15 千克，第二次可能就变成了 70.14 千克；再或者对某个个体进行两次同样的智力测验，第一次为 108 分，第二次可能就变成了 111 分。

在心理测量学中有一个理论叫“真分数理论”，该理论认为影响测验分数的因素包括两个方面：

(1) 对测验一致性有贡献的因素，又被称为真实分数，这部分内容也是施测者真正希望测量的内容。

(2) 造成测验结果不一致的因素，又被称为误差，这部分内容主要包括一些与测量目的无关的因素。

这样我们观测到的测验分数就被分解为了与测验有关的部分和与测验无关的部分，可以用一个简单公式来表示：

$$X = T + e$$

式中，T 为真实分数，即与测验目的有关的部分，e 为误差。

真分数理论假设：测量误差的平均值为 0，真实分数与测量误差之间的相关为 0，不同测量的误差之间相关也为 0。基于这些假设，我们可从统计的角度将我们观测到的分数的方差分解为真实分数的方差和测量误差的方差：

$$\sigma_X^2 = \sigma_T^2 + \sigma_e^2$$

信度系数实际上就是指真实分数方差在观测分数方差中所占的比例：

$$r_{XX}=\frac{\sigma_T^2}{\sigma_X^2}=\frac{\sigma_T^2}{\sigma_T^2+\sigma_e^2}$$

从上述式子中可以看到，信度系数介于 0 和 1 之间，越接近 1，信度越高，即真实分数方差占总方差的比例越高，相对而言误差方差所占比例也就越小。与此相反，信度系数越接近 0，信度越低，即误差方差占总方差的比例越高，相对而言真实分数方差所占比例越小。

信度大体可以分为两大类：时间稳定性信度和内部一致性信度。

时间稳定性信度主要包含两种：重测信度和复本信度。重测信度是使用同样的问卷，对被试进行两次施测，然后计算两次测量分数所得到的相关。其中两次施测之间会间隔一段时间，目的是消除练习带来的影响。复本信度是使用两个平行测验，即采用测量属性完全一致的测验对被试进行施测，再计算两个平行测验分数所得到的相关。但平行测验非常难建构，因此这种形式的测验现在很难见到。

可以看到时间稳定性信度的计算其实就是对两个测验之间的分数计算相关，两个测验之间相关系数的绝对值越高，则测验的信度越高。

但时间稳定性信度通常在实际中较难应用，其中复本信度最大的困难在于平行测验的建构，而重测信度又难以完全消除时间的影响，间隔太短被试会有练习效应，间隔太长的话要测量的特质又可能会随时间发生变化。因此，我们就需要一个只需一次施测就可以得到的测验信度分数，通常这个信度分数就是内部一致性信度，也叫内部一致性系数。

内部一致性系数最常用的就是 Cronbach 提出的 α 系数：

$$r_\alpha=\left(\frac{N}{N-1}\right)\left(1-\frac{\sum\sigma_j^2}{\sigma^2}\right)$$

式中，r_α 就是 α 系数，N 为测验题目数，σ_j^2 为第 j 道题目得分的方差，σ^2 为测验总分的方差。α 系数的取值也介于 0 和 1 之间，越接近 1，说明测验信度越高。

一般来说 α 系数在衡量单维的问卷结构上是一个很好的指标，但实际上高 α 系数并不意味着问卷是单维的结构。有可能出现问卷整体 α 系数很高，维度内题目相关很高，维度之间相关很低的情况。所以在报告多维测验时除了报告问卷整体的 α 系数，各维度内的 α 系数也要报告，如果报告分维度的分数，则应重点关注各维度的信度。

还有一种信度，它将测验平均分为了两半，然后计算这两半测验分数之间的相关，这种信度被称为分半信度。一般来说测验分半的方式为奇偶分半，即奇数题目分为 A 卷，偶数题目分为 B 卷。

但将测验分为两半会对测验的信度造成低估，因此需要对信度进行校正，通常使用的是 Spearman-Brown 公式：

$$r_{\mathrm{SB}}=\frac{2\,r_{\mathrm{hh}}}{1+r_{\mathrm{hh}}}$$

式中，r_{hh} 为分半信度，r_{SB} 为校正后的测验整体信度。

最后还有评分者一致性信度，这种信度通常需要两个及以上的评分者对受测者进行相互独立的评分，然后计算评分者评分之间的相关系数。

在 SPSS 中较为常用的信度计算为 α 系数和分半信度，另外也可以进行评分者一致性信度的计算。接下来，我们将结合实例讲解如何使用 SPSS 进行这三种信度的计算。

第一节　α 系数与分半信度

一、α 系数

（一）变量和数据

这里我们使用第九章探索性因素分析的数据，具体见文件“factor analysis. sav”。

（二）研究问题和分析方法

通常研究者在使用测量工具测量某种特质时，都需要报告其所使用工具的信度，即测验分数的一致性与稳定性。一般来说研究者都会报告测验的内部一致性系数，即 α 系数。

在进行内部一致性信度分析时，需要注意测验本身是否分为不同维度，若是分为不同维度，则需要对不同维度内的测验项目进行内部一致性信度分析。

（三）软件操作

（1）打开“factor analysis. sav”文件，选择“Analyze→Scale→Reliability Analysis…”（图 10－1）。

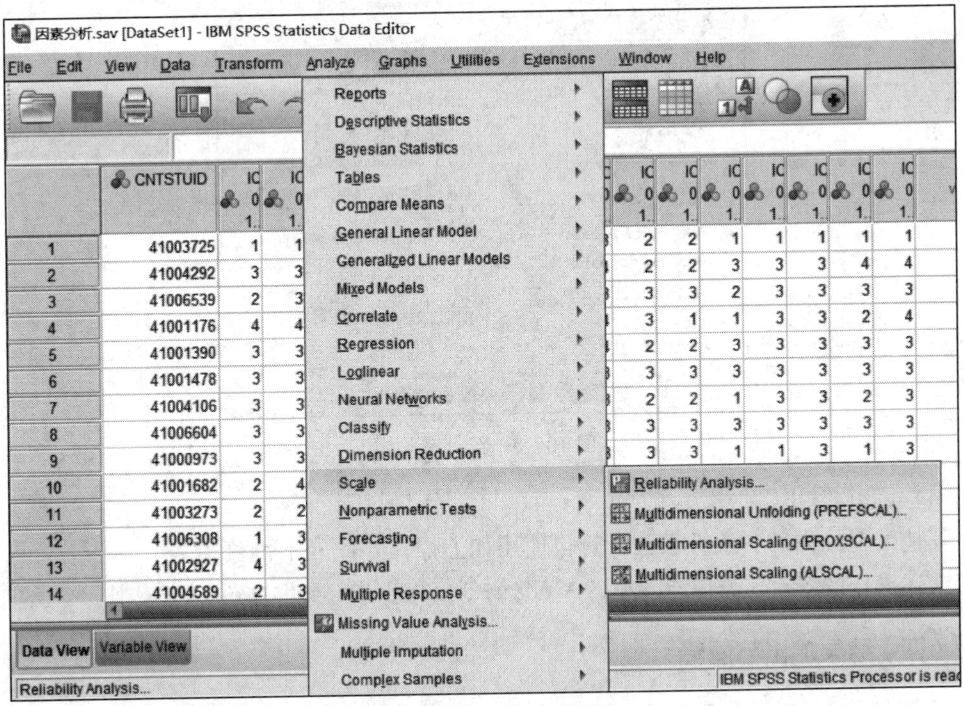

图 10－1　信度分析选项

（2）根据第九章因素分析的结果，该测验可以分为三个维度。我们首先将测验第一个维度的 6 道题目放入“Items”框中，下方的“Model”栏默认为计算“Alpha”系数（图 10－2）。

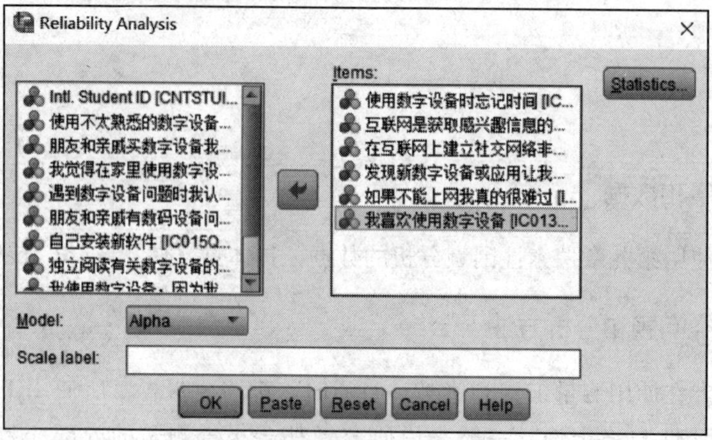

图 10－2　题目选择与参数设置

（3）点击“Statistics…”，选择要输出的统计量，包括描述统计量、题目之间相关等。此处我们选中“Descriptives for”栏中的“Scale if item deleted”，即计算删除各题目后测验的属性。点击“Continue”（图 10－3）。

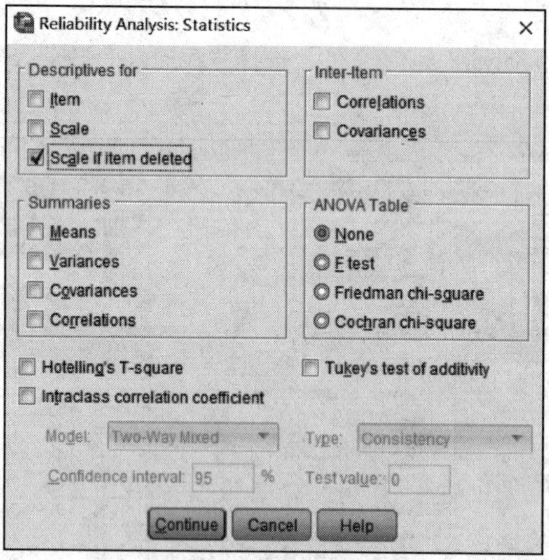

图 10－3　统计量设置

（4）点击“OK”。

其他维度的内部一致性系数计算也使用如上操作，此处不再赘述。

上述操作的 SPSS 语句请参见“Alpha and split-half. sps”文件。

（四）结果输出与解释

SPSS 共输出了三个表格，分别为被试量汇总、信度统计量以及删除各题目后测验信度统计量。我们主要关注第二个表格以及第三个表格。

1. 信度统计量

由表 10－1 可以看到，该测验中第一个维度的内部一致性 α 系数为 0.8，该维度有 6 道题目。

表 10－1 α 系数统计量

Reliability Statistics	
Cronbach's Alpha	N of Items
.825	6

2. 删除各题目后的测验信度统计量

表 10－2 呈现了删除各题目后该维度的属性，其中最后一列描述了删除各题目后该维度的内部一致性 α 系数，可以看到测验的信度维持在 0.8 左右。

表 10－2 删除各题目后的测验信度统计量

Item-Total Statistics				
	Scale Mean if Item Deleted	Scale Variance if Item Deleted	Corrected Item-Total Correlation	Cronbach's Alpha if Item Deleted
使用数字设备时忘记时间	15.14	8.526	.487	.821
互联网是获取感兴趣信息的好资源	14.77	8.273	.600	.796
在互联网上建立社交网络非常有用	14.75	8.382	.609	.794
发现新数字设备或应用让我非常兴奋	14.99	7.973	.644	.786
如果不能上网我真的很难过	15.05	8.160	.555	.807
我喜欢使用数字设备	14.68	8.427	.698	.780

其他两个维度的内部一致性系数见表 10－3a 和表 10－3b。

表 10－3a 维度 2 的 α 系数

Reliability Statistics	
Cronbach's Alpha	N of Items
.835	5

表 10－3b 维度 3 的 α 系数

Reliability Statistics	
Cronbach's Alpha	N of Items
.861	5

（五）结果报告

测验维度 1 的 α 系数为 0.825，维度 2 的 α 系数为 0.835，维度 3 的 α 系数为 0.861，

测验各维度均有较高的内部一致性。

二、分半信度

（一）数据和变量

这里我们依然使用第九章探索性因素分析的数据，具体见文件“factor analysis. sav”。

（二）软件操作

（1）打开“factor analysis. sav”文件，选择“Analyze→Scale→Reliability Analysis…”。

（2）将测验第一个维度的6道题目放入“Items”框中，下方的“Model”栏选择“Split-half”（图10-4）。然后点击“OK”即可。

其余两个维度的分半信度计算也使用如上操作，此处不再赘述。

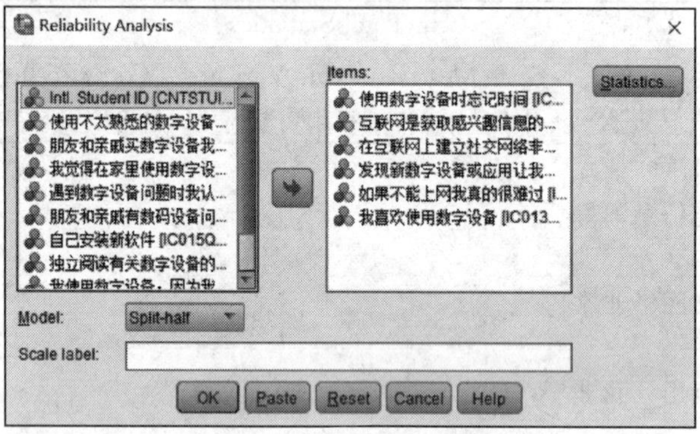

图10-4　分半信度设置

上述操作的SPSS语句请参见“Alpha and split-half. sps”文件。

（三）结果输出与解释

从表10-4中可以看到，在SPSS中分半的方法为前后分半，即前3道题目为A组，后3道题目为B组。两半测验之间相关系数为0.724，使用Spearman-Brown校正后的分半信度为0.840。其余两个维度的分半信度见表10-5a和表10-5b。

表10-4　分半信度统计量

Reliability Statistics			
Cronbach's Alpha	Part 1	Value	.649
		N of Items	3[a]
	Part 2	Value	.733
		N of Items	3[b]
	Total N of Items		6
Correlation Between Forms			.724

续前表

Reliability Statistics		
Spearman-Brown Coefficient	Equal Length	.840
	Unequal Length	.840
Guttman Split-Half Coefficient		.840

a. The items are：使用数字设备时忘记时间，互联网是获取感兴趣信息的好资源，在互联网上建立社交网络非常有用.

b. The items are：发现新数字设备或应用让我非常兴奋，如果不能上网我真的很难过，我喜欢使用数字设备.

表 10-5a 维度 2 的分半信度

Reliability Statistics			
Cronbach's Alpha	Part 1	Value	.680
		N of Items	3[a]
	Part 2	Value	.878
		N of Items	2[b]
	Total N of Items		5
Correlation Between Forms			.676
Spearman-Brown Coefficient	Equal Length		.807
	Unequal Length		.812
Guttman Split-Half Coefficient			.800

a. The items are：使用不太熟悉的数字设备感觉很舒服，朋友和亲戚买数字设备我可以给建议，我觉得在家里使用数字设备很舒服.

b. The items are：我觉得在家里使用数字设备很舒服，遇到数字设备问题时我认为我可以解决，朋友和亲戚有数码设备问题我可以帮助.

表 10-5b 维度 3 的分半信度

Reliability Statistics			
Cronbach's Alpha	Part 1	Value	.751
		N of Items	3[a]
	Part 2	Value	.769
		N of Items	2[b]
	Total N of Items		5
Correlation Between Forms			.776
Spearman-Brown Coefficient	Equal Length		.874
	Unequal Length		.878
Guttman Split-Half Coefficient			.841

a. The items are：自己安装新软件，独立阅读有关数字设备的信息，我使用数字设备是因为我想使用它们.

b. The items are：我使用数字设备是因为我想使用它们，自己解决使用数字设备时遇到的问题，自己选择需要的新的应用.

需要注意，维度 2 和维度 3 都只有 5 道题目，无法平均分为两半，因此 Spearman-Brown 校正的结果选择 Unequal Length 行的结果。

(四)结果报告

经 Spearman-Brown 校正后，测验维度 1 的分半信度为 0.840，维度 2 的分半信度为

0.812，维度 3 的分半信度为 0.878，各维度均具有较高的信度。

第二节　评分者一致性系数

一、kappa 系数

（一）变量和数据

心理学家和精神科医师要对一批精神病患者的危险性进行评估，评估等级由 1 到 3，1 级最低，3 级最高。评定结果见数据文件“kappa. sav”。

（二）研究问题和分析方法

研究者需要考察心理学家与精神科医师之间评分是否具有一致性。为此，可以使用 SPSS 进行 kappa 系数检验，以评估评分的一致性。

（三）软件操作

(1) 打开“kappa. sav”文件，选择“Analyze→Descriptive Statistics→Crosstabs…”（图 10－5）。

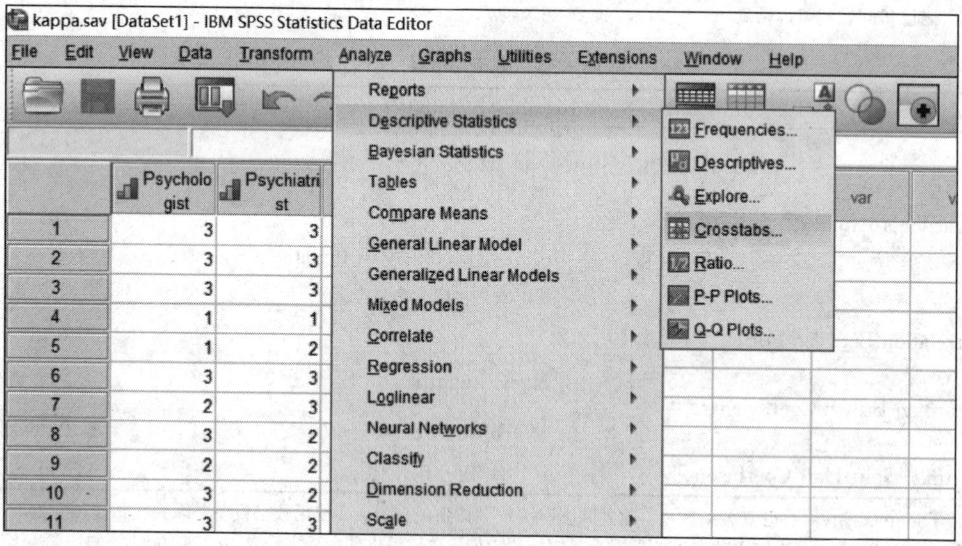

图 10－5　评分者一致性检验选项

(2) 将 Psychologist 放入右侧“Row (s)”栏中，将 Psychiatrist 放入“Column (s)”栏中（图 10－6）。

(3) 点击“Statistics…”，选中右下侧“Kappa”选项，然后点击“Continue”（图 10－7）。

(4) 点击“OK”。

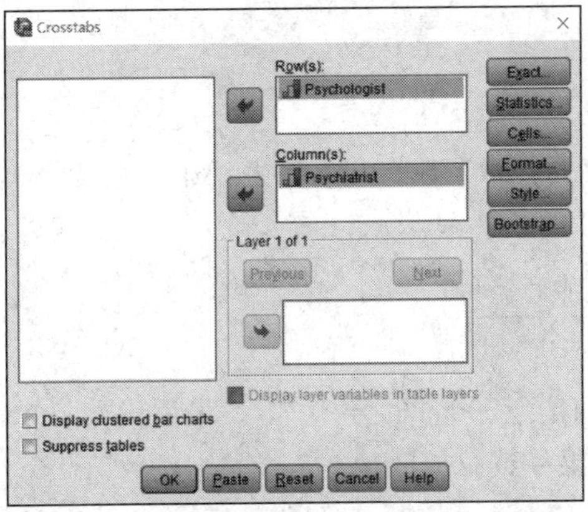

图 10-6　变量设置

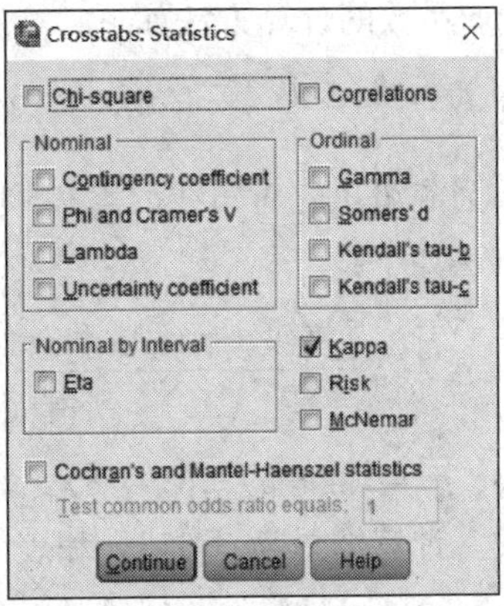

图 10-7　选择输出结果

上述操作的 SPSS 语句请参见“kappa. sps”文件。

(四)结果输出与解释

内部一致性信度检验总共有三个表格，分别为描述统计部分、两个评分者的混淆矩阵以及 kappa 系数结果。我们主要关注后两个表格结果。

1. 混淆矩阵

从表 10-6 中可以看到，总共有 20 名评分者，其中两人评分一致的有 4+4+7=15 人。

表 10-6　混淆矩阵

Psychologist * Psychiatrist Crosstabulation

Count		Psychiatrist			Total
		1	2	3	
Psychologist	1	4	1	0	5
	2	0	4	1	5
	3	0	3	7	10
Total		4	8	8	20

2. kappa 系数

由表 10-7 可以看到，kappa 系数为 0.615。一般认为 0～0.2 为极低一致性，0.21～0.4 为低一致性，0.41～0.6 为中等一致性，0.61～0.8 为高一致性，0.81 以上为极高一致性。因此，本例中的评分者一致性属于较高水平。

表 10-7　评分者一致性检验结果

Symmetric Measures

		Value	Asymptotic Standard Error[a]	Approximate T[b]	Approximate Significance
Measure of Agreement	Kappa	.615	.148	3.951	.000
N of Valid Cases		20			

a. Not assuming the null hypothesis.

b. Using the asymptotic standard error assuming the null hypothesis.

kappa 系数的计算方法如下：

$$k=\frac{p_0-p_e}{1-p_e}$$

式中，p_0 为混淆矩阵对角线元素和除以评分者总人数。在本例中，$p_0=15/20=3/4$ 。p_e 的计算方法如下：

$$p_e=\frac{\sum(\text{第 } i \text{ 行元素和}\times\text{第 } i \text{ 列元素和})}{(\sum \text{所有元素})^2}$$

在本例中，$p_e=(4\times5)+(5\times8)+(8\times10)/(20\times20)=0.35$ 。最后代入 kappa 系数的计算公式，计算结果为 0.615，和表中结果一致。

（五）结果报告

评分者一致性检验结果显示，评分者之间存在高一致性，kappa 系数为 0.615。

二、Kendall *W* 系数

Kendall *W* 检验评判的是多维评分者评分标准的一致性程度，又被称为评分者信度，适用于多个评分者对多个事物进行等级评定的数据（或者将连续数据转换为等级数据），Kendall *W* 检验可以检验这些评分者之间的一致性程度，其零假设为评分者的评分标准不一致。

（一）变量和数据

研究者收集了 5 位教师对 5 名学生课堂表现的评分（表 10－8），数据文件见“Kendall. sav”。

表 10－8　教师对学生课堂表现的评分

	student1	student2	student3	student4	student5
teacher1	8.75	8.25	8.80	9.00	8.50
teacher2	10.00	9.50	9.50	9.70	9.50
teacher3	9.60	9.10	9.10	9.40	9.60
teacher4	9.20	8.50	8.90	9.10	9.00
teacher5	9.65	9.20	9.10	9.50	9.40

（二）研究问题和分析方法

研究者拟探究 5 位教师的评分标准是否具有一致性，或者 5 位教师的评分是否可靠。

这组数据涉及多位评价者（5 位教师）对多个被评价者（5 名学生）评定结果一致性的问题，属于多列数据关联程度高低的分析。具体分析中可以将每位教师对 5 名学生的评定转换为等级，评价学生所得等级分数的一致性。在数据分析方法上可以使用 Kendall *W* 检验。

（三）软件操作

（1）打开数据文件“Kendall. sav”，选择“Analyze→Nonparametric Tests→Legacy Dialogs→K Related Samples...”（图 10-8）。

（2）将 student1、student2、student3、student4 和 student5 五个变量选入“Test Variables”框中，“Test Type”中取消勾选“Friedman”，勾选“Kendall's W”，点击“OK”（图 10-9）。

上述操作的 SPSS 语句请参见“Kendall. sps”文件。

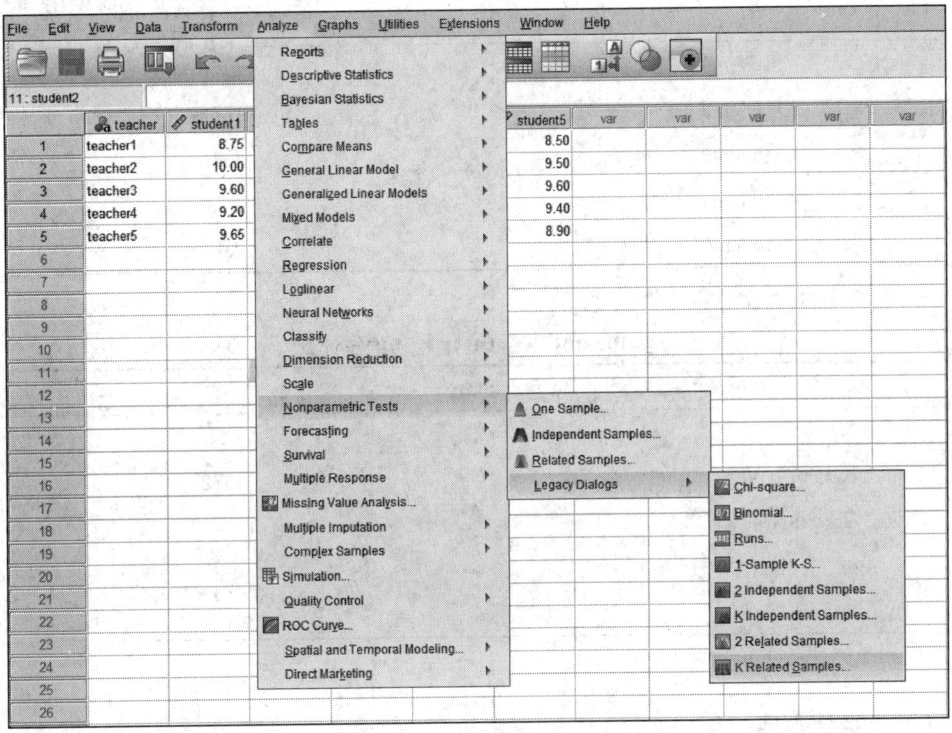

图 10-8 多相关样本检验选项

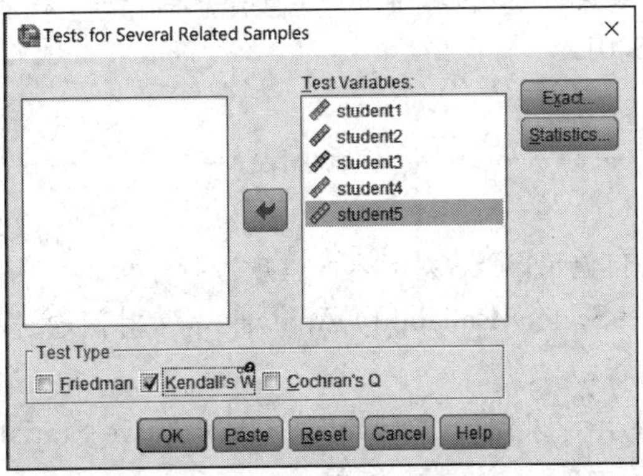

图 10-9 选择 Kendall's *W* 检验

（四）结果输出与解释

Kendall W 检验的输出结果由两个表格组成。第一个表格（表 10 - 9）显示了各组的平均秩。第二个表格（表 10 - 10）显示了统计量及其显著性，可以看出，卡方值为 13.447，Kendall W 值为 0.672，显著性水平 $p=0.009$，因此拒绝零假设，说明 5 位教师的评分标准一致。

表 10 - 9　Kendall W 检验的秩

Ranks	
	Mean Rank
student1	4.50
student2	1.50
student3	2.10
student4	4.00
student5	2.90

表 10 - 10　Kendall W 检验的统计量

Test Statistics	
N	5
Kendall's W[a]	.672
Chi-Square	13.447
df	4
Asymp. Sig.	.009

a. Kendall's Coefficient of Concordance

（五）结果报告

Kendall W 检验结果表明，5 位教师的评分标准比较一致，$\chi^2(4)=13.447$，Kendall W 系数为 0.672，$p<0.01$。

《本章小结》

本章主要介绍了如何使用 SPSS 对问卷的信度进行分析。

1. 通过“Analyze→Scale→Reliability Analysis…”对问卷进行内部一致性信度（α 系数）和分半信度的分析。

2. 对于多个评分者，可以通过“Analyze→Descriptive Statistics→Crosstabs…”检验 kappa 系数或者通过“Analyze→Nonparametric Tests→Legacy Dialogs→K Related Samples…”检验 Kendall W 系数来分析信度。

对问卷信度进行分析时，最常使用内部一致性信度探索问卷所测量的内容是否一致。

但若是问卷分为多个维度，则需要对不同维度分别进行内部一致性信度的检验。

问卷同样可以被平分为两半，检验两半问卷之间的相关系数。

当多名评分者对某个问题进行评定时，可以使用 Kendall W 系数来进行信度分析。

《自测练习》

尝试对数据文件“工作状态 .sav”（数据描述见附录 A）进行如下操作：

检验个体工作状态三个维度的内部一致性信度和分半信度。

参考文献

刘红云（编著）.（2019）. *高级心理统计*. 中国人民大学出版社.

刘红云，骆方.（2015）. *应用心理统计学*. 北京师范大学出版社.

骆方，刘红云，黄崑（编著）.（2011）. *SPSS数据统计与分析*. 清华大学出版社.

Aiken, L. S., & West, S. G. (1991). *Multiple regression: Testing and interpreting interactions*. Sage.

Bohrnstedt, G. W., & Knoke, D. (1982). *Statistics for social data analysis*. F. E. Peacock.

Bronfenbrenner, U. (1994). Ecological models of human development. In T. Husen & T. N. Postlethwaite (Eds.), *International encyclopedia of education* (2nd ed., Vol. 3, pp. 1643 - 1647). Pergamon Press.

Bronfenbrenner, U. (2009). *The ecology of human development: Experiments by nature and design*. Harvard university press.

Bryman, A. (1988a). *Quantity and quality in social research*. Routledge.

Bryman, A. (1988b). Introduction: "inside" accounts and social research in organizations. In A. Bryman (Ed.), *Doing research in organizations* (pp. 1 - 20). Routledge.

Hair, J. F., Anderson, R. E., Tatham, R. L., & Black, W. C. (1998). *Multivariate data analysis* (5th ed). All Publications.

Hirschi, T. (1969). *Causes of delinquency*. University of California Press.

Howitt, D., & Cramer, D. (2014). *Introduction to SPSS in psychology for version 22 and earlier* (6th ed.). Pearson.

Leech, N. L., Barrett, K. C., & Morgan, G. A. (2005). *SPSS for intermediate statistics use and interpretation* (2nd ed.). Lawrence Erlbaum Associates.

Levene, H. (1960). Robust tests for equality of variances. In J. Olkin (Ed.), *Contributions to probability and statistics: Essays in honor of Harold Hotelling* (pp. 278 - 292). Stanford University Press.

Little, R. J., & Rubin, D. B. (2014). *Statistical analysis with missing data*. Wiley.

Norris, G., Qureshi, F., Howitt, D., & Cramer, D. (2012). *Introduction to statistics with SPSS for social science*. Pearson.

附录 A

"工作状态 .sav"数据文件说明

变量名称	变量描述	变量类别	计分
ethnicgp	种族	分类变量	1=白种人 2=亚洲人 3=西印度群岛人 4=非洲人 5=其他
gender	性别	分类变量	1=男性 2=女性
income	收入	连续变量	
age	年龄	连续变量	
years	工龄	连续变量	
commit	组织依恋	等级变量	1=非常不同意 2=不同意 3=不知道 4=同意 5=非常同意
satis1-satis4	工作满意度	等级变量	1=非常不同意 2=不同意 3=不知道 4=同意 5=非常同意
autonom1-autonom4	工作自主性	等级变量	1=非常不同意 2=不同意 3=不知道 4=同意 5=非常同意
routine1-routine4	工作程序性	等级变量	1=非常不同意 2=不同意 3=不知道 4=同意 5=非常同意
attend	会议参与	分类变量	1=是 2=否

续前表

变量名称	变量描述	变量类别	计分
skill	技能熟练度	等级变量	1=不熟练 2=有些熟练 3=很熟练 4=非常熟练
prody	工作效率	等级变量	1=没效率 2=低效率 3=有效率 4=高效率 5=很高效率
qual	工作质量	等级变量	1=没质量 2=质量很低 3=质量尚可 4=质量高 5=质量很高
absence	缺勤天数	连续变量	

附录 B

"心理健康 . sav" 数据文件说明

变量名称	变量描述	变量类型	计分
Sex	性别	分类变量	1＝男性 2＝女性
Age	年龄	连续变量	
hourssleep	上周平均每晚睡眠时长	连续变量	
numbersessions	完成的心理治疗次数	等级变量	
categorysession	完成的心理治疗次数（合并）	等级变量	0＝完成 1～5 次心理治疗 1＝完成 6～8 次心理治疗
needfurthersessions	是否需要继续进行心理治疗	分类变量	0＝不需要 1＝需要
diag	诊断的精神病类型	分类变量	1＝paranoid（偏执型精神分裂） 2＝hebephrenic（青春型精神分裂） 3＝catatonic（紧张型精神分裂） 4＝undifferentiated（未定型精神分裂） 5＝residual（其他）
Checklist1	服用抗精神病药物前的精神病症状检查表得分	连续变量	分数范围 0～18，分数越高，精神病症状越严重。
Checklist2	服用抗精神病药物后的精神病症状检查表得分	连续变量	分数范围 0～18，分数越高，精神病症状越严重。
difficultsleep	上一周睡眠困难程度	连续变量	分数范围 0～10，分数越高，越难以入睡
alcoholconsumption	上一周的饮酒量	连续变量	分数越高，上周的饮酒量越大
AdequateProvision1	心理健康团队认为对患者需求的满足程度（第一次）	连续变量	分数范围 0～10，分数越高，满足程度越高
AdequateProvision2	心理健康团队认为对患者需求的满足程度（第二次）	连续变量	分数范围 0～10，分数越高，满足程度越高

图书在版编目（CIP）数据

SPSS 基础与应用/刘红云编著．-- 北京：中国人民大学出版社，2022.7
新编 21 世纪心理学系列教材
ISBN 978-7-300-30702-2

Ⅰ.①S… Ⅱ.①刘… Ⅲ.①统计分析-软件包-高等学校-教材 Ⅳ.①C819
中国版本图书馆 CIP 数据核字（2022）第 092027 号

新编 21 世纪心理学系列教材
SPSS 基础与应用
刘红云　编著
SPSS Jichu yu Yingyong

出版发行	中国人民大学出版社		
社　　址	北京中关村大街 31 号	**邮政编码**	100080
电　　话	010－62511242（总编室）		010－62511770（质管部）
	010－82501766（邮购部）		010－62514148（门市部）
	010－62515195（发行公司）		010－62515275（盗版举报）
网　　址	http://www.crup.com.cn		
经　　销	新华书店		
印　　刷	北京昌联印刷有限公司		
开　　本	787 mm×1092 mm　1/16	**版　　次**	2022 年 7 月第 1 版
印　　张	17.25 插页 1	**印　　次**	2023 年 9 月第 2 次印刷
字　　数	400 000	**定　　价**	49.00 元

关联课程教材推荐

书号	书名	第一作者	定价（元）
978-7-300-27100-2	普通心理学（第2版）	张钦	65.00
978-7-300-28095-0	心理学基础	白学军	55.00
978-7-300-25882-9	生理心理学（第2版）	隋南	49.90
978-7-300-24309-2	实验心理学（第2版）	白学军	59.90
978-7-300-30715-2	社会心理学（第4版·数字教材版）	乐国安	68.00
978-7-300-28928-1	发展心理学（第4版·数字教材版）	雷雳	58.00
978-7-300-25588-0	变态心理学（第3版）	王建平	59.80
978-7-300-17187-6	心理测量与测验（第2版）	郑日昌	59.00
978-7-300-27212-2	教育心理学：原理与应用	刘儒德	58.00
978-7-300-32062-5	人格心理学导论（第2版）	许燕	59.00
978-7-300-28457-6	心理学专业英语	苏彦捷	49.00
978-7-300-25616-0	心理与教育科学研究方法	杨丽珠	49.80
978-7-300-27971-8	心理学研究方法：从选题到论文发表	王轶楠	45.00
978-7-300-26721-0	心理与教育论文写作：方法、规则与实践技巧（第2版）	侯杰泰	38.00
978-7-300-26659-6	高级心理统计	刘红云	59.80
978-7-300-22490-9	行为科学统计精要（第8版）	弗雷德里克·格雷维特	85.00
978-7-300-26322-9	心理学研究方法（第9版）	尼尔·萨尔金德	78.00

配套教学资源支持

尊敬的老师：

衷心感谢您选择使用人大版教材！相关配套教学资源，请到人大社网站（http：//www.crup.com.cn）下载，或是随时与我们联系，我们将向您免费提供。

欢迎您随时反馈教材使用过程中的疑问、修订建议并提供您个人制作的课件。您的课件一经入选，我们将有偿使用。让我们与教材共成长！

联系人信息：

地址：北京海淀区中关村大街31号507室　　翟然 收　　邮编：100080

电子邮件：lgcbfs@crup.com.cn　　电话：010－62511967　　QQ：492788991

如有相关教材的选题计划，也欢迎您与我们联系，我们将竭诚为您服务！

选题联系人：张宏学　电子邮件：zhanghx@crup.com.cn　电话：010－62512127

人大社网站：http：//www.crup.com.cn

心理学专业教师QQ群：259019599

欢迎您登录人大社网站浏览，了解图书信息，共享教学资源

期待您加入专业教师QQ群，开展学术讨论，交流教学心得